STEPHAN BERNDT

Neustart

© 3. Auflage
2024 Reichel Verlag

93055 Regensburg
Internet: www.reichel-verlag.de
E-Mail: mail@reichel-verlag.de

ISBN 978-3-946959-13-7

Reichel
Verlag

Ein Deutscher

ist großer Dinge fähig,
aber es ist unwahrscheinlich, dass er sie tut:
denn er gehorcht, wo er kann,
wie dies einem an sich trägen Geiste wohl tut.
Wird er in die Not gebracht,
allein zu stehen und seine Trägheit abzuwerfen, [...]
so entdeckt er seine Kräfte:
dann wird er gefährlich,
böse, tief, verwegen
und bringt den Schatz von schlafender Energie ans Licht,
den er in sich trägt
und an den sonst niemand
(und er selber nicht)
glaubte.

Friedrich Nietzsche
Morgenröte, Aph. 207, 1881

Inhalt

Tage wie diese …

Wer am Montag, dem 23. September 2013 morgens früh aufgestanden war und mit der Kaffeetasse vor dem Fernseher saß, konnte um Punkt 05:42 Uhr im *ARD/ZDF-Morgenmagazin* folgende Szene bewundern:
Auf der Wahlparty der CDU am Abend zuvor – die CDU/CSU hatte die 18. Wahlen zum Deutschen Bundestag mit 41,5 Prozent gewonnen –, hatten sich in Berlin im *Konrad-Adenauer-Haus* die Größen der CDU – u. a. *Angela Merkel* und *Ursula von der Leyen* – auf der Bühne eines nicht allzu großen Veranstaltungsraumes versammelt; vor ihnen dicht gedrängt das jubelnde Parteivolk, vielleicht 200 Parteimitglieder, hier und dort ein Deutschlandfähnchen schwenkend.[1]
Ab 05:42 Uhr sah man im Morgenmagazin – die Kamera war auf die etwa zehn Parteigrößen auf der Bühne gerichtet –, wie der damalige CDU-Generalsekretär *Hermann Gröhe,* rechts an der Seite von Kanzlerin Merkel stehend, von einem Parteikollegen eine etwa DIN-A3-große Deutschlandfahne gereicht bekam.
Freudestrahlend wie alle im Saal und nichts Böses ahnend wollte Hermann Gröhe mit dem Fähnchen zu schwenken beginnen – wohlgemerkt auf Bauchhöhe und ohne jemanden zu verdecken –, da rupfte die Kanzlerin ihrem Generalsekretär das Fähnchen aus der Hand und sah ihn genervt an; ganz so wie eine Mutter, die ihr Kind beim Nasepopeln erwischt. Angela Merkel nahm das Fähnchen, schritt mit ernster Miene einige Meter zur Seite und legte das Fähnchen außerhalb der Sichtweite der Kamera irgendwo ab.

Während die Kanzlerin energisch für Ordnung sorgt und beinahe aus dem Kameraausschnitt herausläuft, stehen zehn CDU-Politiker auf der Bühne, strahlen vor Freude, klatschen und schauen einander glücklich ins Gesicht. Man feiert. Man ist gut drauf.
Nach der Entfernung der Deutschlandfahne kommt die Kanzlerin zurück und baut sich wieder in der Mitte vor den feiernden Parteigenossen auf. Dann zoomt die Kamera auf den Kopf der Kanzlerin. Und jetzt sieht man, wie sie ihrem CDU-Generalsekretär durchaus im Gestus einer Mutti mimisch signalisiert: „Also diesen Unsinn, mein Kleiner, den lassen wir in Zukunft. Kein Deutschlandfähnchen mehr in Zukunft. Aus *dem* Alter bist du raus."
Wohlgemerkt: Zeitgleich werden im Saal etwa 30 Deutschlandfähnchen derselben Größe geschwenkt. Man sieht die Fähnchen immer wieder im Bild. Nur eben nicht auf der Bühne. Die macht die Kanzlerin zur nationalsymbolfreien Zone.

Musikalisch unterlegt war obige Jubelszene im Saal mit dem Lied *›Tage wie diese‹* der bekannten und inzwischen etwas angegrauten deutschen Punk-Rock-Gruppe *Die toten Hosen.* Genau in dem Moment, als die Kanzlerin ihrem Generalsekretär das Deutschlandfähnchen aus der Hand rupft, erklingt der Refrain „An Tagen wie diesen …" *Die Toten Hosen* – das muss in dem Zusammenhang auch erwähnt werden – distanzierten sich wenige Wochen zuvor öffentlich von der Verwendung ihres Liedes im Wahlkampf, sahen aber keine Möglichkeit, rechtlich dagegen vorzugehen.[2]

Um die Reihe befremdlicher Zeichen der Zeit zu ergänzen, noch folgende Notiz: Ein paar Monate nach der CDU-Siegesparty wurde Hermann Gröhe Schirmherr von *›Verrückt? Na und?‹*, einem Präventionsprogramm von *›Irrsinnig Menschlich e. V.‹*, ein Verein für Prävention im Bereich psychischer Gesundheit.

Man fragt sich: Was für eine seltsame Inszenierung war das eigentlich an diesem 22. September 2013, als gegen den Willen der Toten Hosen deren Lied erklang und der CDU-Generalsekretär nicht mit seinem Deutschlandfähnchen schwenken durfte?
Hat es etwas zu bedeuten, wenn die deutsche Bundeskanzlerin ihren Bundestagswahlsieg feiert, aber auf der Bühne keine Deutschlandfahnen duldet? Allerdings. Jeder spürt das. Selbstverständlich *hat* es etwas zu bedeuten. Nur *was?*

Halten wir für das Protokoll fest, dass die Entfernung von Fahnen stets einen Machtwechsel in einem Land anzeigt. Wenn Volk A über Volk B herfällt, um es langfristig zu beherrschen und zu kontrollieren, wird Volk A die nationalen Symbole von Volk B aus dem öffentlichen Raum entfernen. Das besiegte und unterworfene Volk B wird psychologisch geschwächt, indem man seine Identität schwächt. Dazu werden identitätsstiftende Symbole entfernt.
Merkels Fahnenentfernung symbolisiert ohne Frage eine Art von Machtwechsel. Nur fällt der Machtwechsel nicht so auf, weil Angela Merkel ihre *eigene* Fahne im Verborgenen hält. Und dieses „nicht die Fahne zeigen“ – das werden viele Leser richtig erspürt haben – ist nicht weit entfernt von „nicht mit offenen Karten spielen“.

Jeder Bürger eines demokratischen Staates weiß ab einem bestimmten Alter, dass Politik auch immer Schauspiel und Inszenierung ist. Das betrifft allem voran die Reden, Worte und Gestiken der Politiker, aber auch ihre Kleidung, das Timing und andere Dinge. Politiker sind immer auch Schauspieler. Das wissen wir. Wir wissen aber auch, dass Politiker, von Ausnahmen abgesehen, keine wirklich *guten* Schauspieler sind. Wären sie das, hätte sie ihr Talent und ihr Instinkt schon in jungen Jahren an eine Schauspielschule getrieben. Folglich liegt es in der Natur der Sache, dass Politiker hin und wieder eben *nicht* schauspielern und man sehen kann, was sie *wirklich* denken und fühlen. Und das, was da am Abend des 22. September 2013 auf der Bühne im Konrad-Adenauer-Haus geschah, könnte durchaus ein solcher ehrlicher Moment gewesen sein. Und selbst wenn nicht: Die symbolische Wirkung der Deutschlandfahnen-Entfernungs-Szene bleibt eindeutig. Deutschland ist nicht Angela Merkels Priorität.

Letzten Endes geht es hier aber nicht um Angela Merkel als Person; es geht um sie als Zeichen der Zeit; als Zeichen dafür, an welchem Punkt sich Deutschland Anfang des 21. Jahrhunderts politisch und massenpsychologisch befindet. Es geht um die Fragen: *Was* ist Deutschland? *Wer* sind wir? *Wo* stehen wir Deutschen jetzt, und *wohin* geht die Reise in den nächsten Jahren und Jahrzehnten? Was erwartet uns in Zukunft auf Grundlage dessen, was wir schon jetzt in W a h r h e i t sind?

Hier ein zweiter Angela-Merkel-Wahrheitsmoment zwei Jahre später:

Am 5. September 2015 hat Bundeskanzlerin Angela Merkel in einer Geste der Großzügigkeit und Humanität – vereinfacht gesagt – die Staatsgrenzen Deutschlands für die leidenden Massen aus Afrika und dem Nahen Osten weit geöffnet. Zuerst haben „alle“ gejubelt, dann kamen immer mehr von den Flüchtlingen und sehr schnell gab es im Lande kritische Stimmen, die auch die Kanzlerin nicht mehr ignorieren konnte. Also trat sie am 15. September 2015 bei einer gemeinsamen Pressekonferenz mit Österreichs Kanzler *Werner Faymann* vor die Kameras und sagte in staatsmännisch-beleidigtem Tonfall wortwörtlich:

> *„Ich muss ganz ehrlich sagen, wenn wir jetzt anfangen, uns noch entschuldigen zu müssen dafür, dass wir in Notsituationen ein freundliches Gesicht zeigen,* ***dann ist das nicht mein Land.*** *“*

Die Brisanz dieser „angedrohten Aufkündigung der Zusammenarbeit“ mit dem deutschen Volk ausgerechnet aus dem Munde einer amtierenden deutschen Bundeskanzlerin, noch dazu vor laufenden Kameras, ist den deutschen Medien in den Tagen danach durchaus aufgestoßen. Beispielsweise die *Bild-Zeitung* vom 16. September 2015 hat versucht, der Sache auf den Grund zu gehen. Unter der Überschrift *›Was hinter Merkels Gefühlsausbruch steckt‹* fand Bild heraus: Nicht wenige (z. B. die *Berliner Zeitung*) denken, Merkels Worte seien hauptsächlich an Horst Seehofer und die CSU gerichtet gewesen, weil sich die CSU gegen Merkels (faktische) Einwanderungspolitik sträubt. Die *Bild-Zeitung* schreibt:

> *In der „Berliner Morgenpost“ hieß es:*
>
> > *„**Gestern hielt Deutschland kurz die Luft an.** […] Das war gefühlshaltiger als die üblichen Floskeln mit Ausstiegsoption. **So klar haben wir Angela Merkel selten erlebt** […] [Sie] zeigte zum ersten Mal in ihrem politischen Leben, wie sie Patriotismus definiert, und zwar durchaus pragmatisch.[3] Merkel-Deutschland hilft Menschen, die in Panik über Autobahnen irren. Merkel-Deutschland versucht aber zugleich, jene zu stoppen, die ohne Asylgrund oder Einwanderungserlaubnis kommen.“*
>
> *Bisher wurde Merkel von Beobachtern gern als kühl, als überaus rational, beherrscht und kontrolliert wahrgenommen. Und jetzt **dieser deutliche Gefühlsausbruch?**[4]*

Sieht man sich die Filmaufnahmen von Merkels angeblichem „Gefühlsausbruch“ auf YouTube[5] genauer an, so ist kaum eine übermäßige Gefühlsregung zu erkennen, schon gar kein Gefühls*ausbruch.* Angela Merkel hebt weder ihre Stimme, sie kommt nicht aus dem Rhythmus noch gestikuliert sie umher. Bis unmittelbar vor der Aussage mit *»nicht mein Land«* folgt die Kanzlerin ruhig und wohl wissend, was sie sagen will, einer offenbar vorbereiteten Ansprache. Demnach ist ihr das *»Nicht mein Land«* keinesfalls einfach so herausgerutscht.
Doch nicht nur die *Bild-Zeitung* erkennt einen Gefühlsausbruch, wo vielleicht gar keiner war. Die *Süddeutsche Zeitung* vom 17. September 2015 schreibt:

> *Der seltene **Gefühlsausbruch** der Kanzlerin*

„... dann ist das nicht mein Land." Aus dem Mund einer Regierungschefin ist das ein ***erschreckender Satz.*** *Er zeigt eine* ***Verletztheit,*** *die kaum ein Politiker gern zu erkennen gibt, schon gar nicht Angela Merkel. [...]*
Der Schluss des Konditionalsatzes – „dann ist das nicht mein Land" – ist sein bemerkenswertester Teil. ***Sofort spürbar*** *ist eine* ***Emotionalität,*** *eine* ***Verletztheit,*** *die kaum ein Politiker, schon gar nicht Angela Merkel, gern zu erkennen gibt. [...] Man sollte den Ton der* ***Verletztheit,*** *den Merkel anschlug, also nicht zu persönlich verstehen. Es ging wohl nicht nur um Horst Seehofer. [...]*
„Dann ist das nicht mein Land": Das ist aus dem Mund einer Regierungschefin ***ein ziemlich erschreckender Satz.***[6]

Die Brisanz des Merkel'schen *Nicht-mein-Land*-Satzes ist den Medien also durchaus aufgefallen. Die *Süddeutsche Zeit*ung nennt ihn *»erschreckend«,* die *Berliner Morgenpost* schreibt, Deutschland habe *»kurz die Luft«* angehalten. Erklärt wird der Satz mit Merkels Emotionalität. Ich persönlich kann jedoch nur empfehlen, sich das Video mit Merkels Aussage auf YouTube selbst anzusehen, um sich ein eigenes Urteil zu bilden.[7]
Letztendlich hat der Nicht-mein-Land-Satz in der Öffentlichkeit aber keine nachhaltige Debatte über die innere Grundhaltung Angela Merkels angestoßen; nicht in den Massenmedien und auch nicht im Lager politischer Gegner, wie der SPD, den Grünen usw. Eine wirklich qualifizierte Kritik an der inneren Haltung der Kanzlerin kommt in den Mainstream-Medien meines Wissens so weit nur von der Literaturwissenschaftlerin und Unternehmensberaterin *Gertrud Höhler* (geb. 1941), aus deren Feder das Buch *›Die Patin – Wie Angela Merkel Deutschland umbaut‹* (2012) stammt.

Landesmutti, Land und Kinder

Natürlich sticht einem der „gefühlte" Kontrast von Merkels Image als „Mutti" und ihrem Nicht-mein-Land-Satz ins Auge. So etwas darf ausgerechnet eine Landesmutti ja eigentlich gar nicht sagen.
Merkels Mutti-Image leitet sich natürlich zunächst von ihrer langen Regierungszeit (seit 22. November 2005) ab und einer damit verbundenen gewissen Vertrautheit. Weiter leitet sich das Mutti-Image ab von einer wenigstens inszenierten Volksnähe und Einfachheit, man denke nur an Angela Merkels Kleidungsstil, der – abgesehen vom Wechsel der Farben – an den monoton-uniformen Stil gewisser ostasiatischer Parteivorsitzender erinnert.
Ebenso findet sich das Grundthema Merkel'scher Einfachheit wieder im sprachlichen Niveau ihrer Reden. Kein Mensch käme auf die Idee, Angela Merkel eine gute Rednerin zu nennen. „Mutti" ist also durchaus ein passendes Etikett für das öffentliche Auftreten Angela Merkels. Es signalisiert Vertrautheit, ja ein Grundvertrauen und eine gewisse emotionale Bindung. „Mutti" signalisiert: „Mutti, du machst das schon!"

Nur was ist von einer Mutter zu halten – und damit kommen wir wieder in die gefühlte Nähe obiger Deutschlandfahnen-Entsorgung –, die in aller Öffentlichkeit durchaus bedacht und keinesfalls – wie einem die Presse weismachen will – im emotionalen Affekt die Bereitschaft erklärt, sich von Deutschland zu trennen?

Was ist von einer Mutter zu halten, die ihre eigenen Kinder wegen irgendwelcher Nichtigkeiten zu verstoßen bereit ist; Nichtigkeiten wie die fehlende Begeisterung beim Empfang 100.000er Flüchtlinge? Was bitte haben die deutschen Kinder im September 2015 schon verbrochen? Die Deutschen sind im September 2015 jedenfalls nicht „in Polen eingefallen" oder haben mit erlogenen Kriegsgründen einen völkerrechtswidrigen Angriffskrieg vom Zaune gebrochen, so, wie beispielsweise zwölf Jahre zuvor US-Präsident George W. Bush.

Apropos George W. Bush: Hat sich die Kanzlerin von diesem nach dessen völkerrechtswidrigem Krieg gegen den Irak distanziert? War der nette Texaner aus gutem Hause dann immer noch „Muttis" Liebling? Oder hat die Kanzlerin George W. Bush nach dessen Missetat im Zweistromland mit eisigem Blick auf Armlänge Abstand gehalten, so wie sie das immer mit dem ach so „bösen" Wladimir Putin lehrbuchartig vorexerziert?

Oh nein! Im Gegenteil: Beim G8-Treffen im Jahre 2006 hat sich Angela Merkel am Konferenztisch sitzend von Scherzkeks George W. Bush vor laufender Kamera von hinten in die Schulter zwicken lassen und die Arme in einer Art rohrkrepierenden Ekstase hochgerissen wie ein fünfjähriges Mädchen im Nichtschwimmerbecken bei einer ach so lustigen Schwimmunterrichtstunde. Die ganze Welt konnte sehen: Der süße kleine George war immer noch „Muttis" Präsident des Herzens; und das trotz 100.000er Toter im Irak, die der süße, kleine George zu verantworten hatte; und trotz einer live vor laufender Kamera in den Vereinten Nationen belogenen Weltöffentlichkeit.

Wir erinnern uns:

US-Außenminister *Colin Powell* präsentierte am 5. Februar 2003 im Weltsicherheitsrat der Vereinten Nationen Pseudobeweise gegen den Irak, Stichwort: Massenvernichtungswaffen. Der zweite Irakkrieg begann dann am 20. März 2003. All das hat Angela Merkel nicht sonderlich gekratzt; auch nicht die sich infolge der Kriege im Irak, in Afghanistan und anderswo entwickelnden Flüchtlingsmassen, die dann irgendwann auch nach Europa gekommen sind.

Abb.1: Colin Powell am 5. Februar 2003 im Sicherheitsrat der Vereinten Nationen mit einem Röhrchen, das angeblich biologischen Kampfstoff enthält

Merkels gelegentliche Dickfelligkeit in schwergewichtigen Menschenrechtsfragen, legt somit die Vermutung nahe, dass die Kanzlerin am 15. September 2015 nur Betroffenheit *vorgegaukelt* – und in Wahrheit auf der typisch deutschen Schuld-Partitur herumgeklimpert hat, Motto: „Nach Auschwitz sind die Deutschen verpflichtet, überall in der Welt zu helfen. Die Hilfsgesuche der Welt können nicht abgelehnt werden. Nicht von Deutschland! Und wenn sie doch abgelehnt werden, dann ist das nicht mein

Land. Denn die Deutschen würden mit ihrer Hilfsunwilligkeit ja beweisen, dass sie nichts aus ihrer Geschichte gelernt haben."

Was ist von einer solchen Landesmutter zu halten?

Angesichts von Angela Merkels moralischer Robustheit beim völkerrechtswidrigen 2003er US-Angriff auf den Irak mit alleine ca. **30.000 toten Soldaten** und Schätzungen nach **115.000 bis 600.000 getöteten Zivilisten**[8] fällt es einem – vorsichtig formuliert – etwas schwer, ihr ihre „Betroffenheit" am 15. September 2015 abzukaufen. Da hat die Mutti schon ganz andere Sachen weggesteckt.

Der Wahrheit kommt man womöglich näher, wenn man es so sieht, dass Angela Merkel am 15. September 2015 vorsätzlich und ganz bewusst und auf der *Tätervolk-Partitur* gespielt – und die Flüchtlingsfrage zum Zünglein an jener Waage stilisiert hat, die anzeigt, ob das deutsche Volk wirklich aus seiner Nazi-Vergangenheit gelernt hat – oder eben nicht.
Aus genau diesem Kontext; aus genau dieser Perspektive der Auschwitz-Schuldenstands-Waagen-Anzeige – aus der Perspektive des aktuellen Nazi-Schuld-Tilgungs-Kontostandes des deutschen Volkes – ergibt die von Angela Merkel angedrohte Verstoßung ihrer Kinder plötzlich „Sinn": Sinnbildlich gesehen wird so jeder „gerettete Flüchtling" ein entlastendes Gewicht auf der Waage der deutschen Schuld und moralischen Verpflichtung. Und die Kanzlerin ärgert sich, dass die Deutschen nicht genug auf die Waage packen wollen.
Angela Merkel verhält sich in ihrer Inszenierung vom 15. September 2015 so, als drohe die deutsche Schuldwaage in Richtung „Nichts aus der Nazi-Zeit gelernt" zu kippen. Das ist der eigentliche demoralisierende Subtext, den Angela Merkel kommuniziert: „In Wahrheit habt ihr Deutschen eben doch nichts aus der Nazi-Zeit gelernt! Wenigstens nicht bis jetzt." Die Kanzlerin scheint das Deutschlandbild eines Volkes auf Bewährung zu haben. Die Ablehnung der Flüchtlinge schein aus ihrer Sicht ein Verstoß gegen die Nazi-Schuld-Bewährungsauflagen zu sein. Das ist die emotionale Botschaft, die die Kanzlerin am 15. September 2015 ausgesendet hat: *ein Volk auf Bewährung,* das ihr – der Kanzlerin – eigentlich nicht würdig ist, weshalb sie – die Kanzlerin – öffentlich mit dem Gedanken spielt, sich von diesem Volk zu trennen.

Dass sie selbst Deutsche ist, scheint die Kanzlerin dabei völlig zu vergessen. Na gut. Dadurch kommt wenigstens eine humoristische Komponente in das Trauerspiel. „Nicht mehr mein Volk" ist also auch absurd und unüberlegt. Angela Merkel kommt zudem schon von ihrem äußeren Erscheinungsbild optisch sehr deutsch rüber.

Was Angela Merkel vor den Augen der Weltöffentlichkeit getan hat, ist trotz manch ulkiger Nebenaspekte aber dennoch das Drohen mit der Kündigung. „Nicht mehr mein Volk" riecht nach Verrat und nach dem unmittelbar bevorstehenden Ende der Beziehung. Man kann es zudem auch so sehen, dass die Kanzlerin das deutsche Volk vor der Weltöffentlichkeit lächerlich gemacht hat, denn Merkels Subtext war auch der, dass das deutsche Volk *austauschbar* ist. „Nicht mein Volk" heißt auch: „Dann suche ich mir ein anderes Volk!"

Dass das deutsche Volk angesichts solcher Szenen nur kurz zusammenzuckt und gleich wieder zur Tagesordnung übergeht, lässt einen ungläubig staunen.

Überhaupt: Wer oder was ist dann eigentlich Angela Merkels wahres Volk? Wer oder was ist ihr „Volk des Herzens“? Auch diese Frage ist offensichtlich, so abwegig sie auch klingen mag. Wohin also würde die Dame aus der Uckermark ihre Schritte lenken, wären wir nicht mehr „ihr“ Volk? Hat die Dame ein Reserve-Volk? Oder lebt sie geistig schon in Sphären, in denen es sowieso keine Völker mehr gibt?

Wie gesagt: Es geht hier nicht um die Kanzlerin. Sie ist nur Zeichen der Zeit. Worum es hier geht, ist Deutschland. Und Deutschland befindet sich zurzeit psychologisch, politisch (im Rahmen der EU) und demografisch in einem Auflösungsprozess. Die im September 2015 losgetretene und noch heute medienpräsente Flüchtlingskrise veranschaulicht den Auflösungsprozess in drastischer Form; in einer Form, die kein Deutscher mehr ignorieren kann. Jeder Bürger spürt jetzt, dass sich Deutschland sehr bald grundlegend und irreversibel verändern wird, *wenn* die Zuwanderungszahlen in den nächsten Jahren und Jahrzehnten mehrere 100.000 pro Jahr betragen werden.
Laut *Statista.com* wurden in der Zeit von 2014 bis 2017 in Deutschland rund 1,6 Millionen Asylanträge gestellt, macht im Schnitt 400.000 pro Jahr.[9] In den Jahren 2010 bis 2013 kamen im Schnitt auch 300.000 Flüchtlinge/Zuwanderer pro Jahr; macht im Schnitt von 2010 bis 2017 *jedes Jahr* rund 350.000; Illegale nicht mitgerechnet.

Zugegeben: Eine Auflösung Deutschlands muss ja grundsätzlich nichts Negatives sein, vorausgesetzt, Deutschland würde sich in einem besseren Großen auflösen. Sieht man sich jedoch die wirtschaftliche Lage in Gesamteuropa an, dürfte eine wirtschaftliche Auflösung Deutschlands seinen Untergang bedeuten. Dasselbe gilt für das geopolitische Umfeld Deutschlands. Wenn Deutschland sich auflöst, werden wir Deutsche uns nicht im Nirwana oder in einem himmlischen Paradies wiederfinden, sondern in irgendeiner ganz realen Welt; eine ganz reale Welt, die noch mehr geprägt sein wird von den Problemen der Welt. So ist das nun mal, wenn man seine Grenzen beseitigt: Das Fremde wird zur Normalität, die Welt rückt einem auf den Pelz.
Und irgendwann, wenn der Immigrantenanteil dann landesweit die 30 Prozent überschritten hat, wird die bei uns wohnende Welt kommen und zu uns sagen:

> *„Wie bitte? **Ich** soll mich integrieren, mich anpassen? **Ich** bin die Welt. **Ich** bin viel größer als ihr. Nein. **Ich** werde mich nicht integrieren! Schluss damit. Akzeptiert mein Fremdsein. Und überhaupt: Was ist schon deutsch? Heute sind wir 30 %. Und in wenigen Jahren stellen wir die Mehrheit.“*

Spannend wird es nicht erst, wenn die Migrationshintergründigen die Mehrheit in Deutschland stellen, sondern schon dann, wenn sie glauben, eines Tages die Mehrheit zu sein.
In dieser ganz realen neuen Welt würden die Deutschen irgendwann nicht mehr über genug innere Kraft verfügen, um wichtige Dinge in ihrem Leben zu ändern. Irgendwann käme der Punkt, ab dem die Deutschen ohnmächtig den Veränderungen in ihrem eigenen Land zusehen müssen.

Wohin geht die Reise für Deutschland?

Die Frage lautet also: Wohin geht die Reise für Deutschland, und damit auch für Europa? Diese Frage stellt sich so drängend wie nie seit 1945.

Angesichts all der gegenwärtigen Unsicherheiten und globalen Trends (globale Schuldenkrise, Krise im Euro-Raum, Nahostkrise, Donald Trump und die Spaltung der USA, Klimaerwärmung, Nordkorea, die Spannungen mit Russland und mit der Türkei etc.) kann man sich eine Fülle von Katastrophenszenarien ausmalen.

Ich selbst habe mich in den zurückliegenden Jahren intensiv mit solchen Katastrophenszenarien beschäftigt, und zwar aus Sicht der traditionellen übersinnlich inspirierten europäischen Prophetie, oder einfacher formuliert: das, was Hellseher und Prophezeiungen in den letzten Jahrhunderten über die Zukunft Europas vorausgesagt haben. Die schlechte Nachricht dabei ist, dass wir uns – wenigstens bisher – allem Anschein nach mehr und mehr einem prophezeiten allumfassenden Katastrophenszenario nähern (Finanzcrash, Unruhen, Krieg – auch in Mitteleuropa – und Naturkatastrophen, siehe ab Seite 24). Die gute Nachricht ist, dass es nach den Katastrophen in Europa eine lange Zeit des Friedens und einer kulturellen und geistigen Blüte geben soll.

Hinweis zu dem Begriff *traditionelle europäische Prophetie*:

In diesem Buch verwende ich immer wieder den Begriff ***traditionelle europäische Prophetie.*** Damit bezeichne ich das, was von tatsächlichen oder vermeintlichen europäischen Hellsehern seit etwa dem Jahre 1000 bis etwa 1990 überliefert ist.
Der Begriff *traditionelle europäische Prophetie* ist im Wesentlichen eine Abgrenzung gegenüber der maßgeblich aus den USA bzw. dem angelsächsischen Raum inspirierten ***New-Age-Prophetie,*** deren Vertreter behaupten, die „alten Prophezeiungen" – also die *traditionelle europäische Prophetie* – sei überholt, da inzwischen Dinge eingetreten sind, die die alten Seher nicht hätten voraussehen können.

Licht am Ende des Tunnels

Eben *weil* sich derzeit geopolitische Gefahren immer deutlicher abzuzeichnen scheinen, scheint es wichtiger zu werden, eine Vision vom Licht am Ende des Tunnels zu haben. Um eine solche Vision geht es in diesem Buch.

Mir als deutschsprachigem Autor geht es dabei vor allem um das Licht am Ende des Tunnels *aus der Perspektive der Deutschen.* Es geht mir um ein überzeugendes Bild einer *deutschen* (und *österreichischen*) Zukunft.

Die in diesem Buch umrissene Vision muss keiner glauben; es geht mir auch um keine Glaubensmission; es reicht mir, wenn die Vision in sich schlüssig ist.

Der eigentliche Schwerpunkt dieses Buches besteht zudem *nicht* darin, eine eigene Zukunftsvision zu entwerfen oder zu erfinden, sondern darin, eine bereits in der traditionellen europäischen Prophetie vorhandene Zukunftsvision *freizulegen* und (besser) *sichtbar zu machen.*

Natürlich kann ich keine Garantie darauf geben, dass die seit langer Zeit prophezeite bevorstehende „goldene Zukunft" in Europa Wirklichkeit wird.
Ich beschäftige mich zwar seit rund 30 Jahren mit der traditionellen europäischen Prophetie, und dieses Buch ist inzwischen mein neuntes Buch zu dem Thema, doch ich bin mir durchaus bewusst, dass ein himmelweiter Unterschied besteht zwischen „die Prophezeiungen kennen" und „die Zukunft kennen".
Theoretisch könnte meine ganze jahrzehntelange Arbeit an dem Thema *hellseherisch inspirierte prophezeite Zukunft Europas* von einem Moment auf den anderen zu Staub zerfallen; nämlich dann, wenn ein folgenreiches Ereignis einträte, das sich nicht mehr vereinbaren ließe mit dem, was seit langer Zeit prophezeit wird.
Diese Gefahr einer mich ereilenden beruflichen Instant-Katastrophe ist mir sehr wohl bewusst, und das seit langer Zeit. Deshalb habe ich seit langer Zeit einen Blick auf den Lauf der Welt, den Lauf Europas und auf den Lauf Deutschlands. Und dieser Blick scheint mich mehr und mehr zu lehren: Wir befinden uns tatsächlich auf Kurs in die prophezeite ganz große Katastrophe – aber auch auf Kurs auf *ein danach wieder aufblühendes Europa in echtem Frieden und in echter Freiheit.*

Nahezu alle uns derzeit beschäftigenden großen Problemfelder in der Welt – die Spannungen mit Russland, die wirtschaftliche Schieflage Europas, die weltweite Überschuldung, das Rumoren und die Kriege im Nahen Osten – sind in der einen oder anderen Form von Hellsehern vorausgesehen worden (Zum Thema *Vorzeichen des „dritten Weltkrieges"* siehe mein Buch *›Countdown Weltkrieg 3.0‹*).
Die gute Botschaft ist wie gesagt: Je näher die große Katastrophe rückt, desto näher rückt auch die prophezeite europäische Friedensepoche. Und je klarer und stärker die Vision vom neuen Europa ist, desto leichter dürfte es fallen, die prophezeiten dunklen Tage zu durchstehen.

Nochmals: Ich weiß nicht, ob es so kommt, wie seit vielen Generationen prophezeit und wie im vorliegenden Buch skizziert. Fakt aber ist – und dies wird von Tag zu Tag deutlicher –, dass Deutschland und Europa eine *echte* Zukunftsvision brauchen. Heute mehr denn je: Deutschland und Europa brauchen eine *echte* und *kraftvolle* Vision, keine Tagträumerei, keine Augenwischerei, keinen süßlichen Selbstbetrug, kein Blabla hier, kein Blabla da. Nein.

Wir brauchen eine *echte* Vision.

Berchtesgaden, im April 2018

Stephan Berndt

Zum Geleit

In diesem Buch geht es um die Vision eines neuen Deutschlands (und Österreichs) und eines neuen Europas nach dem vorherigen totalen Zusammenbruch.

Grundlage dieser Vision sind zwei Typen von Quellen:

1. Tatsächlich oder angeblich* hellseherisch inspirierte Prophezeiungen über die *Zukunft Europas, Deutschlands* und teilweise auch *Österreichs* aus den letzten Jahrhunderten.

2. Aussagen aus den letzten Jahrhunderten über das *deutsche Wesen* von Kennern der deutschen Kultur. Die entsprechende Abhandlung zum deutschen Wesen im zweiten Teil des Buches soll ein Gespür für das deutsche Wesen wecken. Kerngedanke und These sind hier, dass sich die Zukunft Deutschlands naturbedingt auch *aus dem deutschen Wesen* ergibt und die Zukunft Deutschlands gewissermaßen schon im Wesen der Deutschen angelegt ist.

In frühen Versionen dieses Manuskriptes hatte ich *„deutsches Wesen"* immer in Anführungszeichen gesetzt, da sich das deutsche Wesen (bisher) einer präzisen wissenschaftlichen Definition entzieht und von daher durchaus behauptet werden kann, ein deutsches Wesen existiere gar nicht und es sei rein fiktiv.
Irgendwann habe ich aber auf die Anführungszeichen verzichtet, da sie mir zu sehr den Zweifel an der Existenz des deutschen Wesens betonen. Kurzum: Dieses Buch geht ganz klar davon aus, *dass* es ein deutsches Wesen gibt!

Insgesamt ergibt sich aus den obigen zwei Quellentypen das Bild einer zukünftigen Renaissance der deutschen und europäischen Kultur und ihres Wertesystems, allerdings erst nach großen Katastrophen. In dieser kulturellen Renaissance würde Europa zu sich selbst zurückfinden.

Der Untergang des „alten" Europas würde sich gemäß der europäischen Prophetie in vier Schritten vollziehen:

1. zunächst käme ein globaler Finanzcrash,
2. dann käme es zu bürgerkriegsähnlichen Unruhen in vielen Regionen Westeuropas,
3. dann käme ein großer Krieg in Mitteleuropa zwischen NATO und Russland, der aber nur wenige Monate dauern und *nicht* zum großen Atomkrieg ausufern soll.
4. Zum Ende dieses Krieges käme dann noch eine globale Naturkatastrophe, die bekannte dreitägige Finsternis.

Diese Ereignisabfolge habe ich mir nicht aus den Fingern gesogen, sondern sie ist das Ergebnis einer umfassenden Analyse der traditionellen europäischen Prophetie, die

---

* „angeblich" deshalb, weil man im Voraus eigentlich nie weiß, ob eine Prophezeiung echt ist.

ich 1993 erstmals veröffentlich habe und die ich in weiteren Buchveröffentlichungen in den Jahren 1997, 2001, 2007, 2009, 2015, 2016 und 2017 weiter ausgearbeitet und verfeinert habe (siehe Bibliographie, S. 310). Eine Reihe von Autoren vor und nach mir ist zudem in vielen Punkten zu sehr ähnlichen Ergebnissen gekommen.

Systemkritische Prophetie

Dem öffentlichen Sprachgebrauch zu Beginn des dritten Jahrtausends nach ist die traditionelle europäische Prophetie wegen ihrer fundamentalen, vernichtenden Kritik am post-nationalen, zentralistischen „Europa"-Europa in höchstem Maße *„politisch inkorrekt"*. Die traditionelle europäische Prophetie untergräbt den derzeit vorherrschenden Glauben der meisten Bürger an das bestehende politische System in Europa, als auch deren Glauben an das bestehende *Werte*system; ein Wertesystem, das neudeutsch gesprochen um den *Markenkern Demokratie* herum konstruiert ist.

Solange eine Gesellschaft in sich selbst ruht, kann sie negative Prophezeiungen über ihr zukünftiges Schicksal als alberne Unkenrufe abtun. Wehe aber, in der realen Welt mehren sich negative Trends und ungute Aussichten: Im Zuge tiefer Krisen können dann zuvor verlachte Prophezeiungen auf einmal ziemlich politisch werden. Das liegt auch daran, dass seit Jahrtausenden – ich wiederhole: *seit Jahrtausenden* – ein gewisser Teil der Bevölkerung stets an diesen „Quatsch" glaubt, geglaubt hat und glauben wird.
Für diesen „unausrottbaren Irrglauben" gibt es viele historische Beispiele, wobei manches Beispiel gar nicht so weit zurückliegt:
So ist quellenmäßig gut belegt, dass in der Frühphase des Nationalsozialismus der Okkultismus (zu dem die Hellseherei zählt) bei zentralen Figuren der NSDAP recht beliebt war. Das betraf unter anderem *Adolf Hitler,* SS-Chef *Heinrich Himmler* und Hitlers Stellvertreter *Rudolf Heß*. In den 1920er und 1930er Jahren entstand um diese Personen herum ein vertrauliches Milieu, in dem das Interesse an gewissen Themen des Okkultismus auch nicht weiter geheim gehalten wurde. An entsprechende Begebenheiten erinnern sich recht viele Personen aus dem engeren Kreis um Adolf Hitler, z. B. NS-Geheimdienstchef *Walter Schellenberg*[10], Hitlers Leibfotograf *Heinrich Hoffmann*[11] und *Henriette von Schirach,* eine Freundin *Eva Brauns* und Ehefrau *Baldur von Schirachs*, dem sogenannten „Reichsjugendführer"[12].
Nach bekannter Quellenlage ging es bei diesem Okkultismus immer wieder um Astrologie und Hellseherei. Man war gespannt, wohin die Reise mit dem neuen „Dritten Reich" geht. Als die Wehrmacht im Frühsommer 1940 auch noch ganz Frankreich im Handstreich erobert hatte, war die Spitze der NSDAP völlig aus dem Häuschen, und in Berlin entschloss sich ein harter Kern von NS-Okkultisten zu einem größer angelegten Nostradamus-Forschungsprojekt. Dazu wurde im Herbst 1940 eine 1568er Originalausgabe der Nostradamus-Prophezeiungen aus der Berliner Staatsbibliothek[13] fotokopiert, nachgedruckt und rund 300 Exemplare des Nostradamus-Nachdrucks auf der *»obersten Parteiebene«* verteilt.[14]
Die Information zum Nostradamus-Nachdruck verdanken wir u. a. *Alfred Rosenberg,* dem Chefideologen der NSDAP, Mitglied der obersten Parteiprominenz und ein ein-

gefleischter Anti-Okkultist.[15] Als Alfred Rosenberg Wind von dem Nostradamus-Nachdruck bekam, sammelte er Belastungsmaterial, um es Hitler vorzulegen. Dazu kam es jedoch nicht mehr. Denn als Hitler sich zum Angriff auf die UdSSR entschlossen hatte – dieser begann am 22. Juni 1941 –, wurde am 9. Juni 1941 im Deutschen Reich eine Säuberungswelle gegen alles Okkultistische durchgeführt. Unter anderem wurden im gesamten Reichsgebiet Astrologen und Hellseher verhaftet, Buchläden von entsprechender Literatur gesäubert usw.
Der okkultistische Blick in die Zukunft wurde deshalb ins Visier genommen, weil er in besonderer Weise geeignet war, den Glauben an Hitler und den „Endsieg" zu untergraben. Schließlich war jetzt allen klar: Der Angriff auf die UdSSR war extrem riskant, eine völlig neue Dimension des Krieges, und es war zu befürchten, dass das deutsche Volk am Sieg zu zweifeln beginnt. Tatsächlich gab es Astrologen und Hellseher, die das dicke Ende von Hitler-Deutschland schon längst vorausgesehen hatten, was vor 1933 auch stellenweise publiziert worden war. Zudem gab es auch ältere Prophezeiungen, aus denen man den Untergang des Nazi-Reiches herauslesen konnte (siehe Seite 88 und hier:[16]).

Die 1941er Säuberungsaktion der NS-Polizei gegen die okkultistische Subkultur steht exemplarisch für ein bedrohtes politisches System, das in einer Krise versucht, den Glauben der Bürger an den Sieg und Fortbestand des Systems aufrechtzuerhalten. Mit entsprechenden repressiven und manipulativen Maßnahmen wäre heutzutage genauso zu rechnen, sollte das „Projekt Europa" in eine noch tiefere Glaubenskrise geraten als schon jetzt (April 2018).

***

Die traditionelle europäische Prophetie sagt dem aktuellen politisch-gesellschaftlichen System in Europa also einen krachenden Untergang voraus, der den Untergängen

- des Deutschen Kaiserreiches von 1918
- des Hitler-Reiches von 1945
- und des DDR-Systems von 1989

in vielerlei Hinsicht ähneln und in manchen Punkten sogar übertreffen soll.

Glaubt man den betreffenden Prophezeiungen, so soll unsere Demokratie in eine so tiefe Krise geraten, dass die braven Bürger vom Glauben an die Demokratie abfallen, und das nicht nur vorübergehend, sondern dauerhaft – mit dem Ergebnis, dass nach der großen Krise in Mitteleuropa wieder die Monarchie eingeführt werden soll. Ja: *die Monarchie!* Da biste' platt.
Da mag man lachen oder weinen, hysterisch werden oder zornig. Die Wiedereinführung der Monarchie ist eine Quintessenz der traditionellen europäischen Prophetie, und jeder Forscher und Rechercheur, der sich mit diesen Prophezeiungen befasst, wird zum selben Ergebnis kommen.

Glaubt man den betreffenden Quellen, so begänne der System-Crash mit einem Finanzcrash. Zum selben Ergebnisse kommen zahlreiche „weltliche" Analysten.

„Sie werden euer Geld töten."

Um einen Finanzcrash voraussehen zu können, muss man wahrlich kein „Prophet" sein. Vor einem Finanzcrash warnt seit geraumer Zeit ein ziemlich breites und kompetentes Spektrum bekannter Fachleute, wie der Fondmanager, Professor und Bestsellerautor *Max Otte;* der aus dem Börsen-Fernsehen und Talkshows bekannte Börsenprofi *Dirk Müller,* auch *„Mr. Dax"* genannt; *Heiner Flassbeck,* von 1998 bis 1999 Staatssekretär im Bundesfinanzministerium; *Hans Werner Sinn,* der langjährige Chef des Münchener *IFO-Instituts für Wirtschaftsforschung*[17]*;* die Ökonomen und Bestsellerautoren *Matthias Weik* und *Marc Friedrich* (Buch *›Der Crash ist die Lösung‹*); oder *Florian Homm,* der schillernde und einst äußerst erfolgreiche Fondmanager … um ein paar Namen zu nennen.
Die oben Genannten (und andere) sind die klassischen Warner in einer Zeit großer Gefahr und großer kollektiver Ignoranz; einer Zeit vorsätzlichen Wegsehens, mitunter dreisten Lügens bis hin zur Diffamierung der Warner.

Der große Crash ist also angesagt und die Ansager verdienen Gehör. Die breite Öffentlichkeit jedoch ignoriert die Warnung. Die westliche Gesellschaft insgesamt steht einem drohenden totalen Finanzcrash so ohnmächtig und schicksalsergeben gegenüber wie ein Sammler-und-Jäger-Volk einem Vulkanausbruch oder einer großen Dürre.

Was die hellseherisch inspirierten traditionellen europäischen Prophezeiungen betrifft, so finden sich dort ein paar Hellseher und Hellseherinnen, die einen großen Crash voraussagen.[18]
Eine Hellseherin mit Crash-Voraussage ist die im Jahre 1986 verstorbene bekannte rheinische Wahrsagerin *Buchela,* mit bürgerlichem Namen *Margarethe Goussanthier.* In ihren 1983 erschienenen Memoiren *›Ich aber sage euch‹* sagt Buchela wiederholt etwas über einem zukünftigen Crash der *Wirtschaft in Deutschland.*

Abb.2: Buchela (1899–1986)

Von 1953 bis zu ihrem Tode im Jahre 1986 genoss Buchela im Rheinland einen hervorragenden Ruf als Hellseherin. Sie selbst schreibt in ihren Memoiren, Bundeskanzler *Konrad Adenauer* habe zu ihren Kunden gezählt. Tatsache ist, dass Konrad Adenauer am Sonntag, den 6. September 1953 anlässlich seiner Stimmenabgabe im örtlichen Wahllokal in Rhöndorf Reportern gegenüber gesagt hat, er sei kürzlich bei einer Hellseherin gewesen, um sich nach dem Wahlergebnis der Bundestagswahl zu erkundigen.

Die Sache mit dem Besuch bei der Hellseherin konnte man am 7. September 1953 auf Seite 1 der Zeitung *Die Welt* und auf Seite 1 der *Bonner Rundschau – Ausgabe Kölnische Rundschau* nachlesen.
Entgegen der veröffentlichten Wahlprognosen soll Buchela einen haushohen Sieg der CDU/CSU vorausgesagt haben. Tatsächlich kam die CDU/CSU statt auf prognostizierte 36,5 % auf reale 45,2 %.
Nach diesem Treffer avancierte Buchela zum Liebling der Bonner Politiker und wurde 1971 sogar zu einem Staatsbesuch von US-Senator *Edward Kennedy* in den Kanzlerbungalow eingeladen (siehe Foto rechts).

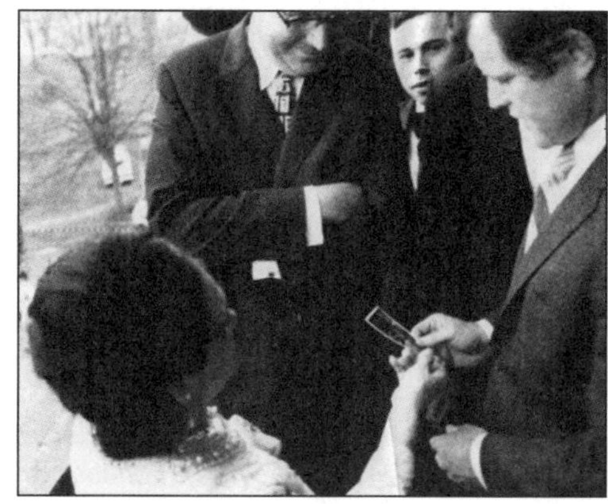

Abb.3: Buchela am 16. April 1971 mit dem damaligen rheinland-pfälzischen Ministerpräsidenten *Helmut Kohl* und US-Senator *Edward Kennedy*.[19]

Als Wahrsagerin muss Buchela also durchaus einiges „auf dem Kasten" gehabt haben. Das übliche Betrüger-Klischee jedenfalls läuft in ihrem Fall voll ins Leere.

Zur Euro-Krise heißt es in ihren 1983er Memoiren:

> *In sechs bis acht Jahren [1989 bis 1991, also eine falsche Zeitangabe°] wird es mit dem Geld böse. Es wird zu einer* ***Inflation*** *kommen, die nicht so schlimm ist wie die in den zwanziger oder dreißiger Jahren, aber dennoch so, dass man für das Geld nicht mehr viel kaufen kann. [Mit „man" dürften vor allem die „kleinen" Leute gemeint sein, denen Buchela sich zugehörig fühlte.°]*
> *Das bedeutet aber nicht, dass die Regierenden in Deutschland das Geld ruiniert haben.* ***Vom Ausland her wird alles kaputtgemacht werden.*** *[...]* ***Sie*** *[die ausländischen Mächte°]* ***werden euch in den Abgrund ihrer Unfähigkeit hinabziehen.***[20]

Hinweis: Mit ° innerhalb der eckigen Klammern kennzeichne ich Anmerkungen, die von *mir,* Stephan Berndt, stammen.

Natürlich ist die Zeitangabe (1989–1991) falsch. Wer sich aber eingehender mit Hellseherei und Prophetie befasst, wird recht schnell die Erfahrung machen, dass sich auch sehr gute Hellseher immer wieder mit genauen Zeitpunkten vertun. Das lässt sich recht einfach erklären: Im Fall optischer Visionen ist es zwar leicht zu sagen, *was* man sieht, jedoch schwer, einen genauen Zeitpunkt zu nennen, vor allem im Hinblick auf eine Jahreszahl.

An anderer Stelle heißt es in Buchelas Memoiren:

> *Die inneren Unruhen in Europa werden zunehmen. Ihr werdet es mit Leuten zu tun bekommen, die, ohne auf das Allgemeinwohl zu achten, ihren Willen durchsetzen. Dies sind zwar nur wenige, aber sie werden **die großen Gruppen** [wohl **die politischen Parteien**°] führen. Und die Großen [die regierenden Politiker°] werden aus Feigheit stillhalten.*[21]

oder:

> *Eine Macht, der ihr nicht auf die Finger schauen könnt, will euch um die Früchte eures Schweißes bringen. Denkt nicht, dass ihr für tausend Mark Rente in zwanzig Jahren [2003°] das Gleiche kaufen könnt wie am heutigen Tag. [...]*
> ***Sie werden euer Geld töten und euren Glauben missbrauchen.** Zeiten werden kommen, in denen die, die vertraut haben, **nicht das tägliche Brot** beißen können – weil es ihnen fehlt. Habt Acht auf die, die euch mit dem Gesetz verführen wollen, sie sind nicht ehrlich.*[22]

»Geld töten« – das ist der Crash! Sollten brave CDU/CSU-Wähler und Wähler der SPD, FDP und Grünen nach einem Finanzcrash am eigenen Leibe *Hunger erfahren,* dürfte es innerhalb weniger Tage zu landesweiten Unruhen kommen.

Der Zeitpunkt des Crashs

Soweit mir bekannt, weiß niemand, wann der Finanzcrash kommt; weder das Jahr noch der Monat; weder Hellseher noch irgendwelche Wirtschaftsexperten.*
Aber der Crash ist an einer bestimmten Stelle in die prophezeite Ereignisabfolge eingefügt: Der Crash müsste (auch rein logisch gesehen) vor Ausbruch der Unruhen in Europa stattfinden, und die Unruhen wiederum würden laut Prophetie nur wenige Monate vor Kriegsausbruch beginnen, vielleicht nur wenige Wochen davor. Der traditionellen europäischen Prophetie nach würde der Krieg in Europa im Hochsommer eines Jahres X *Ende Juli/Anfang August* ausbrechen (siehe Seite 39).

Die Wechselbeziehung Euro/Weltfinanzsystem

Neben dem instabilen Weltfinanzsystem (Überschuldung, Nullzinspolitik, Spekulationsblasen) haben wir auch weiterhin die Euro-Raum-Krise. Das Internet und der Buchmarkt quellen sozusagen seit Jahren über von kritischen Analysen entsprechender Ökonomen, Börsen- und Bankeninsider.
Was die traditionelle europäische Prophetie betrifft, so finden sich in den älteren Quellen – sagen wir vor 1940 – kaum Hinweise auf einen Finanz- oder Wirtschaftscrash, wohl aber bei jüngeren Quellen, beispielsweise beim bekannten bayerischen Hellseher *Alois Irlmaier* (gest. 1959), 1973 beim New Yorker Evangelisten *David*

---

* Max Otte rechnet mit dem Crash vor Ende der Amtszeit Donald Trumps (Januar 2021) (www.youtube.com/watch?v=vXN5FXJZ8Gc ab Min. 4:00), Florian Homm bis spätestens Ende 2019 (www.youtube.com/watch?v=Rv8rSMvOm-U ab Min. 6:44).

Wilkerson (1931–2011)[23], noch deutlicher bei *Buchela* (gest. 1986) und bei *Gabriele Hoffmann,* der bekannten Berliner Wahrsagerin, die dort seit inzwischen 40 Jahren die Schönen, Reichen und Mächtigen berät.[24]
In älteren europäischen Prophezeiungen findet sich kaum etwas Verwertbares im Hinblick auf eine schwere Wirtschaftskrise. Was man jedoch öfter findet, sind Voraussagen zu Unruhen und Bürgerkriegen, die etwa zeitgleich in traditionell wirtschaftlich starken Staaten Europas ausbrechen sollen – insbesondere in Frankreich und Italien, aber auch in Deutschland. Das ist ein wichtiger Aspekt: die *Gleichzeitigkeit* der Unruhen in Europa. In den entsprechenden Prophezeiungen zeichnet sich indirekt eine gesamteuropäische Ursache für die Unruhen ab; eine *gesamteuropäische Ursache,* die Prophezeiungsforschern wie mir lange Zeit rätselhaft geblieben ist. Seit dem Ausbruch der Euro-Krise liegt die mögliche Ursache jedoch auf der Hand.

Dass ein Euro-Crash der Treibsatz für nachfolgende bürgerkriegsähnliche Zustände in Europa sein könnte, ist beileibe kein von der Prophetie inspiriertes Hirngespinst, sondern *Common Sense und Grundwissen* der hiesigen politischen Klasse, bis hinein in die Polizeiapparate und die Chefetagen der Massenmedien.
Dort weiß man: Ein Euro-Crash bedeutet Unruhen: Vor der Gefahr von Bürgerkriegen in Europa wurde schon im Jahre 2012 auf dem damaligen Höhepunkt der Euro-Krise in den deutschen Massenmedien gewarnt.
So warnte der beliebte, inzwischen verstorbene Altkanzler *Helmut Schmidt* im November 2012: *„Wir stehen vielleicht vor einer Revolution in Europa."*[25] Wenige Wochen danach, am 10. Januar 2013, warnte der frühere bayerische Ministerpräsident *Edmund Stoiber* in einer *Maybrit-Illner*-Sendung (ZDF), er sähe eine *„ganz harte Bewährungsprobe für die Demokratie"* für folgende Staaten: *„Griechenland, Spanien, Portugal, Irland, Italien und Slowenien."* Ein paar Minuten später ergänzte der Wirtschaftsjournalist *Frank Lehmann: „Wir stehen vor einer Revolution in diesen Ländern."* Mit am Tisch bei Maybrit Illner saß der damalige SPD-Vorsitzende *Sigmar Gabriel,* der seinerseits keinerlei Anstalten machte, die Worte Frank Lehmanns zu relativieren, genauso wie der ebenfalls anwesende *Dieter Hundt,* Präsidenten der *Bundesvereinigung der Deutschen Arbeitgeberverbände* (BDA). Gabriels und Hundts schweigende Zustimmung zur „Revolutionswarnung" zeigt, dass sie die Lage ähnlich wie Lehmann einschätzen.

Der Zusammenhang von Euro-Crash und *„Revolution"* auch in Deutschland ist, wie man sieht, im Prinzip der gesamten (!) politischen Klasse bewusst.
All das bedeutet für den Leser zweierlei: Zum einen sollte der Leser die verbleibende Zeit nutzen, um seine finanziellen Verluste im Crash-Fall gering halten zu können. Der Leser sollte einen Teil seiner finanziellen Mittel in Hardware umtauschen: Gold, Silber, Lebensmittelvorräte usw. Auch zu diesem Thema gibt es seit Jahren eine Fülle von Literatur, im Internet leicht zu finden unter dem Stichwort *Krisenvorsorge.*
Der zweite Punkt ist, dass der Leser oder die Leserin die wirtschaftliche Entwicklung in Europa und der Welt genauer verfolgen sollte, wobei die etablierten Massenmedien für ein eingehenderes Studium so gut wie nutzlos sind, da sie über zu vieles gar nicht, zu spät, verharmlosend oder verzerrend berichten.

Bürgerkriegsvoraussagen

Das Wort *Bürgerkriege* ist in diesem Zusammenhang eigentlich unpassend, da den Prophezeiungen nach nicht von Volksmassen mit ganzen Armeen auszugehen ist, die innerhalb eines Landes gegeneinander kämpfen. Der Wortschatz der deutschen Sprache ist im Hinblick auf das, was die Prophezeiungen zum Bürgerkrieg voraussagen, etwas zu begrenzt. *Unruhen* wäre zu schwach, *Chaos* wäre auch zu schwach und *Aufstände* klingt zu sehr nach Fremdbeherrschung.
Womit der europäischen Prophetie nach zu rechnen wäre, ist ein zeitlich begrenzter totaler Zusammenbruch der öffentlichen Ordnung; die zeitweise vollkommene Abwesenheit jeglicher Ordnungskräfte, und das zudem in einer Situation, in der die Lebensmittelversorgung komplett zusammengebrochen ist und es überall – insbesondere in Ballungsräumen – zu Plünderungen kommt: erst auf Geschäfte, dann bei vermögenden Privatpersonen, dann bei jedermann.

Glaubt man der europäischen Prophetie, so würden diese Unruhen – von Ausnahmen abgesehen – erst unmittelbar vor dem „dritten Weltkrieg" ausbrechen, nur wenige Wochen zuvor, vielleicht nur Tage.
Glaubt man *Alois Irlmaier* (~1950) und einer gewissen *Katharina aus dem Ötztal* (1951), so dauert die gefährlichste Phase der Unruhen im Großraum München nur drei Wochen (Irlmaier[26]) und in Westtirol nicht viel länger; vielleicht 3 bis 4 Wochen (Katharina).[27] Dabei handelt es sich wie gesagt um die ersten Wochen unmittelbar nach Kriegsausbruch.
Da die europäische Prophetie den Kriegsausbruch in Mitteleuropa mit hohem Übereinstimmungsgrad für die Getreideernte[28] vorhersagt, konkret die *Weizen*ernte (Ende Juli/Anfang August), wären die bürgerkriegsähnlichen Unruhen spätestens zum Sommer des Kriegsjahres zu erwarten. Bräche Ende Juli/Anfang August der Krieg aus, wäre der Staat nicht mehr in der Lage, die Unruhen einzudämmen. Zunächst hätte er mit der Bekämpfung der Roten Armee Wichtigeres zu tun.

Ein Teil der Unruhen stünde natürlich im Zusammenhang mit Lebensmittel-Beschaffungskriminalität, und damit zusammenhängender Verteilungskämpfe und Raubzüge; das alles natürlich mit Schwerpunkten in Ballungszentren.
Eine zweite, parallel auftretende Form von Bürgerkrieg wären den betreffenden Quellen nach in Deutschland (Österreich und anderswo) lebende Ausländer, die wirtschaftlich zu schlecht integriert und zu schlecht abgesichert sind und die innerhalb der versorgungsbedingten Unruhen ein Eigenleben entwickeln. Hinweise auf ab Kriegsbeginn aufreißende und nicht mehr überbrückbare Gräben zwischen deutscher Stammbevölkerung und den „Fremden" finden sich in einer kleinen Gruppe älterer Prophezeiungen.[29] Diese Quellen legen die Deutung nahe, dass es ab Kriegsausbruch zwischen der deutschen Stammbevölkerung und den „Fremden" an verschiedenen Stellen im deutschsprachigen Raum zu besonderen Gewaltexzessen kommt (siehe auch Seite 123, *Lied der Linde* „bunter Fremdling").

Was mögliche geografische Schwerpunkte betrifft, wäre mit den härtesten Verteilungskämpfen in *Großstädten* zu rechnen. Und es scheint naheliegend, dass das, was in Großstädten geschieht, auf das Umland der Städte ausstrahlt. Mit plündernden Horden im Umland großer Städte wäre nach Kriegsausbruch innerhalb ganz weniger Tage zu rechnen. Und es ist klar, dass entsprechende Plünderertrupps als Erstes aus solchen Milieus heraus entstehen, die traditionell sowieso eine hohe Kriminalität aufweisen.

Neben der zwangsläufigen unvermeidlichen Lebensmittel-Beschaffungskriminalität der Stammbevölkerung und gewissen Kontrollverlust-Nebeneffekten bei jüngst Zugewanderten, bestünde den Prophezeiungen nach eine dritte Bürgerkriegsform in gezielten Rachefeldzügen aus der Stammbevölkerung heraus gegen Vertreter des bisherigen „Systems“ oder gegen jene, die man (auch fälschlicherweise) für solche hält.[30]
Die in den betreffenden Quellen (siehe unten) beschriebene Wut der „kleinen Leute“ deutet auf ein lange Zeit angestautes Gefühl des Betrogenwordenseins in der ganz normalen Bevölkerung.
Eine solche Wut breiter Bevölkerungsschichten wäre einfach zu erklären, sollte die Einheitswährung Euro noch vor Kriegsausbruch kollabieren und die Bürger im Zuge des Crashs sämtliche Ersparnisse (insbesondere ihre Altersvorsorge) verlieren.
Der politischen Klasse würde es dann nicht mehr gelingen, dem Volk vorzugaukeln, der Euro-Crash wäre unvorhersehbar gewesen, schließlich gab es weit über zehn Jahre lang massive Kritik an der Konstruktion der Euro-Einheitswährung, und viele dieser Kritiker hatten auf dem Höhepunkt der Eurokrise 2011/12 auch ausgiebig Gelegenheit, ihre Kritik in führenden Massenmedien, insbesondere im Fernsehen zur besten Sendezeit vorzubringen. Die im Normalfall bei Politikern so beliebte Notlüge „Das konnten wir nicht ahnen“ würde im Fall des Euro-Crashs *definitiv nicht* funktionieren. Dann würde sich rächen, dass man dem Bürger in der letzten Zeit vor dem Euro-Crash immer wieder gepredigt hat: „Vertraut uns, wir haben das Euro-Problem im Griff.“
Ein Euro-Crash würde der Glaubwürdigkeit der *gesamten* politischen Klasse in Euro-Europa einen extrem harten Schlag versetzen; wahrscheinlich mit der Folge, dass auch die etablierten Massenmedien die Kontrolle über die öffentliche Meinung verlieren. Im Falle des Euro-Crashs stünde also so einiges auf dem Spiel.

Eine weitere Quelle der Volkswut dürfte – wenn er denn je käme – der Krieg mit Russland sein, und zwar dann, wenn die deutschen Bürger irgendwann nach Kriegsausbruch zu glauben beginnen, die NATO sei schuld am Krieg, bzw. die russlandfeindliche Politik der NATO. Die Überzeugung *„Berlin ist schuld am Krieg“* wäre unter bestimmten Umständen sicher mehrheitsfähig. So war ein Großteil der deutschen Bevölkerung absolut empört, als Politik und Massenmedien im Jahre 2014 infolge der Ukrainekrise in aller Öffentlichkeit und für jeden sichtbar mit großem Eifer ein neues Feindbild Russland aufbauten.

Beispiele für das Anti-Putin-Sperrfeuer westlicher Medien im Jahre 2014:

Abb.4:
News-Magazin (Ö), 6. März 2014
»Der Feind der Welt«

Abb.5:
Time-Magazin, 17. März 2014
»Putin's Gamble« (der Kopf war rot!)

Abb.6:
Der Spiegel (D), 28. Julli.2014
»Stoppt Putin jetzt«

Vier Jahre später scheint die permanente Putin-Kritik und die permanente Anti-Putin-Hetze über die gesamte Breite der etablierten Massenmedien dazu geführt zu haben, dass ein großer Teil der Bevölkerung Russland inzwischen doch als Bedrohung empfindet. So heißt es in einer Umfrage des ZDF-Politbarometers von März 2018, 53 % der Deutschen würden sich *»große oder sehr große Sorgen«* machen, würde Putin wiedergewählt.[31] Trotzdem leben in Deutschland immer noch viele Millionen Menschen, die Russland gegenüber *nicht* so misstrauisch eingestellt sind (20 % wollten laut ZDF-Politbarometer Putins Wiederwahl), die weiter eine Freundschaft zu Russland wollen und die im Umkehrschluss gerade diejenigen deutschen Politiker und Massenmedien als Bedrohung empfinden, die fortgesetzt Feindschaft zwischen Russland und dem Westen schüren.

Praktisch sämtliche Vertreter der von den etablierten Massenmedien kaum wahrgenommenen Friedensbewegung im deutschsprachigen Raum kommen zu der geostrategischen Analyse, dass maßgebliche Kreise in der NATO sowohl in den USA als auch in Europa versuchen, einen ernsten Konflikt mit Russland zu provozieren; ein Konflikt, der dann irgendwann in einem dritten Weltkrieg endet.

Kurzer Hinweis zur Schreibweise ***„dritter Weltkrieg"***

Wenn es um den *prophezeiten* dritten Weltkrieg geht, setze ich ***„dritter Weltkrieg"*** immer in Anführungszeichen, um den hypothetischen Charakter dieses Szenarios zu betonen. Neben einem übersinnlich inspiriert prophezeiten „dritten Weltkrieg" gibt es natürlich auch noch einen dritten Weltkrieg als militärisches Planungsszenario oder als theoretische Möglichkeit der Weltpolitik.

Die Gefahr eines provozierten dritten Weltkrieges wird von diesen Analysten und Warnern seit 2014 immer wieder ohne Umschweife angesprochen (siehe youtube.com): von Leuten wie dem bekannten Friedensforscher *Dr. Daniele Ganser,* der ehemaligen langjährigen Tagesschau-Sprecherin und Autorin *Eva Herman,* dem Journalisten und Gründer des bekannten Internet-Medienportals KenFM *Ken Jebsen,* dem bekannten Dramatiker *Rolf Hochhuth,* dem ehemaligen ARD-Auslandsjournalisten und Parteigründer *Christoph Hörstel,* der langjährigen Russland-Korrespondentin der ARD und Bestsellerautorin *Gabriele Krone-Schmalz,* dem Publizisten und SPD-Politiker *Albrecht Müller,* dem ehemaligen Vorstandsvorsitzenden der Popp AG und heutigen Führungsfigur der Wissensmanufaktur *Andreas Popp,* dem Geopolitik-Analysten *Prof. Dr. Reiner Rotfuß* und *Willy Wimmer,* 33 Jahre Bundestagsmitglied für die CDU und ehemaliger parlamentarischer Staatssekretär im Verteidigungsministerium (und etliche andere mehr).
Käme es tatsächlich zum dritten Weltkrieg, ist anzunehmen, dass ein erheblicher Teil der Bürger Deutschlands ihre *eigene Regierung* als mitschuldig an diesem Krieg empfinden, denn ähnlich empfinden schon heute 100.000de, auch, wenn sie (bisher) in den Massenmedien nahezu totgeschwiegen werden. So oder so wird allen auffallen, dass es das politische Berlin seit Putins Machtantritt 1999 versäumt hat, stabile freundschaftliche Beziehungen zu Russland aufzubauen, und dass Berlin sich stattdessen ohne Not der antirussischen Politik Washingtons gebeugt und angeschlossen hat.
Die Wut der Deutschen auf ihre Regierung könnte sich im Kriegsfall noch weiter steigern, gäbe es keine funktionierenden Zivilschutzpläne – würde die Regierung also erneut katastrophal versagen. Bräche der Krieg aus und würde der Bürger ohne Hilfe des Staates dastehen, gäbe das sehr schnell sehr viel böses Blut.

Der plötzliche Kriegsausbruch

In den europäischen Prophezeiungen wird immer wieder vorausgesagt, dass der Krieg in Europa *vollkommen überraschend* ausbricht.[32] Die Quellen sind zwar nicht 100-prozentig deckungsgleich, aber das Moment der Überraschung überwiegt eindeutig. In einer Quelle heißt es exemplarisch: *„Wenn kein Kaiser, König, Kardinal und Bischof es erwarte.“*[33] Gerade der immer wieder vorausgesagte (angeblich) völlig überraschende Ausbruch des Krieges spricht für eine fehlende Vorsorge und ein totales Versagen der deutschen Politik und staatlichen Stellen im Vorfeld des Krieges.

Die entsprechenden Voraussagen zu den Bürgerkriegen habe ich in meinem Buch *›Countdown Weltkrieg 3.0‹* eingehender behandelt.
Im vorliegenden Buch möchte ich nur eine Quelle zum Thema Bürgerkrieg behandeln. Diese Quelle sind die sogenannten *Feldpostbriefe* vom August 1914; zwei Briefe, die ein bayerischer Soldat kurz nach Ausbruch des Ersten Weltkrieges an seine Familie geschickt hat und deren Echtheit meines Wissens von keinem Kenner der europäischen Prophetie ernsthaft angezweifelt wird. Zur Untersuchung dieser Prophezeiung durch den Parapsychologen *Prof. Hans Bender* siehe hier im Anhang.[34] 1983

schreibt Professor Bender: *»Umfangreiche Nachforschungen ließen an der Authentizität der Feldpostbriefe kaum einen Zweifel.«*[35]
Die Feldpostbriefe zählen zu den bekanntesten deutschsprachigen Prophezeiungen und wurden im Jahre 1955/56 erstmals vom oberbayerischen Benediktinermönch *Pater Frumentius* veröffentlicht.[36] *Pater Frumentius* war u. a. Beichtvater von *Kardinal Ratzinger,* dem späteren *Papst Benedikt XVI.* Die Tätigkeit als Ratzingers Beichtvater ist wohlgemerkt kein Gerücht; diese Information stammt aus einem Buch von Papst Benedikts „Leibliteraten" *Peter Seewald.*[37]
Die Dokumentation der Feldpostbriefe ist verglichen mit anderen Fällen erfreulich gut, und der Leumund von Pater Frumentius spricht für die Echtheit dieser Quelle.
Allerdings gibt es bei den Feldpostbriefen ein Problem, das sich aus der Überlieferungshistorie ergibt: Die Aussagen selbst stammen (angeblich) ursprünglich von einem seherisch sehr begabten französischen Seher, der vom deutschen Militär aufgegriffen worden war. Der französische Seher hat seine Visionen dann einem deutschen Offizier mitgeteilt, der sie wiederum ein paar untergebenen Soldaten weitererzählt hat, wovon einer mit Namen *Andreas Rill* in zwei Briefen seinen Angehörigen in Bayern darüber geschrieben hat. Die Prophezeiung selbst umfasst den ganzen Zeitraum vom Beginn des Ersten Weltkrieges, über den Zweiten Weltkrieg bis in die Zeit *nach* dem „dritten Weltkrieg".
An einigen Stellen der 1914er Feldpostbriefe erkennt man recht gut, dass im Laufe der Überlieferung einige Szenen oder Zeitabschnitte durcheinandergeraten sind; es taucht dann plötzlich im „dritten Weltkrieg" eine Szene aus dem Zweiten Weltkrieg auf. Es gibt also Fehler in der Abfolge der Szenen.
Im ersten der beiden Briefe, geschrieben am 24. August 1914, rund vier Wochen nach Kriegsausbruch, notiert der Soldat Andreas Rill die Worte des Sehers so, wie sie aus dem Munde des Offiziers bei ihm angekommen sind:

> ***Die Zeit** beginnt **zirka 32** und dauert **neun Jahre.***[38]

Die Herrschaft Adolf Hitlers begann am 30. Januar 1933 mit der sogenannten Machtergreifung. Diese Datumsvoraussage ist bemerkenswert genau – eine Abweichung von 30 Tagen bezogen auf rund 18 Jahre ist erstaunlich gering. Zutreffende genaue, echte und einwandfrei dokumentierte Datumsvoraussagen sind meiner Erfahrung nach extrem selten. Und auch in den Feldpostbriefen kommt im Anschluss gleich ein Datumsfehler: Die „Zeit" hat bis 1945 zwölf Jahre gedauert, nicht *neun.*

Im ersten Feldpostbrief geht es weiter:

> *... neun [zwölf!°] Jahre, alles geht auf eines Mannes Diktat – sagt er [der franz. Seher°] – dann kommt die Zeit **38,** [?] werden überfallen und zum Krieg gearbeitet.*[39]

Bei [?] fehlt das Objekt, vermutlich sind Österreich und die Tschechoslowakei gemeint. Im Jahre 1938 kam es zum „Anschluss" Österreichs an das Deutsche Reich, und im selben Jahr folgte die Besetzung des Sudetenlandes in der Tschechoslowakei. Mit *»die Zeit 38«* haben wir die zweite zutreffende Datumsangabe in den Feldpostbriefen.

Der Krieg selbst endet schlecht für den Mann und seinen Anhang.
Das Volk steht auf mit den Soldaten.
Denn es kommt die ganze Lumperei auf und es geht wild zu in den Städten.[40]

Am Anfang des Zitates geht es noch um die Zeit des „dritten Reiches“ und Adolf Hitler *(»auf eines Mannes Diktat«),* auf den sich der Seher noch an einer anderen Stelle bezieht. So heißt es im *zweiten* Feldpostbrief vom 30. August 1914:

> ***Der Mann und das Zeichen*** *[Hakenkreuz°] verschwinden, und* ***es weiß niemand wohin,*** *aber der Fluch im Innern bleibt bestehen.*[41]

»Es weiß niemand wohin« bezieht sich letztlich auf Hitlers Leichnam. Tatsächlich ist der Verbleib von Hitlers sterblichen Überresten bis heute ungeklärt! Knochenreste (Schädel und Kiefer) aus einem russischen Archiv, die man Hitler lange Zeit zugeordnet hatte, haben sich zwischenzeitlich nach einer DNA-Untersuchung als *von einer Frau stammend* herausgestellt!

Im Zusammenhang mit den prophezeiten Unruhen sind zwei Sätze des obigen Zitats von besonderem Interesse: Unmittelbar nach dem (vermutlichen) Tode Hitlers *(»Der Krieg [...] endet schlecht für den Mann und seinen Anhang«)* heißt es – wie wir eben schon lasen:

> *Das* ***Volk steht auf mit den Soldaten.***
> *Denn es kommt die ganze Lumperei auf* ***und es geht wild zu in den Städten.***[42]

Bei *»es kommt die ganze Lumperei auf [raus°]«* denkt man als Deutscher im Zusammenhang mit der Hitler-Herrschaft unweigerlich an Konzentrationslager und Holocaust. Das Problem ist nur, dass das deutsche Volk nie wegen des Holocausts rebelliert hat. Tatenlos dem großen Verbrechen zusehen und seinen Lauf nehmen lassen ist ja gerade die Wurzel der deutschen Schuld: Das deutsche Volk ist nie gegen den Holocaust „aufgestanden“. Und schon gar nicht sind die *deutschen Soldaten* dagegen aufgestanden. Die deutschen Soldaten befanden sich unmittelbar nach Kriegsende erst einmal in Kriegsgefangenschaft. Die deutschen Soldaten haben gekämpft bis zum Schluss. Dann haben sie sich den Alliierten ergeben. Und von der Front ging es schnurstracks ins Kriegsgefangenenlager. Die deutschen Soldaten hatten schlicht und einfach keine Zeit für Aufstände. Gegen wen oder was auch immer.
Ohne Zweifel haben wir an dieser Stelle der Feldpostbriefe einen semantischen Bruch. So gesehen scheint es plausibler, die wilden Szenen in den Städten der Zeit nach dem „dritten Weltkrieg“ zuzuordnen und für den Bruch in der Chronologie eine Verwechslung in der Überlieferung (Seher-Offizier-Soldat) verantwortlich zu machen. Entweder die Szenen sind durcheinandergeraten oder die Feldpostbriefe sind als Quelle unbrauchbar.

Meine obige Annahme, es würde sich bei den wilden Szenen in den Städten nach Kriegsende um Szenen kurz nach dem „dritten Weltkrieg“ handeln, bestätigt sich jedoch weiter, wenn man in dem Feldpostbrief weiter liest, wie die wilden Zustände in den Städten nach dem Kriege im Detail ausgemalt werden:

Er [der Hellseher°] sagt, man soll in dieser Zeit kein Amt oder sonst dergleichen annehmen, ***alles kommt an den Galgen*** *oder wird unter der Haustüre aufgehängt, wenn nicht am Fensterblöcke hingenagelt, denn* ***die Wut unter den Leuten sei entsetzlich,*** *denn* ***da kommen Sachen auf*** *[raus°],* ***unmenschlich****. [...]*[43]

Solche Szenen gab es in Deutschland weder nach dem Ersten noch nach dem Zweiten Weltkrieg. Die Beschreibung der Situation ist überdies auch viel zu plastisch, als dass man sie auf ein im Zuge der Überlieferung missverstandenes Wort oder einen vernuschelten Halbsatz zurückführen könnte.
Zu den *ganzen Lumpereien,* die nach dem Kriege bekanntwerden: Es fällt auf, dass der Briefeschreiber nicht weiter auf diese eingeht, obwohl entsprechende Informationen und Gerüchte ja *ursächlich* für die Gewaltexzesse wären. Hier wird bewusst auf eine Information verzichtet, die dem Briefschreiber sehr wohl bekannt gewesen sein muss, da man den französischen Seher mit Sicherheit nach den Ursachen der unglaublichen Gewaltexzesse gefragt haben wird.
Die Feldpostbriefe beschreiben also eine Situation, in der es ab Kriegsende keinerlei öffentliche Ordnungsmacht mehr gibt, weder eine deutsche noch eine französische oder amerikanische noch sonst eine. Das Fehlen jeglicher Ordnungsmacht wäre historisch gesehen absolut neu in Deutschland.

Auch der nachfolgende Satz des ersten Feldpostbriefes deutet eher auf eine Situation nach Ende des „dritten Weltkrieges" (Sie finden beide Briefe im Anhang auf Seite 302):

Vom Krieg selbst sagt er, dass ***keiner was bekommt vom anderen*** *[offenbar Territorien°], und wenn sich die* ***Schweiz an Deutschland anschließt,*** *dann dauerts nicht mehr lang, und der Krieg ist aus.*[44]

Die Schweiz hat weder am Ersten noch am Zweiten Weltkrieg teilgenommen. Diese Stelle passt wenn, dann nur zum „dritten Weltkrieg". Und so ist es auch mit dem anderen Punkt: Nach dem Ersten und dem Zweiten Weltkrieg musste das Deutsche Reich große Gebiete abtreten. Da haben die anderen Länder sehr wohl „was" bekommen. Verliert Deutschland nach dem Kriege *keine* Gebiete, deutet auch das auf den „dritten Weltkrieg".

Die Prophezeiung geht weiter.

Deutschland werde zerrissen*, und ein neuer Mann tritt zutage, der das neue Deutschland leitet und aufrichtet.*[45]

Das dürfte ein weiterer Schnipsel aus der Chronologie sein, der im Laufe der Überlieferung verrutscht ist. Bei „Deutschland zerrissen" geht es um die Zeit des Kalten Krieges und die Zweiteilung Deutschlands in BRD und DDR als Widerspiegelung der ideologischen Spaltung der Welt unter den Supermächten USA und UdSSR. Der neue Mann müsste folglich Kanzler *Konrad Adenauer* sein.

Der Feldpostbrief geht weiter:

Wer dann das fleißigste Volk besitzt, erhält die Weltherrschaft. ***England wird dann der ärmste Staat in Europa,*** *denn Deutschland ist das fleißigste Volk der Welt. [sagt ein Franzose!°]*[46]

Auf den ersten Blick und bei sehr oberflächlicher Betrachtung könnte man aus diesen zwei Sätzen eine Bundesrepublik Deutschland herausdeuten, die „Exportweltmeister" wird. Doch *»Weltherrschaft«* als Umschreibung für „Exportweltmeister" wäre völlig überzogen, schließlich befinden sich auch heute (2018) noch US-amerikanische Truppen mit Atomwaffen auf deutschem Gebiet. Der US-Geheimdienst NSA kann ungestört die gesamte elektronische Kommunikation innerhalb Deutschlands abhören, die USA können Deutschland zu Wirtschaftssanktionen gegenüber Russland zwingen usw. Und da soll Deutschland angeblich die *»Weltherrschaft«* haben? Unfug!

Eine zukünftige globale (!) Vormacht Deutschlands in der Zeit nach einem „dritten Weltkrieg" finden wir – man lese und staune – allerdings auch beim 1926 verstorbenen südafrikanischen Seher *Nicolaas van Rensburg,* auf den ich noch ausführlich zurückkommen werde. Die inhaltliche Parallele der Feldpostbriefe zu Nicolaas van Rensburg bedeutet natürlich nicht, dass die Feldpostbriefe mit *»Wer dann das fleißigste Volk besitzt, erhält die Weltherrschaft«* „recht" haben. Aber es bedeutet, dass wir uns Nicolaas van Rensburgs Visionen genauer ansehen sollten (siehe Seite 143).

Was das *»England wird dann der ärmste Staat in Europa«* betrifft, folgende Anmerkung: Im Jahre 2016 betrug das nominale Bruttoinlandsprodukt in Großbritannien rund 2,6 Billionen US-Dollar. Zum Vergleich: das von Frankreich betrug im selben Jahr 2,5 Billionen US-Dollar. England, der *»ärmste Staat in Europa«* wäre aus der heutigen Perspektive hanebüchener Unfug.
Anders sähe es gemäß europäischer Prophetie in der Zeit nach dem „dritten Weltkrieg" aus: Glaubt man den entsprechenden Quellen, so wäre praktisch der gesamte Südosten Englands einschließlich London *im Meere versunken* oder durch Überflutungen verwüstet.[47] Die *City of London* (ca. 40 Meter über Normalnull), die bis etwa 2014 *noch vor New York* als das führende Weltfinanzzentrum galt und die die Hauptgeldmaschine des Vereinigten Königreiches ist, existierte nicht mehr, und auch ein Großteil der Ackerfläche im Südosten des Landes. Tatsächlich wird die Zukunft Englands in der europäischen Prophetie besonders düster ausgemalt. Der norwegische Seher *Anton Johansson* hatte eine Vision im Jahre 1907 und sah unter anderem:

... Alle Nordseestaaten waren fühlbar in Mitleidenschaft gezogen worden, doch kein Land schien so schwer betroffen zu sein wie Großbritannien und dort besonders die Ostküste ...[48]

Auch im Hinblick auf das Schicksal Großbritanniens liegen die Feldpostbriefe auf der Linie der europäischen Prophetie.

Der Brand von Paris und der Ausbruch der Unruhen

So weit die Feldpostbriefe, deren Voraussagen zu Unruhen in Deutschland und meine These, dass die Unruheszenen aus dieser Prophezeiung der Zeit des „dritten Weltkriegs“ zuzuordnen sind.
Was nun die Frage betrifft, wie lange vor dem russischen Angriff die Unruhen in Europa ausbrechen sollen, will ich kurz auf den von verschiedenen Quellen prophezeiten *Brand von Paris* eingehen. Der Brand von Paris ist ein wichtiger Angelpunkt in der Chronologie unmittelbar vor Kriegsausbruch: Paris soll von den eigenen Bürgern (!) angesteckt werden und genau dann brennen, wenn die Russen am Rhein stehen.[49]
Den Brand von Paris kann man sich rein praktisch in etwa so vorstellen: An irgendeinem Montag im Hochsommer eines Jahres X, viele Franzosen genießen ihren Sommerurlaub, eskalieren in Paris Unruhen mit zahllosen von Demonstranten gelegten Bränden, die die Pariser Feuerwehr irgendwann nicht mehr löschen kann; entweder weil es zu viele sind oder weil die Feuerwehr von den Aufständischen während der Löscharbeiten auch noch angegriffen wird.[50]
Am frühen Morgen des darauffolgenden Sonntags erfolgt dann der Angriff der russischen Armee. Der Vorstoß durch Deutschland wird von den betreffenden Prophezeiungen als sehr schnell vorausgesagt, und ein sehr schneller Vorstoß der Russen Richtung Rhein ist auch das, womit die NATO im Kalten Krieg gerechnet hat. Westliche Militärs glaubten seinerzeit, die Russen erst am Rhein stoppen zu können. Für den russischen Durchstoß von der DDR bis an den Rhein rechnete man damals in Planspielen durchaus auch mit drei Tagen. Heute würde es ein paar Stunden länger dauern, da die Rote Armee erst einmal durch Polen müsste – das wären rund 600 Kilometer. Und wer glaubt, diese 600 Kilometer zusätzlicher Puffer würden Deutschland vor dem Schlimmsten bewahren, der darf das gerne glauben.

Die Eskalation der Unruhen in Paris und Frankreich wären also erst ganz kurz vor dem Krieg zu erwarten, wobei man unter *Unruhen* natürlich vieles verstehen kann. Ich persönlich vermute, dass die Unruhen in Frankreich bis zum Brand von Paris noch mit den üblichen Polizeimethoden in Schach gehalten werden können.
Andererseits müssten sich die konkreten und akuten Ursachen für die Unruhen in Frankreich schon einige Zeit vorher abzeichnen. Die Lage in Frankreich sollte man also unbedingt im Auge behalten. Und man sollte sich nicht Sand in die Augen streuen lassen von irgendwelchen neuen französischen Möchtegernhoffnungsträgern.

Zusammenfassung

Halten wir fest, dass im Falle eines Euro-Crashs in ganz Europa mit Unruhen zu rechnen wäre und dass diese Folge eines möglichen Euro-Crashs seit Jahren der politischen Elite in Deutschland und anderswo *nachweislich bekannt ist!*
Genau ein solches Szenario mit Unruhen, die etwa zeitgleich in mehreren Staaten Europas ausbrechen, wird von der traditionellen europäischen Prophetie vorausgesagt, und zwar als eines der letzten Vorzeichen für einen unmittelbar darauf im Hochsommer eines Jahres X ausbrechenden Krieg in Mitteleuropa.

Der „dritte Weltkrieg“

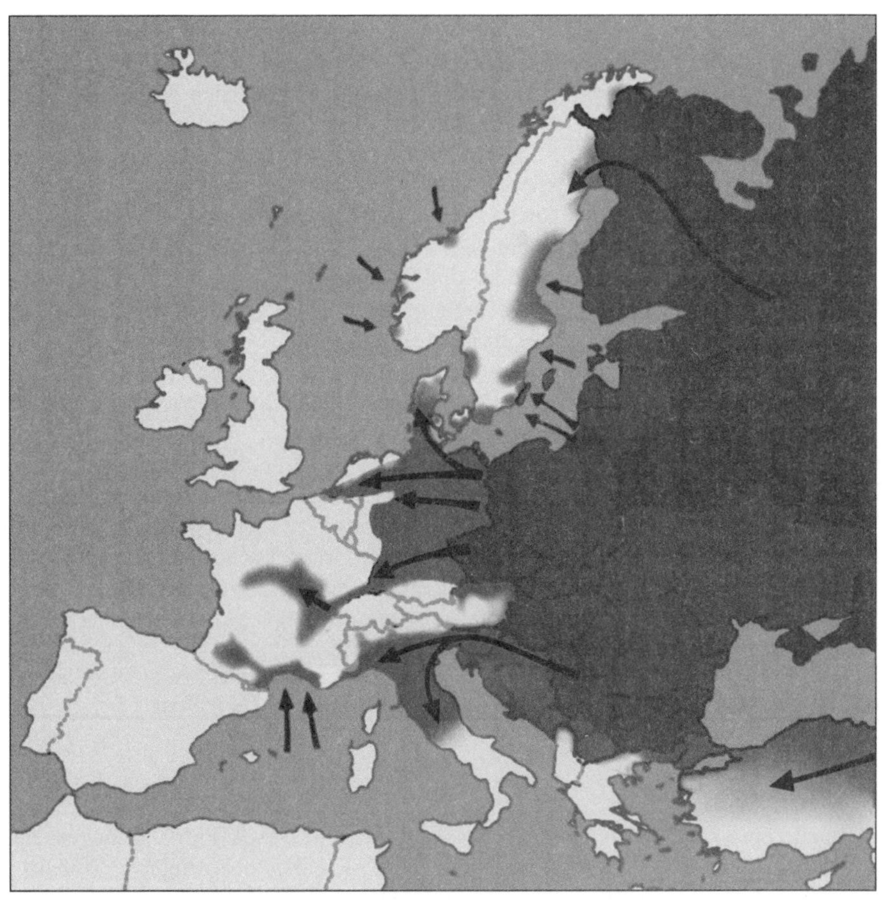

Abb.7: Prophezeite Kriegsgebiete in Europa

Eine Zusammenstellung der prophezeiten geografischen Angaben zum „dritten Weltkrieg“ in Europa, jeweils von solchen Quellen, die definitiv oder mit hoher Wahrscheinlichkeit einen „dritten Weltkrieg“ voraussagen. Mehr Kartenmaterial findet sich in meinem Buch ›Refugium‹, weitere Quellen in ›Prophezeiungen, alte Nachricht ...‹.

Die wichtigsten Voraussagen der traditionellen europäischen Prophetie zum „dritten Weltkrieg“ lassen sich wie folgt zusammenfassen:

1. Dieser Krieg – schwerpunktmäßig ein Krieg zwischen NATO und Russland – würde keinesfalls das Ende der Welt bedeuten, da es nicht zum viel befürchteten alles vernichtenden Atomkrieg kommen soll (siehe Seite 38).

2. In Mitteleuropa würde der Krieg nur rund drei Monate dauern (siehe Seite 39).
3. Wenn, dann würde der Krieg im Hochsommer eines Jahres X Ende Juli/Anfang August ausbrechen.[51]
4. Den betreffenden Quellen nach müsste es in den Monaten vor Kriegsausbruch zu einer Reihe spezifischer, unverwechselbarer Entwicklungen und Ereignissen kommen, so dass der informierte Bürger den heranrückenden Krieg frühzeitig genug erkennen dürfte und nicht überrascht werden sollte (siehe dazu mein Buch *›Countdown Weltkrieg 3.0‹*). Der Kriegsausbruch selbst wird aber extrem oft als völlig überraschend beschrieben.[52] Meiner Einschätzung nach beträfe das Überraschungsmoment aber nur solche Bürger, die sich von Politik und Massenmedien einlullen lassen und zu dumm oder zu träge sind, sich selbst zu informieren, was bisher über das Internet absolut kein Problem ist.
5. Im deutschsprachigen Raum sollen die meisten Kriegsgebiete nördlich der Donau und östlich dcs Rheines liegen.
   Grundsätzlich gibt es genug Voraussagen von genug Quellen zum Verlauf des „dritten Weltkrieges“, dass sich der gesamte Ablauf dieses Krieges in Europa ziemlich genau skizzieren lässt.
6. Formal gesehen würde der Krieg zwar durch einen Überraschungsangriff Russlands ausgelöst. Tatsächlich müsste man den Krieg aber im Zusammenhang sehen mit einem langfristigen Plan, einen Weltstaat zu errichten. Russland wäre *das* entscheidende Hindernis auf dem Wege dorthin (siehe unten) und würde durch eine anhaltende Isolations- und Strangulierungspolitik der NATO mehr oder weniger zu einem *Präventivschlag gegen die NATO* gezwungen. Kurz: Der Westen will Krieg und Russland tappt in die Falle.

Lassen Sie mich nun etwas genauer auf die obigen fünf Punkte eingehen:

1. Der ausbleibende Atomkrieg

Nie im Leben hätte ich in den letzten 25 Jahren neun Bücher zum Thema traditionelle europäische Prophetie geschrieben, wenn in diesen Prophezeiungen ein großer Atomkrieg vorausgesagt würde oder sich dort überzeugende Anhaltspunkte dafür fänden, dass es zu diesem Atomkrieg kommt.
Schließlich würde ein Atomkrieg so aufwändige Vorsorgemaßnahmen erfordern – allem voran ein Atombunker –, dass dies für die meisten Menschen schon aus finanziellen Gründen nicht infrage käme. Es hätte aber keinen Sinn, auf eine Gefahr aufmerksam zu machen, gegen deren Folgen kaum einer etwas ausrichten kann.
Die Frage „Atomkrieg oder nicht?“ auf Basis der entsprechenden Prophezeiungen habe ich in meinem 2001er Buch *›Prophezeiungen – alte Nachricht in neuer Zeit‹* eingehend untersucht und bin über mehrere methodische Ansätze zu dem Ergebnis gekommen, dass gemäß europäischer Prophetie in *Mitteleuropa definitiv kein Atomkrieg* zu erwarten wäre.
Möglich wären in Europa lediglich vereinzelte Atomexplosionen, die zahlenmäßig aber unter einem halben Dutzend bleiben sollten. Die Vorhersagen zur drei-

tägigen Finsternis (siehe Seite 43) ähneln auf den ersten Blick zwar zugegebenermaßen dem, was man vom Atomkrieg erwartet, sind auf den zweiten Blick aber eindeutig von einem Atomkrieg zu unterscheiden.

2. Die Dauer des Krieges

Da es relativ viele Quellen gibt, die sich zur Dauer des Krieges äußern, und diese Quellen einen erfreulich hohen Übereinstimmungsgrad aufweisen, lässt sich die Kriegsdauer in Mitteleuropa auf etwa drei bis dreieinhalb Monate eingrenzen.[53]

3. Der Monat des Kriegsausbruches

Ein noch größerer Übereinstimmungsgrad findet sich bei der Jahreszeit, zu welcher der Krieg ausbrechen soll: ***Ende Juli/Anfang August*** bzw. zur *Weizenernte* in Mitteleuropa.
Dieser Zeitpunkt und seine quellenmäßig gute Absicherung[54] ist aus zweierlei Gründen besonders wichtig: Einerseits würde es bedeuten, dass der „dritte Weltkrieg" nicht jederzeit ausbrechen kann, sondern nur innerhalb eines etwa dreiwöchigen Zeitfensters, andererseits lassen sich die letzten Vorzeichen bezogen auf den Zeitpunkt Hochsommer zeitlich besser einordnen. *Ende Juli/Anfang August* bilden sozusagen das Rückgrat der Chronologie des Kriegsjahres.

4. Vorzeichen des Krieges

Darüber hinaus sehe ich keine vertrauenswürdige Möglichkeit, das *Jahr* des „dritten Weltkrieges" Jahre im Voraus zu ermitteln. Stattdessen sollte man sich bei Interesse mit den prophezeiten Vorzeichen vertraut machen und den Gang der Welt beobachten.

Vorzeichen des „dritten Weltkrieges" wären u. a.:

- eine Flüchtlingskrise in Europa, konkret in Deutschland (siehe Seite 123) und Skandinavien (siehe Seite 125)
- ein europaweiter bzw. weltweiter Finanz- und Wirtschaftscrash
- in mehreren Staaten Europas vor-/revolutionäre Zustände, insbesondere in Italien und Frankreich
- eine ernste militärische Krise im Nahen Osten, die zu eskalieren droht, mit Verwicklung Syriens und Israels

In meinem Buch ›*Countdown Weltkrieg 3.0*‹ gehe ich ausführlich auf die ganze Vorzeichenthematik ein.

5. Sichere Gebiete

Zum Thema *„Prophezeiungen zu (angeblich) sicheren Gebieten"* ist von mir im Jahre 2016 das Buch ›*Refugium – sichere Gebiete nach Alois Irlmaier und anderen Sehern*‹ erschienen. Dieses Buch behandelt im Prinzip alles, was ich an Pro-

phezeiungen zum „dritten Weltkrieg“ kenne und was irgendwelche geografischen Informationen enthält.
Die betreffenden geografischen Angaben habe ich in einer Vielzahl von Landkarten zusammengefasst, die bei den deutschsprachigen Gebieten südlich der Donau und westlich des Rheines auch recht detailliert sind.

6. Die Rolle Russlands

Bei oberflächlicher Lektüre der Prophezeiungen zum „dritten Weltkrieg“ ist Russland der Hauptschuldige, schließlich soll es uns angreifen. Die Liste der Quellen, die Russland als Aggressor voraussagen, ist tatsächlich erdrückend lang, reicht weit in die Vergangenheit zurück, und die Prophezeiungen zum russischen Angriff kommen aus vielen Ländern Europas: nicht nur aus Deutschland und Österreich, sondern auch aus Norwegen, Schweden, Frankreich, Italien und anderen Ländern.[55]
Unterzieht man die heutige Weltlage aber einer geostrategischen Analyse, so erkennt man, dass Russland nicht der treibende Faktor ist. Russland ist nur das letzte Hindernis auf dem Wege zum Weltstaat. Wäre Russland erst einmal niedergerungen, käme als nächstes China dran, das infolge seiner Rohstoffabhängigkeit (Erdöl) noch leichter zu besiegen wäre als Russland. Wenn China fällt und in das westliche System multinationaler Konzerne integriert ist, bedeutet das faktisch den *Weltstaat.*
In meinem 2015er Buch ›*Was will Putin?*‹ gehe ich auf diese Problematik ein und behandle auch ein paar Quellen, denen nach sich Teile der russischen Politikerelite dieser Problematik (Russland als letztes Bollwerk vor dem Weltstaat) sehr wohl bewusst sind. Und nicht nur das; es finden sich auch Indizien dafür, dass Teile der russischen Elite im Rahmen dieses Weltstaates *eine geistig-spirituelle Vernichtung der Menschheit* befürchten und deshalb „notfalls“ einen atomaren dritten Weltkrieg zu riskieren bereit wären.
Noch einmal zum Mitschreiben: Russland würde nicht warten, bis es vom Westen langsam stranguliert wird. Es würde zuschlagen, solange es noch genug Luft hat!

Zur langfristigen Rolle Russlands:

Was auch immer mit Deutschland in Zukunft geschehen mag, es müsste um der Zukunft Europas willen mittel- und langfristig Freundschaft zu Russland suchen. Sollte es sich dabei um eine *echte* Freundschaft handeln, müsste diese Freundschaft aus deutscher Sicht auch ein Element der Inspiration beinhalten. Dazu füge ich unten Zitate von zwei Sehern an. Zuvor möchte ich aber noch einmal betonen, dass die drei Weltkriege nur möglich gewesen wären, weil sich Russland und Deutschland von einer dritten Kraft aufeinander hetzen ließen. Die zwei realen Weltkriege und der eine prophezeite Weltkrieg wären ohne einen Kampf, ohne eine geistige Entfremdung zwischen Russen und Deutschen komplett unmöglich (gewesen). Insofern liegt ein Schlüssel zum Weltfrieden definitiv in einer Freundschaft zwischen Russland und Deutschland.

Von dem bekannten und allgemein von Kennern der Prophezeiungsthematik als sehr glaubwürdig eingestuften US-amerikanischen „schlafenden Propheten" *Edgar Cayce* (gest. 1945) sind folgende Aussagen überliefert:

> *„Das [die Zukunft der Religion°] hängt von den Aktivitäten zu vieler einzelner ab, als dass sie zum gegenwärtigen Zeitpunkt [ca. 1943°] prognostiziert werden könnte, denn Veränderungen kommen, so viel ist sicher – eine Evolution oder Revolution in den Vorstellungen des religiösen Denkens.* ***Die Grundlage dafür, und zwar für die ganze Welt, wird möglicherweise*** *[siehe unten°]* ***aus Russland kommen;*** *nicht Kommunismus, nein! Eher das, was sein Grundgedanke ist, wie ihn Christus lehrte – seine Art von Kommunismus!"*[56]

Rein sprachlich gesehen klingt das natürlich eher nach einer Spekulation Edgar Cayces und nicht nach einer „Schau". Kurz vor seinem Tode wurde der „schlafende Prophet" jedoch bestimmter und prophezeite:

> *„**Aus Russland kommt die Hoffnung der Welt,** nicht als das, was manchmal als Kommunismus, als Bolschewismus, bezeichnet wird, nein. Aber die Freiheit, als eine Freiheit,* ***in der jeder einzelne Mensch für seinen Mitmenschen leben wird!*** *Das Prinzip ist geboren. Es wird Jahre dauern, bis es konkrete Form annimmt, aber aus diesem Russland heraus kommt wieder die Hoffnung der Welt."*[57]

Eine ähnlich klingende Aussage ist von der bekannten bulgarischen Seherin *Baba Wanga* (gest. 1996) überliefert. Ihre Nichte schreibt in ihrem Buch:

> *Die Zukunft Russlands war auch Thema eines Gespräches mit dem russischen Schriftsteller Walentin Sidorow im Jahr 1979, bei dem Wanga sagte:*
>
> *„Alles wird wie Eis schmelzen, nur das eine wird unberührt bleiben – der Ruhm Wladimirs (der Fürst, unter dem Russland einst das Christentum annahm. Anm. d. A.) – der Ruhm Russlands. Niemand kann Russland stoppen. Es wird nicht nur bestehen bleiben, sondern* ***das ‚alte' Russland wird durch einen geistigen Aufschwung zum ‚Herren' der Welt werden.*** *Es wird ein Adler sein, der in die Lüfte steigt und mit seinen Flügeln die ganze Erde beschattet. Alle werden seine geistige Überlegenheit anerkennen,* ***auch Amerika.*** *Das wird aber nicht schnell geschehen, sondern in 60 Jahren [also* ***2039,*** *doch Vorsicht mit Datumsprognosen, siehe dazu Gabriele Hoffmann gleich im Anschluss°]. Diesem Prozess wird die Annäherung dreier Staaten vorangehen: Chinas, Indiens und Russlands."*[58]

Zur Jahreszahl 2039 findet sich eine Entsprechung, die sich aus einer Vorhersage der bekannten Berliner Wahrsagerin *Gabriele Hoffmann* ergibt. Gabriele Hoffmann hat mir 2011 in einem Telefon-Interview gesagt, sie habe Russland um

2030 als *Einwanderungsland wie die USA im 19. Jahrhundert* gesehen; ein Russland, in dem auch viele Deutsche ihr Glück suchen.[59]
Das ist zwar nicht exakt dasselbe Thema wie bei Baba Wanga, spiegelt aber einen Grad von Offenheit gegenüber Russland wider, wie man ihn sich heute in Deutschland kaum vorstellen kann.
Ich selbst vermute, dass die prophezeite Attraktivität Russlands auch mit dem geografischen Polsprung zusammenhängt (siehe Seite 44) und – platt gesagt – damit, dass Sibirien auftaut und fruchtbar wird, so dass plötzlich gigantische, bisher menschenleere Gebiete besiedelt werden können.

Baba Wangas Formulierung *»Herr der Welt«* ist jedoch unglücklich, da dies an den *»Fürsten der Welt«* (Johannes 12;31/14;30/16;11) erinnert, mit dem die Bibel den Teufel meint, jene geistige Kraft, die die menschlichen Seelen dauerhaft an die Materie binden und am geistigen Wachstum hindern will. Das meint Wanga aber sicherlich nicht.
Auch die Formulierung *»geistige Überlegenheit«* ist unglücklich, denn niemandem ist geholfen, wenn er sich unterlegen fühlt, schon gar nicht, wenn es um geistige Unterlegenheit geht. Wesentlich geschickter wäre es, wenn man Russland als Inspiration und Bereicherung empfindet.

Möglicherweise muss man Wangas Formulierungen aber auch vor dem Hintergrund der Situation von 1979 sehen. Seinerzeit war offensichtlich geworden, dass die UdSSR den Wettkampf der Systeme verloren hat. Sechs Jahre später übernahm Michail Gorbatschow in Moskau das Ruder und gestand bald danach faktisch die Niederlage der UdSSR und des Kommunismus ein.

Die dreitägige Finsternis

Zum Ende des etwa dreimonatigen „dritten Weltkrieges“, noch vor Beginn des Winters, soll es zu einer drei Tage andauernden weltweiten Finsternis kommen.
Diese dreitägige Finsternis ist das mit Abstand am häufigsten vorausgesagte Einzelereignis der traditionellen europäischen Prophetie. Die Anzahl der Quellen, die dieses Ereignis voraussagen, ist außergewöhnlich groß. Bisher konnte ich 31 Quellen erfassen, die das Szenario *definitiv* voraussagen, plus weitere 27 Quellen, die sich mit hoher Wahrscheinlichkeit auch auf die dreitägige Finsternis beziehen, aber nicht explizit von drei Tagen sprechen (siehe Tabelle Seite 48).[60] Überdies verfügt ein erheblicher Teil der betreffenden Quellen über eine besonders hohe Glaubwürdigkeit, so dass sich die Voraussage der dreitägigen Finsternis eigentlich nur noch vom Tisch wischen lässt, wenn man die Möglichkeit echter übersinnlicher Zukunftsschau grundsätzlich bestreitet und man die vielen Quellen zur dreitägigen Finsternis mit banaler „Abschreiberei“ und Betrug erklärt.

Die dreitägige Finsternis wäre laut europäischer Prophetie ein Szenario:

- bei dem es drei Tage lang auf der ganzen Welt stockdunkel ist,
- bei dem die Außenluft über weite Teile der Nordhalbkugel (USA und Europa) mit so großen Staubmengen angefüllt ist, dass man nur in geschlossenen Räumen überleben kann. Dort soll man aber – sofern man ein paar Dinge beachtet – relativ sicher sein (siehe mein Buch ›*3 Tage im Spätherbst*‹).
- bei dem es zeitgleich weltweit zu starken Erdbeben und extremen Überflutungen der Meeresküsten kommt. Beides wären Folge eines geografischen Polsprungs, also der Verschiebung des gesamten Kontinentalschollen-Systems in Bezug auf den Erdrotationswinkel. Auf diese Weise soll Europa etwa 1500 Kilometer Richtung Äquator rutschen. Der Polsprung würde der Quellenlage nach wahrscheinlich ausgelöst durch einen Himmelskörper, der in Erdnähe auftaucht.[61]

Die unklare Ursache

So wie die Prophezeiungen das Szenario beschreiben, bleibt die eigentliche Ursache der Finsternis aber rätselhaft. Man könnte versuchen, die dreitägige Finsternis mit einem Asteroiden, Meteoriten oder Kometen zu erklären, der die Erde trifft – ein *Impakt* – und von dessen Einschlagspunkt aus sich eine Wolke ausbreitet, die schließlich den ganzen Planeten einhüllt. Tatsächlich finden sich in den Prophezeiungen einige Hinweise auf eine Art kosmischen Beschuss zur Zeit der dreitägigen Finsternis.
Bei genauerer Untersuchung der jeweiligen Voraussagen fällt jedoch auf, dass die prophezeite, auf *genau drei* Tage beschränkte Finsternis nicht zu dem passt, was die Wissenschaft über ein Impakt-Szenario sagt, denn: Wenn es nach einem Impakt drei Tage stockdunkel ist, müsste erst einmal eine längere mehrwöchige, wenn nicht mehrmonatige Dämmerungsphase folgen, in der sich Staubpartikel und Aerosole all-

mählich aus der Atmosphäre auswaschen und auf dem Erdboden absetzen. Nicht so in der europäischen Prophetie: Dort soll bereits am vierten Tag wieder die Sonne scheinen! Ja, es gibt in den Quellen noch nicht einmal eine nennenswerte Streuungsbreite im Hinblick auf vier oder fünf Tage Dunkelheit.

Den betreffenden Prophezeiungen nach kommt als Urasche für die dreitägige Finsternis eine Kombination aus zwei Faktoren infrage: Zum einen eine kosmische Staubwolke *außerhalb* der Erdatmosphäre, die die eigentliche Finsternis verursacht, indem sie die Sonne verdeckt. Diese Staubwolke würde im Wesentlichen aber nicht in die Erdatmosphäre eindringen, sondern wäre irgendwo im Kosmos zwischen Erde und Sonne. Der zweite Faktor wären kleinere Impakte auf der Nordhalbkugel und/oder der Vorbeizug eines Himmelskörpers, der große Mengen an Staub ausstößt, die über der Nordhalbkugel in die Erdatmosphäre eindringen.[62]
Insbesondere in Europa soll es zu *einer tödlichen Verpestung der Außenluft* durch Staub kommen. Diese Verpestung der Luft wird sehr oft vorausgesagt und erscheint insgesamt als sehr glaubwürdig. In geschlossenen Räumen soll man die Luftverpestung aber gut überstehen können, sofern man ein paar Regeln beachtet.
Glaubt man den betreffenden Quellen, so würde die Staubwolke weit mehr Opfer fordern als der Krieg. Die vorausgesagten Opferzahlen bewegen sich schwerpunktmäßig zwischen einem und zwei Dritteln aller Menschen.[63] Alois Irlmaier wird zitiert: *»Über Nacht sterben mehr Menschen als in zwei Weltkriegen.«*[64]
Darüber hinaus soll es während der drei Tage zu einem geografischen Polsprung kommen, bei dem der gesamte Planet eine unnatürliche Drehbewegung vollzieht, mit dem Ergebnis, dass sich die Kontinente verschieben, und sich auch der Lauf der Sonne über den Himmel ändert. Landmassen sollen im Meer versinken und Landmassen aus dem Meer aufsteigen.

Leser, die diese Informationen über die dreitägige Finsternis das erste Mal lesen, werden womöglich erst einmal nach Luft schnappen. Diese Informationen sind jedoch in den letzten 70 Jahren (!) in Deutschland etliche Hunderttausend Mal in verschiedenen Büchern veröffentlicht worden. Hinzu kommen noch Artikel in Tageszeitungen und Magazinen. Entsprechende Videos im Internet sind über eine halbe Million Mal angeschaut worden usw.
Ansonsten haben Sie natürlich recht: Die dreitägige Finsternis ist ein Szenario am äußersten Rande dessen, was wir im Jahre 2018 für möglich halten. Seltsamerweise wird dieses extrem unwahrscheinlich anmutende Ereignis aber extrem oft ausgerechnet von den glaubwürdigsten Sehern und Prophezeiungen vorausgesagt. Zufall? Eine Verschwörung? Oder ist doch 'was dran?

Der geografische Polsprung

Die drastischsten Folgen des geografischen Polsprungs sollen *ein Sonnenaufgang im Westen* sein und weltweit von einem Tag auf den anderen verschobene Klimazonen.
Auch mit dieser Vorhersage geraten wir in einen Bereich, wo die meisten Menschen abwinken werden. Das *kann* sich keiner vorstellen. Das *will* sich keiner vorstellen.

Das kann und will keiner glauben. … Für den interessierten Leser kann ich auch zum geografischen Polsprung mein Buch ›*3 Tage im Spätherbst*‹ wärmstens empfehlen.
Die Veränderungen in der Natur nach der dreitägigen Finsternis würden sich – abgesehen von veränderten Küstenverläufen – im Wesentlichen aus dem veränderten Klima erklären. Um 1950 herum hat der Hellseher Alois Irlmaier für Bayern Temperaturen wie in Süditalien oder Tunesien vorausgesagt. Irlmaier sprach von Südfrüchteanbau (konkret *Orangen*) im südostbayerischen Alpenvorland und der dortigen Möglichkeit von *zwei Ernten* pro Jahr.[65]
Ein so drastischer Klimawandel in Bayern wäre natürlich nicht auf diesen Teil Deutschlands und Europas beschränkt. Das heißt: Mehr oder weniger in ganz Mittel- und Nordeuropa wäre mit einem Klima zu rechnen, das keine echten Winter mehr kennt. Entsprechend tiefgreifend würde sich die Pflanzenwelt und Tierwelt ändern; der Kleidungsstil, der Baustil und viele andere Dinge.
Diesen tiefgehenden, fast surrealen Wandel sollen die Kolibris auf dem Cover dieses Buches symbolisieren. Voraussagen dazu, dass es in Mitteleuropa in Zukunft Kolibris geben wird, sind mir wohlgemerkt *nicht bekannt.*

Führt man die prophezeiten Klimaveränderungen auf ein „Verrutschen Europas" in Richtung Äquator zurück – eine Vorstellung, die der etablierten Wissenschaft die Haare zu Berge stehen lässt –, so hätte dieses Verrutschen der gesamten Erdkruste Folgen auf den gesamten Planeten. Tatsächlich gibt es hellseherisch inspirierte Voraussagen zu Klimaveränderungen in Sibirien (wärmer) und Thailand (kälter).[66] Und: Würde Europa geschätzte 1500 Kilometer Richtung Äquator rutschen, so würde der südliche Teil der Sahara in Richtung des äquatorialen Regengürtels wandern *und ergrünen!* Das rundet das Bild des globalen Wandels in einem positiven und hoffnungsvollen Sinn ab.

Die weltpolitischen Folgen des geografischen Polsprungs

Auch der politische und der geostrategische Wandel[*] in der Welt nach dem „dritten Weltkrieg" wäre maßgeblich bedingt durch den geografischen Polsprung.
Die Möglichkeit des geografischen Polsprungs wird – es wird niemanden überraschen – von der etablierten Wissenschaft natürlich empört in das Reich des Abstrusen und der Fantasterei verwiesen. Angesichts dieses vernichtenden Urteils der Wissenschaft bewegt sich die gesamte geopolitische Projektion, die sich aus der europäischen Prophetie ableiten lässt, „nüchtern" wissenschaftlich betrachtet auf äußerst dünnem Eis – um es freundlich auszudrücken.
Nichtsdestotrotz finden sich sowohl in der europäischen Prophetie als auch in der nicht-europäischen Prophetie zahlreiche Voraussagen zu und etliche Hinweise auf einen geografischen Polsprung.

---

[*] *Geostrategie* ist im Wesentlichen die Strategie weltweit operierender Mächte, die zur Durchsetzung ihrer Interessen weltweit politische, militärische, geheimdienstliche, ökonomische, massenmediale und sonstige Mittel einsetzen. Frühere Definitionen der Geostrategie orientieren sich mehr an der Geografie, sind dadurch aber eindimensionaler und damit zwangsläufig nicht zielführend.

Am eindeutigsten sind Voraussagen und Visionen zum Polsprung, in denen die irreguläre Drehbewegung der Erde unmittelbar beschrieben wird, wie z. B. bei *Bianca Beck-Rzikowski* (1931): *»Die Erde [...] wälzt sich um«.*[67] Ebenso eindeutig sind Visionen, in denen in der Zeit nach dem Polsprung die Sonne auf einer veränderten Bahn über den Himmel wandert (Sonnenaufgang im Westen!), oder wenn sich das Klima innerhalb ganz weniger Tage dauerhaft verändert.
Würde der ganze Erdball einen plötzlichen Ruck machen, hätte das zur Folge, dass die Wassermassen der Meere zeitverzögert auf den Ruck reagieren und es an den Küsten zu gigantischen Überflutungen kommt. Eine weitere Folge des Rucks wären extreme Erdbeben, die – sofern sie den Ozeanboden betreffen – wiederum Tsunamis auslösen würden. Da in den Quellen mehrmals das Versinken ganzer Landmassen, aber auch das Auftauchen von Landmassen aus dem Meere vorausgesagt wird, hat man einen Anhaltspunkt dafür, welche Höhen diese Tsunamis erreichen könnten.
Was Europa betrifft, so wird in der traditionellen europäischen Prophetie interessanterweise nicht *Holland* als besonders von Überflutungen bedroht hervorgehoben, sondern *Großbritannien,* genauer gesagt England, und dort der Osten und der Süden.[68] Die Hervorhebung Englands hätte aber nichts damit zu tun, dass Holland von Überflutungen verschont bliebe; vielmehr wird England deshalb hervorgehoben, weil dessen Untergang symbolisch steht für einen epochalen Zeitenwechsel in Europa und der Welt. Holland – das am Rande – soll, glaubt man den Prophezeiungen, so katastrophal überflutet werden wie Norddeutschland und (wohl) auch Dänemark.[69]

Infolge der polsprungbedingten Meeresfluten wäre damit zu rechnen, dass *weltweit* die Hafenanlagen und die dahinterliegende Infrastruktur zerstört werden. Die Zerstörung der maritimen Infrastruktur an Land würde es den USA, der mit Abstand größten Seemacht der Welt, für einige Jahre – unmöglich machen, politisch-militärischen Druck an fremden Küsten auszuüben. Sollte dann auch noch der Großteil der Kriegs- und Handelsschiffe auf den Weltmeeren von Polsprung-Monsterwellen versenkt werden, würden die Seemächte USA (und Großbritannien) faktisch aufhören zu existieren.
Der Untergang der Seemächte ist ein sehr simpler, sehr naheliegender Gedanke, der sich direkt aus den Prophezeiungen zur dreitägigen Finsternis und zum geografischen Polsprung ableitet. Und dieser Gedanke hat im ersten Moment auch nichts mit Politik zu tun, sondern ist rein geophysikalisch:
Aus dreitägiger Finsternis und geografischem Polsprung resultiert der schlagartige und dauerhafte Niedergang der USA als globaler Macht. Nach dem Polsprung würde der militärisch-politische Arm der USA nicht mehr nach Europa reichen. Das Gleiche gälte umgekehrt für die Geld- und Warenströme aus der ganzen Welt. Sie würden die USA nicht mehr erreichen. Und zwar nicht nur in der ersten Zeit nach den Katastrophen, sondern auch in der Folgezeit. Denn ohne globale militärische Dominanz der USA gäbe es auch keine Weltleitwährung US-Dollar mehr; ein Finanzkonstrukt, das den USA bisher faktisch zu kostenlosen Importen verhilft, da die Welt nur an US-Dollars herankommt, wenn es reale Waren aus heimischer Produktion gegen US-Dollars eintauscht.

In dem Zusammenhang eine kurze Anmerkung zu den Flugzeugträgern, die ja das Rückgrat für die globale Ausübung US-amerikanischer Militärmacht bilden: Bei den Flugzeugträgern der US-Marine befindet sich das Flugdeck etwa 30 Meter über der Wasseroberfläche.

Soweit bekannt gibt es zwar keine von der etablierten Wissenschaft abgesegneten Simulationen zur Höhe von Polsprung-Monsterwellen, aber es wurden schon „normale" Monsterwellen dokumentiert, die 26 Meter hoch waren.[70] Wäre eine Polsprung-Monsterwelle deutlich höher, dürfte das für die meisten, wenn nicht für sämtliche Flugzeugträger das Ende bedeuten, schließlich ist kaum anzunehmen, dass US-Flugzeugträger extra so konstruiert worden sind, dass sie auch den extrem unwahrscheinlichen Belastungen eines geografischen Polsprungs standhalten. Und selbst wenn man bei der Konstruktion der Flugzeugträger Polsprung-Monsterwellen berücksichtigt hätte, so hätten auch alle US-Militärhäfen „polsprungsicher" umgebaut werden müssen, also gegen – sagen wir – 50 Meter hohe oder noch höhere Flutwellen abgesichert werden müssen, was sich infolge der umfangreichen Umbaumaßnahmen nicht hätte geheim halten lassen.

Abb.8: Flugzeugträger USS-Enterprise

Kurzum: US-Flugzeugträger haben eine konstruktionsbedingte Belastungsgrenze, und diese Belastungsgrenze könnte im Rahmen des Polsprungs überschritten werden, eben weil die etablierte Wissenschaft auf dem Standpunkt steht: „Geografischer Polsprung? Wie bitte? Give me a brake!"

Kurze Anmerkung der Vollständigkeit halber: Der Wegfall der Angelsachsen (USA und Großbritannien) als globaler Machtfaktor könnte langfristig natürlich auch ein großer Nachteil für Europa werden, wenn China eines Tages zur Weltmacht Nummer eins aufstiege und Europa ohne die USA dastünde.

Aus den Voraussagen zur dreitägigen Finsternis und zum geografischen Polsprung jedenfalls lässt sich ableiten, dass der Einfluss der USA und Großbritanniens auf Kontinentaleuropa in der Zeit nach Krieg und Finsternis komplett verschwunden ist. Das beträfe sämtliche Ebenen: die politische, die militärische, wirtschaftliche und die kulturelle Ebene.

Tabelle zur dreitägigen Finsternis

Datenauswertung von 58 Quellen zur dreitägigen Finsternis / Erläuterung siehe nächste Seite.

	Quellen mit Bezug zur dreitägigen Finsternis	Zeit	Datensätze	Qualität	Fins-ternis			Krieg	Naturkatastrophen Erklärung siehe nächste Seite								Rat-schläge			Literatur *
					3	F	W		~	P	E	N	Ü	O	D	V	H	F	T	
1	Irlmaier	1959	150	I																30/134
2	Biernacki	1984	149	IV																8/289
3	Seher v. Waldviertel	1959	79	II																12/262
4	Dixon	197o	48	IV																5/147
5	Kugelbeer	1922	43	III																15/101
6	Luecken	1972	38	III																8/231
7	Stockert	1948	37	III																12/221
8	Smith, T.H.	1991	34	III																71/68
9	Elena Aiello	1955	33	II																10/161
10	Zönnchen	1988	33	III																85/143
11	Lindenlied	1850	29	II																7/374
12	Uriella	1993	21	IV																209/17
13	De la Vega	1982	18	III																16/214
14	M. J. Jahenny	1938	16	III																8/208
15	Böhmischer Seher	1940	16	III																8/46
16	Pater Pio	1961	14	I																8/151
17	Taigi	1837	12	II																8/132
18	Zängeler, Berta	1950	12	II																51
19	Quelle aus Hadith	~800	10	II																99/94
20	Thailändischer Mönch	~1700	8	III																PaB
21	Heilige Ottilie	720	7	II																14/75
22	Ashtar Sheran	1997	7	III																PaB
23	Palma v.Oria	1872	6	III																24/53
24	M.Bergadieu	1875	6	III																88/315
25	Johannes Friede	1948	6	II																46/84
26	Baourdi	1878	6	III																10/154
27	Schweizer Neuoffenb.	1856	4	III																14/107
28	Henle	1890	4	III																8/275
29	J. d. la Faudaise	1819	2	III																4/170
30	Grund.d.Kongr.v.k.Bl.	1837	2	III																10/155
31	Heroldsbach (Heilm.)	1949	1	III																8/275
32	Nostradamus	1558	548	II	Keine Angaben zur Dauer der Finsternis		=			=		=		=	=	=	=	=	=	1/377
33	Korkowski	1947	178	III				=====		=		=		=	=	=	=	=	=	32/23
34	La Salette	1846	84	II			=	=====		=		=	=	=	=	=	=	=	=	7/367
35	Erna Stieglitz	1972	50	III		=			=	=	=	=	=	=	=	=	=	=	=	12/237
36	Lorber	1864	33	II		=			=		=	=	=	=	=	=	=	=	=	5/156
37	Madam Sylvia	1934	24	III		=	=	=====		=				=	=	=		=	=	14/178
38	Birger Claesson	1950	23	II			=		=	=	=	=	=	=	=	=	=	=	=	PaB
39	Frau aus Valdes	1968	20	II		=			=	=	=	=	=	=	=	=	=	=	=	PaB
40	Methodius v. Patara	677	20	III			=	====	=	=		=	=	=	=	=	=	=	=	5/139
41	C. v. Heisterbach	1230	20	III			=		=	=		=		=	=	=	=	=	=	15b/63
42	Italienische Sibylle	100	19	III																5/209
43	Hep v. St. Gallen	1081	18	I		=			=			=	=	=	=	=	=	=	=	41/85
44	Marienth. Klosterbuch	1749	18	II																41/245
45	Libysche Sibylle	-200	16	III																5/205
46	Edda	1300	14	III			=	=====	=	=				=	=	=	=	=	=	14/59
47	Emmerick	1822	13	III																14/77
48	Amsterd. Botschaft	1947	12	III																PaB
49	Bellante	1923	11	III																14/73
50	Mutter Graf	1961	10	III																60/123
51	Handwercher	1830	8	III																8/191
52	Maya-Quelle	1500	8	III				=====	=	=		=	=	=	=	=	=	=	=	77/118
53	Hopi-Quelle	1938	7	II			=			=	=	=	=	=	=	=	=	=	=	S.99
54	Bertha Dudde	1947	7	III			=		=			=	=	=	=	=	=	=	=	19/55
55	Kossuthány	1918	6	III																47/407
56	Higginson	1880	4	III																24/81
57	Kerizinen	1965	3	III																8/252
58	Mongolische Quelle	1700	2	III			=	=====	=		=	=	=	=	=	=	=	=	=	99/98
					3	F	W		~	P	E	N	Ü	O	D	V	H	F	T	

inverse Felder = Geistliche der (meist) katholischen Kirche – oder von dieser heilig- oder seliggesprochen oder Visionen von kirchlich anerkannten Marienerscheinungen

* teilweise zu einzelnen Quellen weitere Literaturangaben nötig – Literaturcodes siehe Anhang

Abb.9: Tabelle zur dreitägigen Finsternis

Erläuterung der Tabelle zur dreitägigen Finsternis

Gruppe 1 (1–31) bezieht sich definitiv auf die dreitägige Finsternis. Lediglich eine Quelle der Gruppe 1 – der Seher aus dem Waldviertel – weicht bei der Dauer von drei Tagen ab! Im Waldviertel dürfte es lokale Gründe dafür geben, dass die Dunkelheit und/oder Luftverpestung länger dauert.

Gruppe 2 (32–58) umfasst Quellen, bei denen Angaben zur Dauer der Finsternis fehlen, jedoch weisen diese Quellen Details auf, die ebenfalls auf die dreitägige Finsternis hindeuten. Vielleicht 15 % aus Gruppe 2 könnten sich bei einer genaueren Prüfung (zu der mir derzeit die Daten fehlen) als ohne Bezug zur dreitägigen Finsternis erweisen. Weshalb die Quellen der Gruppe 2 auf die dreitägige Finsternis hindeuten, siehe unten.

Wie aus der Tabelle hervorgeht, wird die dreitägige Finsternis umso häufiger im Zusammenhang mit einem Krieg erwähnt, je mehr Vorhersagen ich von der Quelle erfasst habe (breite Spalte „Krieg" + Spalte „Datensätze"). Dies ist insofern von Bedeutung, als einige wenige Quellen mehrere dreitägige Finsternisse voraussagen (z. B. Wolfgang Zönnchen). Das zu diskutieren ergibt aufgrund der diesbezüglich dünnen Datenbasis jedoch wenig Sinn. Doch selbst wenn es zu mehreren dreitägigen Finsternissen kommen sollte, so wäre die entscheidende diejenige im Zusammenhang mit dem Krieg, den Russland beginnen soll.
Die einzelnen Buchstaben am Kopf der Spalten beziehen sich auf unterschiedliche Aspekte der dreitägigen Finsternis, die von der jeweiligen Quelle erwähnt werden.

3 =	Dauer = 3 Tage (nur Gruppe 1)	Ü =	Überflutungen
F =	Finsternis	O =	Orkane
W =	Wolke	D =	(großer) Donner
~ =	Störung der Gravitation	V =	Blitze
P =	(leuchtender) Himmelskörper	H =	**man soll im Haus bleiben**
E =	Erdbeben	F =	**man soll nicht aus dem Fenster sehen**
N =	neues Land taucht auf	T =	**man soll nicht die Haustüre öffnen**

Bitte beachten Sie die Spalten „H", „F" und „V". Dort geben die Quellen Ratschläge, wie man sich zu dieser Zeit verhalten soll. In den mit „=" gekennzeichneten Fällen deuten die Details deutlich auf die dreitägige Finsternis. So z. B. wenn von einer Störung der Gravitation im Zusammenhang mit einer Finsternis die Rede ist: Spalte „F" („W") + Spalte „~". Oder aber, wenn das Auftauchen eines Sterns im Zusammenhang mit der Finsternis erwähnt wird: Spalte „F" („W") + Spalte „P". Indirekt könnte der Polsprung auch durch merkwürdige Veränderungen am Sternenhimmel bzw. dem Planetenhimmel angezeigt werden. Diese merkwürdigen Veränderungen können z. B. in einem Aufrollen des Himmels, Fallen oder Zusammenstoßen von Sternen oder merkwürdigen Bewegungen der Planeten einschließlich von Sonne und Mond bestehen. In den meisten dieser Fälle kann man von erheblichen Störungen im Gravitationsgefüge unseres Sonnensystems ausgehen. Ebenso deutet ein Versinken oder Auftauchen von Landmassen im Zusammenhang mit einer Finsternis indirekt auf einen Polsprung: Spalten „E", „N", „Ü". Was außer einem Polsprung (abgesehen von einem großen Meteoriteneinschlag) könnte die erforderlichen Energien freisetzen? Prinzipiell gilt dies für die plötzliche und drastische Häufung von Naturkatastrophen zur Zeit der Finsternis. Woher kommt plötzlich diese enorme Energie?
Ebenfalls auf die dreitägige Finsternis deutet (wie im Falle von Erna Stieglitz) eine Giftwolke während eines Krieges, an der in riesigen Gebieten etwa ein Drittel der Menschen sterben. Damit wäre keinesfalls der gelbe Strich gemeint, da dort das betroffene Gebiet sehr viel kleiner wäre, aber innerhalb des Gebietes die Todesrate bei 100 % läge. Im Falle der dreitägigen Finsternis belaufen sich in den Quellen die Opferzahlen im Wesentlichen zwischen 1/3 und 2/3.

Lektionen aus dem „dritten Weltkrieg“

Die politisch-geistige Richtung, in die sich Europa nach Krieg und Finsternis entwickeln würde, hinge in ganz entscheidendem Maße davon ab, welche Schlussfolgerungen die Europäer aus dem „dritten Weltkrieg“ zögen und wo sie die eigentlichen Ursachen und die wahren Hauptschuldigen für diesen Krieg sähen.
So wie schon nach dem Zweiten Weltkrieg würde es insbesondere in Deutschland zu einer intensiven Ursachenforschung kommen. Und am Ende dieser Ursachenforschung würden *konkrete* verantwortliche Einzelpersonen stehen: Vordenker, Initiatoren, Mitläufer – *konkrete* politische und sonstige Akteure im Vorfeld des Krieges; Akteure, die man zu Hauptschuldigen am schlimmsten Krieg aller Zeiten erklären würde; schuldig an einem Krieg, der die Grauen und die Menschenverachtung des Zweiten Weltkrieges noch bei Weitem in den Schatten stellen würde. Ich wiederhole: *bei Weitem!*
Es würde in Europa zu einer umfassenden moralisch-juristischen Inventur kommen, so wie nach dem Zweiten Weltkrieg, nur mit dem bedeutenden Unterschied, dass man nach *diesem* Weltkrieg auf der Suche nach den Hauptschuldigen nicht in Deutschland fündig werden würde. Nicht in Deutschland!

Die Legitimation der neuen Herrscher in Europa würde sich also maßgeblich ableiten von einem möglichst klaren Bild des gerade überwundenen „Bösen“; einem „Bösen“, das es jetzt unbedingt zu bannen gilt. Angesichts der Schrecken des „dritten Weltkrieges“ müssten die neuen Herrscher tunlichst jeglichen auch noch so leisen Verdacht vermeiden, irgendwie mit den Geistesvätern des „dritten Weltkrieges“, mit den eigentlichen Kriegsverursachern gemeinsame Sache gemacht zu haben.
Zudem wäre man sich nach dem „dritten Weltkrieg“ der Gefahr bewusst, dass schon bald nach Ende des Krieges erneut Initiativen und Strukturen entstehen könnten, die bereits am *nächsten Weltkrieg* arbeiten, so wie es schon 1945 nach dem Sieg über Nazi-Deutschland geschehen ist, und so, wie es im Prinzip auch schon Ende 1918 war. Nach dem „dritten Weltkrieg“ würde man sich folglich nicht mit irgendwelchem „Nie wieder Krieg“-Geschwätz begnügen. So langsam würde man dieses Spiel dann doch durchschauen.
Ein Hauptziel der europäischen Nachkriegspolitik würde also ohne jeden Zweifel darin bestehen, eine Wiederholung der Schrecken eines „dritten Weltkrieges“ um jeden Preis und unter Aufbietung sämtlicher Mittel und Kräfte zu verhindern – und im Zuge dessen auch keine faulen Kompromisse einzugehen. Die zukünftigen europäischen Politiker würden nach dem „dritten Weltkrieg“ also sicherstellen, dass Europa politisch und militärisch stark und unabhängig genug ist, so dass es wirklich selbst über sein Schicksal entscheiden kann. Nicht zuletzt aus diesem Willen zur Wehrhaftigkeit Europas würde sich auch eine relativ zügige Re-Technisierung und Re-Industrialisierung ergeben.

So weit ein paar Überlegungen zur Lage in Europa nach dem Kriege, die sich logisch und aus der historischen Erfahrung ableiten lassen.

Deutschland nach dem „dritten Weltkrieg“

Deutschland ist im Jahre 2018 die führende Wirtschaftskraft und die führende politische Macht in Europa. Sieht man einmal von Kriegs- und Crash-Zeiten ab, war Deutschland seit Ende des 19. Jahrhunderts wirtschaftlich eigentlich immer ähnlich erfolgreich wie heute. Wenn Deutschland nicht durch Kriege und globale Krisen ausgebremst wird, stellt es eigentlich immer etwas Brauchbares auf die Beine.
Statistisch gesehen scheint es also naheliegend und ziemlich wahrscheinlich, dass Deutschland auch nach dem „dritten Weltkrieg“ für wichtige Impulse in Europa sorgt; sowohl in wirtschaftlicher als auch in politischer Hinsicht; wenn Deutschland nicht sogar Motor und Taktgeber der Entwicklung im neuen Europa sein würde.

Im Gegensatz zu den letzten beiden Weltkriegen wäre Deutschland nach dem „dritten Weltkrieg“ aber weder territorial zerstückelt noch stünde Deutschland als Hauptschuldiger des Krieges da. Deutschland läge moralisch nicht am Boden wie 1918 und 1945.
Zudem wäre der militärische Sieg über die östlichen Armeen mitten in Deutschland ein psychologisch enorm stärkender Faktor. Das Selbstverständnis und Selbstbewusstsein der Deutschen und deren Sicht auf die Welt dürfte sich infolge des Sieges und ohne nachfolgende angelsächsische Bevormundung und Denkvorschrift in vielerlei Hinsicht radikal verändern, nicht zuletzt auch deshalb, weil es ein „deutscher Sieg“ wäre, der ganz Europa zugute käme.
Bedeutende militärische Siege sind seit Jahrtausenden überall auf der Welt enorm wichtig für die Identifizierung des Einzelnen mit seiner Gemeinschaft, seinem Volk, seiner Nation. Gewonnene Schlachten und Kriege erschaffen ihre Helden: Der Kampf um Troja machte *Achilles* unsterblich, die Briten haben ihrem *Lord Nelson* (gest. 1805) in London am Trafalgar Square eine Riesensäule errichtet, in Deutschland hat man 1875 das Hermannsdenkmal im Teutoburger Wald errichtet, zum Gedenken an den Sieg der Germanen über die Römer unter der Führung von *Arminius* dem Cherusker (ein Germanenstamm) im Jahre 9 nach Christus.

Nach dem „dritten Weltkrieg“ könnte Deutschland als diejenige Kraft in Erscheinung treten, die – indem es die Hauptlast des Krieges zu tragen hatte – Europa vor dem „russischen Joch“ bewahrt hat.
Die USA sollen laut Alois Irlmaier (und anderen Quellen[71]) zwar mit einem Chemiewaffeneinsatz von der Luft aus zwischen Prag und der Ost- oder Nordsee[72] die Nachschublinien der Roten Armee in Mitteleuropa komplett durchtrennen, jedoch sollen die Amerikaner in Europa nicht oder so gut wie gar nicht mit Bodentruppen eingreifen.
Die europäischen Prophezeiungen sagen voraus, dass die russische Armee am Nord- und Ostrand des Ruhrgebietes endgültig besiegt wird – also auf *deutschem Gebiet* mit deutschen Truppen und offenbar auch unter deutschem Oberkommando.

Mit dem militärischen Sieg böte sich Deutschland massenpsychologisch gesehen eine vollkommen neue und inzwischen vollkommen ungewohnte Ausgangslage; eine Ausgangslage, die den allgemeinen historischen Erfahrungen nach in ein erheblich gesteigertes Selbst- und Nationalbewusstsein der deutschen Bevölkerung münden würde. Das funktioniert dann quasi wie bei einer gewonnenen Fußballweltmeisterschaft hoch zehn. Genau ein solches neues deutsches Selbstbewusstsein ist im spät-Merkel'schen Deutschland vielen Menschen ein absolut rotes Tuch. Man glaubt, in einem großen Selbstbewusstsein des Deutschen lauere die Saat des Bösen. Der brave Bürger fragt sich, was die Deutschen wieder alles verbrechen werden, wenn sie nach rund 100 Jahren wieder anfangen, wirklich eigenständige Entscheidungen zu treffen?

Doch egal ob man an Deutschland glaubt, den Deutschen vertraut oder den Deutschen misstraut: Über das gesamte Meinungsspektrum hinweg dürfte gemeinsamer Nenner die Auffassung sein, dass sich das wahre Gesicht, das wahre Wesen der Deutschen gerade dann zeigt, wenn die Deutschen vom Schicksal mit Macht und Möglichkeiten überhäuft werden. Egal ob Freund oder Feind Deutschlands – instinktiv wird jeder annehmen, dass sich *das Wesen der Deutschen* in einer solchen Situation offenbaren wird. Und genau diesen Ansatz verfolge ich im zweiten Teil des Buches ab Seite 183: dass sich die Zukunft Deutschlands unabhängig von irgendwelcher Hellseherei auch aus dem deutschen Wesen ableiten lässt; dass die Zukunft Deutschlands gewissermaßen schon vor langer Zeit – sagen wir vor Jahrtausenden – in das deutsche Wesen hineingeboren worden ist.

Die Rückkehr der Monarchie

Ein Großteil der traditionellen europäischen Prophezeiungen sagt für die Zeit nach den großen Katastrophen eine *Rückkehr der Monarchie* in Europa voraus.
Das sagen zwar nicht alle Prophezeiungen, aber die Mehrzahl der bedeutenden Quellen, wie *Nostradamus* (gest. 1566, Frankreich), das *Lied der Linde* (1920, Deutschland), *Alois Irlmaier* (1950, Deutschland), die *Botschaft von La Salette* (1846, Frankreich) und ein ganzer Batzen anderer Prophezeiungen. Die entsprechenden Voraussagen stammen aus vielen Gegenden Europas, sind mitunter jahrhundertealt und stammen oft von jenen Quellen, die als besonders glaubwürdig gelten. Etwas verallgemeinernd lässt sich sagen, dass in Europa „gefühlt" jede zweite Prophezeiung eine Rückkehr der Monarchie voraussagt.

Hört nun der moderne, ach so aufgeklärte und nüchterne Europäer das erste Mal von den Prophezeiungen über die Rückkehr der Monarchie, reagiert er mitunter so, als würde seine Intelligenz beleidigt. Ja, der Vernunftmensch empfindet Prophezeiungen dieser Art geradezu als Beweis dafür, dass hellseherische Prophetie entweder Unfug oder Betrug ist. *Echte* Hellseherei als mögliche Erklärung wird kategorisch ausgeschlossen.

Nun gut. Immerhin haben Skeptiker recht, wenn sie behaupten, es sei eine uralte Hoffnung der Menschen, in einer Zeit größter Not komme von irgendwoher ein gottgesandter König, der die Dinge zum Besseren wendet. Dieses Motiv des Retter-Königs findet sich tatsächlich in verschiedenen alten europäischen Sagen, z. B. in der britischen König-Artus-Sage und in deutschen Sagen, denen nach in einer Höhle im Untersberg bei Salzburg *Kaiser Karl der Große*[73] mit einer Heerschar Getreuer seit über 1000 Jahren schläft und darauf wartet, in der Endzeit aus dem Berge hervorzustürmen und den Sieg für die Guten zu erstreiten.

Abb.10: Kaiser Karl der Große reitet mit seinen Getreuen aus der Höhle im Untersberg.

Historischer Druck (Ausschnitt), Salzburg Museum

Eine andere bekannte deutsche Sage hat das gleiche Motiv eines Retter-Monarchen, allerdings mit dem *Kaiser Barbarossa* im Kyffhäuser, dem Mittelgebirge südöstlich des Harzes. Das Motiv eines quasi gottgesandten Königs oder Kaisers ist in Europa also tatsächlich vorhanden. Trotzdem wäre es voreilig und ignorant, sämtliche angeblich oder tatsächlich hellseherischen Prophezeiungen ohne Einzelfallprüfung als Betrug und bloße Neuauflagen alter europäischer Sagen abzuqualifizieren.

Das Scheitern der Demokratie als Schlüssel zur Monarchie

Die Prophezeiung von der Rückkehr der Monarchie kommt einem im Jahre 2018 natürlich auch deshalb so vollkommen absurd vor, weil man sich einfach nicht vorstellen kann und will, dass unser gegenwärtiges demokratisches Gesellschaftssystem irgendwann komplett an die Wand fährt. Genau das aber wäre die Grundvoraussetzung für die Rückkehr der Monarchie: *das krachende Scheitern der Demokratie* mitsamt der daran hängenden Eliten in Politik, Wirtschaft, Massenmedien und Kultur.

Das Scheitern des Gesellschaftssystems wäre aber gerade aus deutscher Perspektive Grundsätzlich natürlich nichts Neues: Im Laufe des 20. Jahrhunderts hatten es in Deutschland drei ganz unterschiedliche Herrschaftssysteme geschafft, das brave deutsche Volk davon zu überzeugen, ihr Herrschaftssystem werde ewig bestehen: die Monarchisten, die Nationalsozialisten und die DDR-Sozialisten. Noch kurz vor dem Ersten Weltkrieg sprach *Kaiser Wilhelm II.* von „herrlichen Zeiten“, die seine deutschen Untertanen erwartet. *Adolf Hitler* träumte von seiner Welthauptstadt „Germania“ und einem „Tausendjährigen Reich“. Und für *Erich Honecker* ging es immer nur „vorwärts“ und keine Macht der Welt konnte den „Sozialismus in seinem Lauf“ aufhalten. Doch es kam anders. Für alle drei: für Kaiser, Führer und Staatsratsvorsitzenden. Der Erste versauerte in Holland im Exil und hackte Holz. Der Zweite jagte sich eine Kugel durch den Kopf während Putz von der Bunkerdecke rieselte. Der Dritte konnte mit Ach und Krach vor seiner Inhaftierung nach Chile ausbüxen. Dort musste er dann die letzten Lebensmonate künstlich ernährt werden. Ein ruhmvolles Ende sieht anders aus.

Wir demokratischen Bürger Deutschlands leben im Jahre 2018 ganz entspannt im Hier & Jetzt auf der stolzen Höhe unserer Zeit und in der mehr oder weniger festen Überzeugung, in einem Staat zu leben, der die Quintessenz der historischen Entwicklung ist. Unser Motto lautet: Besser geht’s nicht!
Wer sich etwas mehr für Politik interessiert, dem wird jedoch in den letzten Jahren aufgefallen sein, dass in Deutschland grundlegendste Entscheidungen eben *nicht* demokratisch gefällt wurden (und werden), der Bürger wurde eben *nicht* gefragt. Das gilt für

- die Abschaffung der D-Mark
- den Afghanistaneinsatz der Bundeswehr
- die gigantischen finanziellen Verpflichtungen, die Deutschland im Rahmen der Euro-Rettung eingegangen ist
- die Aufnahme von weit über einer Million Flüchtlinge und die ganze langfristige

Zuwanderungspolitik
- die negative Haltung von Politik und Massenmedien gegenüber Russland, die streckenweise an eine regelrechte Kriegshetze erinnert

Entweder wird dem Volk eine echte Mitbestimmung verwehrt (wie im Falle einer Volksbefragung bei der Euro-Einführung), oder aber wichtige Themen werden unter den Teppich gekehrt und aus Wahlkampfdebatten herausgehalten (z. B. die Flüchtlingsproblematik im 2017er Bundestagswahlkampf), oder große Probleme tauchen innerhalb der Legislaturperiode angeblich völlig überraschend auf, es muss schnell entschieden werden und es bleibt leider keine Zeit, um das Volk zu fragen. Angesichts solcher Vorgänge *muss* man sich fragen: Leben wir Deutschen *wirklich* in einer Demokratie? Oder wird dieses Land in Wahrheit von einer Elite regiert, die ihre eigenen Interessen und Ziele verfolgt und die Demokratie nur noch inszeniert und vorgaukelt?

Letztendlich lebt unsere Demokratie natürlich vom *Glauben* an die demokratischen Politiker. Es ist nicht wirklich das System, es sind *die Menschen.* Erweisen sich nur vereinzelte Politiker als unfähig, wählt man einfach neue. Demokratie geht davon aus, dass sich irgendwo ein Besserer findet.
Gefährlich wird es für die Demokratie dann, wenn das Volk nicht mehr glaubt, dass sich die politische Klasse erneuern kann; wenn das Volk die Hoffnung auf neue und *bessere Politiker* aufgibt. Und noch bedeutend kritischer würde es, wenn das Volk nicht nur die Unfähigkeit der Politik beklagt, die Probleme zu *lösen,* sondern auch noch beginnt, die Politiker als Hauptursache der ganzen Misere anzusehen. Sollte ein Krisenszenario eintreten, in dem die Glaubwürdigkeit der *gesamten* politischen Klasse Deutschlands kollabiert: die Glaubwürdigkeit der gewählten Politiker nicht nur in Berlin, sondern auch in Kiel, Hamburg, Hannover, Hildesheim, Hameln – bis hinunter zum kleinen Dorfbürgermeister, zuzüglich des Außendienstpersonals in den Massenmedien –, dann ist in diesem Land die Demokratie am Ende.
Der Auslöser für ein solches Szenario könnte wie schon erwähnt ein Crash der Euro-Währung sein, an dessen Ende das deutsche Volk alles verlieren könnte, was es nicht mit Händen anfassen kann, an dessen Ende nur noch Hardware bleibt, kein Papiergeld, keine Verbriefungen, nichts außer Anfassbarem.

Macht man sich im Internet zur Euro-Crash-Thematik schlau, so merkt man mit der Zeit, dass praktisch sämtliche Wirtschaftsexperten, die *nicht* am finanziellen Tropf der Politik, der Massenmedien, des Bildungssystems und der Finanzindustrie hängen und etwas mutiger sind, einen Weltfinanzkollaps oder Euro-Kollaps (was auf dasselbe hinausliefe) voraussagen, der bestenfalls – Vorsicht, jetzt wird es zynisch, und das sagen auch nicht alle – von einem dritten Weltkrieg verhindert werden könnte.
Ein zweites für die Glaubwürdigkeit der aktuellen politischen Klasse Deutschlands absolut vernichtendes Szenario wäre ein Krieg mit Russland auf deutschem Boden infolge einer völlig verfehlten Russlandpolitik; einer Politik im Rahmen der NATO, die in Russland ein so großes Bedrohungsempfinden auslöst, dass im Kreml aggressive und risikobereite Militärs die Macht an sich reißen und präventiv zuschlagen. Motto:

„Wladimir Putin geht Ihnen höllisch auf die Nerven? Ach ja? Na prima. Dann warten Sie mal auf dessen Nachfolger!“
Alles, was es zum Untergang unserer Demokratie bräuchte, wären eine oder zwei, von den demokratischen Politikern *selbst fabrizierte Großkatastrophen* (Crash, Unruhen, Krieg), an denen möglichst viele europäische Politiker möglichst lange mit herumgebastelt haben. Auf gut Deutsch gesagt müsste es eine Riesen-Mega-Sauerei geben. Und „alle“ müssten mit drinhängen. Alle. So jedenfalls der Eindruck im Volk.

Wer sich also über Prophezeiungen zukünftiger Monarchien in Europa amüsiert oder aufregt, sollte sich erst einmal die Demokratie vor seiner eigenen Haustüre im ganz realen Hier & Jetzt ansehen. Genau das aber wollen die meisten sogenannten demokratischen Bürger in Deutschland derzeit *nicht.*

Monarchie als Störfaktor im One-World-Projekt

Neben den so weit beschriebenen psychologischen Verständnisbarrieren – einerseits unserem gewohnheitsmäßig naiven Glauben an die Demokratie und andererseits unser Widerwille, uns genauer anzusehen, was da in Wahrheit in unserer Demokratie vor sich geht – gibt es noch eine dritte, diesmal weltanschaulich-ideologische Verständnisbarriere im Hinblick auf die Prophezeiung der kommenden Monarchie:
Viele Menschen glauben heute, das Heil der Welt könne nur noch von einer übernationalen Instanz kommen, beispielsweise den *Vereinten Nationen,* schließlich – so die Argumentation oder besser gesagt *das neue Glaubensbekenntnis* – sind die großen drängenden Probleme der Welt global: der Klimawandel[74], die Überbevölkerung, Massenvernichtungswaffen, Terrorismus, Umweltverschmutzung, Artensterben usw.
Man kann es nennen, wie man will, am Ende kommt bei solchen Überlegungen immer irgendeine Art von *Weltregierung* heraus. Eine solche Weltregierung jedoch könnte es nicht akzeptieren, würden hier und dort noch unabhängige Staaten, insbesondere unabhängige Königreiche existieren, die noch ihren *eigenen* Willen haben; schließlich ist ein echter König in seinen Entscheidungen sehr viel freier als ein demokratisches System. Ein König ist nicht abhängig von einem Parteiapparat, nicht abhängig von Leuten, die den Wahlkampf finanzieren, oder von einer wohlwollenden Presse. Nein. Ein echter König *macht sein Ding.*
Bei der Monarchie geht es von der Grundidee her nicht um Schlösser, Kronen und Hermelinmäntel, sondern um die größtmögliche Unabhängigkeit und Freiheit des Herrschers bei gleichzeitig größtmöglicher Legitimation, nämlich der (angeblich) von Gott übertragenen Herrschaft; ein Konzept von Legitimation, das nicht nur für Europa typisch war, denn auch in Asien (oder Ägypten) gab und gibt es die Vorstellung, dass der Herrscher über eine göttliche Legitimation verfügt.

Die Wiedereinführung der Monarchie in Europa ist eine Idee, die dem aktuellen ideologisch-weltanschaulichen Trend Richtung Weltregierung, Neue Weltordnung, *New World Order* (NWO) und *One World* komplett und kategorisch widerspricht.
Bei diesem Konflikt zwischen Monarchie und One World geht es im Kern um einen Konflikt zwischen individueller Freiheit (verkörpert durch den freien Monarchen) und

einem globalen gleichmacherischen Kollektivismus, der weltweit (!) allen Menschen vorschreibt, wie sie zu leben haben, und der sich in einer Weltregierung mit unumschränkter globaler Macht ausdrückt.

Während eine Vielzahl kleiner Staaten, egal ob Monarchien, Demokratien oder sonst etwas, eine Vielzahl individueller geistiger, politischer und kultureller Entwicklungen ermöglicht, ist die Vielfalt in der bisherigen Form in einem Weltstaat nicht mehr aufrechtzuerhalten. Denn der Weltstaat würde alles kontrollieren, unterdrücken und bekämpfen, was seine Einheit bedroht. Der Weltstaat könnte nur so viel Vielfalt erlauben, wie ihm nicht gefährlich werden kann. Nur wo läge da die Grenze? Und wer würde diese Grenze ziehen und überwachen?
Da der Weltstaat zudem nicht auf natürlichem Wege entstanden, sondern auf dem Rücken irgendeiner Heils- oder Weltrettungsideologie errichtet worden wäre, müsste nicht nur der organisatorische Rahmen des Weltstaates (Behörden, Polizei, Militär) geschützt werden, sondern auch die Ideologie, auf der er fußt, mit der Folge, dass es zu weitreichenden Eingriffen in das *Geistesleben, die Gedanken- und Gefühlswelt* der Menschen *kommen muss* (!); genau so, wie man es schon in zurückliegenden totalitären Staaten wie Nazi-Deutschland, der UdSSR usw. erlebt hat und wie es *George Orwell* in seinem Buch *›1984‹* beschreibt. Die Weltregierung könnte und würde keine Debatte und Abstimmung über Sinn und Fortbestand ihrer Existenz erlauben!
Zu einer entsprechenden Weltstaatsideologie und einem ausgefeilten Indoktrinierungssystem würde es unter anderem gehören – auch hier sei an Nationalsozialismus und Kommunismus erinnert –, dass man die Kinder möglichst frühzeitig der geistigen und emotionalen Obhut ihrer Eltern entreißt; eine Aufgabe, die heutzutage unter anderem in zunehmendem Maße von den elektronischen Medien übernommen werden könnte.
Kurzum: Der Weltstaat muss von seiner inneren Natur her ein totalitärer Staat sein! Wenn das große Versprechen der *One World* und *New World Order* das *Neue* ist, so muss sie alles *Alte* bekämpfen: alle tradierten Kulturen und traditionelle Identitäten. Weltweit!

Der Konflikt zwischen Monarchie und Weltstaat ist folglich kein auf Europa beschränktes Phänomen, sondern ein globales: Eine erstarkende global vernetzte Macht wendet sich gegen die althergebrachten eher lokalen Mächte. Und so überrascht es nicht, dass auch in älteren asiatischen Prophezeiungen eine Kraft vorausgesagt wird, die der Monarchie feindlich gesonnen ist.

Die Abschaffung der Monarchie in Asien

Sehen wir uns dazu eine buddhistische Prophezeiung an, die sogenannten *›16 Vorhersagen des Buddha‹*, eine u. a. in Thailand ziemlich bekannte Prophezeiung, die dort auch im Umfeld buddhistischer Klöster kursiert:[75]

> *In ferner Zukunft werden die Leute mit der Monarchie nicht mehr zufrieden sein. Sie werden sich gegen die Monarchie wenden und für Demokratie[76] stimmen. [...] Wenn irgendein König widersteht, werden sie in diesem Land die Monarchie aus-*

radieren [Die übrig gebliebenen Monarchien sind dann nur noch pro forma Monarchien.°].[77]

So wie in Europa war auch in Asien die Monarchie jahrhunderte-, ja jahrtausendelang die vorherrschende Staatsform. Die Prophezeiung geht weiter:

> *In ferner Zukunft werden die Leute vorzugsweise* ***frisch Ausgebildete zur Führung von Ländern,*** *Unternehmen oder Gesellschaften einsetzen, welche über* ***keine Erfahrung, keine Fähigkeiten, kein Allgemeinwissen und keine Umsicht*** *verfügen, welche auch die sozialen Sitten und Gebräuche nicht verstehen. Sie werden ihnen erlauben, die Geschäfte des Landes zu führen, was eine schwierige Aufgabe ist. [...]*[78]

Welchen Sinn könnte es haben, junge, unerfahrene oder schlichtweg unfähige Menschen mit verantwortungsvollen Posten zu betrauen? Das wäre doch völlig idiotisch. Es sei denn, dass jene Macht, die die Monarchie abschaffen will, die jungen, unerfahrenen Führungskräfte bevorzugt, weil sich diese wesentlich besser manipulieren und steuern lassen und beim politisch unreifen Wahlvolk jüngere und schönere Menschen besser ankommen als die übliche Riege alter Männer.

> *In ferner Zukunft werden Dummköpfe sich als Wissende und Vertrauenswürdige ausgeben. [...] In ferner Zukunft werden unmoralische Menschen Titel erhalten, in hohen Stellungen arbeiten und sich auf die Macht des [faktisch entmachteten°] Königs abstützen. [...] In ferner Zukunft werden die Menschen unendlich gierig sein, sie können nicht genug Besitz anhäufen [Stichwort: Die Reichen werden immer reicher, die Armen immer ärmer.°]. Ehrliche Arbeit wird nicht gefragt sein. [...] In ferner Zukunft werden in der Gesellschaft* ***schlechte Menschen*** *gelobt und bewundert werden. Sie* ***werden Ansehen und Macht*** *haben, sie werden populär und geehrt sein.*[79]

Der in Europa beklagte moralische und kulturelle Niedergang ist also ein globales Phänomen! Daraus lässt sich schlussfolgern, dass es eine *globale Macht* gibt, die sowohl in Europa als auch in Asien, und damit weltweit – offenbar einer verdeckten Strategie nach – die Monarchen abschaffen oder substanziell entmachten will.
Das klingt natürlich nach Verschwörungstheorie. Allerdings ist die Verfolgung politischer Ziele im Geheimen mit versteckten Methoden ein unglaublich alter Hut: Schon der berühmte und noch heute in Militärakademien gelehrte chinesische Stratege *Sun Tsu,* gestorben vor rund *2500 Jahren,* schrieb:

> *Wahre Vortrefflichkeit ist es, insgeheim zu planen, sich heimlich zu bewegen, dem Feind einen Strich durch die Rechnung zu machen und seine Pläne zu vereiteln.*[80]

> ***Das höchste Ziel*** *bei allen taktischen Entscheidungen [und natürlich auch bei allen strategischen Entscheidungen°]* ***muss sein, sie geheim zu halten;*** *halte deine Entscheidungen geheim, und du bist sicher vor den Augen der geschicktesten Spione und vor den Ränken der klügsten Köpfe.*[81]

Weiter empfiehlt Sun Tsu, nur die Intelligentesten für den Spionagejob zu engagieren und die Spione großzügig zu bezahlen. Wie man sieht: Geheimhaltung hat für Sun

Tsu oberste Priorität. Und sogleich stellt sich die Frage, wie weit man es mit Geheimhaltung und verdeckten Aktionen (u. a. Verschwörungen) treiben kann? Gibt es irgendwo eine Grenze, die auf natürliche Art den Umfang und das Ausmaß einer Verschwörung begrenzt? Oder kann man mit verdeckten Methoden diese Grenze bis ins Unendliche ausdehnen?

Zauberwort *Verschwörungstheorie*

Da *„Verschwörungstheorie"* eines der großen Zauberwörter zu Beginn des dritten Jahrtausends ist, aber auch ein Schlüsselbegriff zum Verständnis dieses Buches, will ich kurz auf das Wirkungsprinzip des Wortes *Verschwörungstheorie* im wahrnehmungspsychologischen Kontext eingehen. Dazu folgende Erläuterung:
Wenn wir geboren werden, ist unsere Welt soziologisch betrachtet denkbar einfach und überschaubar: Da sind zunächst nur wir selbst und unsere Mutter. Dann kommen in der Regel noch ein Vater und Geschwister hinzu, nach und nach Verwandte und Spielkameraden. Mit sechs Jahren kommen wir dann in die Schule. Unser Horizont erweitert sich Schritt für Schritt.
Beginnen wir nach der Schule mit der Berufsausbildung, erfolgt ein grundlegender Einschnitt, denn jetzt müssen wir uns *spezialisieren.* Wir entdecken eine spezielle (Berufs-)Welt, wissen aber auch, dass es neben dieser noch andere (Berufs-)Welten gibt. Im Prinzip und grob vereinfacht gesehen machen wir im kindlich-jugendlichen Umfeld alle *gemeinsame* Erfahrungen, und *unterschiedliche,* aber noch ähnliche Erfahrungen in der Berufswelt.
Über das Private und Berufliche hinaus gibt es dann natürlich noch weitere Erfahrungswelten, von denen wir eigentlich nichts mehr wissen und nur noch etwas *ahnen* können. Diese Grenzzone zwischen einerseits Erfahrung und Wissen und andererseits Ahnung und Nichtwissen ist das bevorzugte Betätigungsfeld für Wissenschaft, Kunst, Abenteurertum und Spiritualität. Der menschliche Forscherdrang konzentriert sich auf genau diese Grenzzone. Und es liegt in der Natur der Sache, dass man in dieser Zone nicht alles weiß und dass man spekuliert und Theorien entwickelt über das, was sich hinter dem Vorhang des bisherigen Wissens verbirgt.

Der Begriff *Verschwörungstheoretiker* in der heute üblichen Verwendung im öffentlichen Raum entspringt nun einer Geisteshaltung, die genau diese urmenschliche Lust an der Grauzone zwischen Wissen und Nichtwissen vergiften und abwürgen will. Mit dem Schlagwort *Verschwörungstheorie* wird das Hinter-den-Vorhang-schauen-Wollen in Misskredit gebracht und gesellschaftlich geächtet! Der unbescholtene Bürger macht sich verdächtig, wenn er nicht gleich vom Vordergründigen, Offensichtlichen, Naheliegenden und Augenscheinlichen überzeugt und befriedigt ist. Um es auf den Punkt zu bringen: Der Verschwörungstheoretiker-Vorwurf ist die verbale Speerspitze eines Kampfes gegen die Wahrheitssuche. Diese Geisteshaltung des *Nichtmehr-dahinter-schauen-Wollens* ist zutiefst kultur- und wissenschaftsfeindlich und gegen die menschliche Natur *per se* gerichtet!

Natürlich gibt es unter Verschwörungstheoretikern auch Spinner und Verwirrte. Aber strategisch betrachtet dienen diese Wirrköpfe nur als Vorwand zur Diskriminierung *sämtlicher* Verschwörungstheoretiker. Die Weltgeschichte jedenfalls ist voll von Verschwörungen. Das bekannteste unstrittige Beispiel ist die Ermordung *Julius Caesars* am 15. März 44 n. Chr. im römischen Senat.
Natürlich bestreiten diejenigen, die Verschwörungen organisieren und mit verdeckten Methoden arbeiten, dass sie Verschwörer sind; alles andere wäre ja auch ziemlich bescheuert, auch schon aus rein juristischen Erwägungen.

Blauäugigen Gut- und Besserbürgern wird dann gerne auch erklärt, Verschwörungen könnten niemals globale Ausmaße annehmen, da es ab einem bestimmten Punkt viel zu viele Mitwisser gibt. Tatsächlich nähme bei einer globalen Verschwörung die Anzahl der Mitwisser zu. Das leuchtet ein. Soweit so gut. Aber Mitwisser lassen sich auch leicht disziplinieren, indem man ein paar von ihnen zur Abschreckung ganz einfach abmurkst. Und wenn ein, zwei Morde nicht reichen, dann sind es eben ein paar Dutzend! Eine entsprechend umfangreiche Mordserie gab es z. B. in Belgien in den 1990er Jahren beim bekannten Kinderschänderskandal um den Haupttäter *Marc Dutroux,* wo laut der ZDF-Reportage *›Die Spur der Kinderschänder – Dutroux und die toten Zeugen‹* (2001) im Laufe der Ermittlungsarbeiten noch vor Prozessbeginn 27 Zeugen – in Worten *siebenundzwanzig Zeugen* – starben. Süffisant und wie als Vorauskommando einer allgemeinen Volksverdummung heißt es zu dieser himmelschreienden Mordserie auf Wikipedia (Stand Juli 2017):

> *Es ist nicht auszuschließen, dass die Zeugen umgebracht wurden, um sie zum Schweigen zu bringen.*

So, so ... Frage am Rande: Wie viele Mitwisser kann man eigentlich einschüchtern, wenn man 27 Menschen umbringt und diese Morde allgemein bekannt werden, also abschreckend wirken? Ich würde auf ein paar Tausend tippen. Und Sie ...?
Wir merken uns: Eine anständige Verschwörung braucht nur eine prall gefüllte Kriegskasse, mit der man die ganzen Killer anheuern kann. Natürlich muss man auch wissen, wie man an wirklich gute Killer herankommt; Killer eben, die keine Spuren hinterlassen oder falsche Spuren legen, auf die Polizei, Ermittler und Qualitätsmedien hereinfallen.
Die Mordserie im Fall Marc Dutroux ist kein Geheimnis und hinlänglich dokumentiert. Auch der Dümmste kann sich denken, dass man Zeugen durch Morddrohungen und Mord effizient einschüchtern kann. All das ist zudem aus der Geschichte der italienischen Mafia bekannt und sollte eigentlich jeder wissen. Nichtsdestotrotz findet sich immer wieder ein bemitleidenswerter Schlaumeier, der ganz begeistert ist von der Idee, eine Verschwörung könne eine bestimmte Dimension nie überschreiten und somit niemals global werden. Schlaf, Kindchen, schlaf ...

One World contra Demokratie

Welche Rolle spielen nun mögliche Verschwörungen im Zusammenhang mit der traditionellen europäischen Prophetie und der Zukunft, die sie für Europa und die Welt voraussagt? Nun, im Prinzip ist es so, dass der von der traditionellen europäischen Prophetie vorausgesagte Ereignisablauf eigentlich nur zu erklären ist, wenn man in die Gesamtrechnung maßgebliche Kräfte einbezieht, die in verdeckter Weise aus dem Hintergrund heraus Regie führen; siehe Sun Tsu.

Wie schon angesprochen: Wir leben inzwischen in einer Epoche, in der die zunehmende globale Vernetzung und die zunehmende Bedeutung globaler Probleme (angeblich) immer drängender für die Schaffung einer effektiven Weltregierung sprechen. Andererseits wäre eine Weltregierung nicht vereinbar mit dem Selbstbestimmungsrecht der Völker und der Demokratie, denn die heutigen meist demokratischen Staaten müssten substanzielle Rechte an die Weltregierung abtreten; und das nicht zu knapp, schließlich ginge es ja um die *Rettung der Welt.* Und da heißt es klotzen statt kleckern.
Außerdem ist Demokratie auf globaler Ebene, zurückhaltend formuliert, sowieso etwas problematisch: Dazu ein kleines Rechenbeispiel: 80 Millionen Deutsche auf eine 7,5 Milliarden Menschheit macht rund ein Prozent deutsches Stimmrecht im Weltparlament. *Ein Prozent.* Noch Fragen? Mit so viel Prozent kommt man in Deutschland noch nicht einmal in den Bundestag. Im Ernst: Wählen gehen kann man sich im Weltstaat schenken.

Das Selbstbestimmungsrecht der Völker und die Demokratie sind andererseits zwei große heilige Kühe der sogenannten Aufklärung und der sogenannten westlichen Werte. Diese heiligen Kühe kann man unmöglich so einfach schlachten. Das geht nicht. Der grundlegende Widerspruch zwischen One World und Demokratie wird bisher aber nirgends offen kommuniziert. Es gibt keine großen Titelstorys in einschlägigen Magazinen oder Talkshows zum Thema *„Demokratie oder Weltherrschaft – wie geht es weiter?“*
Das dröhnende Schweigen über den heraufdämmernden globalen Paradigmenwechsel *weg von der Demokratie hin zur Weltdiktatur* öffnet naturbedingt Verschwörungstheorien Tür und Tor – und zwar zu Recht. Wenn über solche alles umfassenden globalen Entwicklungen ausgerechnet in einer Gesellschaft, die sich der Meinungsfreiheit rühmt, *nicht* gesprochen wird, muss es eine Macht im Hintergrund geben, die dafür sorgt, dass in den Ländern der eigentlich freien Rede gerade dann geschwiegen wird, wenn es drauf ankommt. Wie wollte man das anders deuten? Wenn nicht über das Herandämmern des Weltstaates debattiert werden kann, ja was bitte soll dann das ganze Gerede von Demokratie, Meinungsfreiheit, Faktencheck, „Hier check ich alles“ und bla, bla, bla? Was bitte soll all dieses Gewäsch?
Der von vielen europäischen Prophezeiungen vorausgesagte „dritte Weltkrieg“ kennzeichnet gewissermaßen den Moment, wo der bisher unter der Oberfläche rumorende Kampf um die Weltherrschaft offen zutage tritt. Merke: *Weltkrieg* bedeutet immer *Kampf um die Weltherrschaft.*

Sobald der Bürger beginnt, in Kategorien eines *Kampfes um die ganze Welt* zu denken, erkennt er natürlich auch, dass hinter dem Vorhaben Weltherrschaft eine Macht stehen muss, die es wagen könnte, zu diesem Zweck widerborstige Länder wie Russland und China in die Knie zu zwingen; koste es, was es wolle.

Kurz: Wer einen Weltkrieg prophezeit, prophezeit einen Kampf um die Weltherrschaft und er prophezeit die Existenz von Kräften, die die Welt beherrschen wollen, und zwar die *ganze* Welt. Ein Weltkrieg ist auch immer *eine Verschwörung* gegen die ganze Menschheit.

Bürgerkriege als Resultat einer Verschwörung?

Neben dem Weltkrieg als Verschwörung gegen die ganze Menschheit findet sich in der traditionellen europäischen Prophetie noch ein zweites potenziell verschwörungstheoretisches Element, nämlich die für Europa prophezeiten *Bürgerkriege*: Eigentlich sollte man als unbedarfter demokratischer Bürger ja meinen dürfen, dass die politischen Klassen Europas die Gefahr von Unruhen früh genug erkennen und früh genug gegensteuern. Die Herren und Damen Politiker schauen dem Volk doch angeblich die ganze Zeit aufs Maul und wissen, was der Bürger so denkt. Wozu gibt es eine Parteibasis, Internet-Blogs, Kommentarspalten in den Online-Ausgaben großer Zeitungen usw. usf.?

Das ist ja gerade *ein,* wenn nicht *das* zentrale Argument für die Demokratie: Bevor die Fetzen fliegen und das Blut auf das Pflaster tropft, befragt man das Volk und ändert rechtzeitig die Verhältnisse. Das bedeutet: Die Prophezeiungen von Bürgerkriegen in Europa widersprechen grundsätzlich dem Bild, das wir Bürger von den europäischen Demokratien haben. Wir denken: In den europäischen Demokratien *kann* es überhaupt nicht zu Bürgerkriegen kommen, da unsere Politiker früh genug gegensteuern würden. Wie also könnte es sein, dass die europäischen Politiker die drohende Gefahr von Bürgerkriegen in Europa nicht rechtzeitig erkennen? Einen Aspekt hatte ich schon angesprochen: Der Euro-Crash könnte als höhere Gewalt über unsere Politiker hereinbrechen.

Zum weiteren Verständnis des Rätsels „Revolution trotz Demokratie“ muss man bedenken, dass „die Politiker“ kein geschlossener Block sind, sondern sich in verschiedene Ebenen und Hierarchien aufgliedern. Lokalpolitiker mögen noch überwiegend das Wohl ihrer Wähler vor Ort im Auge haben, wohingegen Politiker weiter oben in der jeweiligen nationalen Machtpyramide ganz andere Ziele verfolgen könnten; Ziele, die weder dem Wähler gegenüber, noch dem Lokalpolitiker vor Ort gegenüber offen kommuniziert werden. Das heißt: Ähnlich wie im Krieg beim Militär ist in der politischen Klasse eine Kommando- und Informationsfluss-Hierarchie zu unterstellen, bei der „im Bedarfsfall“ ganze Frontabschnitte aufgegeben und geopfert werden, sprich Lokalpolitiker von der nationalen Regierungsspitze vorsätzlich und planmäßig im Regen stehen gelassen werden.

Aus der Distanz zwischen Lokalpolitik und nationaler Regierung könnte sich die Situation erklären, dass die lokale Basis der Machtpyramide sehr wohl die Bürger-

kriegsgefahr erkennt, die Gefahr von der Spitze der Machtpyramide jedoch ignoriert wird. Und warum? Möglicherweise – Vorsicht, jetzt kommt die nächste Verschwörungstheorie – weil man an der Spitze der Pyramide davon überzeugt ist, dass die Demokratie angesichts des heraufdämmernden Weltstaates sowieso ein Auslaufmodell ist, und es längst an der Zeit ist, sich selbst ganz persönlich mit den kommenden wahren Weltherrschern gut zu stellen.
Es ist also in Betracht zu ziehen, dass der intelligentere Teil der pseudodemokratischen Elite längst begriffen hat, dass die Demokratie ein Auslaufmodell ist, und dass sie deshalb der Demokratie in ihrer Not nur äußerst halbherzig unter die Arme greift.

Es dürfte schwerfallen, für die prophezeiten mehr oder weniger gleichzeitig ausbrechenden Bürgerkriege in demokratischen Staaten Europas eine andere plausible Erklärung zu finden als die einer von gewisser Seite bewusst zugelassenen Katastrophe. Es kann schließlich nicht sein, dass man in der politischen Elite insgesamt die drohende Gefahr von bürgerkriegsähnlichen Unruhen *nicht erkennt.* Dank flächendeckender elektronischer Kommunikationsüberwachung weiß man heutzutage, was das Volk denkt, und zwar *in Echtzeit.* Der brodelnde Volkskessel ist mit hochsensiblen Frühwarnsensoren geradezu gespickt und zugepflastert: Die E-Mails werden gelesen, Facebook wird gescannt, die Volkswut wird permanent vermessen und gewogen. Diese Daten und dieses Wissen ist vorhanden. Und innerhalb der Machtpyramide wird ein bestimmter Personenkreis Zugang zu diesen Informationen haben.
Wie man diesen in gewisser Weise *inszenierten Kontrollverlust* der westeuropäischen Demokratien interpretiert, ist dann eine andere Frage. Klar wäre jedenfalls, dass in der Mehrzahl der westeuropäischen Staaten *nicht* mehr die Interessen des Volkes vertreten würden und dass neben kurzsichtigem Egoismus nationaler Politiker als Erklärung auch noch Fremdinteressen infrage kämen; Fremdinteressen außereuropäischer Mächte, die womöglich langfristig global denken nach dem Motto: Man lässt die Demokratie ganz bewusst an die Wand fahren und opfert ganz bewusst die unteren Verwaltungsebenen des demokratischen Systems.

Weltherrschaft als Menschheitsschicksal?

Die historische Abschaffung der Monarchie einerseits und die prophezeite Wiedereinführung der Monarchie andererseits (auch dazu gibt es Vorhersagen aus Asien[82]) ist also in einem größeren historischen Kontext zu sehen, einem Kontext, in dem es um die Schaffung eines Weltstaates geht und um das *Scheitern* dieses Vorhabens im Rahmen des prophezeiten „dritten Weltkriegs“ und der dreitägigen Finsternis.
Der politische Prozess Richtung Weltstaat wiederum macht ohne ein Netz von Verschwörern wenig Sinn, denn ein Großteil der Vorbereitungen muss im Verborgenen geschehen. Wer den Weltstaat will, kann lange Zeit nicht mit offenen Karten spielen, weil er sonst nicht nur eine offene Konfrontation mit den Nationalstaatsbefürwortern überall auf dem Planeten provozieren würde, sondern die Anhänger der Nationalstaaten auch frühzeitig zu einem weltweiten Gegenbündnis mobilisieren würde. Wer in dem Zu-

sammenhang den Begriff *Verschwörung* nicht mag, vergegenwärtige sich einfach noch einmal, dass die totale Globalisierung und die Schaffung eines Weltstaates das Ende der Demokratie bedeuten *muss* und dass es derzeit nirgends in unseren Medien auch nur im Ansatz eine Debatte zum Thema „Globalisierung contra Demokratie" gibt.

Je naheliegender und damit natürlicher und schicksalhafter einem der Trend zu Weltstaat und Weltregierung erscheint, umso widersinniger muss einem natürlich das Scheitern dieses Prozesses erscheinen – erst recht, wenn dieses Scheitern des Weltstaatprojektes von der traditionellen europäischen Prophetie mit einem „Eingriff Gottes" in Form einer kosmischen Naturkatastrophe (dreitägige Finsternis) erklärt wird. Tatsache aber ist und bleibt, dass sich hellsehende Menschen in Europa und anderswo quer durch die Jahrhunderte auf die dreitägige Finsternis beziehen, wie ich in meinem Buch *›3 Tage im Spätherbst‹* detailliert aufzeige.

Trotz aller Tricks und Lügen der (vermeintlichen) Weltverschwörer muss man diesen aber auch fairerweise zugestehen, dass sie letztlich „nur" der Natur des Menschen folgen: Der Wunsch nach Weltherrschaft liegt vielen Menschen im Blut; der Wunsch ist bekannt. In jedem zweiten *James-Bond*-Film gibt es einen Bösewicht, der die Weltherrschaft an sich reißen will. Auch gibt es einige Popsongs, die diesen Wunsch thematisieren, zum Beispiel ein 1985er Lied der britischen Gruppe *Tears for Fears,* Titel *›Everybody wants to Rule the World‹,* oder nehmen wir *Christina Aguilera,* die 2010 in ihrem Lied *›Prima Donna‹* mehrfach *»I can rule the world«* ins Mikrofon schmettert.
Der Wunsch nach Weltherrschaft ist bekannt. Nahezu alle Völker und Mächte, die in der Weltgeschichte die Chance dazu hatten, haben es im Rahmen ihrer Möglichkeiten versucht: *Alexander der Große* (dem das Orakel von *Siwa* (Ägypten) im Jahre 331 vor Christus sogar ausdrücklich die Weltherrschaft vorausgesagt haben soll), die Römer, die Mongolen, Napoleon Bonaparte, Adolf Hitler, Joseph Stalin usw. Nur waren es bisher eben nie *echte* Weltreiche, die sich über den ganzen Globus bis in den letzten Winkel erstreckt haben. Dazu fehlten bisher die technologischen Voraussetzungen. Heutzutage – über 70 Jahre nach Ende des Zweiten Weltkrieges – sind die globalen Strukturen jedoch so eng, die Technologien so fortgeschritten, dass eine *echte* Weltherrschaft über tatsächlich jeden einzelnen Staat des Planeten wirklich in greifbare Nähe rückt.

Mensch sein bedeutet kreativ sein. Menschliche Kreativität führt zu Technologie, und wenn Technologie wächst und gedeiht, umspannt sie irgendwann den ganzen Planeten; das technologische Netz wird immer dichter und enger. Und irgendwann sind die globalen Strukturen so stark, dass es zu einer Machtverlagerung von den Nationalstaaten zu den globalen Strukturen kommt, deren Nervensystem wiederum das Finanzsystem ist. Das alles ist so weit ein ganz natürlicher, logischer Prozess. Vereinfacht gesagt: Lässt man der menschlichen Kreativität freien Lauf, endet es im Weltstaat. Nur fragt sich eben, *wie dieser Weltstaat am Ende aussehen soll?* Soll es ein diktatorischer Zentralstaat sein? Oder ein Staatenbund? Oder etwas dazwischen?
In jedem Fall ist es aus Sicht der Weltherrscher in spe besser, im Geheimen vorzugehen und die eigentliche Absicht zu verschleiern. Der Weltstaat hat schließlich ein gra-

vierendes Marketing-Problem: Die Idee des Weltstaates widerspricht, wie schon betont, der Idee der Demokratie und dem ganzen daran gekoppelten westlichen Wertesystem. *Demo*kratie funktioniert per Definition nur auf *Volks*ebene. Mag sein, dass man eine Hand voll Völker noch demokratisch regieren kann, aber nicht mehr Hunderte oder Tausende Völker weltweit.

Das zweite entscheidende Problem, das die Weltherrscher in spe haben, ist jene Gruppe wirtschaftlich und militärisch ziemlich mächtiger Staaten, die den Vortrieb Richtung Weltstaat sehr wohl wahrnehmen, aber definitiv nicht wollen; als da wären Russland, China, Nordkorea, Iran und andere Staaten; Staaten, die die Weltstaats-Idee als Angriff auf ihre nationale Eigenständigkeit empfinden.
Auch im Fall der one-world-kritischen Nationalstaaten lässt sich das Endziel Weltstaat nicht offen kommunizieren. Zu vielen Menschen überall auf der Welt würde sonst bewusst, dass dieses große Ziel womöglich nur auf Kosten eines neuen Weltkrieges zu haben ist, der dann natürlich zwischen dem „Westen“ und Russland plus China ausgetragen würde.
Erkennt man den „unabwendbaren“ Trend Richtung Weltstaat, so erkennt man auch die zunehmende Gefahr eines dritten Weltkrieges und dessen (mögliche) konzeptionelle Notwendigkeit. Vereinfacht gesagt: Wenn die Leute erst einmal verstehen, welche Dimension das global-politische Spiel unserer Zeit angenommen hat – nämlich das Ringen um eine erstmals *echte* Weltherrschaft –, beginnen sie auch zu ahnen, welche Höhe die Spieleinsätze haben könnten und was *in Wahrheit* alles auf dem Spiel steht. Wer die Sache mit der Welt*regierung* verstanden hat, bei dem fällt auch bald der Groschen in Sachen Welt*kriegsgefahr.*

Käme das ganze Thema Weltregierung offen und ehrlich auf die Tagesordnung, würde die ganze sogenannte demokratische Welt Sturm laufen, da alle begreifen würden, dass eine Weltregierung keine besondere Rücksicht mehr auf den Willen einzelner Völker nehmen kann.

Der Abfall vom Glauben an die Demokratie

Damit ein Weltstaat nach seiner Installation wirklich gut funktioniert und nicht nach wenigen Jahren von der „Union der demokratischen Rebellen“ und anderen Ewiggestrigen wieder gestürzt wird, muss – das mag jetzt den einen oder anderen erschrecken – zuvor der *Glauben der Völker an die Demokratie zerstört werden.*
Diese Vernichtung des Glaubens an die Demokratie muss dabei mit ähnlicher Gründlichkeit erfolgen, wie es bei der Christianisierung unserer germanisch-heidnischen Vorfahren vor über 1000 Jahren gelungen ist, als christliche Missionare die Götzen der Germanen zerstört haben. Eine solche Zertrümmerung der Götzen erreicht man durch die Herbeiführung einer Situation, in der die Demokratie für jedermann und jederfrau sichtbar vor aller Augen scheitert. Es braucht ein Demokratie-Untergangs-Szenario, das sich gewaschen hat und das sich tief in das kollektive Gedächtnis einbrennt. Es braucht einen kollektiven Schock; einen Schock, der Wochen und Monate andauert.

Ein solches Szenario lässt sich relativ einfach herbeiführen, wenn man überall in den öffentlichen Ämtern *»Dummköpfe«* amtieren lässt, die *»über keine Erfahrung, keine Fähigkeiten, kein Allgemeinwissen und keine Umsicht verfügen«,* so wie in obiger buddhistischer Quelle vorausgesagt. Die fehlende Umsicht der Politiker hätte den „Vorteil", dass diese Politiker nicht erkennen, welche Rolle *ihnen selbst* in dem ganzen Spiel zugedacht ist, nämlich die, die Demokratie zu zerstören und den Sündenbock für das vor Wut ausrastende Volk zu spielen.

Zur Erinnerung die besagte Stelle aus den 1914er Feldpostbriefen:

> *... man soll in dieser Zeit kein Amt [...] annehmen,* ***alles kommt an den Galgen oder wird unter der Haustüre aufgehängt*** *[...], denn die Wut unter den Leuten sei entsetzlich, denn da kommen Sachen auf, unmenschlich.* [83]

Tja, läuft da was nach Plan?

Oder aus dem Ruder?

Schwierige Frage.

Das offensichtliche Versagen der demokratischen Politiker auf ganzer Linie wäre allerdings nur ein Teil der Gesamtinszenierung, nur ein Teil der finalen Demokratie-Entwöhnungs-Kur. Wirklich komplett würde die Zerstörung des Glaubens an die Demokratie erst dadurch, dass sich *auch das Volk selbst* als unfähig für die Demokratie empfindet. Wären nur die jeweils im Amt befindlichen Politiker das Problem, könnte sich das Volk ja einfach neue Politiker wählen. Der Zusammenbruch der Demokratie im Rahmen einer One-World-Strategie hätte folglich in einer Form zu erfolgen, in der das Volk den Glauben *an sich selbst bzw. seine eigene demokratische Eignung* verliert.
Ich weiß, es kling bizarr, aber wenn der Glaube an die Demokratie über die Errichtung des Weltstaates hinaus Bestand hätte, müsste dieser Glauben von der One World fortlaufend bekämpft und unterdrückt werden. Besser, die Demokratie scheitert krachend vor aller Augen. Pädagogisch gesehen ist das wesentlich effizienter und nachhaltiger.

Dass die Demokraten den Glauben an die Demokratie verlieren – und damit *an sich selbst,* an ihre Fähigkeit zur Selbstverantwortung –, wäre das eigentliche psychologische Fundament der neuen Weltordnung. *Das Volk selbst* muss miterleben, wie die Demokratie scheitert. *Das Volk selbst* muss miterleben, dass sich die gescheiterten Politiker eben *nicht* durch neue, fähigere Politiker ersetzen lassen.
Wer einen langfristig stabilen Weltstaat jenseits der Demokratie will, muss folglich eine Situation herbeiführen, die der „normale" Bürger als Beweis für das Scheitern der Demokratie empfindet.
Im Prinzip müsste, wie schon angesprochen, eine Situation herbeigeführt werden wie zur Zeit der Christianisierung der odin- oder wotangläubigen Germanen.

Seinerzeit hackten christliche Missionare die heiligen Bäume der Germanen einfach um. Und wenn beim Fällen beispielsweise einer *Donar-Eiche* der Donnergott *Donar (Thor)* kein Gewitter vorbeigeschickt hat, galt den leichtgläubigen Germanen das Nichteingreifen Donars als Beweis für die Überlegenheit des christlichen Gottes.
Zur endgültigen, auf Jahrhunderte, vielleicht sogar auf Jahrtausende hin wirksamen Abschaffung der Demokratie wäre eine massenpsychologische Situation mit vergleichbarer suggestiver Macht erforderlich. Die Eiche der Demokratie muss vor aller Augen umgehackt werden. Und das bedeutet in letzter Konsequenz: Das Volk muss *den Glauben an sich selbst verlieren!*

Abb.11: Bonifatius fällt die Donar-Eiche
Gemälde von Prof. Peter Janssen, 1882
(*Donar* ist der westgermanische Name für den germanischen Gott Thor, Beschützer von *Midgard*, der Welt der Menschen)

Das wäre der satanische Preis, der für den Weltstaat zu entrichten ist; jener Staat, der uns vor der Selbstzerstörung retten soll. Die Völker müssen den Glauben *an sich selbst* verlieren und sich vor dem fürchten, was sie tun könnten, *wären sie frei.*

Natürlich: Die planmäßige Zerstörung der Demokratie riecht schon wieder streng nach Verschwörungstheorie. Keine Frage. Die gedankliche Grundlage dieser Theorie ist aber äußerst simpel und leicht zu verstehen: Weltregierung und Demokratie sind absolut unvereinbar. Das passt nicht zusammen. Punkt.

Glücklicherweise und Gott sei Dank wird eine solche Weltherrschaft von der traditionellen Prophetie aber nicht vorausgesagt, wenigstens nicht für die ersten Jahrzehnte nach dem „dritten Weltkrieg“.
Jedoch: Die Ereignisentwicklung *bis hin* zum „dritten Weltkrieg“ entspräche *sehr wohl* einem theoretischen anti-demokratischen Weltherrschaftsplan, da in der realen Welt alles auf einen Punkt kollektiver, weltweiter Orientierungslosigkeit zusteuern würde, sowohl in wirtschaftlicher, politischer, kultureller als auch spiritueller Hinsicht. In ein Bild übertragen: Ja, die Welt befindet sich tatsächlich auf dem Highway

to Hell und es kommt auch keine Abzweigung mehr. Normalerweise wäre das Spiel jetzt aus – käme nicht plötzlich ein Konstruktionsfehler im vor uns liegenden Straßenverlauf, der dazu führt, dass die Welt an einem bestimmten Punkt aus dieser Fahrt ins Unheil herausgeschleudert wird. Die Welt erleidet dadurch zwar einen schlimmen Unfall, aber dieser bewahrt sie wenigstens vor der geistigen Selbstzerstörung in einer Weltstaatsdiktatur. Scheitern würde der anti-demokratische Weltherrschaftsplan laut traditioneller europäischer Prophetie letztlich einzig und alleine infolge der dreitägigen Finsternis und eines kosmischen oder „göttlichen Eingriffes", ausgelöst durch einen plötzlich auftauchenden Himmelskörper.
Ich persönlich glaube zwar an eine Art Eingriff Gottes, aber das, was die Prophezeiungen beschreiben, muss man nicht zwingend mit einem Gott erklären. Vielleicht gibt es auch einfach ein machtvolles Gesetz der Harmonie und Balance, das das Schlimmste verhindert. So oder so liefe die prophezeite Zukunft auf eine verborgene höhere Macht hinaus: eine Macht, die dem Menschen wohlgesonnen ist und für Ausgleich sorgt.

Im Rahmen der dreitägigen Finsternis jedenfalls würde ein Großteil der interkontinentalen Infrastruktur zerstört, so dass sich die Welt als Ganzes rein technisch gesehen gar nicht mehr global beherrschen ließe. Nach der dreitägigen Finsternis würde sich ein Zeitfenster von etlichen Jahren öffnen, in dem in den einzelnen Kontinenten und Ländern neue, eigenständige staatliche Strukturen entstehen; Staaten, die jetzt gelernt hätten, dass es Mächte gibt, die zur Herbeiführung einer Weltherrschaft versuchen, mit verdeckten Methoden ihr Ziel zu erreichen. Gegen die Gefahr einer schleichenden globalen Machtübernahme wäre die Welt jetzt immunisiert.
Die Prophezeiung von der Rückkehr der Monarchie ist also im Zusammenhang zu sehen mit dem zum Scheitern verurteilten Versuch derzeit aktiver politischer Mächte, einen Weltstaat zu errichten. Unser heutiges System von Nationalstaaten bliebe demnach noch für geschätzte zwei bis drei Generationen erhalten.
Glaubt man den betreffenden Quellen, wäre im Anschluss daran allerdings sehr wohl mit einer Art Weltstaat zu rechnen, der jedoch innerhalb ganz weniger Jahre scheitern soll. Dieser zweite Weltstaatsversuch soll von einem sowohl politischen als auch geistig-spirituellen Führer geleitet werden; eine Art Pharao – besser bekannt als *Antichrist.*
Und nach dem krachenden Zusammenbruch des Antichrist-Staates soll endlich das Tausendjährige Friedensreich beginnen. Das wäre dann der *dritte* Anlauf zum Weltstaat; diesmal jedoch im klassischen Sinne einer göttlichen Ordnung.

Konkrete Voraussagen über neue europäische Monarchen

Den mir bekannten Prophezeiungen nach würde es nach Crash, Bürgerkrieg, Krieg und dreitägiger Finsternis in folgenden europäischen Ländern wieder Monarchien geben: in *Frankreich, Bayern, Österreich, Ungarn* und vielleicht auch *Preußen.*[84] Überdies wird wiederholt ein europäischer *Kaiser* vorausgesagt.

Natürlich ist bei jeder einzelnen Prophezeiung immer auch die jeweilige Glaubwürdigkeit zu berücksichtigen, doch in der Summe und der Substanz – so meine Einschätzung – beruht die Voraussage der neuen europäischen Monarchien auf echten hellseherischen Fähigkeiten.

Der europäische Kaiser

Die auffälligste Figur ist bei alledem natürlich der neue *europäische Kaiser.* Zu diesem findet sich eine Reihe genauerer Voraussagen, wobei die Schlüsselszene die prophezeite *Krönung* des Kaisers ist.

Zum historischen Hintergrund europäischer Kaiser*wahlen* kurz dies: Vom 14. bis 18. Jahrhundert erfolgte die Wahl des römisch-deutschen Kaisers (anfangs römisch-deutscher König) durch die sogenannten *Kurfürsten,* einer Auswahl hoher Kirchenfürsten und weltlicher Fürsten aus Deutschland, die dazu berechtigt waren, den Kaiser zu wählen. Der Kaiser wurde jeweils auf Lebenszeit gewählt.
Unmittelbar nach dem „dritten Weltkrieg" müssten sich also – sofern man sich am alten System orientiert – die „Kurfürsten" zunächst einmal irgendwo treffen, um dort den neuen Kaiser zu wählen, wobei es schon im Vorfeld Absprachen und Verhandlungen geben müsste.
Eine solche Kaiserkrönung würde natürlich publikumswirksam inszeniert und bräuchte einen besonders würdevollen, möglichst symbolträchtigen Ort. Dass es sich bei diesem Ort um eine symbolträchtige, nach Möglichkeit besonders große Kirche handeln müsste, liegt auf der Hand, schließlich bräuchte der neue Kaiser den göttlichen Segen. Dass im Falle eines *deutschen* Kaisers der *Kölner Dom* ganz oben auf der Liste der möglichen Orte stünde, wäre auch klar.
Im Falle Kölns käme hinzu, dass laut deutscher Prophetie im „dritten Weltkrieg" vor den Toren Kölns ein entscheidender Sieg über die russischen Truppen errungen werden soll, so dass Köln ein Nimbus ähnlich wie Stalingrad im Zweiten Weltkrieg zuwachsen könnte: ein Ort, an dem sich das Schicksal eines vom Untergang bedrohten Landes unter größten Opfern zum Guten wendet. Eine solche Schlacht vor den Toren Kölns wird von gut einem Dutzend Quellen vorausgesagt, was außerordentlich viel ist.[85] Mir selbst ist *kein Ort in ganz Europa* bekannt, zu dem sich so viele Vorhersagen zu Schlachten finden wie für Köln. Das heißt, der Vergleich mit Stalingrad ist keinesfalls an den Haaren herbeigezogen.
Würde der Kölner Dom so wie schon im Zweiten Weltkrieg weitestgehend von Zerstörungen bewahrt, wäre seine symbolische Strahlkraft kaum zu überbieten; ein in Mitteleuropa absolut einzigartiger magischer Ort.

Frage also: Wird eine Krönung im Kölner Dom vorausgesagt? Antwort: Allerdings! Eine zukünftige Kaiserkrönung im Kölner Dom, oder eine Kaiserkrönung in einem nicht weiter bezeichneten Dom oder die Krönung eines oder mehrerer Monarchen in einer großen Kirche wird vorhergesagt von folgenden Quellen:

	Quelle	Zeit (A)	Zeit (B)	Art des Monarchen	Krönungsort
1.	Lied der Linde	?	1920	**Kaiser**[86]	*Dom*
2.	Franz Kugelbeer	1922	1951	**Kaiser**[87]	***Kölner** Dom*
3.	Pfarrer aus Baden	1923	1951	**Kaiser**[88]	***Köln***
4.	Böhmischer Seher	1940	1988	**Kaiser**[89]	***Kölner** Dom*
5.	Alois Irlmaier	1949	1949	König[90] u. **Kaiser**[91]	*hohe Kirche*

Zeit (A) = Quelle (angeblich) erfasst; Zeit (B) = Datum der Veröffentlichung

Drei Quellen sprechen explizit von einer Kaiserkrönung in Köln, zwei Quellen klingen sehr danach. Alois Irlmaier und das Lied der Linde sind (nicht nur) meiner Einschätzung nach sehr gute Quellen. Insgesamt ergibt sich so eine recht gute Quellenbasis.

Alois Irlmaier spricht zwar nicht ausdrücklich von Köln, wohl aber heißt es bei ihm zur Krönung *des bayerischen Königs:*

> *„I siech [ich sehe°] den Heiligen Vater in einer* ***Stadt am Strom, mit einer hohen Kirche,*** *unseren König krönen.“*[92]

»Stadt am Strom« und *»hohe Kirche«* deutet auf Köln. Die Krönung der *Könige* ist Voraussetzung für die Wahl und die Krönung des Kaisers. Rein praktisch gesehen wäre es naheliegend, dass man die Krönungen der Könige und des Kaisers in rascher Abfolge erledigt, wenn der Papst schon einmal vor Ort ist. An anderer Stelle heißt es bei Alois Irlmaier:

> *„Nach dem Sieg wird ein Kaiser vom fliehenden Papst gekrönt und dann kommt der Friede.“*[93]

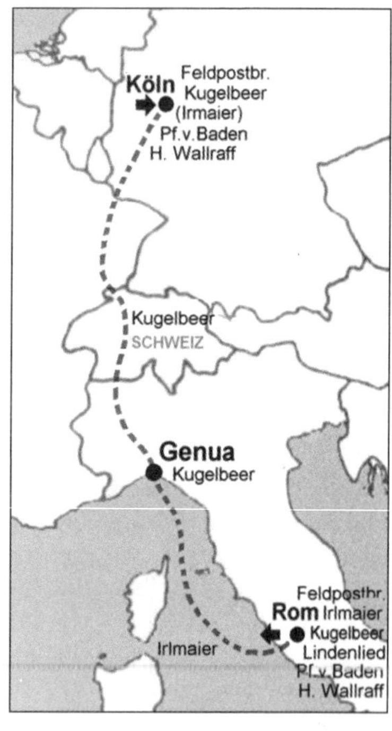

Abb.12: Karte: Voraussagen zur Flucht des Papstes von Rom nach Köln

Über den *fliehenden Papst* sagen andere Quellen, dass er aus Rom flüchtet und dann nach *Köln* kommt – Helene Wallraff (gest. 1801), Feldpostbriefe (1914) Franz Kugelbeer (1922).

Was die Glaubwürdigkeit der obigen fünf Quellen betrifft, so ist die Glaubwürdigkeit beim Lied der Linde (1920) und bei Alois Irlmaier (1959) nicht nur meiner Einschätzung nach besonders hoch. Ausreichend glaubwürdig erscheinen auch Franz Kugelbeer (1922) und der böhmische Seher (~1944). Beim Pfarrer aus Baden (1923) ist die Datengrundlage zur Beurteilung allerdings sehr mager.
Insgesamt ergibt sich bezogen auf das vorliegende Material eine recht solide Quellenbasis für das Detail einer Kaiserkrönung in Köln; ein Ereignis, das einerseits wohl in wenigen Stunden vorüber wäre und sich auf einen recht kleinen Ort (Kölner Innenstadt) konzentrieren würde, andererseits natürlich von großer Symbolkraft wäre.

Dass es überhaupt so bald nach dem Sieg über die östlichen Armeen zu einer Kaiserwahl kommt, würde bedeuten, dass es unter den deutschen Königen schon frühzeitig zu entsprechenden Absprachen gekommen ist.
Die Figur des neuen Kaisers insgesamt versinnbildlicht ein Europa, das keinesfalls für längere Zeit im Chaos versinkt und im technologischen Nichts verschwindet.Im Gegenteil: Sehr bald nach dem Sieg über Russland soll Europa als Ordnungsmacht am Rande Europas (Russland und Nahost) auftreten. Der Sieg über Russland böte die Möglichkeit, Russland im Sinne Westeuropas neu zu ordnen. Diese Aufgabe wäre so wichtig und dringend, dass man sie nach dem militärischen Sieg nicht durch innereuropäische Streitigkeiten verpassen dürfte.
Die Figur des Kaisers *per se* steht für eine langfristig erfolgreiche europäische Friedenssicherung, die sich gerade auch auf Russland und den Nahen Osten erstrecken muss. Der neue europäische Kaiser wäre zum einen Ausdruck einer neuen europäischen Spiritualität, Religiosität und Gottgläubigkeit, zum anderen das Produkt eines neuen starken europäischen Willens zum Frieden und eines Willens zu effektiver politisch-militärischer Macht, die diesen Frieden sichert.
In dem Zusammenhang sei kurz *Hildegard von Bingen* (gest. 1179) zitiert, die bekannteste deutsche Mystikerin des Mittelalters und eine der einflussreichsten Frauen ihrer Zeit. In ihrem Buch *›Liber divinorum operum‹ (›Buch vom Wirken Gottes‹)* beschreibt die hellsichtige Äbtissin die Situation in Europa, nachdem die östlichen Eindringlinge besiegt worden sind:

> *... die [europäisch-christlichen°] Sieger [...] werden Gott loben und sagen: Lasst uns unseren Gott loben, denn Er hat sich wahrhaft in uns verherrlicht, da wir in Seinem Namen Sieger sind. [...] Denn durch Ihn haben wir Seine und unsere Feinde überwunden, indem wir treu an Ihn glaubten. [...]*
> *Deshalb wollen wir die benachbarten Städte und zerstörten Höfe wieder aufbauen, und* ***wir wollen sie stärker und wehrhafter machen, als sie früher waren,*** *damit wir nicht noch einmal durch solche Übel zermalmt werden [...]. Und das werden* ***sie mit all ihren Kräften und all ihren Mitteln tapfer und großzügig*** *ausführen.*[94]

Über den neuen Kaiser selbst heißt es im 1920 veröffentlichten Lied der Linde:

Ja von Osten kommt* **der starke Held,**
Ordnung bringend der verwirrten Welt,
– Weiße Blumen um das Herz des Herrn –
Seinem Rufe folgt der Wackre gern.

Alle Störer er zum Barren treibt, [~zur Ordnung zwingt?°]
Deutschem Reiche deutsche Rechte schreibt.
Bunter Fremdling, unwillkomm'ner Gast [siehe unten°],
Flieh die Flur, die nicht gepflügt du hast!

Gottesheld, ein unzertrennlich Band
Schmiedest du um alles deutsche Land!
Den Verbannten [Papst°] führest du nach Rom,
Große Kaiserweihe schaut ein Dom.[95]

Das Lied der Linde ist eine der wichtigsten deutschen Prophezeiungen und enthält eine Reihe von Indizien für eine echte hellseherische Inspiration. (Ab Seite 121 wird diese Prophezeiung eingehender untersucht.) Erstmals im Jahre 1920 veröffentlicht, vermuteten manche Autoren, das Lied der Linde stamme noch aus dem 19. Jahrhundert.[96] Mir ist ein angenommenes Entstehungsdatum Ende des 19. Jahrhunderts allerdings etwas zu spekulativ. Doch selbst, wenn man nur von 1920 ausgeht, ist das Lied der Linde die älteste der obigen Quellen, die sich auf eine *Kaiserkrönung in einem Dom* beziehen.
Mit dem *»Verbannten«* ist der zuvor aus Rom geflüchtete Papst gemeint, den der Kaiser wenige Monate danach zurück nach Rom führt. Die Flucht des Papstes und seine Rückkehr wird von einer ganzen Reihe von Prophezeiungen vorausgesagt, und das in relativ übereinstimmender Form.

Insgesamt deutet das Lied der Linde auf eine charismatische Führerpersönlichkeit; einen Mann der Tat, der die Massen begeistert, jemand, der Ordnung schafft, der sich besonders um Deutschland kümmert, und dem dieses Land sehr am Herzen liegt.
So wie der große Monarch im Lied der Linde beschrieben wird, kann es sich eigentlich nur um einen Deutschen handeln. Nostradamus hingegen scheint das anders zu sehen. Dort ist die Rede von französischem Blut und *»uraltem, bourbonischem Adel«* (siehe Seite 117).
Der *»Bunte Fremdling«*, der die *»Flur fliehen«* – also wohl das Land verlassen soll, scheint mit der aktuellen Flüchtlingsthematik zusammenzuhängen. Ich komme noch darauf zurück. *»Deutschem Reiche deutsche Rechte schreibt«* lässt sich so deuten, dass es nach dem „dritten Weltkrieg" im deutschen Rechtssystem zu einer Ent-Europäisierung kommt. *»Alle Störer er zum Barren treibt«* lässt sich so verstehen, dass der neue Kaiser potenzielle Störer mit drakonischen Strafen zur Ordnung zwingt.

---

* Die Deutung dieses *»Osten«* ist schwierig, da nicht klar ist, ob hierbei schon der geografische Polsprung mit dem nachfolgenden **Sonnenaufgang im Westen** berücksichtigt ist.

Auch auf *»Gottesheld, ein unzertrennlich Band – Schmiedest du um alles deutsche Land!«* komme ich noch zurück.

Sehen wir uns jetzt erst einmal bei einer anderen Quelle an, wie diese den neuen „großen Monarchen“ beschreibt. Bei dieser Quelle handelt es sich um die umfangreichere Vision einer gewissen *Frau Landinger,* die 1957 vom Autor und Arzt *Adalbert Schönhammer* veröffentlicht worden ist und die den Verlauf des „dritten Weltkrieges“ in zahlreichen Details so beschreibt wie andere Quellen auch.
Frau Landinger verwendet dabei eine etwas eigentümliche symbolische Bildersprache, die aufgrund ihres individuellen Stils für eine authentische, eigenständige Herkunft spricht. Das folgende Zitat beginnt im „dritten Weltkrieg“ mit einer Szene mitten in Deutschland:

> *Da zeigte [die Jungfrau°] Maria nach* ***Westen*** *nach einem* ***jungen Mann,*** *der einen schmalen Kronreifen um die Stirne und einen Speer und eine Kreuzfahne in den Händen trug. Er rief: „Wer streitet mit mir gegen das Tier [ein symbolisches Tier, das für Russland steht und das an anderer Stelle in der Vision so beschrieben wird: »ein Tier [...], nicht Wolf, nicht Bär.«°]?“ Es bildeten sich Trupps. Der junge Mann stieß seinen Speer in die linke Seite des Tieres, dass es aufheulte und schäumte und spie.*[97]

Der *»junge Mann«* – der spätere große Monarch – verdient sich als Heerführer die Sporen. Mit *»Westen«* dürfte Westdeutschland gemeint sein, konkret der Nord- und Nordostrand des Ruhrgebietes[98], wo nach der Schlacht vor den Toren Kölns die eigentliche „Endschlacht“ im „dritten Weltkrieg“ stattfinden soll.
Die dann folgenden Zeilen Frau Landingers beschreiben die Eskalation des „dritten Weltkrieges“, wie sie auch in anderen Prophezeiungen zu finden ist: Es kommt zur Endschlacht am Rande des Ruhrgebietes. Und gerade als erkennbar wird, dass der Westen endgültig siegt, als das Tier schon schäumt und speit, kommt es zur dreitägigen Finsternis und zum Polsprung:

> *Es bebte die Erde, und die Berge bewegten sich. Von den kämpfenden Trupps ständig verwundet und verfolgt, kroch das Tier rückwärts unter die Wolke [östlich des Rheins°]. Ich hörte eine Stimme: „Die Tür ist aufgelassen, ich habe die Waage der Gerechtigkeit den Siegern in die Hand gegeben,* ***aber diese haben sie zu ihrem Vorteil missbraucht.*** *Ich will die Waage in meine Hand zurücknehmen und ihre Werke wiegen.“*
> ***Da fiel Feuer vom Himmel,*** *und ein furchtbarer Donner erschütterte die Erde [das könnte ein kleinerer Impakt sein.°]. Gebäude stürzten ein, Schiffe wurden in die Höhe geworfen [also aus dem Wasser* ***heraus!****°] und versanken im Meer. Ich sah, wie die Kirchtürme sich neigten und eine Weile in dieser Stellung verblieben. Dann hörte ich, wie Glocken ganz von selbst zu läuten anfingen.*
> ***Als es hell wurde,*** *stand* ***der junge Mann*** *mit dem Kronreif, noch immer die Fahne tragend,* ***als Priester auf einer Anhöhe*** *und rief: „Wir werden die Toten begraben!“*[99]

Im ersten Moment denkt man vielleicht, der letzte Absatz sei von der Bibel „inspiriert“, also abgeschrieben; somit schlicht Betrug eben. Wer sich mit den zahlreichen Prophezeiungen zur dreitägigen Finsternis auskennt, dürfte zu einem anderen Ergebnis kommen.
Das Motiv eines sehr jungen Herrschers *(»der junge Mann«)* taucht auch in anderen Quellen auf und korrespondiert mit der andernorts vorausgesagten späteren sehr langen Herrschaft des Kaisers.
Bemerkenswert ist, dass Frau Landinger nicht einseitig Partei für das aus dem Osten angegriffene Westeuropa (Deutschland) ergreift, sondern, dass sie dem westlichen Militär vorwirft, einen großen militärischen Sieg über die östlichen Truppen zu *missbrauchen!* Tatsächlich wird der Missbrauch dieses Sieges indirekt auch von Alois Irlmaier bestätigt, der sagt, dass von den russischen Soldaten keiner mehr nach Hause zurückkommt, dass also keine Gefangenen gemacht werden.*

Die Quelle geht weiter:

> *Es waren aber nur sehr wenige Männer zu finden. Es lagen überall auf der Erde die Toten.* ***Auf dem Berge sah ich die Kirche von Rom.*** *Im Kirchenschiff standen auf einer Seite die Katholiken, auf der anderen Seite die Protestanten. Sie reichten sich die Hände und sangen in einmütiger Begeisterung: „Großer Gott, wir loben Dich.“*[100]

Dass Katholiken und Protestanten nach den Katastrophen gleichberechtigt zusammenfinden *(»Sie reichten sich die Hände ...«)* sollen, ist insofern interessant, als dass streng katholisch gefärbte Quellen mitunter den Eindruck erwecken, die Protestanten würden nach dem ganzen Desaster reumütig zum katholischen Glauben übertreten.
Grundsätzlich besteht in den Quellen zwar Einigkeit über die *Vereinigung* der evangelischen und katholischen Kirche bzw. überwiegt ein dahingehender Eindruck; wenn es aber darum geht, *wie* der Einigungsprozess konkret abläuft, finden sich Unterschiede, die sich mit der persönlichen Perspektive der jeweiligen Quelle erklären lassen. Zudem bleibt in der mir bekannten Quellenbasis offen, ob auch die orthodoxe Kirche an der Vereinigung teilnimmt.
Das *»Auf dem Berge sah ich die Kirche von Rom«* ist wieder symbolisch zu verstehen, denn im Vatikan gibt es nur einen kleinen Hügel von knapp 80 Metern Höhe, der sich nur etwa 60 Meter über den Petersplatz erbebt, der wiederum bei 20 Meter über dem Meeresspiegel liegt. Auf diesem Hügel von nicht einmal einem Kilometer Länge befinden sich die Vatikanischen Gärten.

---

* *„Von den drei Heereszügen [der Russen°] wird keiner mehr die Heimat seh'n.“*
Quelle: Ernst Ladurner, ›Tatsachenberichte um Alois Irlmaier‹, um 1952

„Zurück kommt [von den Russen°] keiner mehr.“
Quelle: Conrad Adlmaier, ›Blick in die Zukunft‹, 1955, Seite 91

Dies bezieht sich aber nur auf die russischen Truppen nördlich der Alpen. Russische Truppen aus Italien sollen sehr wohl wieder nach Russland zurückkehren. Das Gleiche gilt sicherlich wohl auch für die russischen Truppen im Nahen Osten.

Ein Kaiser aus dem Hause Habsburg?

Beginnen die Gedanken um einen zukünftigen deutschen Kaiser zu kreisen, stellt sich bald auch die Frage nach dem konkreten Adelsgeschlecht, dem er entstammen könnte. So landet man schnell bei den „üblichen Verdächtigen", nämlich den *Hohenzollern* (Preußen), die die deutschen Kaiser von 1871 bis 1918 stellten, und den *Habsburgern* (Österreich), die vom 13. Jahrhundert bis 1806 immer wieder die Kaiser des *Heiligen Römischen Reiches Deutscher Nation* gestellt haben.
Historisch gesehen könnte man von einem deutlich höheren Anspruch der Österreicher auf die Kaiserkrone ausgehen.
Verknüpft man also die drei Elemente: erstens die neuen Monarchien in Europa, zweitens eine gewisse zukünftige politische Dominanz Deutschlands infolge des Abtritts der Angelsachsen und drittens eine gewisse zentrale Organisation Europas zur Bündelung der Kräfte nach außen hin (Russland und Nahost), so landet man eigentlich zwangsläufig bei den Namen *Hohenzollern* und *Habsburg*.
Tatsächlich gibt es zwei Quellen, denen nach der neue Kaiser aus dem Hause Habsburg kommen soll (und meines Wissens keine Quellen zum Hause Hohenzollern).
Sehen wir uns die betreffenden Quellen an: Bei einem *böhmischen Seher* von etwa 1940 (Erstveröffentlichung 1988) heißt es:

> *Deutschland wird sich am ehesten aus den Kriegswirren erheben und einen neuen* ***Kaiser aus dem Geschlecht der Habsburger*** *im Kölner Dom krönen. Dann wird die glücklichste Zeit kommen, die je auf Erden gewesen ist.*[101]

Abb.13: österreichisches Wappen von 1815–1915

Leider wird hier nicht weiter beschrieben, *wie* der Seher zu dem Schluss kommt, es handle sich um einen Habsburger. Hat der Seher das Habsburger Wappen gesehen? Und wenn nicht, was dann? Und könnte man die Aussage trotzdem glauben?
Meiner Erfahrung nach ist bei solchen Details gewisse Skepsis angebracht. Am besten, ein Seher sagt, was er *konkret* gesehen hat, und nicht, wie er es *deutet*.
»Glücklichste Zeit [...], die je auf Erden gewesen ist« klingt zugegebenermaßen nach dem Goldenen Zeitalter. Doch wenn man sich beispielsweise ein Deutschland nach dem „dritten Weltkrieg" vorstellt, das:

- frei ist von einer tatsächlichen oder angeblichen russischen Bedrohung, da Russland militärisch besiegt und die kriegstreiberischen Eliten in Moskau entmachtet sind,
- frei ist von der ewigen Nahostkrise, die inzwischen auch mit einer Flüchtlingskrise massiv bis nach Mitteleuropa hinein ausstrahlt,
- frei ist von einem großen Bruder USA, der uns in sein Schicksal zwingt

... und all das bei herrlichem Wetter, reichen Ernten, einer effizienten Medizin usw., dann könnte – insbesondere aus einer Perspektive von ~1940 – durchaus der Eindruck entstehen, es handle sich um das Goldene Zeitalter oder das biblische Tausendjährige Friedensreich (Offenbarung 20;1-7). Meiner Quellenkenntnis nach dürfte dieses Friedensreich aber nur zwei bis drei Generationen andauern.

Bei *»glücklichste Zeit ... je auf Erden«* wäre ich generell vorsichtig. Denn wer kann – wenn er ehrlich ist – von sich behaupten, er kenne den Glücksquotienten aller Zeiten und Länder der Erde. Hier ist also wieder in Betracht zu ziehen, dass der (vermeintliche) Seher den Menschen Hoffnung machen will – was andererseits ja auch legitim wäre.

Veröffentlicht wurde die Voraussage mit dem Habsburger Kaiser 1988 von *Wolfgang Johannes Bekh,* der angibt, eine alte, einst aus Böhmen (Tschechien) geflüchtete Frau habe im dies geschrieben, und sie selbst hätte die Voraussagen von ihrem Vater. Der betreffende Gesamttext umfasst ca. eine DIN-A4-Seite und deckt sich inhaltlich in so vielen Punkten mit dem, was man von Alois Irlmaier kennt, dass es entweder eine Irlmaier-Kopie (Fälschung) ist oder authentisch. In ein paar Punkten weicht der Text aber auch von Alois Irlmaier ab, was gegen eine Fälschung spricht.

Kommen wir zur zweiten Quelle, die einen Habsburger Kaiser voraussagt, einem gewissen *Franz Kugelbeer* aus dem Vorarlberg/Österreich, dessen Visionen 1922 vom Benediktinermönch *Winfried Ellerhorst* im Gespräch mit dem Seher erfasst worden sein sollen, aber erst 1951 aus dem Nachlass Ellerhorsts veröffentlicht worden sind. Stammt der Text tatsächlich von W. Ellerhorst und aus dem Jahre 1922, wäre das praktisch ein Echtheitsbeweis. So wie der böhmische Seher sah Franz Kugelbeer viel von dem voraus, was auch andere Seher voraussagen.
Wie Sie gleich sehen werden, sind in den Kugelbeer-Text leider auch Überlegungen von W. Ellerhorst eingeflossen, was die Sache zwar etwas verkompliziert, dem Text insgesamt aber nicht ernsthaft schadet. Hier die Sequenz zum neuen Kaiser (Was aus anderen Quellen bekannt ist, habe ich unterstrichen).

> *Mord in Rom. 3–4 m hohe Berge von Leichen von Geistlichen und Bürgern. Der Papst Pius XII. [Papst von 1939 bis 1959, nachträgliche Deutung von W. Ellerhorst°] – als solchen erkennt der Seher ihn an seinen Gesichtszügen — flieht mit 2 Kirchenfürsten auf Nebenwegen zu einer alten Kutsche und in ihr über Genua in die Schweiz. Später kommt er nach Köln, wo er im Dom den neuen Kaiser salbt.*
> *In den Dom wird **ein junger Herr** in Zivil geführt, er kleidet sich in der Sakristei in eine Offiziersuniform ähnlich der ungarischen um. Im Chore stehen zwei Throne. Dem neuen Monarchen werden Haupt und Hände gesalbt. Er erhält den Ritterschlag mit einem breiten Schwert, die alte Kaiserkrone, den Krönungsmantel aus Weiß mit goldenen Lilien [?°], das Zepter und den Reichsapfel. Das Zepter wird ihm gegen ein Kreuz umgetauscht. Er schwört den Treueid und den Schutz gegenüber der Kirche. Te Deum* unter dem Jubel des Volkes.*
> *Der große Monarch schwingt sein Schwert nach allen Himmelsrichtungen als Zeichen, dass er die Kirche beschützen will. Abdankung eines alten Herrn auf seine Rechte, des **Hohenzollern.** Den großen Monarchen begleitet ein Heer von Engeln*

* Te Deum: von lateinisch *Te Deum laudamus*, deutsch: *Dich, Gott, loben wir.*

unter Anführung des hl. Michael, der vom Seher in prächtiger Waffenrüstung und hoher Gestalt geschaut wird.
Der Monarch besiegt alle seine Feinde. *Den übrig gebliebenen wird mit einem heißen Eisen das Hakenkreuz auf die Stirne eingebrannt, wobei sie vor Schmerz aufschreien [sicher ein symbolisches Bild°].* ***Der neue Kaiser ist Otto von Habsburg*** *[1912 geboren, 2011 im Alter von 98 Jahren gestorben, offenbar wieder eine Deutung von W. Ellerhorst°]. Auf dem Rückzug [... richtiger Rückweg°] nach Italien kommen Papst und Kaiser nach L., wo der Seher ihnen die Hand drückt [wohl wieder symbolisch°].*[102]

Das mit Otto von Habsburg ist natürlich klassisch peinlich. Ein Toter kann nicht Kaiser werden. Da Otto von Habsburg 1912 geboren wurde, fragt sich weiter, wie der Seher diesen zehnjährigen Jungen im Mannesalter erkannt haben will? Auch das dürfte also eine nachträgliche, viel spätere Deutung von Winfried Ellerhorst sein.
Was die Glaubwürdigkeit Franz Kugelbeers betrifft, so komme ich trotz einiger eingemischter Deutungen Ellerhorsts insgesamt dennoch zu dem Ergebnis, dass seine Visionen im Wesentlichen echt sind.
Ein starkes Indiz für die Echtheit ist aus meiner Sicht ein Element aus seiner Prophezeiung, dessen eigentlichen Zusammenhang man erst erkennt, wenn man sich in andere Prophezeiungen für dieselbe vom Seher erwähnte Region am Bodensee eingearbeitet hat: Anhand der Analyse[103] vier verschiedener Prophezeiungen lässt sich ein großer Flüchtlingsstrom deutscher Bürger erkennen, die unmittelbar nach Kriegsausbruch aus Baden-Württemberg Richtung Bodensee/Alpen flüchten; ein Flüchtlingsstrom, der unmittelbar vor der Schweizer Grenze am Ostufer des Bodensees kurz ins Stocken gerät. Franz Kugelbeer beschreibt dabei nur den Flüchtlingsstau auf dem Berge *Pfänder* (1062 Meter) am Ostufer des Bodensees, ohne etwas darüber zu sagen, *woher* die Flüchtlinge kommen und ob und wohin sie weiterziehen.

Fassen wir die wichtigsten so weit vorausgesagten Aspekte zum großen Monarchen zusammen:

- Der neue Kaiser soll schon in jungen Jahren als höherer Offizier am Krieg teilnehmen
- und noch vor Kriegsende in Köln gekrönt werden.
- Der neue Kaiser soll den aus dem Vatikan geflüchteten Papst nach Rom zurückführen und maßgeblich an der Renaissance des Christentums beteiligt sein. (Zum großen Monarchen als Erneuerer des Christentums siehe auch das Kapitel über Nostradamus Seite 105.)
- Der Kaiser soll in einer langen, glücklichen Friedenszeit herrschen.

Ein bayerischer König in Lederhosen?

Im April 1950 zitiert die *Landshuter Zeitung* den Hellseher Alois Irlmaier:

> *„I siach [sehe°] den [bayrischen°] Monarch'n steh', dort hint'n in da Ech'n. Es ist* ***a alter, grauer und hagerer Mo.*** *Er wird vom Papst gekrönt, denn dea kommt wieda zruck."*[104]

Abb.14: Statue von Prinzregent Luitpold mit Lederhose in Berchtesgaden

Im selben Jahr wird der Seher woanders zitiert:

> *„Dann aber kommt der Papst wieder zurück und er wird noch drei Könige krönen, den ungarischen, den österreichischen und den* ***bayerischen.*** *Der is* ***ganz alt und hat schneeweiße Haar,*** *er hat d' Lederhosen an und is unter de Leut wia seinesgleichen."*[105]

Um 1952 wird Alois Irlmaier wiedergegeben:

> *Dass er darüber hinaus die feierliche Rückkehr des Papstes aus einem kriegsbedingten Asyl, [...] einen Wechsel unseres Klimas zu wärmeren Verhältnissen, [...] und einen* ***bayerischen König in Lederhosen,*** *der „ungeniert unter seine Leut' geht", weissagt, braucht nur am Rande erwähnt zu werden. ...*[106]

Ein bayerischer König in Lederhosen, der sich so bekleidet demonstrativ der Öffentlichkeit zeigt? Wieder einmal alles Unfug? ... Eher nicht, denn der letzte bayerische König *Prinzregent Luitpold* (1821–1912) fand Lederhosen so toll, dass er sich mit ihnen sogar für die Nachwelt porträtieren ließ. Rechts oben sehen Sie eine Bronzestatue aus Berchtesgaden, die unweit der dortigen (ehemaligen) königlichen Villa *noch zu Lebzeiten* des Monarchen aufgestellt worden ist. Und mit diesem für das einfache Landvolk typischen Kleidungsstück hat sich Prinzregent Luitpold auch noch andernorts verewigen lassen. Der Prinzregent war sogar *maßgeblich* daran beteiligt, dass dieses Kleidungsstück bei der städtischen Bevölkerung Bayerns zur Mode wurde. Wer konnte schließlich ein besserer Werbeträger für diese Hose sein als der regierende Monarch?
Und wie wir oben gelesen haben, sagt Alois Irlmaier nach den Katastrophen in Bayern auch ein deutlich wärmeres Klima voraus; kurze Hosen wären dann also durchaus angesagt.[107]

Der Seher wird weiter zitiert:

> *„Friede wird dann sein und eine gute Zeit.* ***Drei Kronen seh' ich blitzen*** *und* ***ein hagerer Greis wird unser König*** *sein. Auch* ***eine uralte Krone im Süden*** *[?°] kommt wieder zu Ehren. ... Der Papst, der nicht lange flüchten musste übers Wasser [über das Mittelmeer, weil nördlich von Rom schon die Russen sind°], kehrt zu-*

rück. Blumen blühen auf den Wiesen[*], *da kommt er zurück und trauert um seine ermordeten Brüder. ... Nach diesen Ereignissen kommt eine* ***lange, glückliche Zeit.*** *Wer es erlebt, darf sich glücklich preisen.* "[108]

Jeder Hellseher, der schreckliche Dinge sieht und seinen Zeitgenossen mitteilt, sieht sich irgendwann gezwungen, seinen Zuhörern auch Hoffnung zu machen. *»Lange, glückliche Zeit«* klingt zwar nach dem biblischen Tausendjährigen Reich, dürfte meiner Einschätzung nach aber nur eine Friedensepoche von vielleicht drei Generationen meinen.
Der hagere Greis, der bayerischer König werden soll, könnte theoretisch *Franz von Bayern* sein, das aktuelle Oberhaupt der Wittelsbacher. Dieser ist 1933 geboren und tatsächlich hager. Erwähnenswert in dem Zusammenhang ist weiter, dass kurz nach Ende des Zweiten Weltkrieges *Konstantin von Bayern* (1920–1965), ein Spross der bayerischen Königsfamilie, bei Alois Irlmaier in dessen Wohnung in Freilassing war und über diesen Besuch beim Seher in seinem Buch *›Nach der Sintflut‹* (1986) berichtet hat. Man kann also davon ausgehen, dass die Wittelsbacher die Irlmaier-Prophezeiungen sehr wohl kennen. Fraglich ist, ob sie daran glauben.
Die oben erwähnten drei Kronen sah Alois Irlmaier noch bei einer anderen Befragung Anfang der 1950er Jahre:

„... und dann werden wir wieder freie Hand haben in unserem Heimatland [Bayern°]. Goldene Zeiten werden wir kriegen. ***Drei Kronen seh' ich deutlich*** *[!°], die in Gottesfurcht regieren werden. Die* ***Donaumonarchie*** *werden wir bekommen.* ***Ganz von vorne wird es wieder angehen*** *und die Menschen werden wieder in Ehrfurcht und Gottvertrauen leben, so wie es sein soll.* "[109]

Zu den drei neu gekrönten Königen hinzu käme neben der „alten Krone im Süden" wie gesagt noch ein König in Frankreich und möglicherweise auch in Preußen, und schon heutzutage gibt es in Europa ja Könige und Königinnen in Belgien, den Niederlanden, Dänemark, Schweden, Norwegen, Spanien, allerdings weitestgehend entmachtet.

---

[*] Die blühenden Wiesen in Rom widersprechen übrigens einer von der Autorin *Rose Stern* aus Nostradamus herausgedeuteten gigantischen Vesuv-Eruption, die sich bis über nördlich der Alpen auswirkt.

Französische Prophezeiungen über neue Könige

So weit der deutsche Blick auf die neuen Monarchen. Schauen wir uns nun zwei französische Quellen an. In der ***Botschaft von La Salette*** aus Südfrankreich, der Botschaft einer von der katholischen Kirche anerkannten Marienerscheinung, die im Jahre 1846 von zwei Kindern, *Mélanie Calvat* (15) und *Maximin Geraud* (11), überbracht worden ist, heißt es über die Zeit nach den großen Katastrophen:

> *Dann wird Friede, die Versöhnung Gottes mit dem Menschen werden. Man wird Jesus Christus dienen, ihn anbeten und verherrlichen. Die Nächstenliebe wird überall aufblühen.* ***Die neuen Könige*** *werden der rechte Arm der heiligen Kirche sein, die stark, demütig, fromm, arm, eifrig und eine Nachahmerin der Tugenden Jesu Christi sein wird.*
> *[...] Dieser Friede unter den Menschen wird aber nicht von langer Dauer sein.* ***25 Jahre reichlicher Ernten werden sie vergessen lassen,*** *dass die Sünden der Menschen die Ursache aller Strafen sind, die über die Erde kommen.*[110]

Dem genauen Wortlaut der Botschaft von La Salette nach beginnt nach 25 Jahren Frieden noch nicht gleich das große Unheil, sondern nach 25 Jahren wären erst die Voraussetzungen dafür gegeben, dass sich Unheil *erneut zusammenbraut.* Vereinfacht gesagt: Die Zeiten würden wieder schlechter, aber im eigentlichen Sinne wären es noch keine schlechte Zeiten.
Vermutlich kann man in der neuen Friedenszeit ähnliche gesellschaftlich-psychologische Prozesse annehmen wie nach dem Zweiten Weltkrieg: 23 Jahre nach Ende des Zweiten Weltkrieges traten die 68er, die erste echte Nachkriegsgeneration an, die Gesellschaft zu verändern. Es liegt auf der Hand, dass nachfolgenden Generationen einerseits die Erfahrung ihrer Eltern fehlt und dass sich die neuen Generationen ihrem Naturrecht folgend neue Horizonte und Welten suchen. Nur fragt sich eben, welche neuen Horizonte und welche neuen Welten sich anbieten, wenn man in einer quasi „perfekten" Welt groß geworden ist?
Es wären sicherlich nicht die *reichen Ernten* – die wiederum mit Irlmaiers Klimawandel und den *zwei Ernten* (!) in Bayern korrespondieren – oder allgemein gesprochen ein sorgloses Leben in Wohlstand, das den erneuten Niedergang einleitet, sondern die *mangelnde spirituelle Verwurzelung der Bevölkerung.* Es gibt zahllose historische Beispiele dafür, dass sich Hochkulturen und Kulturen auf der Höhe ihrer Blüte sehr viel länger gehalten haben als nur 25 Jahre und ein bisschen mehr.

Nun zu der zweiten Quelle aus Frankreich, die sogenannte ***Schwester aus Lyelbe*** (1826): Schon in jungen Jahren soll dieses einfache Mädchen vom Lande Visionen gehabt haben, in denen ihr Jesus Christus erschienen ist und mit ihr sprach. Auf Anraten eines Pfarrers trat sie 1823 in ein Kloster ein, wo sie aber schon nach nur fünf Jahren starb. Den nachfolgenden Text habe ich aus einem Pariser Druck von 1840. (Der angebliche) Jesus sagt der Schwester über Frankreich:[111]

> *Die Guten werden verzweifeln, wenn sie den Erfolg der Ungerechtigkeit sehen, und Frankreich würde zerstört werden, wenn es nicht [der Jungfrau°] Maria geweiht*

wäre. Aber was meiner Mutter gehört, geht nicht verloren. Die Strafe wird ebenso groß sein wie das Verbrechen [...]; aber ich werde ***die mir*** *[von Gott für die „Reinigung"°]* ***gegebene Zeit sehr kurz halten.*** *Das Zeichen des Endes ist gegeben, wenn der Usurpator [der unrechtmäßige Herrscher in Frankreich – wer das wohl sein mag? ...°] glaubt, dass sein Sieg sicher ist [...]. Er wird die Meinen richten, und sie werden tief betrübt sein; aber die Tortur wird kurz sein.*
Paris wird zerstört werden, aber es wird gesagt werden: Paris wurde von Tunneln untergraben, und dort wurde das Feuer angezündet. [Auch hier: Paris wird ein Raub der Flammen.°] [...] Die zweite Stadt des Königreichs wird geschlagen, und sie werden noch [immer°] nicht [an eine „Strafe Gottes"°] glauben. Eine Dritte wird getroffen, und [dann] werden sie um Gnade betteln. [112]

Die (völlige) Zerstörung von drei Städten im Laufe des „dritten Weltkrieges" wird von mehreren Quellen vorausgesagt. So heißt es in einem 1950er Druck über Alois Irlmaier:

Neuerdings bestätigt Irlmaier für drei große Städte ein bitteres Schicksal. „Die eine Stadt geht im Wasser unter, die zweite große Stadt ***steht kirchturmtief im Meer,*** *die dritte aber fällt zusammen."*[113]

Der bekannten Quellenlage nach würden natürlich deutlich mehr Städte zerstört als nur drei. Man denke nur an die vielen Küstenstädte im Rahmen der Überflutungen durch den geografischen Polsprung. Möglicherweise bezieht sich die Zahl Drei aber „nur" auf bekannte Millionenstädte mit Weltruf, oder es liegt entsprechenden Visionen eine geistige Symbolik zugrunde. Ungeachtet dieser Unklarheit und unabhängig von unterschiedlichen Deutungen kann man aber feststellen, dass die so oder so begrenzte Anzahl im „dritten Weltkrieg" zerstörter Städte eindeutig gegen einen ausgewachsenen Atomkrieg spräche. Im Falle eines echten Atomkrieges würden alleine in Deutschland viele Dutzend Städte atomar zerstört![114]

Die Schwester von Lyelbe weiter:

Und wenn das Blut geflossen ist, wird ***das Kind*** *zurückkehren. Es wird nicht in Paris leben; weil selbst die Tiere sich ihm nicht mehr nähern [wegen der atomaren Zerstörung/Radioaktivität!°]. Er [das Kind°!] wird* ***seine Hauptstadt*** *im Süden wählen [Avignon, siehe unten°]. Ich werde ihm [dem Land Frankreich°] einen Regenten geben, der ein Heiliger ist, und er wird meinen Wegen folgen. Und die Religion wird gedeihen, denn eine Erneuerung wird geschehen. Ich werde über die* ***Familie des Kindes*** *bis zum letzten wachen, weil ich sie selbst gewählt habe, und ich will, dass sie bis zum Ende regiert.*[115]

»Kind« ist natürlich eine etwas befremdliche Bezeichnung für einen erwachsenen Mann, der zudem noch die Führung eines Landes übernimmt. Mit *»Kind«* soll wohl dessen geistige Reinheit (~Unschuld) und sein sehr früher Machtantritt angedeutet werden. Das Motiv des jungen Herrschers kennen wir schon aus den Quellen *Landinger* und *Franz Kugelbeer*.

Die Verlegung des französischen Regierungssitzes nach der Vernichtung von Paris finden wir auch bei Nostradamus. Nostradamus-Interpret *Bernhard Bouvier* schreibt zu Nostradamus' Vierzeiler I;32:

> *Nostradamus-Kenner sind der Auffassung, dass hier die Übersiedlung der französischen Regierung von Paris (im Dritten Weltkrieg zerstört) nach Avignon beschrieben wird.*[116]

Bernhard Bouvier ist jedoch nicht zu 100 Prozent von dieser Deutung überzeugt. Interpret *Max de Fontbrune* ist es allerdings. Und Interpret *Kurt Allgeier* tendiert auch in diese Richtung. Auch Nostradamus' Vierzeiler III;93 wird im Sinne einer durch den „dritten Weltkrieg" bedingten Verlegung des Regierungssitzes nach Avignon gedeutet. So sehen es Kurt Allgeier, Rudolf Putzien, Alexander Centurio, und auch Bernhard Bouvier ist diesmal mit von der Partie.
Und wo wir schon bei Nostradamus sind: Natürlich hat auch der bekannteste Seher Frankreichs einen kommenden großen Monarchen vorausgesehen. Eine umfangreichere Abhandlung zu Nostradamus folgt auf Seite 105. Und schon jetzt kann ich verraten, dass auch Nostradamus einen großen europäischen Monarchen voraussagt, der die Kirche erneuern und ein Friedensreich begründen soll.

Die Rückkehr der Monarchie – ein Überblick

Die nachfolgende Tabelle veranschaulicht, wie viele (der mir bekannten) Hellseher und Prophezeiungen der traditionellen europäischen Prophetie eine Rückkehr der Monarchie in Deutschland voraussagen.

In der Spalte mit den gekreuzten Schwertern im schwarzen Wappen ist angezeigt, dass der jeweilige große Monarch als Militär eine führende Rolle in einem Krieg spielt. In der Zeile mit der Drei ist angezeigt, dass es sich um einen Krieg im Zusammenhang mit der dreitägigen Finsternis – also den „dritten Weltkrieg" handelt bzw. ein solcher Zusammenhang der Formulierung nach wahrscheinlich ist.

Sind gekreuzte Schwerter und die Drei angezeigt, dann hat nach der Vision der betreffenden Quelle der große Monarch als Militär am „dritten Weltkrieg" teilgenommen. Quellen ohne Markierung in den zwei Spalten fehlt dieses Detail, dennoch sagen auch diese Quellen neue Monarchien in Europa voraus.

Nr.	Zeit	Quelle	Land	Nationalität	Art der Krönung		3	Liter.
1	1081	H.v.St.Gallen	Swz.	? (verm. Deutscher)	?			15a/92
2	1642	Holzhauser	D	Deutscher	?			14/101
3	1779	Kapuzinerpater	D	? (unsichere Quelle)	?			10/76
4	1783	Spielbähn	D	Deutscher	KAISER			7/296
5	1790	Wallraff	D	?	(großer Monarch)			24b/66
6	1820	Einsiedl. Antonius	D	Deutscher	KAISER			15a/146
7	1833	Eilert	D	Deutscher	König			7/308
8	1920	Lied der Linde	D	? (verm. Deutscher)	KAISER in DOM			7/377
9	1922	Kugelbeer	D	Deutscher/Habsburger	KAISER (jung) in KÖLN			15a/149
10	1923	Pfarrer v. Baden	D	? (verm. Deutscher)	KAISER in KÖLN			15a/151
11	1940	böhmischer Seher	Tsch.	Deutscher/Habsburger	KAISER in KÖLN			8/46
12	1959	Irlmaier	D	?	KAISER			s.o.
13	1957	Landinger	D	ein junger Mann	?			s.o.
14	1959	Seh.a.d.Waldviert.	Öst.	Deutscher	KAISER (widerspr. Ang.)	?		12/251

Abb.15: Tabelle Voraussagen deutschsprachiger Quellen zum großen Monarchen

(hellgraues Kästchen in vorletzter Spalte = trifft tendenziell zu; *Liter.*: siehe Literatur-Codes Seite 309)

Die neue Religiosität

Das vielleicht Wichtigste an der prophezeiten neuen Religiosität in Europa nach Krieg und Finsternis wäre, dass sie *nicht* das sagenumwobene *Goldene Zeitalter* wäre und nicht zu verwechseln wäre mit dem biblischen *Tausendjährigen Friedensreich.*
Die prophezeite neue Religiosität bzw. die Friedensphase insgesamt wäre eine zeitlich auf kaum mehr als 60 Jahre begrenzte Phase.
Dass es sich bei der neuen Religiosität nur um eine begrenzte, welthistorisch betrachtet relativ kurze Periode geistiger Blüte handelt, ergibt sich aus einer Reihe von Quellen, von denen die Bekanntesten *Nostradamus* (gest. 1566) und *Hildegard von Bingen* (gest. 1179) sind. Aber auch in der *Botschaft von La Salette* (1846), *Hepidannus von St. Gallen* (1081) (siehe Seite 88) finden sich entsprechende Hinweise.

Die religiöse Renaissance wäre durch folgende äußere Aspekte gekennzeichnet:

- Es soll zu einer Vereinigung der katholischen und evangelischen Kirche kommen.
- Das Klosterleben in Europa, auch in Mitteleuropa, soll wieder aufblühen.
- Der Islam soll gegenüber dem Christentum deutlich in die Defensive geraten.
- Ebenso soll das Judentum gegenüber dem Christentum in die Defensive geraten.

Insgesamt wird eine fantastische Zeit für Wahrheits- und Gottessucher skizziert. Das Grundproblem jedoch, dass nämlich die Wahrheitssucher immer nur eine kleine Minderheit in der Gesellschaft stellen, scheint auch in dieser Friedensphase bestehen zu bleiben. Sonst könnten sich nicht schon nach wenigen Jahrzehnten wieder die alten Fehler einschleichen.
Über die Ursache der neuen Religiosität, des neuen kollektiven Glaubenwollens – im Gegensatz zur eigentlichen Wahrheitssuche – lässt sich viel spekulieren. So könnte man die neue Religiosität auf einen „heilsamen Schock" infolge von Krieg und Finsternis zurückführen; ein Schock, der zur Rückbesinnung auf alte europäische Werte führt. Ich als Autor von Büchern wie diesem, komme nicht umhin zu vermuten, dass die erfüllten Prophezeiungen von Weltkrieg, dreitägiger Finsternis, nachfolgender Monarchie und aufblühendem Christentum den Glauben an einen Gott und eine göttliche Fügung des Weltschicksals „im Volk" enorm stärken würde. Schließlich liegt im Glauben an das Übernatürliche die eigentliche Kraftquelle der Religionen. Was wäre zum Beispiel Jesus Christus ohne jungfräuliche Geburt, ohne Auferstehung und Himmelfahrt, ohne Wandeln auf dem Wasser, ohne die Verwandlung von Wasser in Wein, ohne die Heilung Kranker und ohne die Auferweckung von Toten. Was wäre Jesus Christus ohne all das?

Der Glaube an das Übernatürliche ist der Urstoff und die Rohmasse, aus der die Religionen erst geformt werden. Ohne Glauben an das Übersinnliche, ohne Glauben an eine *andere Wirklichkeit* zerfällt jede Religion.

Nachweislich erfüllte Prophezeiungen sind ein Paradebeispiel für den „Beweis" des Übersinnlichen, der höheren Macht und des Göttlichen. Erfüllte Prophezeiungen stärken den Glauben an das Übernatürliche so sehr wie kaum etwas anderes.

Das schließt aber nicht aus, dass wenige Jahrzehnte nach Krieg und Finsternis dennoch eine scheinbar neue Ideologie an Boden gewinnt, die die Erfüllung der Prophezeiungen nicht auf die Existenz höherer Mächte zurückführt, sondern darauf, dass zu viele Menschen an diese Prophetie geglaubt haben, was aber insofern Unsinn wäre, als dass heutzutage über 99 Prozent der Menschen nichts von diesen Prophezeiungen wissen.

Hildegard von Bingen schreibt an einer Stelle, die Engel seien in der Zeit der religiösen Renaissance hocherfreut über die neue Gottgläubigkeit der Menschen, und die Seherin beschreibt die Friedensepoche in ein paar Details so, dass man auch hier von ein paar Jahrzehnten des Friedens (60 Jahre?) ausgehen kann. Dennoch – trotz der hocherfreuten Engel – sagt die mittelalterliche Seherin voraus, dass sich diese Phase nach gewisser Zeit dem Ende zuneigt und sich dann der *Antichrist* erhebt, der legendäre neue politisch-religiöse Führer. Dabei sagt Hildegard von Bingen auch, dass der Antichrist nur deshalb eine Chance hat, weil sich die Menschen nicht genug für die Wahrheit interessieren.[117]

Prophezeiungen über die Zukunft Deutschlands

Deutschland ist derzeit mit 82,5 Millionen Einwohnern, einem Bruttoinlandsprodukt von 3,5 Billionen US-Dollar* und seiner zentralen geografischen Lage mitten in Europa einer der wichtigsten Staaten Europas; viele werden sagen: *definitiv der wichtigste Staat.*
Sieht man sich die europäische Geschichte des 20. und beginnenden 21. Jahrhunderts genauer an, so zeigt sich, dass Deutschland in dieser Zeit insgesamt der wichtigste Staat in Kontinentaleuropa war *und ist.* Ohne Deutschland hätte es keinen Ersten und keinen Zweiten Weltkrieg gegeben. Ohne Zweiten Weltkrieg hätte es keine Spaltung Europas gegeben. Ohne Deutschland würde heutzutage das wirtschaftliche Rückgrat der europäischen Union und für Europa überhaupt fehlen. Ohne Deutschland gäbe es vermutlich *gar keine* Europäische Union. So oder so – in der Zeit von 1871, dem Jahr der Gründung des deutschen Kaiserreiches, bis 2018 ist von Deutschland immer wieder große Gestaltungskraft für Europa und die ganze Welt ausgegangen.
Vom kreativen Standpunkt aus stellt sich somit die Frage, ob die Deutschen in der sich zunehmend abzeichnenden post-amerikanischen Epoche in Europa einen bedeutenden Ausdruck ihrer Kreativität finden werden? Wird noch einmal ein deutscher Wind durch Europa gehen? Oder werden die Deutschen artig und brav dem bunten EU-Einerlei ihren bescheidenen teutonischen Farbklecks hinzufügen und ansonsten artig und brav auf ihr spurloses Verschwinden im süßlich-betörenden Dunst des Multikulti warten?

Glaubt man an die Kreativität und Gestaltungskraft der Deutschen, traut man ihnen zu, auch in kommenden Jahrzehnten an der Gestaltung Europas und der Welt an maßgeblicher Stelle mitzuwirken, zumal, wenn es nach dem „dritten Weltkrieg" keine angelsächsische Unruhestifter und Bevormundungsinstanzen mehr gibt.

In einer solchen post-angelsächsischen Epoche in Europa könnte sich die deutsche Kreativität auf verschiedene Ebenen projizieren, nämlich auf:

- die materielle Ebene mit Wirtschaft und Technologie,
- die politische Ebene im Sinne einer europäischen Friedensordnung, die zwar die Individualität der einzelnen Völker respektiert, nach außen hin aber für ein starkes und geeintes Europa sorgt,
- die geistig-intellektuelle Ebene mit Philosophie und Wissenschaft,
- die spirituell-intuitive Ebene mit Kunst, Spiritualität und Religion.

Eine solche geistig-materiell-politische Inspiration ist im Prinzip das, was sich aus der europäischen Prophetie ableitet: Ein postapokalyptisches innerlich starkes Deutschland, das – auch wenn sich die Stärke wirtschaftlich und politisch herleitet – vor allem durch Inspiration und als Vorbild überzeugt.

---

* Zum Vergleich: Das Bruttosozialprodukt von Frankreich (67 Mio. Einwohner) liegt bei 2,46 Mrd. US-$.

Hepidannus von St. Gallen (1081–1084)

Das Zukunftsbild, die Kernidee und die Vision eines kraftvoll aufblühenden, schlussendlich seine Bestimmung erfüllenden Deutschlands, eines Deutschlands mit europaweit spürbarer geistig-kultureller Ausstrahlung, findet sich meinen Recherchen nach das erste Mal in einer Prophezeiung von angeblich Ende des 11. Jahrhunderts; eine Prophezeiung, die auf Visionen eines Schweizer Mönches, genannt *Hepidannus von St. Gallen,* zurückgehen soll: Der betreffende Prophezeiungstext setzt sich zusammen aus acht Einzelvisionen, die bis auf eine Ausnahme alle um das Schicksal Deutschlands kreisen, und dabei Szenen aus der deutschen Geschichte von rund 1000 Jahren umfassen, allerdings mit einem Schwerpunkt vom 19. bis mindestens zum 21. Jahrhundert.
Trotz der altertümlich blumigen Sprache sind die in den Visionen beschriebenen Szenen oft genug so eindeutig, dass bestimmte historische Ereignisse klar zu erkennen sind. Dies betrifft insbesondere die Zeit des Nationalsozialismus und gipfelt dort in einer unmissverständlichen Voraussage *Adolf Hitlers* – einschließlich dessen *Untergangs!* Leseprobe (Übersetzung aus dem Lateinischen):

> *Dann wird ein Mann auferstehen mitten aus dem Strudel der Parteiungen. Er wird, ohne dem Unrecht Stützpunkt zu sein, doch mit dem Rechte Recht sprechen wider das Recht, und vom Aufgange zum Niedergange [der Sonne, also Ost bis West°] wird sein Name in aller Leute Mund sein.* ***Verdammt und gehasst*** *von den einen, wird er bewundert von den andern werden. Zwar wird unsägliches Elend an seine Schritte geknüpft sein und* ***sein Name leben in der Geschichte inmitten von Leichenhügeln und Tod.*** *Auch wird nicht das geschehen, was die Mehrzahl der Menschen glauben wird, dass er erstrebe. Er wird vielmehr das Werkzeug des Geschickes sein, dazu bestimmt, die alte Welt in Trümmern zu schlagen ...*[118]

Will man das glauben? Eine Prophezeiung von Ende des 11. Jahrhunderts, die Adolf Hitler voraussagt? Tatsächlich stammen alle bisher bekannten Texte dieser Prophezeiung erst aus dem Jahre 1951 oder später. Die Hepidannus-Prophezeiung könnte so gesehen durchaus eine nach Ende des Zweiten Weltkrieges zusammengedichtete Fälschung sein.
Diese Einschätzung wäre jedoch etwas voreilig, denn in einem original Bücherkatalog aus dem Jahre 1881 (siehe Bild Seite 89) findet sich ein Hinweis auf genau diese Prophezeiung: ›*Hepidannus von St. Gallen, Visionen und Vorhersagungen*‹.
Im Jahre 1881 war es also möglich, die Hepidannus-Prophezeiungen im Buchladen käuflich zu erwerben. Zudem: Das Büchlein wurde bereits seit 1866 gedruckt, im Jahre 1881 inzwischen in der 10. Auflage.
Was auf den ersten Blick wie eine simple Prophezeiungsfälschung aussieht, entwickelt sich bei genauerer Betrachtung zu einer kleinen Kriminalgeschichte. Die Einzelheiten dieser Kriminalgeschichte werden wir uns weiter unten genauer ansehen.
Im Moment soll der Hinweis genügen, dass einerseits im Jahre 1951 ein umfangreicherer Prophezeiungstext veröffentlicht worden ist, der angeblich eine Quelle von 1866 wiedergibt, und andererseits für das Jahr 1866 (bzw. 1881) eine Prophezeiung

unter dem selben Namen nachweisbar ist, deren Länge zudem zum Umfang der 1951 veröffentlichten Prophezeiung passt.*

Hepidannus von St. Gallen, Visionen und Vorhersagungen, die Gegenwart und Zukunft betreffend. 10. Aufl. 8°. 16 S. 1866. †20 Pf. pp.

Abb.16: Ausschnitt aus dem *Gesamt-Verlags-Katalog des Deutschen Buchhandels*, Band VI, 1881, Spalte 573

Der große Haken an der Hepidannus-Prophezeiung ist also der fehlende Originaltext von 1866. Und da wir das Original von 1866 nicht kennen, können wir nicht ausschließen, dass sich der Autor von 1951 nur den Titel von 1866 geschnappt und das Ganze mit einer gefälschten Prophezeiung unterlegt hat.

Ob Fälschung oder nicht – seltsam ist, dass von mindestens zehn Auflagen der Original Hepidannus-Prophezeiung heutzutage kein einziges Exemplar mehr aufzutreiben ist. Verschiedene Forscher – ich selbst eingeschlossen – haben nach noch existierenden Exemplaren gesucht, aber nichts gefunden. Zehn Auflagen verteilt über 15 Jahre dürften vorsichtig geschätzt mindestens 5000 Exemplare gewesen sein, wenn nicht deutlich mehr. Da sollten sich normalerweise ein paar Exemplare in irgendwelchen Bibliotheken finden.

Gäbe es für das Verschwinden von mindestens zehn Auflagen eine plausible Erklärung? Durchaus, jedenfalls dann, wenn 1951 tatsächlich der Originaltext von 1866 abgedruckt worden ist. Hepidannus sagt schließlich unmissverständlich den Untergang des Hitler-Regimes voraus, und im Jahre 1941 haben NS-Polizeiorgane *nachweislich* u. a. auch nach genau solchen Prophezeiungen sehr intensiv gesucht! Die entsprechende Polizeiaktion ist bekannt unter dem Namen *›Aktion Hess‹*, und es finden sich zu dieser Polizeiaktion noch heute Originalakten im Bundesarchiv Berlin.[119] NS-Polizeiorgane haben seinerzeit im Rahmen der *›Aktion Hess‹* neben anderen Dingen auch explizit nach *okkulter Literatur* gesucht. Im entsprechenden Einsatzbefehl ist von sicherzustellendem *»Schriftgut«, »Schrifttum«* und *»Schriften«* die Rede; also auch okkulte Literatur, die geeignet war, den Glauben an den „Führer" und den

* Siehe oben im fotografierten Ausschnitt aus dem *Gesamt-Verlags-Katalog des Deutschen Buchhandels*: 16 S. = 16 Seiten. In der 1951er Veröffentlichung sind es einschließlich Leerzeichen rund 20.000 Zeichen und 3000 Wörter. Das könnten in der 1866er Ausgabe pro Seite ca. 25 Zeilen à 50 Buchstaben gewesen sein, ein durchaus mögliches Layout kleiner Heft-Veröffentlichungen.

„Endsieg" zu untergraben. Eine solche „Wehrkraftzersetzung" wäre bei der Hepidannus-Prophezeiung hundertprozentig der Fall gewesen.
Bei der Suche nach entsprechendem Schriftgut ist man dann ziemlich gründlich vorgegangen. Laut geheimem Einsatzbefehl vom 4. Juni 1941 wurden im gesamten Gebiet des Deutschen Reiches Buchläden, Druckereien, Buchbindereien und der Privatbesitz von Buchhändlern durchsucht und entsprechende Drucke beschlagnahmt. Zusätzlich hat man bei Schlüsselfiguren der okkultistischen Szene Hausdurchsuchungen durchgeführt, Adressenlisten und die Korrespondenz beschlagnahmt.[120] Die Möglichkeit, dass nahezu sämtliche Drucke der Hepidannus-Prophezeiungen von NS-Polizeiorganen aufgestöbert und vernichtet worden sind, ist damit recht wahrscheinlich. Und was die Polizei nicht erwischt hat, wurde sicherlich oft aus Angst verbrannt.
Der Autor von 1951, *Dr. H. Armand,* bzw. der schon erwähnte Benediktinerpater *Winfried Ellerhorst,* aus dessen Nachlass Armand sich bedient haben will, könnten noch über ein Original aus dem 19. Jahrhundert verfügt haben (angeblich eine 5. Auflage der 1866er Ausgabe[121]), das jemand vor den Nazis gerettet hatte, das inzwischen aber verschwunden ist und heute im Tresor irgendeines Sammlers liegen dürfte, der den enormen Wert dieser Prophezeiung erkannt hat.[122] Für einen Druck von 1866, der Adolf Hitler ziemlich unumwunden vorhersagt, finden sich *weltweit* Käufer. So etwas treibt die Preise in die Höhe.

Geht man hingegen davon aus, dass die 1951er Hepidannus-Prophezeiung eine Fälschung ist, so handelt es sich dabei – wie wir noch sehen werden – um die sehr gute Fälschung eines Fachmannes, der in einer Reihe von Fachgebieten bewandert war: der mittelalterlichen deutschen Sprache, der Geschichte des Mittelalters, der Bibel und der bis 1951 veröffentlichten europäischen Prophezeiungsliteratur.
Ausgehend von der Fälscherthese vermittelt sich das Bild eines so gebildeten, talentierten und phantasiebegabten Fälschers, dass man sich unweigerlich fragt, warum diese Person überhaupt eine Fälschung angefertigt haben soll? Wozu? Was war das Motiv?
Wirtschaftliche Interessen können es kaum gewesen sein, sonst wäre diese Prophezeiung so wie schon 1866 in einem eigenen Büchlein vertrieben worden und nicht als eine von mehreren Prophezeiungen in einem Prophezeiungs-Sammelband und ohne im Titel des Sammelbandes besonders erwähnt zu werden.
Hier findet sich ein erster gravierender Schwachpunkt der Fälscherthese: Das nicht erkennbare Motiv des Fälschers.

Wie gesagt: eine Kriminalgeschichte. Mehr dazu weiter unten. Ich persönlich komme – das sei vorab gesagt – zu dem Ergebnis, dass die 1951 veröffentlichte Hepidannus-Prophezeiung mit sehr hoher Wahrscheinlichkeit *echt ist* und den Originaltext von 1866 wiedergibt.
Zunächst soll es aber um die konkreten Visionen des Hepidannus für die Zeit *nach* dem „dritten Weltkrieg" und der dreitägigen Finsternis gehen. Sehen wir uns dazu einige Sequenzen aus den Visionen des Hepidannus an. In der siebten Version heißt es:

> *Mein Blick verdunkelte sich, meine Sinne schwanden allmählich, und eine Stimme sprach zu mir, dem fast Ohnmächtigen:*

„Du siehst jetzt nichts als Kämpfe, Blut, Schlachten und Tod, aber ***das Geschlecht der Menschen wird nach diesen Kämpfen herrlicher aufblühen als je zuvor.*** *Allerdings werden sehr viele unter den zu jenen Zeiten Lebenden diese glücklichen Zeiten nicht mehr sehen. Sie werden untergehen unter der Brandfackel des Krieges, und Unkraut wird über ihren Gräbern wuchern. Aber alles dieses wird den Lauf der Welt nicht aufhalten. Mögen sich aber jene, die alsdann leben werden, wohl vorsehen.“*[123]

Die Voraussage einer Zeit großen Friedens nach vorherigem großen Leid findet man in vielen Prophezeiungen, auch in der Bibel. Das ist also ziemlich allgemein und muss sich noch nicht auf den „dritten Weltkrieg“ beziehen.

„Ehe aber der ***Untergang der Welt*** *[meiner Einschätzung nach die überzogene Deutung eines Katastrophenszenarios in entfernterer Zukunft, siehe unten°] erfolgt, werden vorerst gewaltige Kriege ausbrechen und ungeheure staatliche Umwälzungen stattfinden.*
Den furchtbaren Kämpfen, welche hiermit verbunden sind, ***wird eine Reihe von glücklichen Jahren folgen.*** *[Das wäre die Zeit nach dem „dritten Weltkrieg“.°]*
Es wird dann ein Mann aufstehen *[der große Monarch°], der sich dem Laufe der Dinge entgegenstemmt,* ***und seinem Anhange wird es gelingen, eine neue Ordnung ins Dasein zu rufen.*** *Diese wird aber nicht von langer Dauer sein, indem der Untergang alles Lebenden dann vor der Türe steht.“*[124]

Bringen wir zunächst etwas Ordnung in den Text: Oben im letzten Absatz spricht Hepidannus bzw. die „Stimme“ vom *»Untergang der Welt«,* ein paar Zeilen weiter unten vom *»Untergang alles Lebenden«.* Diese Sichtweise halte ich für die übertriebene Deutung einer auch von anderen Quellen prophezeiten Großkatastrophe im Zusammenhang mit dem Ende der Friedenszeit und der Antichrist-Zeit. Was genau die Ursache dieser Großkatastrophe sein soll, kann uns im Moment aber egal sein, weil das noch ein paar Generationen in der Zukunft läge.

Auf jeden Fall käme es nach Hepidannus' Vision unmittelbar vor dieser zweiten zukünftigen Katastrophenzeit zu einer *»Reihe von glücklichen Jahren«,* die unter der Herrschaft eines Mannes stünden, der *»eine neue Ordnung ins Dasein«* ruft. Verglichen mit der sonstigen traditionellen europäischen Prophetie kann damit nur das Friedensreich unter der Herrschaft des großen Monarchen, des europäischen Kaisers gemeint sein.
Nicht ganz klar ist, wie das *»nicht von langer Dauer«* zu verstehen ist. Sicherlich wird man *»nicht von langer Dauer«* in unserer heutigen schnelllebigen Zeit anders verstehen als Ende des 11. Jahrhunderts; einer Zeit, als zeitliche Bezugspunkte für größere Reiche eher die Dauer des Römischen Reiches (ca. 800 Jahre) und die Dauer des Byzantinischen Reiches (rund 1000 Jahre) waren. *»Nicht von langer Dauer«* könnten somit durchaus 60 oder 70 Jahre meinen. In der Praxis würde *»eine Reihe von glücklichen Jahren«* bedeuten, dass wenigstens für ein paar Jahrzehnte keine dunklen Wolken am weltpolitischen Horizont aufziehen. *Glücklich* bedeutet: ohne große Sorgen und ohne am Horizont sich abzeichnendes Unheil. Das deckt sich also einigermaßen mit der Botschaft von La Salette.

Ob mit der *»neuen Ordnung«* dieselbe Zeit gemeint ist wie oben mit *»herrlicher aufblühen als je zuvor«,* ist aus meiner Sicht etwas unklar. Auch andere Quellen beschreiben die Zeit nach „drittem Weltkrieg" und dreitägiger Finsternis im Sinne von *»herrlicher als je zuvor«* (siehe unten). Das Problem ist nur, dass mit dem *»herrlicher als je zuvor«* auch das prophezeite Tausendjährige Friedensreich gemeint sein könnte, das wiederum auf den Untergang der neuen Ordnung (~Ende allen Lebens) folgen soll.
Von dieser Unklarheit lasse sich der Leser aber nicht verwirren. Der traditionellen europäischen Prophetie nach steht außer Zweifel, dass – sofern man es glauben will – nach Krieg und Finsternis in Europa eine in jeder Hinsicht lebenswerte und erfüllte Zeit folgt.

Wenden wir uns jetzt wieder den konkreten Voraussagen zum Schicksal Deutschlands zu. In einer weiteren Vision des Hepidannus aus dem Jahre 1084 heißt es:

> *„... hörte ich plötzlich eine starke Stimme gleich dem Brausen des Sturmwindes an den Gipfeln der Berge, die zu mir sprach. ‚Ich bin der Geist, der ausgeht von den sieben Leuchten vor dem Throne dessen, der da ist, sein wird und war, und der waltet über dem Menschengeschlechte seit Anfang der Dinge. Öffne dein Auge und schaue! Höre auf das, was ich dir sagen werde!*
> *Siehe! Ich will meine Ferse auf den Erdboden [in Mitteleuropa, siehe unten°] setzen, und ein Volk soll emporsprossen, wo jetzt der Wald die Fläche bedeckt und der Eber dem Speere des Unfreien erliegt und der* ***Ur der Falle des jungen Jägers.*** *"*[125]

Der *Ur* bzw. *Auerochse* ist eine vor Jahrhunderten in Europa ausgestorbene wilde Rinderrasse, die deutlich größer war als heutige europäische Hausrinder. Auerochsenbullen konnten eine Schulterhöhe von 1,85 Metern erreichen; bei heutigen europäischen Bullen liegt diese bei 1,45 Metern. Ende des 11. Jahrhunderts gab es in Mitteleuropa noch Auerochsen. In Bayern beispielsweise wurde das letzte Exemplar im Jahre 1470 erlegt.

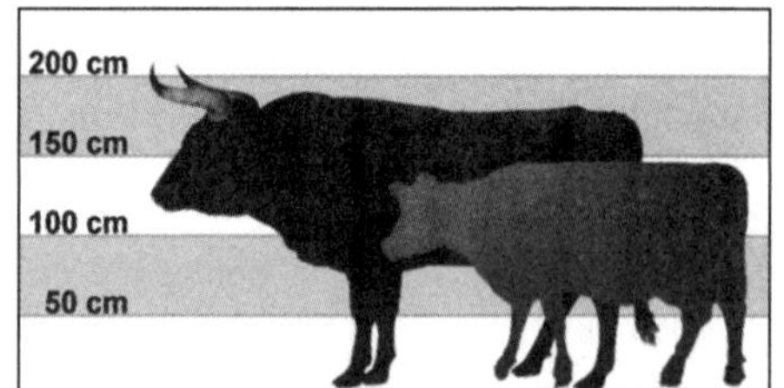

Abb.17: Auerochse im Vergleich zum heutigen mitteleuropäischen Rind

Was die oben angesprochene Jagdmethode mit einer *Falle* betrifft, die bei einem so großen Tier zunächst irritieren mag, da man Fallen eher mit Kleintieren in Verbindung bringen mag, folgender Hinweis: Eine Jagdmethode auf offener, freier Fläche mit Speer oder mit Pfeil und Bogen war bei diesem Riesentier nicht empfehlenswert, da der Ur statt zu flüchten *gerne auch einmal angriff.*[126]
Eine Jagdmethode bestand seinerzeit darin, Auerochsen an Waldrändern oder in Wäldern in Netze zu treiben, die zwischen Bäumen aufgespannt wurden.
Das heißt: Sowohl die Erwähnung des Auerochsen als auch die erwähnte Jagdmethode* sprechen für die Authentizität des Textes, sind aber natürlich noch kein *Beweis*

---

* als auch der „Unfreie" (Leibeigener)

der Echtheit.
Hepidannus fährt dann fort und begibt sich – wie wir wenige Zeilen weiter sehen werden – tief hinein ins Minenfeld „politischer Korrektheit“:

Ich werde es [das emporspr. Volk°] groß machen unter allen Völkern der Erde.[127]

Aus einer Perspektive von Ende des 11. Jahrhunderts könnten mit diesen Worten theoretisch die Franzosen, Engländer, Deutschen und noch ein paar andere Europäer gemeint sein. Wenige Sätze weiter heißt es jedoch alle Unklarheiten beseitigend:

***Aus Germaniens Gründen** wird ein Strom hervorquellen, der die ganze Welt überflutet.*[128]

Da ist er dann wieder, der Verdacht, dass sich sechs Jahre nach Kriegsende ein Nazi seinen Frust und seine Hoffnungen zu einer Prophezeiung zusammengedichtet hat.
Statt über diese Möglichkeit nachzugrübeln, lesen wir einfach den entsprechenden Absatz als Ganzes; lesen wir, wie es mit der Überflutung der Welt durch die Germanen weitergehen soll:

*Die **Sonne,** die vom Süden die Welt erleuchtet und erwärmt, will ich nach Norden [nach Nordeuropa°] versetzen, und aus den Gegenden des Schreckens und der Nacht [die Situation um 1084°] soll [in ferner Zukunft°] **ein Licht** ausgehen, dergleichen man bisher nie gesehen. **Aus Germaniens Gründen wird ein Strom hervorquellen, der die ganze Welt überflutet.** Wehe jenen, die sich erkühnen, dem Laufe dessen zu widerstehen, der seine Pflugschar über die Berge [Alpen°] zieht und den Staub seiner Füße gegen Abend [...] am Meere [Nordsee°] abschüttelt.*[129]

Wir erinnern uns: Adolf Hitler kommt bei Hepidannus ziemlich schlecht weg; er endet in den Geschichtsbüchern *»inmitten von Leichenhügeln und Tod«*. Der *»Strom«*, der da aus Germanien hervorquillt und *»die ganze Welt«* überflutet, passt folglich *nicht* zum Schicksal Adolf Hitlers und Nazi-Deutschlands.
Wenn damit aber nicht das „Dritte Reich“ gemeint ist, was dann? Meint Hepidannus ein „Viertes Reich“? Oder ist die Textstelle nur symbolisch zu deuten?
Für den Satz *»Die Sonne, die vom Süden die Welt erleuchtet und erwärmt, will ich nach Norden versetzen ...«* drängt sich vor dem Hintergrund der europäischen Prophetie die Deutung auf, dass sich Hepidannus damit auf den geografischen Polsprung bezieht, in dessen Folge Mitteleuropa etwa 1500 Kilometer Richtung Äquator wandern soll. Wir erinnern uns: Alois Irlmaier sagt etwa süditalienisches oder nordafrikanisches Wetter für Südbayern voraus. *»Die Sonne [...] will ich nach Norden versetzen ...«* wäre demnach eine indirekte Polsprungsvoraussage.
Eine symbolische Deutung der *»Sonne«* als ein „geistiges Licht“ oder dergleichen dürfte ausscheiden, denn Hepidannus spricht ja davon, dass der *»Geist«* (~Gott) die Sonne *»nach Norden **versetzen**«* will. „Versetzen“ bedeutet, dass diese *»Sonne«* bereits an einem anderen Ort am Scheinen war, nämlich im Süden. *Sonne* kann in dem Zusammenhang also kein Symbol für eine abstrakte, geistige Inspiration sein, die plötzlich irgendwo auftaucht. Für die Deutung der *»Sonne«* als realen physikalischen Himmelskörper spricht zudem auch, dass Hepidannus im selben Satz in klarer Ab-

grenzung zur *»Sonne«* von einem *»Licht«* spricht, *»dergleichen man bisher nie gesehen«* hat und das aus den *»Gegenden des Schreckens und der Nacht«* also aus ***»Germaniens Gründen«*** kommt; von dort, wo die warme Sonne des Südens (bisher) nicht hinkommt. Mit *»dergleichen man bisher nie gesehen«* kann unmöglich die gute alte Sonne gemeint sein. Hepidannus unterscheidet also ganz bewusst zwischen physikalischer *»Sonne«* und geistigem *»Licht«*.

Vor dem Hintergrund der traditionellen europäischen Prophetie ist die plausibelste Deutung dieser Textsequenz natürlich folgende: Nach Polsprung und dreitägiger Finsternis, wird „Germanien" in Europa zum geistigen Kraftzentrum, stärkt Europa auch physisch und sorgt dafür, dass Europa umliegende Krisenherde (z. B. den Nahen Osten) befriedet. Anders ausgedrückt: Sobald die Sonne nach Norden versetzt ist, sich der Sonnenlauf infolge des geografischen Polsprungs geändert hat, kommt das neue Licht aus „Germaniens Gründen".

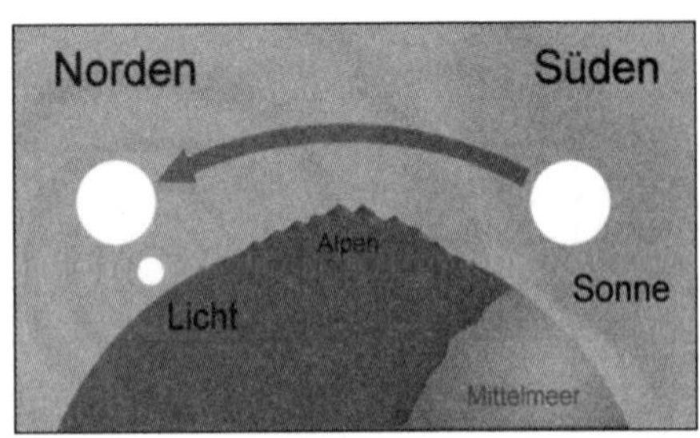

Abb.18: „Die Sonne von Süden nach Norden versetzen" – Hepidannus' Betrag zur Polsprungs-These

Das Grundthema einer zukünftigen deutschen Strahlkraft oder auch deutschen Großmacht finden wir darüber hinaus, wenn auch unterschiedlich nuanciert, noch im *Lied der Linde* (siehe Seite 121) und bei dem südafrikanischen Seher *Nicolaas van Rensburg* (siehe Seite 143).

Bei der abschließenden Drohung *»Wehe jenen, die sich erkühnen, dem Laufe dessen [Deutschland°] zu widerstehen, der [...] den Staub seiner Füße gegen Abend am Meere abschüttelt«* wäre ich vorsichtig. An manchen Stellen der Hepidannus-Prophezeiung wird die gesamte Zeitspanne von Erstem über den Zweiten bis hin zum „dritten Weltkrieg" in einem einzelnen Bild oder Symbol zusammengefasst, so dass hier mit *»Wehe ...«* möglicherweise nur Elemente des Ersten und/oder Zweiten Weltkrieges gemeint sind.

Mit dem Abschütteln des Staubes im Meer ist dann die Sequenz zum „dritten Weltkrieg" beendet, und Hepidannus springt in derselben Vision unvermittelt zurück in die Zeit vor 1871, dem Jahr der deutschen Reichsgründung:

> *Es wird unter den Stämmen Germaniens ein Volk auferstehen [Preußen°] und ein Haupt werden über all seine Brüder. Langer Zwiespalt wird dem Glanze seiner Macht vorangehen. [Jahrhunderte andauernde Kleinstaaterei bis 1871, aber auch des Chaos in Weimarer Zeit°] Der Herr wird gegen den Knecht und der Untergebene wider seinen Vorgesetzten sein Recht behaupten und verfechten.*[130]

Hier wird die Zeit der deutschen Kleinstaaterei (bis 1871) offenbar zusammen in einen Topf geworfen mit der Weimarer Zeit (1919–1932). Denn im nächsten Atemzug wird der schon zitierte Aufstieg Hitlers in der Weimarer Zeit geschildert:

> *Dann wird ein Mann auferstehen mitten aus dem Strudel der Parteiungen. Er wird, ohne dem Unrecht Stützpunkt zu sein, doch mit dem [juristischen°] Rechte Recht sprechen wider das [Menschen-°] Recht, und vom Aufgange zum Niedergange [der Sonne, also Ost nach West°] wird sein Name in aller Leute Mund sein. Verdammt und gehasst von den einen, wird er bewundert von den anderen werden.*
> *Zwar wird* ***unsägliches Elend*** *an seine Schritte geknüpft sein und* ***sein Name leben in der Geschichte inmitten von Leichenhügeln und Tod.***
> *Auch wird nicht das geschehen, was die Mehrzahl der Menschen glauben wird, dass er erstrebe. Er wird vielmehr das Werkzeug des Geschickes sein, dazu bestimmt, die alte Welt in Trümmern zu schlagen [Nach dem Zweiten Weltkrieg wurde Großbritannien von den USA als globale Macht Nummer 1 abgelöst: das war das Ende der alten europäisch dominierten Welt°] und, wollend oder nicht wollend, das Volk, aus dem er hervorgegangen, zur Freiheit zu bringen [?].*[131]

Jetzt wird es spannend. Denn jetzt nähern wir uns der Antwort auf die Frage, ob die Hepidannus-Prophezeiung eine Fälschung ist oder nicht: Dass Adolf Hitlers Name *»in der Geschichte inmitten von Leichenhügeln und Tod«* leben wird, ist nämlich ein Indiz für die Echtheit der Prophezeiung! Das erklärt sich wie folgt:
Mit dem ersten erfolgreichen sowjetischen Atombombentest am 29. August 1949 begann das atomare Wettrüsten zwischen USA und UdSSR. Seinerzeit (z. B. Anfang 1950) waren deutsche Tageszeitungen voll von wilden Spekulationen über die möglichen Auswüchse eines Atomkrieges, bis hin zu Spekulationen über das *Ende der Welt,* ausgelöst durch eine sogenannte „X-Bombe" (siehe Bild unten), die quasi die ganze Welt in die Luft sprengen konnte. Besagte X-Bombe sollte um so viel stärker sein, als eine Wasserstoffbombe stärker als eine „normale" Atombombe ist. Im Klartext: Die angebliche X-Bombe wäre rund *eine Million Mal* so stark wie die Hiroshima-Bombe gewesen. Noch einmal zum Mitschreiben *eine Million Mal* so stark wie Hiroshima = 13.000 Tonnen TNT-Äquivalent!
Spekulationen dieser Art fanden sich seinerzeit öfters auf Seite 1 deutscher Tageszeitungen, und keinesfalls irgendwo im hinteren Teil der Zeitung versteckt. Ganz normale Tageszeitungen malten in dieser Zeit den atomaren Weltuntergang auf die Titelseite.

Nach der H-Bombe die X-Bombe

Senator Tydings fordert Abrüstung „bis auf das Gewehr des Schützen

Washington. Der amerikanische Senator Millard E. Tydings sagte in Washington den Bau einer „X-Bombe" voraus, deren Zerstörungskraft die der Wasserstoffbombe um ebenso viel übertreffen werde, wie die Wasserstoffbombe stärker als die Atombombe ist.

... mir scheinen, daß eine Weltabrüstung für die Sowjets ebensoviel Vorteile bieten würde wie für uns. Ich möchte annehmen, daß die Sowjetunion den Gedanken einer weltweiten Abrüstung gern sehen würde, weil sie selbst Sicherheit wünscht."

Wenige Tage zuvor hatte Tydings erklärt, die USA hätten die Möglichkeiten der Sowjetunion ...

... Erdkugel erfaßt und sie in eine kleine Sonne verwandelt. Mann meint allerdings, das wäre für die Menschen völlig schmerzlos, denn wir hätten keine Zeit, noch einen Schmerz zu empfinden.

Sowjetpresse verurteilt Hiroshima-Atombomben-Angriff

Abb.19: Artikel von Seite 1 des Berchtesgadener Anzeigers vom 20. Februar 1950

Wäre kurz nach dem 1951er Erscheinen der „erfundenen“ Hepidannus-Prophezeiung der dritte Weltkrieg ausgebrochen, wäre gar nicht mehr die Zeit geblieben, dass sich „Hitlers Leichenhügel“ im kollektiven Geschichtsbewusstsein festsetzen.
Wäre 1951 der dritte Weltkrieg ausgebrochen, hätte es nicht einmal im Ansatz eine deutsche Erinnerungskultur in Sachen Hitler und Holocaust gegeben. Der „dritte Weltkrieg“ hätte den Zweiten Weltkrieg im kollektiven Gedächtnis vollkommen überlagert und verdrängt.
Im Falle einer Fälschung von 1951 bedeutet das, dass der Fälscher aus irgendeinem Grunde ausgerechnet in jenen Monaten der in Deutschland grassierenden Atomkriegsangst davon ausging, dass der Atomkrieg *entweder gar nicht* stattfinden wird oder dass zwischen Zweitem und „drittem Weltkrieg“ genug Zeit vergehen wird, so dass nach 1945 geborene Generationen erst aus Geschichtsbüchern über die Nazi-Gräuel erfahren können.
Genau genommen müssen wir im Falle einer Fälschung sogar statt mit dem Jahr 1951 mit *Ende September 1950* rechnen, denn in dem besagten Büchlein *›Prophezeiungen über das Schicksal Europas‹* mit der Hepidannus-Prophezeiung findet sich auf Seite 2 ein Hinweis auf eine Druckerlaubnis* seitens der katholischen Kirche vom 14. Oktober 1950.[132]
Der verblüffende Optimismus des „Fälschers“ in Hinblick auf eine bevorstehende jahrzehntelange *Friedensepoche* – und damit das auf absehbare Zeit Ausbleiben des „dritten Weltkrieges“, muss also in Bezug gesetzt werden zu der weltpolitischen Lange von etwa **Juli bis September 1950,** als der „Fälscher“ seiner Fälschung den letzten Schliff gab. Was also tat sich in diesen Monaten weltpolitisch?
Nun, am **25. Juni 1950,** vier Monate vor der Imprimatur und dem O. K. der Kirche, war der Korea-Krieg ausgebrochen. Anfang September 1950 kontrollierte die nordkoreanische Armee fast ganz Südkorea. Mitte September 1950 starteten dann die Alliierten unter Führung der USA eine Gegenoffensive, konnten die Nordkoreaner komplett aus Südkorea vertreiben und stießen anschließend tief nach Nordkorea vor.
Ende Oktober/Anfang November 1950 – etwa zu dem Zeitpunkt, als das Büchlein in den Druck gegangen sein mag – gelang es wiederum einer 200.000 Mann starken chinesischen Armee – keine offiziellen chinesischen Truppen, sondern eine „Volksfreiwilligenarmee“, denn *Mao Zedong* wollte keine direkte Konfrontation mit den USA –, die 8. US-Army zurückzuschlagen.
Im November 1950 kämpften auf nordkoreanischem Boden chinesische gegen US-amerikanische Soldaten und nebenbei auch noch russische Piloten in nordkoreanischen Kampfjets in der Luft gegen Piloten der U. S. Air Force. Mit anderen Worten: Im Herbst 1950 war weltpolitisch so einiges los, es rappelte ganz gewaltig in der Kiste, die Wellen schlugen ganz schön hoch und es lag die ganze Zeit eine Brise „dritter Weltkrieg“ in der Luft.

* Geistliche brauchten seinerzeit für eigene Publikationen eine Druckerlaubnis von der Kirche. Obwohl selbst kein Geistlicher, scheint Dr. H. Armand nach Ellerhorsts Tod 1948 die Druckerlaubnis sicherheitshalber eingeholt zu haben, da er, Armand, sich umfangreich aus dem Nachlass Ellerhorsts bedient hatte.

Im Herbst 1950 war es alles andere als naheliegend, sich nach dem Zweiten Weltkrieg eine viele Jahrzehnte lang andauernde Friedensepoche auszumalen, in der sich Hitler sozusagen in aller Ruhe hätte in den Geschichtsbüchern verewigen können. *»Sein Name [wird°] leben in der Geschichte inmitten von Leichenhügeln und Tod«* zielte im Jahre 1951 faktisch auf *Geschichtsbücher;* und damit auf jene nachgeborenen Generationen, denen die persönliche Erfahrung der historischen Ereignisse fehlt.
Die Generationen, die den Krieg noch bewusst miterlebt hatten, brauchten zur Erinnerung keine »Geschichte«. Sie hatten ihre eigenen, ganz persönlichen Erinnerungen. Der Begriff *Geschichte* zielt auf einen größeren Zeitraum, auf mehrere Jahrzehnte und auf *nachgeborene Generationen,* die ihrerseits erst über Schule, Universität und Massenmedien ein Geschichtsbewusstsein entwickeln. Koppelt man den Begriff *Geschichte* an die *Nachgeborenen,* gelangt man frühestens in die Zeit ab ca. 1965.
Im Fall einer Fälschung ging der „Fälscher" folglich davon aus, dass es mindestens für ein paar Jahrzehnte nach Ende des Zweiten Weltkrieges *keinen* dritten Weltkrieg gibt. Der „Fälscher" ging davon aus, dass in Deutschland auf absehbare Zeit *kein* Krieg stattfinden wird, dessen Atombomben sinnbildlich gesprochen die Hitler'schen Leichenhügel wegbomben, einebnen und spurlos verschwinden lassen. Frage also: Woher wusste der „Fälscher" im Herbst 1950, dass der „dritte Weltkrieg" noch Jahrzehnte auf sich warten lassen wird? War er selbst Hellseher (kleiner Scherz)?
Und wohlgemerkt: Der „dritte Weltkrieg" wird von Hepidannus sehr wohl vorausgesagt, und Hepidannus ähnelt in seiner Beschreibung des Krieges anderen Quellen (siehe Seite 123: *»Siehe! [...] die Menschen haben sich in zwei Heerlager gespalten ...«*).

Die Prophezeiung über die Zeit des „Dritten Reiches" geht weiter:

> *Wehe dem, der, in jener furchtbaren, aber großen Zeit lebend, seinen Standpunkt versetzt und, geblendet durch das Gaukelspiel trügerischer Dämonen, sich auf Abwege begibt, die ihm selbst,* ***seinem Volke und Geschlechte verderbenbringend werden.*** *Denn es werden in jenen Tagen des Zweifels und des Unglaubens* ***falsche Propheten*** *aufstehen und mit gleißender Stimme ihr Gift feilbieten und jene elendig zugrunde richten, die leichtgläubig und von einseitigen Vorurteilen befangen ihnen Glauben schenken.*[133]

Abb.20: Joseph Goebbels

Auch wenn die *»falschen Propheten«* eine Anspielung auf die Bibel sein mögen, so klingt es im Zusammenhang mit dem „Dritten Reich" eher nach NS-Propagandaminister *Joseph Goebbels* und anderen NS-Chefpropagandisten.[134] Hepidannus weiter:

> *Wer Ohren hat, zu hören, der höre; wer Augen hat, zu sehen, der säume nicht, sie dem Lichte zu öffnen. Ein mächtiges Reich [Hitler-Deutschland°] wird in jenen Ta-*

gen zugrunde gehen und ***ein mächtigeres an seine Stelle treten*** *[USA und/oder UdSSR°].*[135]

Auch das neue, noch *»mächtigere Reich«,* das an die Stelle des besiegten „Dritten Reiches" tritt, suggeriert eine längere Friedenszeit, die dieses mächtigere Reich prägt, sichert und garantiert. Eine wichtige, vielleicht *die* wichtigste Fähigkeit eines Reiches besteht darin, einen dauerhaften Frieden zu sichern. Deshalb spricht man vom *Pax Romana, Pax Mongolica* oder *Pax Britannica.* Natürlich ist es nicht die Regel – siehe Hitler –, aber normalerweise weist sich ein mächtiges Reich dadurch aus, dass es den Frieden lange Zeit sichern kann. Das Bild eines noch *»mächtigeren Reiches«* ergibt wenig Sinn, wenn dieses neue Reich schon nach kurzer Zeit wieder in einem dritten Weltkrieg verschwinden würde. Auch mit dem *mächtigeren Reich* deutet Hepidannus also eine längere Friedenszeit nach dem Zweiten Weltkrieg an.

Dann wendet sich der Seher dem Zweifrontenkrieg im Zweiten Weltkrieg zu:

Von Osten [Russland°] her weht ein Sturm, und aus Westen heult der Wind: Wehe allem, das in den Bereich dieses furchtbaren Wirbels geraten wird. Tausendjährige Herrschersitze werden herabsinken aus ihrer Höhe, gleichwie der Wirbelwind das Strohdach der Hütte fortführt.[136]

Die „tausendjährigen" Herrschersitze sind natürlich schon infolge des Ersten Weltkrieges herabgesunken (Deutschland, Österreich, Russland). Aber dieser Fehler spricht eher für einen Mönch, der ein paar Dinge durcheinandergebracht hat, als für einen Fälscher, der eine echte Prophezeiung vortäuschen will. Für einen Fälscher hätte es keinen Sinn, offenkundige Fehler in die Prophezeiung einzubauen.
Der *»furchtbare Wirbel«* wiederum könnte ein Gesamtbild für die drei Weltkriege zusammen sein bzw. das Symbol für eine Kraft, die hinter allen diesen drei Kriegen steht.

Das große Leichenfeld zwischen Rhein, Elbe und Donau

Eine ähnliche Problemstelle mit vermeintlichen Bezug zum Zweiten Weltkrieg taucht dann gleich im nächsten Abschnitt der Hepidannus-Prophezeiung auf, wo mitten in Deutschland *ein weites Leichenfeld zwischen Rhein, Elbe und Donau* vorausgesagt wird, das der europäischen Prophetie nach eindeutig dem „dritten Weltkrieg" zuzuordnen wäre,[137] denn: In dem Gebiet zwischen Rhein, Elbe und Donau, insbesondere in den ländlichen Gebieten, gab es im Zweiten Weltkrieg nicht einmal im Ansatz die von Hepidannus beschriebenen horrenden Opferzahlen. Als die US-Army keine zwei Monate vor Ende des Krieges in der Nacht vom 22. auf den 23. März 1945 den Rhein nach Osten überschritt und die Russen nach Westen vorstießen, pfiff die vier Jahre zuvor sich noch unbesiegbar glaubende deutsche Wehrmacht bereits aus dem letzten Loch, war im Grunde genommen nur noch auf dem Rückzug und abgesehen von Kämpfen südlich und östlich des Großraums Berlin (beides östlich der Elbe!) gar nicht mehr in der Lage, Schlachten mit vielen Tausenden Toten zu führen.
Die Ortsangaben *Rhein* und *Donau* finden sich in mehreren europäischen Prophezeiungen, nicht aber die *Elbe.*[138] Diese taucht meines Wissens nur bei Hepidannus auf,

passt aber grundsätzlich zu dem, was andere Prophezeiungen sagen. Unstimmig ist lediglich, dass sich den anderen Quellen nach das Leichenfeld an etlichen Stellen auch noch *nördlich* der Elbe erstrecken müsste. Hepidannus also:

Zwischen dem Rhein und der Elbe und dem morgenwärts [ostwärts°] fließenden Strome Donau wird ein weites Leichenfeld sich ausdehnen, eine Landschaft der Raben und Geier. Und wenn dereinst wieder der Landmann seinen Samen ausstreuen wird und dieser emporkeimt, Ähren tragend und Früchte, dann wird jeder Halm in einem Menschenherzen stehen und jede Ähre in eines Menschen Brust ihre Wurzel haben.[139]

Natürlich könnte man jetzt behaupten, es sei eben doch der Zweite Weltkrieg gemeint, nur seien die Opferzahlen maßlos übertrieben. Ich hielte eine solche Deutung aber für irrig, denn das eigentliche Kernmotiv dieser Beschreibung scheint mir darin zu liegen, dass die Opferzahlen *so* hoch sind – *auch unter der Zivilbevölkerung* –, dass die Leichen *nicht mehr beerdigt* werden können.
Das eigentlich Erschreckende sind – sofern man dies glauben will – die flächendeckend horrend hohen Opferzahlen *unter der* Zivilbevölkerung in ländlichen eher einsamen Gebieten. Nicht bestattete Tote in großer Zahl gab es zwar auch im Zweiten Weltkrieg, doch betraf dies überwiegend Kampfgebiete, wo deutsche Soldaten in Schützengräben verschüttet wurden und sich die Leichen in größerer Erdtiefe befanden. Hepidannus hingegen beschreibt eine Situation, in der die Skelette an der Oberfläche liegen und eigentlich leicht einzusammeln und beizusetzen wären.

In der nächsten Vision beschreibt Hepidannus in symbolischen Bildern das Schicksal Deutschlands etwa von der Zeit Napoleons (um 1800) bis in die Zeit nach dem „dritten Weltkrieg“:

„Ich sah einst in einer nächtlichen Schau einen Mann von riesigem Wuchs. Er saß an einem Bache und war damit beschäftigt, einen Streitkolben aus verschiedenen dürren Holzstäben herzustellen. Als er die Stäbe lose aneinander hielt, leisteten sie nur geringen Nutzen; und ein Schlag, den er damit führte, zerging machtlos in der Luft. Da fasste er die Stäbe und befestigte sie dicht aneinander durch eine Anzahl von eisernen Reifen und Nägeln.“[140]

Das Zusammenbinden der Stäbe symbolisiert die deutsche Reichsgründung im Jahre 1871, als die deutschen Kleinstaaten durch den damaligen preußischen Ministerpräsidenten *Otto von Bismarck* zur neuen Großmacht vereinigt wurden.

„Da bemerkte ich einen starken Ur, der mit Wut gegen den am Bache sitzenden Mann anstürmte. Dieser aber richtete sich ohne Furcht empor, trat seinen drohenden Feinden [!°] entgegen und streckte ihn [!°] durch einen Schlag vor die Stirn zu Boden. Als ich dieses gesehen, sprach die Geisterstimme zu mir: ‚Sieh! So wird dereinst sich ein geteiltes Volk zusammenscharen und umschlungen von mächtigen Banden, und es wird seinen Feinden die Spitze bieten und dieselben mit mächtigen Schlägen niederschmettern.

Nachdem dieses aber geschehen, wird das eiserne Band, das alle umschlang und zu vereinter Tat verband, sich lösen und jeder einzelne wird, wenngleich mit der Gesamtheit verbunden, ***als selbständiges Reis seine eigenen Wege emporstreben.*** ‚“[141]

Hepidannus begreift den Zusammenschluss der deutschen Kleinstaaten mit der 1871er Reichsgründung als den Beginn eines Jahrhunderte übergreifenden Projektes, das am Ende – offenbar erst nach drei Weltkriegen – erfolgreich seinen Abschluss findet.
Der Seher sagt aber auch, dass das zuvor geteilte Volk seine Feinde *»mit mächtigen Schlägen niederschmettern«* wird. Wie bitte ist das zu deuten?
Die deutsche Bundeswehr ist nach allem, was man hört, nur noch ein Schatten ihrer selbst. Übertreibt der Seher, weil er aus seiner Perspektive von Ende des 11. Jahrhunderts überwältigt ist von Visionen der Feuerkraft moderner Kriegswaffen, über die die Bundeswehr trotz ihres desolaten Zustandes natürlich immer noch verfügt? Oder meint Hepidannus in ziemlich verquerer Weise doch den Zweiten Weltkrieg?
Entscheidend ist, dass Hepidannus „am Ende“ einen Sieg Deutschlands sieht: seine Feinde mit mächtigen Schlägen niederschmettern. Damit scheidet der Erste- und Zweite Weltkrieg als zeitlicher Rahmen für diese Vision aus.
Nach Abschluss des „Projektes gesamtdeutscher Staat“ – in dessen Ablauf sich die deutschen Staaten in drei Weltkriegen zu bewähren hätten – wenden sich die deutschen Teilstaaten wieder ihren eigenen Geschäften und Vorlieben zu. Ein schönes, geradezu versöhnliches Bild.
Dieses Wieder-auf-sich-selbst-Besinnen der deutschen Teilstaaten wäre undenkbar, ginge Deutschland im „dritten Weltkrieg“ unter. Das heißt: Die Renaissance deutscher Kleinstaaterei – vermutlich unter dem Dach eines europäischen Staatenverbundes *(»mit der Gesamtheit verbunden«)* – versinnbildlicht den Erfolg und damit auch den Sinn des Gesamtprojektes, zu dem sich die deutschen Völker und Stämme nach Mitte des 19. Jahrhunderts entschlossen hatten.
Nach dem „dritten Weltkrieg“ gäbe es keine europäische oder globale Großmacht mehr, gegen die sich die deutschen Staaten zusammenschließen müssten. Fraglich wäre allerdings, wie lange dieses Kleinstaaten-Paradies Bestand hätte. Folgt man den Visionen des Hepidannus, dann müsste das neue deutsche „Kleinstaaten-Paradies“ eigentlich identisch sein mit jener neuen Ordnung, die für eine Reihe von Jahren von dem *»Mann und seinem Anhange«* ins Leben gerufen wird. Dort wird diese Friedenszeit allerdings etwas anders beschrieben.

Zwischenfazit:

Es wäre wohl ziemlich unsinnig, die Hepidannus-Prophezeiung für die Fälschung eines Deutschnationalen aus dem Jahre 1950er zu halten. Das ist diese Prophezeiung sicherlich nicht. Ebenso wenig überzeugt die These, die Hepidannus-Prophezeiung sei eine Fälschung, die aus Gewinnsucht entstanden ist.
Wenn Gewinnsucht und ideologische Verblendung als Erklärung für die Existenz der Hepidannus-Prophezeiung ausscheiden, scheint es insgesamt am plausibelsten, dass im Jahre 1951 tatsächlich der Originaltext von 1866 veröffentlicht worden ist, dass

die NS-Polizeiorgane im Jahre 1941 die meisten Exemplare vernichtet haben und dass das 1951 noch vorliegende Original von jemandem zu Geld gemacht worden ist, der den Wert des 1881er Drucks erkannt hat. Im Nachlass von Winfried Ellerhorst jedenfalls findet sich kein Exemplar der 1866er bzw. 1881er Originalprophezeiung.[142]

Hepidannus betont also eine geistig-kulturelle Sonderrolle der Deutschen im europäischen und vielleicht auch im globalen Kontext – Stichwort *„Licht, das von Germaniens ausgeht“*. Die Deutschen – und das ist das Schöne und Inspirierende an Hepidannus – sollen ihre kulturhistorische Aufgabe „am Ende“ tatsächlich *erfüllen!*
Bis auf eine kleine Ausnahme zu einem Phänomen am Sternenhimmel befassen sich alle 1951 veröffentlichten Visionen des Hepidannus mit dem Schicksal Deutschlands, und – ich wiederhole mich – die eigentlich politisch unkorrekte Essenz dieser Quelle liegt in der Suggestion, das Schicksal Deutschlands *sei gottgewollt!*

Zur Erinnerung: Der *»Geist«* sagt in der Vision zu Hepidannus:

> *„Siehe! Ich will meine Ferse auf den Erdboden setzen* ***und ein Volk soll empor sprossen,*** *wo jetzt der Wald die Fläche bedeckt […] und aus den Gegenden des Schreckens und der Nacht soll ein Licht ausgehen, dergleichen man bisher nie gesehen.* ***Aus Germaniens Gründen wird ein Strom hervorquellen, der die ganze Welt überflutet.*** *“*[143]

Die „politisch unkorrekte“ Ungeheuerlichkeit der Hepidannus-Prophezeiung liegt in einem Deutschlandbild, das so kraftvoll und so positiv ist, dass es heutzutage im öffentlichen Raum faktisch die soziale Ächtung zur Folge hätte.
Der springende Punkt dabei ist aber nicht so sehr, ob man dieses Zukunftsbild nun glaubt oder nicht, sondern dass inzwischen in Deutschland das geistige Klima einer unreflektierten Pseudo-Besserwisserei vorherrscht, in dem ein so positives Zukunftsbild von Deutschland ähnlich massiven Anfeindungen ausgesetzt ist wie zu Hitlers Zeit Zweifel am „Endsieg“ der deutschen Wehrmacht.
Hepidannus bietet damit eine kategorische Antithese zu der heutzutage uns in vielfältigen Tonlagen umraunenden Behauptung, der Deutsche sei potenziell gefährlich, gehöre gebändigt, eingehegt und überwacht, und im Grunde sei „der Deutsche“ ein Relikt vergangener Zeiten und gehöre überwunden.

Ausklingen lassen möchte ich das Kapitel über die Hepidannus-Prophezeiung mit einem Zusatz, der sich an eine andere Vision zum Zweiten Weltkrieg anschließt. Dieser Zusatz hat gewissen poetischen Reiz. Zunächst aber die Szene aus dem Zweiten Weltkrieg. Hepidannus berichtet seinem Klosterbruder:

> *„Als ich gestern meinen täglichen Gebeten oblag, ward ich plötzlich im Geiste der Zeit entrückt und hinweggeführt an einen fernen Ort. Da sah ich einen Brand gegen den Himmel steigen gleich dem Brande einer großen Stadt. Ich hörte ein Wehklagen von Männern, Weibern und Kindern, so dass mein Herz sich betrübte. Die Menschen flüchteten sich vor den Gluten des Feuers, und in der Angst ihres Herzens eilte der eine hierhin, der andere dorthin. Aber die Flammen eilten ihnen mit Windesschnelle nach und umhüllten bald hier, bald da Haufen von Menschen und*

erstickten sie in dem Rauche und dem Qualme. Viele von ihnen waren indes dem Feuer entronnen. Sie liefen in das Wasser des Flusses. Manche von ihnen ertranken, andere wurden von großen Vögeln mit eisernen Schnäbeln, deren Flügelschlag mit seinem Rauschen die Luft erfüllte, weggefangen, wie die Schwalbe im Sommer die Fliege erhascht. Allenthalben herrschte große Angst, Jammer, Not und Elend. Nach einiger Zeit verwandelte sich das Aussehen der Gegend. Das Feuer war erloschen und ***alle Spuren seines einstmaligen Daseins waren getilgt.*** *Grüne Saatenfelder prangten rings um* ***neu angelegte Städte und Dörfer.*** *"*[144]

Geht man von einer Fälschung von September 1950 aus, so sind die neu angelegten Städte und Dörfer ebenfalls recht kühn, da der „Fälscher" erneut eine etliche Jahre lange ungestörte Aufbauphase in Deutschland nach dem Zweiten Weltkrieg unterstellt – *»**alle** Spuren seines einstmaligen Daseins waren getilgt«*. Diese Aufbauphase war im Jahr 1950 angesichts der gerade beginnenden atomaren Wettrüstung und des Korea-Krieges alles andere als sicher. Im Mai 1949 war die Berlin-Blockade beendet worden, mit der *Joseph Stalin* dem Westen den Westteil Berlins abpressen wollte.
Die Voraussage einer langen ungestörten Aufbauphase nach dem Zweiten Weltkrieg ist somit ein weiteres Indiz für die Echtheit der Prophezeiung – neben den Hitler'schen Leichenbergen, die sich „ungestört in der Geschichte verewigen" können und neben dem mächtigeren Reich, das an die Stelle des Hitler-Reiches tritt und (offenbar) auch erst einmal ein paar Jahrzehnte existiert, ohne von einem anderen Reich angegriffen zu werden.
Die Vögel mit den eisernen Schnäbeln dürften dann Kampfflugzeuge bzw. Tiefflieger sein. Offenbart sich hier ein fantasiebegabter „Fälscher" oder konnte ein Mönch Ende des 11. Jahrhunderts gar nicht erkennen, dass diese Vögel das Werk von Menschenhand sind?

Kommen wir nun zu dem Zusatz mit gewissem poetischen Reiz:

> *„Als ich nun darüber nachdachte, was dieses sonderbare Gesicht [zum Zweiten Weltkrieg°] wohl bedeuten möchte, sah ich plötzlich* ***die hohe, neblige Gestalt*** *[eine Gestalt, die öfter in Hepidannus' Visionen erschien°] auf der leuchtenden Kugel vor meinem Bette stehen."*[145]

Auch diese esoterisch-phantastisch angehauchten Zeilen sprechen gegen eine politisch motivierte Fälschung in deutsch-nationaler Absicht. In deutsch-nationalen und nationalsozialistischen Kreisen gab es seit jeher eine starke, diesbezüglich die Meinungsführerschaft innehabende, anti-spirituelle, anti-okkultistische Fraktion. Zwar liebäugelten Hitler[146], Heß, Himmler und noch andere hohe Nazis mit einigen Sparten des Okkultismus (insbesondere mit der Hellseherei, Prophetie, Astrologie und Wünschelruten), doch spätestens ab Sommer 1941 wurde Anti-Okkultismus offizielle Parteipolitik für sämtliche Parteiebenen. Adolf Hitler und Heinrich Himmler allerdings haben ihre okkultistischen Steckenpferde nie ganz aufgegeben und bis zum Tode an ihnen festgehalten.[147]
Kurzum: Mit der *»nebligen Gestalt«* (Hepidannus an anderer Stelle: *„Die große Gestalt, die damals auf der leuchtenden Kugel stand, erschien mir oft und sprach mit mir*

über verschiedene Dinge.“[148]) hätte sich ein politisch motivierter deutsch-nationaler Fälscher ins eigene Bein geschossen. In seiner Zielgruppe hätte ihn keiner mehr ernst genommen.

Lassen wir nun die *»hohe, neblige Gestalt auf der leuchtenden Kugel«* zu Wort kommen:

> *„Siehe [...], das sind einige der Tage, so dem menschlichen Geschlechte noch bevorstehen werden. Im Kreislauf der Jahre werden sie herankommen und werden in den Staub treten die Eiche [Deutschland?°] mitsamt dem Felsen, auf dem sie wurzelt.“*
>
> *Da erwiderte ich voller Schmerz und Jammer:*
>
> *„0, warum ist denn das Menschengeschlecht verflucht zu solchem Geschicke? Weshalb ist es mit größerem Elend geschlagen wie das flüchtige Wild des Feldes? Kann denn der Allmächtige solche Leiden nicht abwenden?“*
>
> *Als ich diese Worte gesprochen, sah mich die Erscheinung mit eigentümlichen Blicken an und sprach:*
>
> *„Warum wird das Samenkorn in die Erde gelegt und weshalb bedeckt der Schnee die Fluren des Feldes?“ [Ende der Sequenz°]*

Mag sein, dass die Frage zu Samen und Schnee rhetorisch gemeint ist. Ende des 11. Jahrhunderts kannte wohl niemand die genaue Antwort. Möglich, dass die Frage als Hinweis darauf gemeint ist, dass man nicht alles wissen kann (und soll?) und dass man akzeptieren soll, dass man nicht alles wissen *kann.* Heute jedoch wissen wir sehr viel mehr als vor rund 1000 Jahren. Heute können wir beispielsweise die Frage nach dem Schnee wenigstens teilweise beantworten:

Der Winter wie die Jahreszeiten überhaupt sind durch die Schräglage der Erdachse bedingt. Diese sorgt dafür, dass alles Land im Laufe des Jahres „zur Sonne hin“ wandert und wieder von ihr weg. Verursacht wurde die Schräglage der Erdachse heutigen Forschungen zufolge in der Frühzeit der Erdgeschichte, als die Erde von einem großen Himmelskörper – *Theia* genannt – getroffen wurde, so dass die Erde kippte, und mit ihr die Rotationsachse. Aus Trümmerteilen Theias (und tlw. der Erde) soll dann der Mond entstanden sein. Hinter der Frage nach dem Schnee verbirgt sich also die Frage nach dem *Himmelskörper Theia* und warum dieser damals die Erde getroffen hat?

Glaubt man *nicht* an Zufall und sucht man stattdessen einen Sinn in dem Zusammenspiel zwischen der Erde und Theia, stellt sich die Frage: Wie sähe die Erde aus, wäre es *nicht* zur Kollision gekommen?

Nun, stünde die Erdachse senkrecht zur Linie Erde–Sonne, so wie es ursprünglich war und so wie es heute noch bei den meisten anderen Planeten in unserem Sonnensystem ist, so gäbe es auf der Erde keinen Sommer und keinen Winter. Eine Folge davon wäre, dass das Eis an Nord- und Südpol nicht jedes Jahr im Sommer etwas abtaut. Stattdessen würde das Eis an den Polen dicker und dicker und der Meeresspiegel würde weltweit sinken. Immer mehr Wasser würde dem Kreislauf entzogen und sich an den

Polen als Schnee und Eis ablagern. Fraglich wäre, bis zu welcher Dicke?
Parallel dazu würden nördlich und südlich des Äquators riesige Wüsten entstehen, da ohne die Jahreszeiten die jahreszeitbedingten Regenzeiten ausfielen. Es gäbe keinen Monsun mehr. Die lebensfeindlichen Polar- und Wüstenregionen würden erheblich wachsen, die Gebiete, die pflanzliches und tierisches Leben ermöglichen, würden drastisch schrumpfen. Das wiederum würde sich negativ auf die Artenvielfalt auswirken und damit auf die Evolution insgesamt. Fraglich wäre, ob sich unter solchen Bedingungen überhaupt ein Homo Sapiens entwickelt hätte.

Die *»hohe, neblige Gestalt«* macht uns mit ihrer Frage nach Saat und Schnee bewusst, dass wir bestimmte Dinge nicht erklären können. Die Gestalt macht uns bewusst, oder versucht es wenigstens, dass wir nicht genug wissen und deshalb auch *kein endgültiges Urteil* über das Weltgeschick fällen können. Und diese gebotene Vorsicht vor dem Urteil betrifft auch und gerade *das Schicksal Deutschlands und dessen Zukunft!*

Angesichts der immer noch nicht gelernten Lektionen und des ganzen Leides auf unserem Planeten ist natürlich die Versuchung recht groß, Gott und die Menschheit zu verfluchen. Ist man jedoch ehrlich genug, muss man sich irgendwann eingestehen, dass man als Richter über Gott und die Menschheit kein vernünftiges Urteil fällen kann. Die „Prozessakten" für diesen sehr speziellen und überaus komplizierten Fall sind einfach zu umfangreich. Kein Mensch kann das alles lesen. Keiner steigt da wirklich durch. Der Rat der hohen, nebligen Gestalt lautet folglich: Auch wenn es dir im Moment noch so sehr auf den Nägeln brennt:

Fälle kein Urteil! Fälle kein Urteil über die Menschen und die Welt.

Wir Deutschen leiden nicht an unserer Vergangenheit. Wir leiden an dem *Urteil,* das wir über unsere Vergangenheit fällen. Wir leiden, weil wir glauben zu wissen, wer wir sind. Wir leiden an unserer Überzeugung, nicht an dem was ist oder war.

Nostradamus (1558)

Nostradamus gilt als der größte Seher aller Zeiten; und das wohl zu Recht. Auch heute noch ist er der mit Abstand bekannteste Seher, und das nicht nur in der christlich-westlichen Welt.
Nostradamus (1503–1566), eigentlich *Michel de Nostredame,* geboren in Südfrankreich, war von Beruf her Arzt und Astrologe, und schon zu Lebzeiten machte er als Seher und Astrologe von sich Reden. So kam es, dass er in seiner Eigenschaft als Astrologe und Hellseher auch die französische Königin *Caterina de Medici* beriet.

Abb.21: *Michel de Nostredame* besser bekannt als Nostradamus (1503–1566)

Nostradamus' bis heute ungebrochener Ruhm als Seher erklärt sich im Wesentlichen aus zwei Gründen: Zum einen hat er einen enormen Fundus von Voraussagen hinterlassen und behauptet, zukünftige Ereignisse von seiner Lebenszeit bis hin zum Jahre 3797 vorausgesagt zu haben, ein Zeitraum von „schlappen" rund 2200 Jahren. Das soll diesem Seher erst mal einer nachmachen.[149]
Zum anderen hat Nostradamus – wenn man so will – mit einem Trick dafür gesorgt, dass das Interesse an seinen Prophezeiungen auch nach über vier Jahrhunderten nicht abreißt. Das nachhaltige Interesse an seinen Prophezeiungen hat Nostradamus dadurch erreicht, dass er seine Voraussagen einerseits recht kompliziert verschlüsselt hat, andererseits seine Leser aber auch motiviert hat, seine Voraussagen zu *ent*schlüsseln. Tatsächlich sind manche seiner Voraussagen relativ leicht zu entschlüsseln, allerdings erst *nachdem* das vorausgesagte Ereignis eingetreten ist.
Als Appetithäppchen für Rätselfreunde liefert Nostradamus dann auch in ein paar konkreten Fällen so etwas wie den Beweis seiner seherischen Fähigkeit (Beispiele siehe unten), und in einigen Prosatexten ermutigt er den Leser indirekt dazu, sich an die Entschlüsselung der Vorhersagen zu machen. In einer Reihe von Fällen glauben die Nostradamus-Interpreten zudem, die jeweiligen historischen Ereignisse auch erkannt zu haben, die Nostradamus gemeint hat. D. h. in einer Reihe von Fällen – ein paar Dutzend – gilt Nostradamus als entschlüsselt.
Der große Generalschlüssel aber, mit dem man „den ganzen Nostradamus" knacken kann, ist noch immer nicht gefunden.

Der Nimbus von Nostradamus als einer Quelle von Wissen über *das ganze zukünftige Schicksal der Menschheit,* zu der man nur den Generalschlüssel finden muss, hat – wie man sich denken kann – über die Jahrhunderte hin verschiedene Forscher angespornt, das Rätsel Nostradamus zu lösen. Nostradamus ist ohne Frage eins der großen

Rätsel der westlichen Welt, vorausgesetzt natürlich, man glaubt an ein Weltbild, in dem eine Vorausschau in die Zukunft möglich ist.

Den Großteil seiner Prophezeiungen hat Nostradamus in rund 1000 Vierzeilern veröffentlich. Jeweils 100 Vierzeiler sind in einer sogenannten *Centurie* zusammengefasst (wobei eine der Centurien unvollständig ist).
Darüber hinaus gibt es noch zwei Briefe aus der Feder des Sehers, die ebenfalls Voraussagen enthalten. Der eine Brief ist an seinen Sohn *Caesar* gerichtet, der andere an Frankreichs König *Heinrich II.* Beide Briefe sind deutlich weniger verschlüsselt als die Vierzeiler der Centurien.
Im Brief an seinen König erklärt Nostradamus, dass er seine Prophezeiungen verschlüsselt hat, um sich vor Feinden zu schützen. *Dass* der Seher in seinen Prophezeiungen nicht Klartext sprechen, nicht Ross und Reiter beim Namen nennen konnte, liegt auf der Hand, wenn er tatsächlich das Schicksal von Personen wie *Napoleon Bonaparte* und *Adolf Hitler* (siehe unten) vorausgesagt hat. Machtmenschen der Gewichtsklasse Napoleons und Hitlers wäre gar nichts anderes übriggeblieben, als entsprechende Nostradamus-Prophezeiungen zu vernichten. Von Adolf Hitler weiß man, wie schon erwähnt, dass er unmittelbar vor dem Angriff auf die UdSSR in ganz Deutschland nach Prophezeiungen suchen ließ, die den Glauben an den Endsieg des „Dritten Reiches" hätten zersetzen können.
Wenn Nostradamus also an seine Begabung geglaubt hat, wenn er kein Scharlatan war und wenn er sicherstellen wollte, dass seine Prophezeiungen die Jahrhunderte (!) überdauern, blieb ihm gar nichts anderes übrig, als seine Voraussagen zu verschlüsseln. Klartext schreiben war eine Option, die sich für einen Seher dieser Klasse von vornherein ausschloss.

***

Sehen wir uns nun ein paar konkrete Beispiele für Nostradamus' seherische Fähigkeiten an: In seinem Brief an König Heinrich II. vom 27. Juni 1558 sagt Nostradamus die Kalenderumstellung im Zuge der Französischen Revolution voraus; eine Revolution, die sich gleichermaßen gegen die Herrschaft des Adels und der Kirche richtete. Ich zitiere aus der Übersetzung des Nostradamus-Textes von *Kurt Allgeier,* der sich mit seiner Übersetzung im Rahmen anderer Übersetzer/Interpreten bewegt:[150]

> *... setzt nämlich die schlimmste Verfolgung der Kirche ein, wie es sie nicht mal in Afrika [im Rahmen der Ausbreitung des Islam°] gegeben hat. Und sie wird andauern bis ins Jahr* ***1792.*** *Dann wird man sich einbilden, man müsste eine neue Zeitrechnung einführen.*[151]

Tatsächlich hat man am 22. September 1792 in Frankreich einen neuen Kalender eingeführt, den sogenannten *republikanischen Kalender.* Dieser hatte aber nur Bestand bis Ende 1805. Dazu muss man wissen: Kalenderumstellungen sind in Europa extrem selten. Wikipedia beispielsweise behandelt unter dem Suchbegriff *Kalenderreform* innerhalb von 2000 Jahren nur ganze *drei* Kalenderumstellungen: Julius Caesars' Reform 45 v. Chr. (Julianischer Kalender), die Kalenderumstellung unter Papst Gregor

XIII. im Jahre 1582 (Gregorianischer Kalender) und eben der republikanische Kalender von 1792.
Nostradamus' Treffer mit 1792 ist darüber hinaus auch im Zusammenhang damit zu sehen, dass der Seher ausdrücklich betont, dass er zu solch genauen Datumsangaben fähig ist! So schreibt er an den französischen König über seine *»prophetischen Eingebungen«:*

> *Sie entstammen einem natürlichen Instinkt, dessen poetisches Feuer sich über die Regeln der Dichtkunst hinwegsetzt.* ***Die meisten Verse wurden mit astronomischen Berechnungen in Einklang gebracht, skizzieren also Jahre, Monate und Wochen für bestimmte Gebiete, Regionen, für die meisten Orte und Städte Europas,*** *eingeschlossen [Nord-°]Afrika und ein Teil Asiens, insofern als die kommenden Veränderungen der Regionen für die meisten Gebiete auch klimatische Veränderungen mit sich bringen [ein möglicher indirekter Hinweis auf den geografischen Polsprung und die Verschiebung der Klimazonen°]. [...]*[152]
> *Denn alles ist berechnet nach dem Lauf der Sterne, nach der Zusammenfassung der gefühlsmäßigen Eingebungen, die mich in gewissen Stunden überkamen, und nach den von meinen Ahnen ererbten Fähigkeiten. Die Schande der Zeiten aber, gnädigster König, macht es nötig, solche verborgenere bestenfalls in rätselhafter Sprache zu offenbaren, die nicht nur einen einzigen Sinn und eine einzige Aussage besitzt, was aber nicht bedeutet, dass eine zweideutige oder doppelsinnige Berechnung hinzugefügt wäre.*[153]

Dass Nostradamus genaue Voraussagen für *»Jahre, Monate und Wochen«* behauptet, ist ungeheuerlich und unglaublich. Nur ist es eben keine reine Behauptung, sondern der Seher *beweist* seine Fähigkeit mit der vorausgesagten Jahreszahl 1792.
Geschätzte 98 Prozent der Menschen sind mit der Vorstellung einer solch präzisen über Jahrhunderte reichenden Vorausbestimmung des kollektiven Schicksals komplett überfordert. Sie glauben, eine solche Voraussage ist unvereinbar mit ihrem *persönlichen* freien Willen. Das jedoch ist ein Trugschluss. Nostradamus' Prophetie – wie die Prophetie meistens – befasst sich eigentlich immer nur mit dem Kollektivschicksal und höchstens mit dem Schicksal jener Individuen, die sich eng an das Kollektivschicksal binden, so wie führende Politiker.

Wenden wir uns nun weiteren Ereignissen zu, die Nostradamus der Quellenlage nach zutreffend vorausgesagt haben soll. Sehen wir uns dazu eine weitere Sequenz aus dem Brief an Heinrich II. an, die sich allem Anschein nach auf die Zeit des Hitler-Reiches bezieht – jeweils unterbrochen von Anmerkungen meinerseits.
Der Bezug zum „Dritten Reich" wird nach wenigen Sätzen des Textes nachvollziehbar, wenn von einer Art Allianz zwischen Deutschland, Italien und Spanien die Rede ist; eine Allianz, die an die drei faschistischen Regime in diesen Ländern in den 1930er und 1940er Jahren erinnert:

> *Von den anderen Kindern [= von den europäischen Völkern°] wird das erste das Land der wilden gekrönten Löwen (Großbritannien) besitzen, die furchtlos die Pranken über das Wappen halten.*[154]

Großbritannien als europäische Vormacht im 19. Jahrhundert …

Der zweite [Deutschland, siehe unten°] wird ***zusammen mit den Lateinern*** *[Italienern°] gewaltig voranstürmen.*[155]

Großbritanniens Großmachtstellung fand durch den Zweiten Weltkrieg ihr Ende. Nach dem Zweiten Weltkrieg war Großbritannien im eigentlichen Sinne keine Weltmacht mehr.

Er [der Zweite = Deutschland°] unternimmt den zweiten erschütternden und furiosen Zug zum Berg Jupiters [unklar°] und steigt hinunter, um die Pyrenäen zu erklimmen.[156]

Bei der Besetzung Frankreichs erreichte die deutsche Wehrmacht tatsächlich die Atlantikküste bis hinunter zu den Pyrenäen.

Ihm wird die antike Monarchie nicht anvertraut werden. […][157]

Hitler scheiterte mit seinen Eroberungsplänen, konnte keine dauerhafte Herrschaft errichten; kokettierte in öffentlichen Inszenierungen gelegentlich aber mit der Macht antiker vorchristlicher (!) Herrscher.

Das gilt es zu beachten: Es sind die ***Römer,*** *die* ***Germanen*** *und die* ***Spanier.*** *Sie bilden verschiedene Parteien mit militärischer Ausrichtung.*[158]

In der ersten Hälfte des 20. Jahrhunderts gab es in Italien, Deutschland und Spanien faschistische Regime, alle drei mit *»militärischer Ausrichtung«*. Nostradamus zielt auf die Zeit von 1933 bis 1945.

Sie breiten sich vom ***50. und 52. Breitengrad*** *aus. Sie führen die Menschheit Religionen zu; die weit entfernt sind von europäischen Regionen und vom* ***48. nördlichen Breitengrad.*** *Dort wird man zuerst in* ***arger Zaghaftigkeit*** *zu zittern beginnen. Schließlich wird* ***das ganze Abendland,*** *der Mittelmeerraum und der Orient vor Angst beben.*[159]

Das Gebiet zwischen dem 50. und 52. Breitengrad (siehe Karte Seite 111) reicht im Westen Deutschlands von der deutsch-niederländischen Grenze über die deutsch-belgische, deutsch-luxemburgische bis zur deutsch-französischen Grenze, und im Osten von der deutsch-polnischen bis zur deutsch-tschechischen. Mit diesen Worten umreißt Nostradamus den Beginn des Zweiten Weltkrieges:

2.-11. Oktober	1938	Annexion des Sudetenlandes in der **Tschechoslowakei**
1. September	1939	Angriff auf **Polen**
10. Mai	1940	Angriff auf **Frankreich, Niederlande, Belgien, Luxemburg**

Der 48. Breitengrad verläuft etwa 100 Kilometer südlich von Paris quer durch Frankreich und überschreitet auf Höhe Freiburgs die deutsche Grenze.
Frankreich und Großbritannien hatten zwar am 3. September 1939 dem Deutschen Reich den Krieg erklärt (nicht umgekehrt!), aber nach der Kriegserklärung erfolgten

zunächst keine nennenswerten Kampfhandlungen an der deutsch-französischen Grenze, obwohl Frankreich und Großbritannien den Polen am 31. März 1939 in einem Bündnisvertrag zugesichert hatten, ihnen militärisch beizustehen. Frankreich und Großbritannien waren im Herbst 1939 aber wirtschaftlich und militärisch noch gar nicht bereit zum Krieg mit Deutschland: Sie hätten den Krieg 1939 verloren. Und das wussten sie auch.
Tatsächlich war dann im Laufe des Zweiten Weltkrieges nahezu ganz Europa vom Krieg betroffen, als auch Nordafrika *(»das ganze Abendland, der Mittelmeerraum und der Orient«).*

Der obige Abschnitt aus Nostradamus' Brief an König Heinrich II. passt in so vielen Punkten zur Geschichte des Zweiten Weltkrieges und den damaligen politischen Rahmenbedingungen, dass man schon arg wenig von der jüngeren europäischen Geschichte wissen muss, um den historischen Zusammenhang nicht zu erkennen.
Die Übereinstimmung zwischen Nostradamus' Voraussagen und den tatsächlichen Ereignissen lässt sich ernsthaft nicht mehr mit „Zufall" erklären, und es finden sich in der europäischen Geschichte zwischen Mitte des 16. und Anfang des 21. Jahrhunderts auch keine Ereignisabläufe, die damit zu verwechseln wären.

Wenn Nostradamus also mit solcher Zuverlässigkeit rund 400 Jahre im Voraus die Situation in Europa um 1940 herum vorausgesehen hat, liegt natürlich die Vermutung nahe, dass der scharfe Blick dieses Sehers noch weiter in die Zukunft gereicht hat, und damit auch hinein in *unsere* Gegenwart und in *unsere* Zukunft.
Tatsächlich hebt Nostradamus in dem Brief an seinen König zweimal hervor, dass er die Zeit um das Jahr 2000 besonders im Blickfeld hatte, wobei der Seher eine Zeitrechnung verwendet, die sich auf die Bibel stützt, und 4000 Jahre vor Chr. mit der Erschaffung der Erde beginnt; eine Auffassung, die heutzutage nur noch von einigen sogenannten *Kreationisten* vertreten wird. Die Erde war demnach im Jahr 2000 6000 Jahre alt, und das Jahr 2001 war das erste Jahr im 7. Jahrtausend.

Nostradamus schreibt an seinen König:

> *Ich beginne mit der gegenwärtigen Zeit [...] und schaue weit darüber hinaus bis zu dem Ereignis, das für den* ***Beginn des 7. Jahrtausends*** *nach sorgfältiger Berechnung stattfinden wird. Dann, das legen meine* ***astronomischen Errechnungen*** *und anderes Wissen nahe, werden die Gegner Jesu Christi und seiner Kirche übermächtig zu wuchern beginnen [...].*[160]

> *Das alles wird* ***um das siebte Jahrtausend*** *geschehen.*[161]

Im Jahre 1988, als noch kein Deutscher etwas vom Fall der Berliner Mauer ahnte, veröffentlichte der Nostradamus-Interpret *Kurt Allgeier* folgende Sequenz aus Nostradamus' Brief an Heinrich II.:

> *Das Reich des Tollwütigen, der den Weisen spielen wollte, wird geeinigt werden.*[162]

Adolf Hitler hat in vielen seiner Reden den Welterklärer, den Weisen und Propheten, ja fast schon den hellsichtigen Guru gemimt. An Theatralik und Emotionalität waren Hitlers Reden kaum zu überbieten.
Unmittelbar nach dem Hinweis auf das (wieder-)vereinigte Reich des Tollwütigen beschreibt Nostradamus den Umbruch in Osteuropa:

Das Reich des Tollwütigen [...] wird geeinigt werden. Und die Landstriche, Dörfer, Städte, Gegenden und Provinzen, die ***die ersten Wege*** *[erste, traditionelle Herrschaftsform = Monarchie°] verlassen hatten,* ***um sich zu befreien,*** *sich dabei aber* ***nur noch schlimmer gefangen setzten*** *[Herrschaft der KPdSU°] in Osteuropa nach 1945°], werden sich insgeheim in noch tiefere Knechtschaft begeben. Nach dem völligen Verlust der Religion werden sie anfangen, sich loszuschlagen* ***von der linken Partei, um zur rechten zurückzukehren.***[163]

Mit *»die ersten Wege«* dürfte die traditionelle Herrschaftsform der Monarchie gemeint sein. Die Russen haben eine Revolution durchgeführt, um sich vom Zaren zu befreien, sind dadurch aber nur unter die Fuchtel eines noch brutaleren Herrschers geraten: *Josef Stalin,* dessen Herrschaft Millionen Russen zum Opfer fielen.
Den politischen Wechsel zurück von links wieder nach rechts kann man auf das Jahr 1991 datieren; auf die Auflösung der UdSSR. Das passt dann auch wunderbar zum Jahr 1990, als das Reich des Tollwütigen wiedervereinigt wurde.

Es ist also schlicht und einfach ein bis heute immer wieder wiederholter pseudo-esoterischer Mythos, infolge des Umbruches in Osteuropa habe die Welt völlig überraschend einen dauerhaft friedlichen Weg eingeschlagen, und es habe einen großen, überraschenden schicksalhaften Knick im Lauf der Menschheitsgeschichte gegeben, den die alten Seher nicht voraussehen konnten.
Die Ereignisse um 1990 wurden sehr wohl vorausgesehen. Den Umbruch in Osteuropa hat beispielsweise auch der bayerische Hellseher Alois Irlmaier vorausgesagt, nachzulesen in der *Altbayerischen Heimatpost* vom 20. November 1949, Seite 8:

„Drüb'n im Osten gibts no an großen Umschwung. [...] Des geht no net so gschwind, und es wern allerhand Kämpf' vorausgehn, aber es kimmt. Wer amoi [einmal°] des Kreuz nimmer acht', der hat verspuit [verspielt°]. Und der Stalin will mit'm Kreuz nix z'toa ham."

Der Mann vom 50. Breitengrad

Kommen wir nun zu Nostradamus' Aussagen über *unsere* Zukunft in Europa. Dazu wieder eine Sequenz aus dem Brief an König Heinrich II. Nostradamus beginnt die Sequenz mit der dreitägigen Finsternis und dem geografischen Polsprung:

Zuvor aber kommt es zu einer ***Sonnenfinsternis.*** *Es wird die dunkelste und finsterste seit der Erschaffung der Welt bis zum Sterben und Leiden Jesu Christi und von da bis zum heutigen Tag. Im Monat* ***Oktober*** *werden einige so große Verschiebungen eintreten, dass man glauben wird,* ***die Schwerkraft der Erde*** *hätte ihre na-*

türliche Bewegung verloren und die Erde wäre hinausgeschleudert in die ewige Finsternis.
Im ***Frühling*** *werden diesem Ereignis [im Oktober°] vorhergehen – und später werden ihm nachfolgen – extreme Veränderungen, nämlich Umgestaltung der Länder, und zwar einmal durch schwere Erdbeben, zum anderen durch das Überhandnehmen des neuen Babylons [=* ***„dritter Weltkrieg“°****][...].*
Dann wird aus dem Stamm jener, die so lange unfruchtbar war, der Mann hervorsprießen, geboren am ***50. Breitengrad, der die ganze christliche Kirche erneuern wird. Es wird zum großen Frieden kommen, zur Einigkeit und Eintracht*** *der [europäischen°] Kinder, die* ***durch Grenzen verwirrt*** *und getrennt gewesen sind. Es wird jener Friede sein, in dem der Anstifter und die treibende Kraft der Kriegspartei und der religiösen Spaltung im tiefsten Abgrund angekettet bleibt.*[164]

Der 50. Breitengrad verläuft in Europa unterhalb Englands von Nordfrankreich über Deutschland, die Tschechische Republik, Polen und die Ukraine bis nach Russland. Da die Tschechische Republik infolge des Krieges und der dreitägigen Finsternis restlos zerstört werden soll,[165] scheint es das Plausibelste, dass der besagte Mann aus Frankreich oder Deutschland kommt, schließlich verläuft der 50. Breitengrad größtenteils durch diese beiden Länder. Außerdem sprechen noch andere Gründe für eine deutsche oder französische Herkunft (siehe unten).

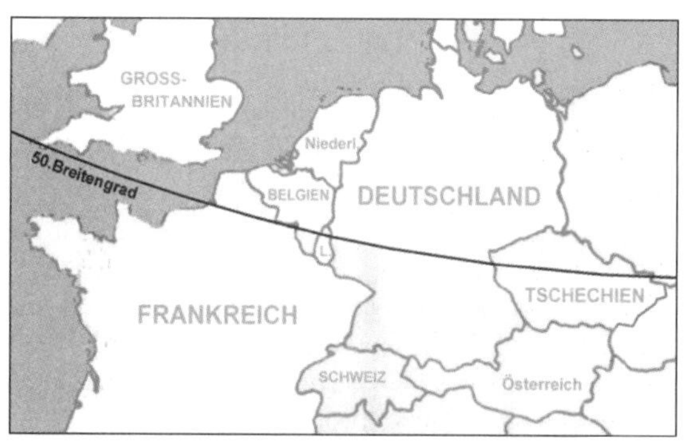

Abb.22: Der 50. Breitengrad verläuft in Europa über:

Frankreich ca.	**270** km
Belgien ca.	80 km
Luxemburg ca.	40 km
Deutschland ca.	**440** km
Tschechische Republik ca.	450 km

Mit dem »*Stamm jener, die so lange unfruchtbar*« war, kann üblichen Deutungen nach nur ein einst bedeutendes europäisches Adelsgeschlecht gemeint sein. Der große Monarch käme demnach aus einem Adelsgeschlecht, das schon lange nicht mehr an der Macht war, was natürlich für viele europäische Herrscherhäuser gilt.

Dadurch, dass der Mann »*die ganze christliche Kirche erneuern wird*«, wird er eindeutig identifizierbar: Es ist der schon behandelte große Monarch, der in Europa nach dem „dritten Weltkrieg“ die neue Ordnung aufbauen soll.

Nostradamus noch mal:

> ***Es wird zum großen Frieden kommen, zur Einigkeit und Eintracht*** *der [europäischen°] Kinder, die durch Grenzen verwirrt und getrennt gewesen sind.*[166]

Großer (!) Frieden kann nur bedeuten, dass es für Europa auf lange Zeit hin keine Bedrohung mehr durch eine feindliche Macht gibt, weder aus dem islamisch-arabischen Raum noch aus dem russisch-chinesischen, noch aus der Sphäre einer globalen Macht.

Die verwirrenden Grenzen

Nun zu den europäischen Völkern bzw. zu den *»Kindern, die durch Grenzen verwirrt und getrennt gewesen sind«:* Grundsätzlich kennen wir eine Trennung oder Spaltung der europäischen Völker aus der Zeit des Kalten Krieges und des Eisernen Vorhangs. Mit dem Zeitfenster 1945 bis 1991 bekommen wir dann auch gleich eine Erklärung für das, was die Kinder *verwirrt* hat, nämlich der ideologische Gegensatz von Kapitalismus und Kommunismus.

Aber ist der Konflikt zwischen Kapitalismus und Kommunismus auch wirklich das, was Nostradamus meint? Nostradamus liest sich nämlich eher so, als würde die Verwirrung der Kinder andauern bis zum „dritten Weltkrieg".

Wäre der Weltkrieg um 1980 herum ausgebrochen, könnte man Nostradamus so interpretieren, dass im „dritten Weltkrieg" der Kommunismus besiegt wird. Die UdSSR hätte die Völker im Ostblock (ideologisch) verwirrt, wäre im „dritten Weltkrieg" besiegt worden, und nach dem Sieg über den Warschauer Pakt wäre der große Frieden gekommen.

Das Problem ist nur, dass der Kommunismus und die UdSSR bereits (bezogen auf 2018) vor 27 Jahren im Mülleimer der Geschichte verschwunden sind. Ob Nostradamus diese 27 Jahre einfach überspringt, weil er findet, dass seit 1991 nichts Bedeutendes mehr in Europa passiert ist?

Sicher nicht. In diesen 27 Jahren ist sehr wohl einiges passiert: Nach einer vorübergehenden Annäherung zwischen Russland und dem Westen hat sich ein neuer Kalter Krieg zusammengebraut. Zuerst hatte sich Russland komplett aus seinem früheren Machtbereich in Osteuropa zurückgezogen, dann ist die NATO Stück für Stück in dieses Vakuum vorgestoßen. Inzwischen haben wir die Situation, dass sich Russland von der NATO *bedroht* fühlt – jedenfalls sagen das die russischen Politiker seit vielen Jahren –, und die NATO fühlt sich (angeblich) ihrerseits von Russland bedroht; und das obwohl alleine die USA jährlich etwa *neunmal* so viel Geld ins Militär investieren wie Russland. Nach Zahlen von SIPRI* belief sich der US-Haushalt für „Verteidigung" im Jahre 2016 auf 611 Mrd. US-Dollar, Russland hatte nur 69 Mrd. zur Verfügung.[167] Aufseiten der USA kommen aber noch Länder hinzu wie Großbritannien (48 Mrd.), Frankreich (56 Mrd.), Deutschland (41 Mrd.) und andere.

Trotz dieser eindeutigen Zahlen ist es Russland, das in unseren Medien immer wieder als verschlagen, unberechenbar, aggressiv, kurzum als Bedrohung dargestellt wird.

Nostradamus lässt sich also auch dahingehend interpretieren, dass er *die Völker im Westen Europas* meint, die heutzutage verwirrt werden. Das wiederum führt uns zu

---

* SIPRI = Stockholm International Peace Research Institute

der Frage, *wer* diese Verwirrung der europäischen Völker und damit deren Schwächung verursacht und *wem* sie nützen könnte? Dass es sich dabei um die USA handeln könnte, wird einige Leser kaum überraschen. Deutlich mehr Leser dürfte überraschen, dass es in den USA Menschen gibt, die das Schüren einer Feindschaft zwischen Russland und der NATO seitens der USA ganz offen zugeben; und zwar *nicht* weil sie das für eine falsche Politik halten und die USA warnen wollen, sondern weil sie dieses Feindschaftschüren aus Sicht der USA für strategisch geboten halten!
Sehen wir uns zu diesem, seitens bestimmter politischer Kräfte aus den USA geschürten Feindbild Russland an, was der bekannte US-Geostratege *George Friedman* am 3. Februar 2015 im exklusiven *Chicago Council* in einer Rede gesagt hat:

> *„Das primäre Interesse der Vereinigten Staaten über Jahrhunderte hin, in denen wir Krieg führten, im Ersten [Weltkrieg°], Zweiten [Weltkrieg°] und im Kalten Krieg, waren die Beziehungen zwischen Deutschland und Russland – denn vereinigt sind sie die einzige Macht, die uns [ernsthaft°] bedrohen könnte – und sicherzustellen, dass es nicht dazu kommt.“*[168]

Mit anderen Worten: Der Erste und Zweite Weltkrieg hatten – so *George Friedman* – aus Sicht der USA den enormen Vorteil, dass sie einen Keil tief hinein zwischen Deutschland und Russland trieben und beide Länder enorm schwächten.
In derselben Rede bekennt sich George Friedman ausdrücklich (!) zur Strategie der USA, potenzielle Gegner in Kriege *gegeneinander* zu hetzen.
Nun mag man denken, George Friedman sei irgendein Spinner. Das jedoch kann man so nicht sagen. George Friedman, 1949 in Budapest als Sohn jüdischer Eltern geboren, ist Gründer des US-amerikanischen Think Tanks *Stratfor* (Abkürzung für strategic forecast = strategische Vorausschau), ein Beratungsunternehmen, das kapitalkräftige US-Unternehmen und US-Behörden zu seinen Kunden zählt. Stratfor-Kunden sind laut einer Wiki-Leaks-Veröffentlichung von 2012 u. a. *Lockheed Martin* (Rüstung und Technologie, 115.000 Mitarbeiter), *Northrop Grumman* (Rüstung, 120.000 Mitarbeiter), *Raytheon* (Rüstung und Elektronik, 70.000 Mitarbeiter), *Dow Chemical* (Chemie, 10.000 Mitarbeiter), die US-Regierungsbehörde *Department of Homeland Security,* die *US Marines* und die *DIA (Defense Intelligence Agency),* ein militärischer Nachrichtendienst für Army, Navy, Air Force und Marine Corp).[169]
Laut *Handelsblatt* hat Stratfor 30.000 Kunden, zu denen *»US-Militärs und Hedge-Fonds-Manager, hohe Politiker und internationale Konzerne«* zählen.[170]
George Friedman ist somit beileibe kein irrelevanter Spinner, sondern spricht das aus, was offenbar ein Teil des US-Establishments denkt. Im Chicago Council jedenfalls gab es an dem betreffenden Abend keine empörten Zwischenrufe oder ein irritiertes Raunen – eher ein andächtiges Schweigen.

Und? Haben die deutschen Massenmedien über die ziemlich menschenverachtende Rede des blitzgescheiten Think-Tank-Chefs im Chicago Council berichtet? Natürlich nicht. Mit keiner Silbe. Nicht einen Mucks. Und was lehrt uns das? Nun, wenn wir Pech haben, lehrt es uns, dass die Massenmedien im Westen schon Teil der Verwirrung sind, wenn nicht sogar Motor und Getriebe derselben.

Zurück zu Nostradamus: Die für das vorliegende Buch entscheidende Aussage ist natürlich die, dass es nach dem „dritten Weltkrieg“ und nach der Überwindung der faktisch heute nach wie vor bestehenden Spaltung Europas *»zum großen Frieden«* und *»zur Einigkeit und Eintracht«* der europäischen Völker („Kinder“) kommt. Weiter heißt es bei Nostradamus:

> *Es wird jener Friede sein, in dem* ***der Anstifter und die treibende Kraft der Kriegspartei*** *und der religiösen Spaltung im tiefsten Abgrund angekettet bleibt.*[171]

Folgt man den Worten George Friedmans, können mit der *»Anstifter«* und die *»treibende Kraft der Kriegspartei«* eigentlich nur die USA gemeint sein bzw. eine Interessengruppe, die aus den USA heraus operiert. Denkt man global, könnte sich das eigentliche Machtzentrum natürlich auch *außerhalb* der USA befinden.
Ich persönlich vermute, dass es sich bei *„dem Anstifter und der treibenden Kraft der Kriegspartei“* um *London* handelt, das bis vor Kurzem noch als das eigentliche Weltfinanzzentrum galt. Südengland soll ja laut Alois Irlmaier in der Nordsee untergehen.[172] Der *»tiefsten Abgrund«* könnte dann eine Anspielung auf das in der Nordsee versunkene London sein.

Zugegeben: In obiger Sequenz sagt Nostradamus nichts darüber, ob der *»Mann«* Deutscher oder Franzose ist. Zunächst wäre das auch unerheblich. Entscheidend ist, dass Nostradamus die andernorts oft vorausgesagte Figur des großen europäischen Monarchen in der Epoche nach dem „dritten Weltkrieg“ bestätigt. Wichtig ist der große Frieden, die große Eintracht und die neue Spiritualität und Religiosität. Aus *europäischer* Sicht ist es nebensächlich, ob der große Monarch Deutscher oder Franzose ist. Aus *deutscher* Sicht sieht das natürlich etwas anders aus. Folgt man dem historischen Muster, dass politische Macht aus wirtschaftlicher Macht erwächst, ist ein deutscher großer Monarch natürlich wahrscheinlicher als ein französischer.

Das Zitat mit dem großen Frieden und der (großen) Eintracht ist nur ein kleiner Ausschnitt aus dem ziemlich langen Brief an Heinrich II. (siehe unten). Nostradamus-Interpret Kurt Allgeier braucht in seinem Buch für die deutsche Übersetzung des Briefes 13 ½ Seiten. Der Brief insgesamt behandelt Ereignisse und Entwicklungen aus 500 und mehr Jahren. Damit ähnelt Nostradamus Hepidannus von St. Gallen, dessen Visionen ja auch mehrere Jahrhunderte umfassen.

Wie wir oben gesehen haben, spricht Nostradamus auch in diesem Brief keinen Klartext; nennt Ross und Reiter nicht wirklich beim Namen. Doch zur Entschlüsselung des Briefes braucht man keine „Entschlüsselungssoftware“. Mit halbwegs guter Allgemeinbildung und Kenntnis anderer Prophezeiungen kommt man schon zu durchaus brauchbaren Ergebnissen. (Wer sich noch mehr für diesen Nostradamus-Text interessiert, der kann sich die entsprechende Sequenz im Anhang auf Seite 301 im Zusammenhang ansehen.)

Doch noch einmal zurück zu dem Mann, der *»die ganze christliche Kirche erneuern«* und den großen Frieden begründen soll:

Er [der Antichrist°] führt Krieg gegen den ***Königlichen,*** *der zum großen Stellvertreter Jesu Christi wird, und gegen seine Kirche. Er wird in einer Zeit herrschen, die ihn begünstigt.*[173]

Da nicht anzunehmen ist, dass die christliche Kirche in kurzer Folge *zweimal hintereinander* auf Initiative eines *»Königlichen«* erneuert wird und dieser gar *»zum großen Stellvertreter Jesu Christi«* wird, wie Nostradamus meint, kann man ruhigen Gewissens davon ausgehen, dass Nostradamus mit dem *»Königlichen«* den Mann vom 50. Breitengrad meint; eben jenen Mann, der laut Hepidannus zusammen mit seinem Anhang eine neue Ordnung ins Leben ruft.
Nostradamus liefert dann auch die Erklärung für das Ende der Friedensepoche: Es kommt der Antichrist aus Asien. Dass nach der Friedensphase der Antichrist kommt, sagen u. a. auch Hildegard von Bingen und die Botschaft von La Salette voraus.[174]
Kämpft der große Monarch gegen den Antichristen, bedeutet das für die Dauer des großen Friedens, dass er nicht länger sein kann als ein Menschenalter (minus Kindheit und Jugend) – sagen wir maximal 50–60 Jahre. Tatsächlich wird der Nostradamus-Vierzeiler X;89 von etlichen Interpreten so gedeutet, dass der Frieden unter dem großen Monarchen 57 Jahre andauert.[175]
Sagen wir, der große Monarch wird als hochbegabter, charismatischer Militär mit 25 Jahren zum Kaiser gekrönt und muss dann in hohem Alter wieder Krieg führen, sagen wir mit 80. Für so hochbetagte Politiker an der Staatsspitze gibt es durchaus historische Vorbilder. *Konrad Adenauer,* „zufälligerweise“ Deutschlands erster Kanzler nach dem Zweiten Weltkrieg, wurde 1876 geboren, wurde mit 73 Jahren erstmals zum Kanzler gewählt und trat nach 14-jähriger Kanzlerschaft im Jahre 1963 vom Amt zurück – da war er 87. Gestorben ist er 1967 im Alter von 91 Jahren.

Fassen wir obige Erörterung zu Nostradamus’ Brief an seinen König zusammen:

In einem historisch unstrittigen Dokument, nämlich der 1568 gedruckten Originalausgabe seiner Prophezeiungen, betont Nostradamus, dass er den Übergang vom 2. ins 3. Jahrtausend (bzw. vom 6. ins 7.) besonders im Blickfeld hat. Für diese Zeit sieht der Seher eine große Friedensepoche in Europa voraus, allerdings erst im Anschluss an eine Zeit großer, ungeahnter Katastrophen: „dritter Weltkrieg“, dreitägige Finsternis und Polsprung *(»kommt es zu einer* ***Sonnenfinsternis*** *[...] die dunkelste und finsterste seit der Erschaffung der Welt [...]. Im Monat* ***Oktober*** *werden einige so große Verschiebungen eintreten, dass man glauben wird,* ***die Schwerkraft der Erde*** *hätte ihre natürliche Bewegung verloren und die Erde wäre hinausgeschleudert in die ewige Finsternis.«).* Die von Nostradamus vorausgesagte Führungspersönlichkeit, die die Friedensepoche begründen soll, entspricht in vielen Aspekten späteren europäischen Prophezeiungen.

Chiren in den Centurien

Wenden wir uns nun den besonders verschlüsselten legendären Vierzeilern aus den zehn Centurien zu. Dort schreibt Nostradamus öfter von einem gewissen *Chiren.* Und in dieser Person sehen viele Nostradamus-Interpreten den zukünftigen König Frankreichs. Begründet wird dies folgendermaßen: CHIREN sei ein Anagramm, eine Umstellung der Buchstabenabfolge von HENRIC = Heinrich. Außerdem wird auch argumentiert, Nostradamus habe die letzten drei Centurien nicht seinem König Heinrich II. gewidmet, sondern in Wahrheit dem zukünftigen französischen König Heinrich V.
Grundsätzlich ist zu den Vierzeilern aus den Centurien anzumerken, dass dort der Interpretationsaufwand wesentlich größer ist als in den Briefen an Nostradamus' Sohn Caesar und König Heinrich II. In den Vierzeilern arbeitet Nostradamus mit Anagrammen, astrologischen Hinweisen, verwendet neben dem Französischen auch das Provenzalische (der französische Dialekt der Provence) und das Lateinische, benutzt Bilder aus der griechischen Mythologie usw.
Die Möglichkeiten der Interpretation der Vierzeiler im Einzelnen zu erklären würde hier auch deshalb zu weit führen, da man u. a. auch noch unterschiedliche Interpreten zu Wort kommen lassen müsste. Ich werde mich daher im Nachfolgenden im Wesentlichen auf den Nostradamus-Interpreten *Kurt Allgeier* beschränken.
Kurt Allgeier, Jahrgang 1929 und noch immer beruflich aktiv, ist Autor vieler Sachbücher zu grenzwissenschaftlich-esoterischen Themen*, arbeitet als Astrologe und gehört zu den seriösesten Nostradamus-Interpreten im deutschsprachigen Raum. Im Jahre 1988 erschien vom ihm eine komplette Übersetzung und Deutung der zehn Centurien, einschließlich einer Übersetzung der Briefe an Sohn Caesar und König Heinrich II.: *›Die Prophezeiungen des Nostradamus‹*.
So wie andere Nostradamus-Interpreten auch hat Kurt Allgeier in den Centurien eine Fülle von Hinweisen auf den großen Monarchen (Chiren) gefunden. Im Register seines Buches listet Kurt Allgeier 49 Seitenverweise für Chiren auf – mehr als zu Napoleon! Das zeigt, welche Bedeutung Nostradamus diesem Monarchen beigemessen hat, vorausgesetzt, die entsprechenden Deutungen sind richtig.
Vergleicht man Kurt Allgeiers Deutung im Detail mit denen anderer Interpreten, so zeigt sich, dass nur ein Teil der Vierzeiler, die Allgeier auf Chiren bezieht, auch von anderen Interpreten so gedeutet werden. Trotz dieser Unstimmigkeiten bleiben aber immer noch genug Vierzeiler zu Chiren übrig, auf die sich mehrere Interpreten beziehen, so dass Chiren/Heinrich V. in seiner Grundbedeutung nicht von einzelnen Deutungen abhängig ist.
Kurt Allgeiers Deutungen zufolge kommt Chiren in jungen Jahren an die Macht[176] und hat ein langes Leben.[177] Dieses lange Leben lässt in Kombination mit seinem jungen Machtantritt auf eine lange Herrschaft schließen, ebenso wie auf die Länge der Friedensepoche (siehe den *»großen Frieden«* im Brief an Heinrich II. 301). Dementsprechend liest Kurt Allgeier aus Vierzeiler X;89 auch einen *»enormen Wiederauf-*

---

* ... zu den Themen Reinkarnation, Nostradamus, Prophezeiungen allgemein, Naturheilkunde, die deutsche Nationalbibliothek listet 109 Publikationen von Kurt Allgeier auf.

bau« nach dem „dritten Weltkrieg“ heraus. Chiren – so Kurt Allgeier– ist französischen Blutes und kommt aus ***»uraltem, bourbonischem Adel«***[178] So sieht es auch Nostradamus-Interpret Bouvier.[179] Leider weichen die Nostradamus-Interpreten in so vielen Fällen voneinander ab, dass es noch nicht viel bedeutet, wenn zwei Interpreten in einem Punkt gemeinsamer Auffassung sind.
Dennoch: Das Bild des großen Monarchen, das bei Nostradamus trotz gelegentlicher Ungereimtheiten in der Deutung erkennbar wird, deckt sich zwar nicht 100%ig mit dem Bild des großen Monarchen, das sich aus der deutschsprachigen Prophetie ergibt; trotzdem erkennt man, dass es sich um ein und dieselbe Person handeln muss: Chiren müsste der große Monarch sein. Dreh- und Angelpunkt für die unverwechselbare Identität des großen Monarchen ist die von ihm mitinitiierte Erneuerung des Christentums und der große Frieden unter seiner Herrschaft.

Das Heilige Reich in Deutschland?

Fast hätte ich im Zusammenhang mit Nostradamus eine „Kleinigkeit“ vergessen, nämlich die, dass manche Nostradamus-Interpreten glauben, bei Nostradamus Hinweise darauf gefunden zu haben, dass nach dem „dritten Weltkrieg“ so etwas wie ein „Heiliges Reich“ in Deutschland entsteht. So gibt Nostradamus-Interpret *Rudolf Putzien* im Jahre 1958 dem 18. Kapitel seines Buches *›Nostradamus‹* die Überschrift: *›Das heilige Reich in Deutschland‹*. Zu dieser These führt er den Vierzeiler X;31 an:

> ***Das heilige Reich wird nach Deutschland kommen.***
> *Die Ismaeliten (Wüstenvölker, Araber) werden offene Tore finden.*
> *Die Bewohner von Ani (Anes) werden ihre Hände auch nach Germanien ausstrecken.*
> *Dann werden die Stützen der Erde (Säulen Herkules, Meerenge von Gibraltar) besetzt.*

Putzien ist mit seiner Deutung von Vierzeiler X;31 zudem nicht alleine. *Bernhard Bouvier* beispielsweise schreibt im Jahre 1995 zu Vierzeiler X;31:

> *Deutschland wird führende Monarchie in Europa, eine Wiedergeburt des Heiligen Römischen Reiches Deutscher Nation.*[180]

Nostradamus-Interpret *N. Alexander Centurio* schreibt im Jahre 1977 zu X;31:

> *Deutschlands wichtigste Mission: das heilige Reich zu begründen.*
>
> *»Das heilige Reich wird in Deutschland entstehen. [...]«*[181]

Auch wenn nicht sämtliche deutsche Nostradamus-Interpreten dieser Deutung folgen (*Kurt Allgeier* beispielsweise las 1988 aus dem Vierzeiler ein Vordringen der Araber nach Europa, und bezieht das heilige Reich auf den Islam), so sind obige drei deutsche Nostradamus-Interpreten, die in Deutschland in Zukunft ein „Heiliges Reich“ heraufdämmern sehen, durchaus erwähnenswert.
Zu den drei Nostradamus-Interpreten *Putzien* (1958), *Centurio* (1977) und *Bouvier* (1995) hinzu kommen zudem noch ein paar andere deutsche bzw. deutschsprachige

Nostradamus-Interpreten von Ende der 1930er und 1940er (z. B. der Schweizer Astrologe *Karl Ernst Krafft*), die im Großen und Ganzen in Nostradamus' codierten Voraussagen für Deutschland eine sehr vielversprechende Zukunft herausgelesen haben. Wir erinnern uns: Im Jahre 1940 hätte man auf der obersten Parteiebene der NSDAP mit Sicherheit kein Nostradamus-Forschungsprojekt unterstützt (so übernahm eine Tarnorganisation der SS die Finanzierung des Nachdrucks[182]), wenn man aus den Prophezeiungen des Nostradamus nicht einige vielversprechende Hoffnungszeichen für Nazideutschland herausgelesen hätte. Nie und nimmer hätten die okkultistisch angehauchten Top-Nazis in Sachen Nostradamus zu forschen begonnen, wenn sie befürchtet hätten, aus Nostradamus den Untergang Hitler-Deutschlands herauszulesen. Das heißt: Im Jahre 1940 muss man im okkultistisch angehauchten Umfeld der NSDAP-Führungselite geglaubt haben, dass der große französische Seher Deutschland eine große Zukunft voraussagt. *Putzien, Centurio* und *Bouvier* setzen damit eine Tradition aus den 1920er bis 1940ern fort.

Johannes Wallich (1849)

Im Jahre 1849 tauchte in einem Sammelband mit zahllosen Prophezeiung die Prophezeiung eines gewissen *Johannes Wallich* auf, angeblich *»von Geburt ein Irländer, der gegen das Ende des 17ten Jahrhunderts lebte und durch seine astrologischen Bemerkungen und Kenntnisse berühmt war«,* so heißt es in dem Buch von 1849.[183]

Stöbert man im Internet, so stößt man auf einen gewissen *Johann Ulrich von Wallich,* 1624 in Weimar geboren, 1673 in Stade an der Elbe gestorben. Von irischer Geburt jedoch ist dort nichts zu lesen. Ob es derselbe ist? ... Die Hintergründe der Quelle sind also etwas unklar. Sie ist aber erwähnenswert, da sie nachweislich in einem Buch von 1849 auftaucht und inhaltlich um das Schicksal Deutschlands kreist.
Eingangs wird in dieser Prophezeiung Deutschland klar als *»Deutschland«* benannt, später mit *»Adler«* und *»großer Adler«* umschrieben. Der Adler (nicht der doppelköpfige Adler) ist seit 1867 das Wappentier Deutschlands.
Der Kernsatz der Prophezeiung lautet: *»Das Glück wird den großen Adler nicht verlassen, und wie viele Völker sich auch gegen ihn vereinigen, so werden sie [am Ende°] doch nichts ausrichten.«*
Dieser Satz korrespondiert fraglos mit dem deutschen Schicksal *nach 1849,* insbesondere mit dem Ersten, Zweiten und vermutlich auch mit dem „dritten Weltkrieg" – und der Satz erinnert an Hepidannus von St. Gallen, der die deutschen Völker ihren historischen Auftrag schlussendlich erfüllen sieht; der sieht, wie der (deutsche) Riese schlussendlich den wütenden Ur besiegt.

Der Prophezeiungstext beginnt:

1. *Im letzten Zeitalter wird* ***Deutschland*** *in große Verwirrung und Zwistigkeiten gerathen, so sehr, dass es sich selbst durch Kriege aufreibt.*

Mit *»letzten Zeitalter«* könnte die ganze Zeit von 1914 bis 2018 + ? gemeint sein.

2. *Die Menschen werden von fürchterlichen Aengstigungen gedrückt werden, und Noth und Elend werden dieselben zu Grunde richten.*

3. *In* ***Sachsen*** *und Schlesien werden so große Ermordungen stattfinden, dass die Getöteten kaum können begraben werden.*

Die Erwähnung Sachsens und Schlesiens lässt an Kriege vor der deutschen Reichsgründung 1871 denken. Die genaue Zuordnung ist aber schwierig. In Sachsen könnte die sogenannte *Völkerschlacht* bei Leipzig vom 16. bis 19 Oktober 1813 gemeint sein, in der es 92.000 Tote und Verwundete gab und Napoleon Bonaparte eine entscheidende Niederlage erlitt.

4. ***Frankreichs Lilie*** *[die französische Monarchie°] wird fallen und ihren Glanz und ihre Blüthen verlieren; durch Schwert und Mord wird sie gebrochen und zerstört werden.*

Im Jahre 1789 brach die Französische Revolution aus. Vier Jahre später wurde König *Ludwig XVI.* mit der Guillotine hingerichtet. 1870 ging der letzte französische Kaiser, Napoleon III. ins Exil. Die Zeilen beziehen sich aber eher auf die Französische Revolution und den Untergang des Königsgeschlechtes der Bourbonen.

5. *Die Fürsten werden uneinig sein und sich gegenseitig verlassen, und* ***das römische Reich*** *[vermutlich das Heilige Römische Reich Deutscher Nation, das 1806 aufgelöst worden ist°] wird seine Macht gänzlich verlieren und zerstört werden.*

6. *Das Glück wird den* ***großen Adler*** *nicht verlassen, und wie viele Völker sich auch gegen ihn vereinigen, so werden sie doch nichts ausrichten.*

Denkt man an Ersten und Zweiten Weltkrieg, wurden die Deutschen sehr wohl vom Glück verlassen. Gemeint ist hier, dass das Glück die Deutschen *am Ende* nicht verlassen wird. Moral: Ende gut – alles gut!

7. *Die Russen und* ***Schweden*** *werden viel Blut vergießen; aber endlich, nachdem sie ihre Verbündeten verlassen, mit Schande weichen.*

Schweden klingt nach Dreißigjährigem Krieg (1618–1648). Fraglich ist, wie man das bewertet: Ist es ein Indiz für die Entstehung der Prophezeiung im 17. Jahrhundert oder ein Indiz für deren chaotische, unglaubwürdige Herkunft?

8. ***Sachsen*** *wird in großes Elend gerathen, zuletzt aber sein voriges Glück wieder erlangen.*

9. *Endlich wird der* ***Adler*** *allen Kriegen ein Ende machen, die Schwerter mit dem Pflugschar vertauschen, und ein allgemeiner Frieden wird die Welt beglücken.*[184]

Über den *präkognitiven**, also hellseherischen Wert dieser Quelle lässt sich so weit kaum etwas sagen. Das Grundmotiv eines in einer Zeit allgemeinen Niedergangs von allen Seiten bedrohten Deutschlands erinnert an andere Quellen – und natürlich an die zurückliegende reale Geschichte.
Bemerkenswert ist, dass dieser Text 65 Jahre vor Ausbruch des Ersten Weltkrieges in Buchform veröffentlicht worden ist. Stammt die Originalquelle wirklich von Ende des 17. Jahrhunderts, spräche dies sehr für die Echtheit der Quelle.
Wie schon bemerkt, erinnert der Text in seinen Grundzügen an Hepidannus von St. Gallen und den deutschen Riesen, der den wütenden Ur besiegt: Deutschland wird von einer Vielzahl von Feinden bedrängt, siegt zuletzt und begründet ein Friedensreich.

* *Präkognition:* die Fähigkeit, zukünftige Dinge auf wissenschaftlich nicht nachweisbare Art vorauszuwissen.

Das Lied der Linde (1920)

Die nächste Quelle ist das sogenannte *Lied der Linde,* eine Prophezeiung in Gedichtform, die erstmals im Jahre 1920 veröffentlicht worden ist. Das geschah seinerzeit allerdings nur in Form eines kleinen, 16-seitigen Büchleins mit dem Titel *›Staffelberg-Sagen und Der alten Linde Sang der kommenden Zeit‹* von *Martin Hingerl.*
Bekannter wurde diese Prophezeiung erst Ende 1949.[185]
Nicht nur meiner Einschätzung nach ist das Lied der Linde eine der wichtigsten Prophezeiungen zur Zukunft Deutschlands überhaupt. Zudem enthält die Prophezeiung eine Reihe gewichtiger Indizien für eine echte hellseherische Inspiration (siehe unten).

Abb.23: historische Postkarte; kolorierte Zeichnung der alten Linde in Staffelstein, in deren Stamm die Prophezeiung angeblich gefunden worden ist.

Gerade aber *weil* das Lied der Linde in besonderer Weise geeignet ist, selbst in Zeiten der Auflösung und des Niedergangs den Glauben der Deutschen an die Zukunft ihres Landes zu stärken, wird seit einiger Zeit versucht, die Glaubwürdigkeit dieser Quelle in Zweifel zu ziehen.

Das erfolgt naheliegenderweise mit der Behauptung, diese Prophezeiung sei eine Fälschung. Der Fälschungsvorwurf wurde aber bisher nie überzeugend begründet.

Was jedoch unstrittig ist, ist das Erscheinungsdatum der Prophezeiung; das Vorwort ist datiert auf *Oktober 1920.* Ebenso unstrittig sind der wortwörtliche Inhalt und die Tatsache, dass das Lied der Linde viele (angeblich) zukünftige Ereignisse anspricht, die auch in anderen europäischen Prophezeiungen vorausgesagt werden.
Zudem ist das Lied der Linde in mehreren Fällen diejenige Quelle, die das entsprechende prophezeite Ereignis oder einen bestimmten Aspekt des prophezeiten Ereignisses *als erste Quelle* voraussagt.[186] *Wenn,* dann haben andere Quellen vom Lied der Linde abgeschrieben, nicht umgekehrt.
Dazu gleich ein Beispiel: Soweit bekannt, ist das Lied der Linde europaweit die erste Prophezeiung, die für die Jahreszeit, zu der die dreitägige Finsternis eintreten soll, ei-

nen brauchbaren Anhaltspunkt liefert. So heißt es im Lied der Linde: *»Winter kommt, drei Tage Finsternis.«*

Erst 17 und 45 Jahre nach der Veröffentlichung von *»Winter kommt ...«* tauchte je eine Quelle auf, die etwas zur Jahreszeit bei Eintritt der dreitägigen Finsternis sagt. Im ersten Fall ist es eine Seherin aus Frankreich: *Marie-Julie Jahenny* (1937) *(»während einer kalten Winternacht«*[187]*),* im zweiten Fall ist es der bekannte *Pater Pio* (1965) aus Italien *(»Die Nacht ist sehr kalt.«*[188]*),* wobei bei Pater Pio „dank" kirchlicher Restriktion die Dokumentation etwas zu wünschen übrig lässt.[189]

Beide Quellen bestätigen das Lied der Linde im Hinblick auf den nahenden Winter bzw. die kalte Jahreszeit als Zeitpunkt für die dreitägige Finsternis.

Das Lied der Linde wird somit keinesfalls von irgendwelchen Wald-und-Wiesen-Hellsehern „aus dem Nachbardorf" bestätigt, sondern von ausländischen Quellen, die sehr wahrscheinlich nie etwas vom Lied der Linde erfahren haben. Außerdem, ich hatte es schon erwähnt, wurde das Lied der Linde selbst im deutschen Sprachraum erst ab 1949/1950 von einer größeren Leserschaft wahrgenommen.

Weitere Indizien für eine echte hellseherische Inspiration

Sehen wir uns an einem weiteren Beispiel an, was ich mit *Indiz für echte hellseherische Inspiration* meine: Hinsichtlich der Zeit unmittelbar nach Ende des „dritten Weltkrieges", wenn in den ersten Tagen, Wochen und Monaten überall das große Chaos herrscht, heißt es in der Prophezeiung:

> *Nimmt die Erde plötzlich andern Lauf?*
> *Steigt ein neuer Sonnenstern herauf?*
> *„Alles ist verloren!" hier noch klingt.*
> ***„Alles ist gerettet!" Wien schon singt.***

Die letzte Zeile liest sich so, als würde sich der Stadt Wien von Osten eine Armee nähern, die allein schon durch ihren Ruf für Ordnung sorgt.

So etwas kann es durchaus geben. Nur was hätte diese Armee dann die ganze Zeit in Osteuropa gemacht, wo doch der große Krieg im Westen getobt hat, hauptsächlich in Deutschland am Rhein, vor Köln und am Nordostrand des Ruhrgebietes? Wien würde nicht jubeln. Wien würde böse dreinschauen und zornig fragen: „Wo wart ihr die ganze Zeit? Was habt ihr die ganze Zeit im Osten getrieben?"

Geht man davon aus, dass für den Seher Osten dort war, wo er die Sonne aufgehen sah, so erklärt sich das Bild wie folgt: Die große Endschlacht findet in Norddeutschland statt, und nach dem dortigen Siege werden mehr und mehr Truppen zur Befriedung der zivilen Unruhen in Deutschland/Österreich/Mitteleuropa eingesetzt. Ein Teil dieser Truppen nähert sich dann nach dem geografischen Polsprung vom neuen Osten der Stadt Wien. Entsprechend ergibt sich dann für *»Nimmt die Erde plötzlich andern Lauf? Steigt ein neuer Sonnenstern herauf?«* folgende Deutung: Für den unbedarften Leser mögen sich die beiden Zeilen zwar belanglos und beliebig lesen, doch im Kontext der europäischen Prophetie ist der *»neuer Sonnenstern«* der Himmelskörper, der zum Zeitpunkt der dreitägigen Finsternis auftaucht.

Hepidannus von St. Gallen beschreibt das Auftauchen dieses Himmelskörpers folgendermaßen:

»Siehe! [...] die Menschen haben sich in zwei Heerlager gespalten gegen Süd und gegen Nord. Und der Norden zieht nach Süden als Feind [...] und das Unglück folgt ihm über die Berge wie die Nacht dem Tage. Aber es wird bald ein Tag anbrechen, da wird ein Licht aufgehen [...] im Norden und heller strahlen wie die Mittagssonne des Südens. Und der Schein der Sonne wird verbleichen vor jenem Lichte. Alsbald aber wird sich eine düstere Wolke lagern zwischen jenem Licht und der Menschheit, die danach hinblickt [dreitägige Finsternis°]. Ein furchtbares Gewitter wird sich aus dieser Wolke bilden. Es wird den dritten Teil der Menschen verzehren, die dann leben werden.«[190]

Das *»Nimmt die Erde plötzlich andern Lauf?«* korrespondiert mit Voraussagen zum geografischen Polsprung, der wiederum vom Gravitationsfeld des *»Sonnensterns«* ausgelöst werden könnte. Die beiden Fragen *»Nimmt die Erde plötzlich andern Lauf? Steigt ein neuer Sonnenstern herauf?«* sind ein typisches Beispiel für seherische Aussagen, die zum Zeitpunkt ihrer Niederschrift von praktisch niemandem zu entschlüsseln sind und erst Jahre später verstanden werden können.
Zurück zum Lied der Linde. Dort geht es weiter:

Ja von Osten[191] *kommt der starke Held,*
Ordnung bringend der verwirrten Welt,
– Weiße Blumen um das Herz des Herrn –
Seinem Rufe folgt der Wackre gern.

Alle Störer er zum Barren treibt,
Deutschem Reiche deutsche Rechte schreibt.
Bunter Fremdling, unwillkomm'ner Gast,
Flieh die Flur, die nicht gepflügt du hast![192]

Im Jahre 2018 braucht es aus deutscher Perspektive wahrlich keine große Fantasie, um in den *bunten Fremdlingen* Asylanten und Einwanderer zu erkennen; insbesondere *Araber* und *Schwarzafrikaner.* Ein Schwarzafrikaner ist auf Anhieb von einem Araber zu unterscheiden, und ein Araber von einem Europäer. *»Bunt«* träfe es also recht gut; und der Begriff *bunt* gilt im Zusammenhang mit der Einwanderungsthematik ja sogar als „politisch korrekt". Zudem ist mir keine Prophezeiung von vor Oktober 1920 bekannt, in der sich eine entsprechende Formulierung findet. *»Bunter Fremdling«* als *„Flüchtling"* zu lesen, liegt somit nahe, und diese Deutung dürfte auch den meisten Lesern spontan vor dem geistigen Auge erschienen sein. Alleine das sagt schon einiges, wenn nicht sogar genug.
»Unwillkomm'ner Gast« passt umso mehr zu „den Flüchtlingen", denn es gibt in Deutschland einen nicht geringen Teil der Gesellschaft, der (wenigstens) die reinen Wirtschaftsflüchtlinge unter den Asylanten als unwillkommen empfindet und dies auch zum Ausdruck bringt, und einen weiteren Teil, der ähnlich empfindet, aber aus Feigheit nicht wagt, dies öffentlich zu sagen.

Darüber hinaus ist ein Teil der Flüchtlinge sogar seitens des Staates unwillkommen, wenn sie beispielsweise gefälschte Papiere haben und sich finanzielle Leistungen erschleichen. Aus einer latent nationalistischen Perspektive von Ende 1920 könnte der Seher die zwiespältige Stimmung in Sachen Flüchtlinge durchaus aufgegriffen haben. Tatsächlich sind herausragende Seher zu solchen Feinheiten fähig.
Wohlgemerkt bezieht sich diese Überlegung auf die *aktuelle* Situation. Fraglich wäre, wie viele Flüchtlinge bis zum prophezeiten Kriegsausbruch noch kommen würden. Vor allem würde sich fragen, wie sich die überwiegend schlecht integrierten und weitestgehend von staatlicher Fürsorge abhängigen Zuwanderer – rechnen wir einmal mit 1,5 Millionen – verhalten würden, ginge es nach Kriegsausbruch in Deutschland drunter und drüber, und würde schon die deutsche Stammbevölkerung die Ordnungskräfte an die Belastungsgrenze bringen. Wohlgemerkt: Das Lied der Linde bezieht das *»Bunter Fremdling, unwillkomm'ner Gast«* auf die Situation erst *nach* dem „dritten Weltkrieg"!

Natürlich kann man *»Bunter Fremdling, unwillkomm'ner Gast«* noch anders deuten. Eine Möglichkeit wäre zu sagen: Die Fremden kommen nicht friedlich, sondern mit Waffen. Es ist Krieg und der *bunte Fremdling* ist „der Russe".
Fremde Soldaten, die zigtausendfachen Tod ins Land bringen, als *»unwillkomm'nen Gast«* zu bezeichnen, wäre zunächst einmal aber zynisch und instinktlos. Ein solcher Sprachstil widerspräche eindeutig dem Stil des Lieds der Linde. Die Deutung des bunten Fremdlings als „feindlichen Soldaten" wäre im Gesamtkontext und angesichts des Stils des Gedichtes vollkommen an den Haaren herbeigezogen. Soldaten scheiden demnach aus. Folglich geht es um „bunte" Zivilisten.
Werden die Zivilisten als unwillkommene Gäste empfunden, so hat man sie nicht oder wenigstens *nicht selbst* eingeladen. Wollte man die Gäste nicht, nimmt sie aber trotzdem auf, muss irgendeine übergeordnete Instanz mit im Spiel gewesen sein, ein Befehl, eine Verpflichtung, irgendeine Moral, irgendetwas, das dem eigenen Instinkt („Mag ich – mag ich nicht.") widerspricht.
Das „bunt" auf die Kleidung der Fremdlinge zu beziehen, überzeugt dann auch wenig. Denn in Zeiten einer globalisierten Textilindustrie kauft man in Afrika die gleiche bunte Kleidung wie in Europa, selbst wenn sie secondhand ist. „Bunt" in Bezug auf die Kleidung wäre nur dann erwähnenswert, wenn die vorindustrielle Zeit gemeint wäre, als bunte Kleidung noch teuer und damit bemerkenswert war. Das aber würde im übertragenen Sinn bedeuten, dass die Fremden reicher als die Einheimischen sind, weil sie sich bunte Kleidung leisten können. Auch das ergäbe keinen Sinn.
Nebenbei gesagt widerspricht das „bunt" auch dem Deutungsversuch mit dem Militär, schließlich ist dieses uniformiert, und das in der Regel in Tarnfarben.
Kann sich das „bunt" nicht auf die Kleidung beziehen, bleiben nur noch Haar- und Hautfarbe. Oder fällt Ihnen – lieber Leser – etwas Besseres ein?

Fassen wir zusammen: Die „bunten Fremden" sind dieser Analyse nach keine Soldaten, sondern Zivilisten, und das „bunt" bezieht sich nicht auf die Kleidung, sondern auf die Haut- und Haarfarbe, was tendenziell für eine außereuropäische Herkunft spricht. Für eine außereuropäische Herkunft spricht darüber hinaus noch eine andere Stelle im Lied der Linde, wo in der Zeit nach dem Kriege von einer besonderen

Freundschaft zwischen Deutschen und Spaniern und Italienern die Rede ist (siehe unten). Demnach sind die bunten Fremden auch keine Südeuropäer.
Zudem gibt es noch andere Prophezeiungen, die auf ein europäisches Flüchtlingsproblem im unmittelbaren Vorfeld des „dritten Weltkrieges" hindeuten! So heißt es in einer 1992 veröffentlichten Voraussage Alois Irlmaiers, kurz vor dem Kriege käme noch *»eine große Zahl Fremder ins Land«.*[193] Und in einer norwegischen Quelle von 1968 (eine gewisse *Dame aus Valdres*), die ich selbst 2001 publiziert habe, heißt es:

> *Der 3. Weltkrieg wird auf eine Weise beginnen, die niemand erwartet hat [...].* ***Menschen aus armen Ländern werden nach Europa strömen*** *[also keine innereuropäischen Flüchtlinge, somit Araber, Afrikaner, Asiaten!°]. Sie werden auch nach Skandinavien kommen – und Norwegen.* ***Es werden so viele sein, dass die Leute negativ über sie denken*** *und sie hart behandeln werden. Sie werden behandelt werden wie die Juden vor dem [Zweiten Welt-°] Kriege [also „nur" Diskriminierung und Ghettoisierung, keine physische Misshandlung oder gar Ermordung°]. Dann wird das Maß unserer Sünden erreicht sein.*[194]
>
> (Bald danach begänne dieser Quelle nach der Krieg.)

Kurzum: Mit *»Bunter Fremdling, unwillkomm'ner Gast«* haben wir ein weiteres, recht gewichtiges Indiz dafür, dass der Entstehung des Lindenlieds eine echte hellseherische Fähigkeit zugrunde gelegen hat.

Hier gleich ein weiteres Indiz für die Echtheit dieser Prophezeiung: In einer Stelle des Lindenlieds zu der Zeit noch weit vor dem „dritten Weltkrieg" heißt es (den kompletten Text finden Sie auf Seite 305):

> *Arme werden reich des Geldes rasch,*
> *Doch der rasche Reichtum wird zu Asch.*[195]

Im Jahre 1923, auf dem Höhepunkt der Hyperinflation in Deutschland, war die Geldentwertung so aberwitzig schnell (siehe Tabelle Seite 126), dass immer wieder komplett neue Geldscheine mit immer höheren Nennwerten gedruckt werden mussten. Irgendwann hatten dann *einzelne* Geldscheine einen Nennwert von *Millionen* und *Milliarden* Reichsmark. Im Herbst 1923 auf dem absoluten Höhepunkt der Hyperinflation brauchte man bei größeren Zahlungen *ganze Koffer voller Geldscheine,* wenn man seine alten Geldscheine noch loswerden wollte. Auf dem Foto auf Seite 126 sieht man, was dann nach Ende der Hyperinflation mit dem alten, jetzt wertlosen Geld geschehen ist: Es wanderte in den Ofen und wurde – so wie im Lied der Linde prophezeit – zu *»Asch«.*

Im Hinblick auf die Glaubwürdigkeit der Hyperinflations-Prophezeiung fragt sich natürlich, ob in Deutschland schon im Oktober 1920 eine so gigantische Inflation absehbar war. Die Antwort lautet: *Nein.* Zudem gab es für eine Hyperinflation dieses Ausmaßes auch weltweit kein historisches Vorbild.
Sehen wir uns zur Frage, ob schon im Oktober 1920 eine Hyperinflation absehbar war, in der Tabelle rechts die Preisentwicklung des *Inland-Briefportos* in Reichsmark an.[196]
Ende 1920/Anfang 1921, als das Lied der Linde in den Buchhandel kam, lag die jährliche Inflation (bezogen auf das Briefporto) im Deutschen Reich bei 100 % (31. Januar 1920 bis 31. Januar 1921), was natürlich schon eine beachtliche Teuerung ist. Dennoch bewegte sich diese Inflation insofern noch im Rahmen, als dass noch **keine komplett neuen Geldscheine mit neuem Nennwert** gedruckt werden mussten.
Nach dem Erscheinen des Lindenliedes Ende 1920 dauerte es noch etwa zwei Jahre, bevor die eigentliche Hyperinflation loslegte. Lag der Inland-Briefportopreis Anfang 1923 gegenüber Anfang 1922 „nur" um den Faktor 25 höher, war es am 9. November 1923 bezogen auf den 31. Januar 1923 der Faktor **20 Millionen!**
Hyperinflation als Erklärung für den prophezeiten raschen Geld-Reichtum *der Armen* ergibt sich aber auch noch aus folgendem Blickwinkel:
Durchdenkt man die Aussage des Lindenlieds rein praktisch, so können Arme unter normalen wirtschaftlichen Umständen nur „reich" werden, wenn sie lange Zeit hart arbeiten. Nach und nach können sie sich dann neue Kleidung, Möbel, Autos, Immobilien usw. kaufen. Diese Form materiellen „Reichtums" kann sich aber nicht so einfach von heute auf morgen in Asche verwandeln – es sei denn, es gäbe *einen Krieg.*

Datum		Briefporto in Reichsmark
31. Januar	1918	0,15
31. Januar	1919	0,15
31. Januar	1920	0,20
31. Januar	1921	0,40
3. Oktober	1921	0,60
31. Januar	1922	2,00
21. Oktober	1922	6,00
31. Januar	1923	50,00
26. Juni	1923	100,00
8. August	1923	1.000,00
7. September	1923	75.000,00
3. Oktober	1923	2.000.000,00
11. Oktober	1923	5.000.000,00
22. Oktober	1923	10.000.000,00
3. November	1923	100.000.000,00
9. November	1923	1.000.000.000,00

Abb.24: Tabelle: Inflation in Deutschland 1918–23

Abb.25: Inflationsgeld wird verbrannt; nach dem Ende der Hyperinflation und der Währungsreform im November 1923 in Deutschland

Ein Krieg wird im unmittelbaren Zusammenhang dieser Lindenlied-Voraussage aber *nicht* erwähnt. Zudem erzeugt ein Krieg in erster Linie *Trümmer* und keine *Asche.* Außerdem – und dies sei dazu das letzte Argument – geht es hier um den (raschen) Reichtum der *armen* Leute, nicht um den der Reichen!

Kurzum: Der rasche Reichtum an Geld und die Asche sind zwei Seiten derselben Medaille: *Papiergeld!* Hier gab es keinen Wirtschaftsboom und hier wurde auch nichts durch einen Krieg zerbombt und verbrannt. Was vorausgesagt wird, ist eine *Hyperinflation* solchen Ausmaßes, dass Staat und Banken gezwungen sind, Unmengen von Papiergeld zu drucken.

Die Voraussage der Hyperinflation, der indirekt prophezeite massive Ärger mit den bunten Fremden und auch die Zeitpunktnennung zur dreitägigen Finsternis *(»Winter kommt«)* sind bemerkenswerte Indizien für eine echte hellseherische Inspiration des Lindenliedes. Und es sind nicht die einzigen Indizien (siehe unten).

Doch zurück zum neuen starken Mann in Deutschland. Im Lied der Linde lesen wir über ihn – die drei Strophen seien nochmals wiedergegeben:

Ja von Osten kommt der starke Held,
Ordnung bringend der verwirrten Welt,
– ***Weiße Blumen um das Herz des Herrn*** –
Seinem Rufe folgt der Wackre gern.

Alle Störer er zum Barren treibt, [~zur Ordnung zwingt°]
Deutschem Reiche deutsche Rechte schreibt.
Bunter Fremdling, unwillkomm'ner Gast,
Flieh die Flur, die nicht gepflügt du hast!

Gottesheld, ein unzertrennlich Band
Schmiedest du um alles deutsche Land!
Den Verbannten führest du nach Rom,
Große Kaiserweihe schaut ein Dom.[197]

Der *verbannte* Papst, besser gesagt der vor dem Bürgerkrieg in Italien *geflüchtete* Papst, kehrt unter dem Schutz des großen Monarchen nach Rom zurück.

Zu den *weißen Blumen:* Geht man davon aus, dass sich auch *»Herz des Herrn«* auf den großen Monarchen *(»der starke Held«)* bezieht, könnten die weißen Blumen aus dem Wappen des großen Monarchen stammen.
Im ersten Moment mag man da an die Lilien im früheren französischen Königswappen denken. Allerdings waren die Lilien im französischen Wappen *golden,* und in der Heraldik (Wappenkunde) haben weiße und goldene Blumen eine jeweils unverwechselbare, ja eigentlich gegensätzliche Bedeutung. Gilt die gelbe (goldene) Lilie als Symbol für Eitelkeit und Prunksucht, so gilt die weiße Lilie als Symbol für Reinheit, Mildtätigkeit, Keuschheit und als Heiligenattribut der Jungfrau Maria.

Abb.26: Königlicher französischer Wappenschild mit drei goldenen stilisierten Lilien auf blauem Schilde (1376–1589).[198]

Kurzum: *»weiße Blumen um das Herz des Herrn«* hilft so weit nicht wirklich weiter, um die Herkunft des *»starken Helden«* einzugrenzen.

Wäre der große Monarch Franzose, hätte er wohl Besseres und Wichtigeres zu tun, als sich unmittelbar nach dem Krieg so intensiv um *Deutschland* zu kümmern *(»ein unzertrennlich Band schmiedest du um alles deutsche Land!«)*. Ebenso wie ein US-Präsident einen Tag nach dem Abklingen eines schweren Hurrikans das betroffene Gebiet in Florida oder Virginia besuchen muss, weil „sein Volk" es so erwartet, kann sich auch ein zukünftiger französischer König unmittelbar nach dem „dritten Weltkrieg" unmöglich wochenlang in Deutschland „herumtreiben", wenn Frankreich zur selben Zeit versucht, sich aus den Trümmern der Revolution, des „dritten Weltkrieges" und der Naturkatastrophen zu erheben.
Ein Monarch hat in solchen Zeiten an der Seite seines Volkes zu stehen. Der *»starke Held«* mit den *»weißen Blumen um das Herz«* müsste demnach Deutscher sein.

Kommen wir nun zu *»Gottesheld, ein unzertrennlich Band Schmiedest du um alles deutsche Land!«* Damit sind Deutschland und Österreich gemeint. So viel ist sicher. Und was wäre mit der Deutschschweiz? Sprachlich-kulturell betrachtet ist auch das deutsches Land (und gehörte bis 1648 formal zum Heiligen Römischen Reich Deutscher Nation). Interessanterweise heißt es in den Feldpostbriefen von 1914:

> *… und wenn sich die Schweiz an Deutschland anschließt, dann dauerts nicht mehr lang, und der Krieg ist aus.*[199]

Natürlich kann man *„anschließen"* auch so verstehen, dass die Schweizer lediglich aufseiten der Deutschen gegen die Russen mitkämpfen, sich also *schweizer Truppen* deutschen Truppen anschließen. Rein militärisch gesehen würde die Schweiz aber von ganz alleine gegen die Rote Armee kämpfen, sobald sie, so wie vorausgesagt, von dieser angegriffen würde, und zwar bereits in der ersten Kriegswoche (siehe mein Buch *»Refugium«*).
Das Lied der Linde wiederum lässt offen, wie stark das Band um alles deutsche Land sein soll. Ist damit ein Einheitsstaat gemeint? Ein Bundesstaat? Ein Staatenbund?
Vergleiche dazu Hepidannus:

> *Nachdem dieses aber geschehen, wird das eiserne Band, das alle [deutschen Völker°] umschlang und zu vereinter Tat verband, sich lösen und jeder einzelne wird,* ***wenngleich mit der Gesamtheit verbunden,*** *als selbständiges Reis seine eigenen Wege emporstreben.*[200]

Darüber hinaus tauchen in obigen drei Strophen noch ein paar Voraussagen auf, die man wieder aus anderen Prophezeiungen kennt:

- die Flucht des Papstes aus Rom (bei Kriegsausbruch) und
- seine baldige Rückkehr nach Rom unter dem Schutz des großen Monarchen kurz nach Kriegsende,
- ebenso die Kaiserkrönung in einem Dom.

Das Lied der Linde geht dann weiter:

Preis dem einundzwanzigsten Konzil [siehe unten°],
Das den Völkern weist ihr höchstes Ziel
Und durch strengen Lebenssatz verbürgt,
Dass nun Reich und Arm sich nicht mehr würgt.[201]

Die letzten beiden Zeilen könnten sich auf ein zukünftiges *Zinsverbot* beziehen. Auf diese Deutung bin ich im Zusammenhang mit der im nächsten Kapitel behandelten Quelle *Johann Kristl* (siehe Seite 139) gekommen und werde das dort weiter ausführen. An dieser Stelle nur so viel: Arm und Reich gab es eigentlich schon immer, ebenso wie faul und fleißig und dumm und klug. Der Gegensatz von Arm und Reich erzeugt grundsätzlich noch keine Gewalt. Was Gewalt erzeugt, ist, wenn die Armen immer ärmer, und die Reichen immer reicher werden. Diese asymmetrische Entwicklung liegt nicht am Fleiß der Reichen und der Faulheit der Armen, sondern – wenigstens bisher – am Zinssystem. Vereinfacht gesagt: Die, die viel Geld haben, bekommen ohne einen Finger zu rühren dank des Zinssystems immer mehr, und die Armen müssen diese Zinsen erarbeiten.
Mit dem *»einundzwanzigsten Konzil«* ist das *21. Ökumenische Konzil* bzw. das *Zweite Vatikanische Konzil* gemeint. Dieses Konzil fand jedoch bereits von 1962 bis 1965 statt. Aus diesem Fehler lässt sich folgern, dass das Lied der Linde zwischen 1869 und 1920 entstanden ist, denn im Jahre 1869 begann das *20. Ökumenische Konzil,* das *Erste Vatikanische Konzil.*

Das Lied der Linde geht weiter:

Deutscher Name, der Du littest schwer,
Wieder glänzt um dich die alte Ehr,
Wächst um den verschlung'nen Doppelast,
Dessen Schatten sucht gar mancher Gast.

Dantes und Cervantes' weicher Laut
Schon dem deutschen Kinde ist vertraut,
Und am Tiber- wie am Ebrostrand
Singt der braune Freund vom Herrmanns Land.[202]

Das *»Deutscher Name, der Du littest schwer, Wieder glänzt um dich die alte Ehr«* ist natürlich in vielerlei Hinsicht von besonderem Interesse: Deutsche, die ihre Heimat lieben, werden sich womöglich denken: „Warum eigentlich nicht? Warum eigentlich nicht ein bisschen Ehre nach all der Schmach im 20. Jahrhundert? Irgendwann – egal ob nach 75 oder 100 Jahren – wird es einfach Zeit, sich vom Teufel Adolf Hitler zu verabschieden, ihn zu beerdigen und seinen Frieden mit ihm zu machen. Sollten die Deutschen nicht bis zum „dritten Weltkrieg“ gelernt haben, Frieden mit Hitler zu schließen, so werden sie es nach diesem Krieg können, denn dieser Krieg wird der Welt ein völlig neues Maßstabskostüm verpassen.

Natürlich: Die neue »Ehre« der Deutschen im Lied der Linde könnte auch im Zusammenhang mit dem militärischen Ablauf des „dritten Weltkriegs“ stehen. Es würde nicht überraschen, schließlich sind Schlachtfelder auch als *Felder der Ehre* bekannt, und am Nordostrand des Ruhrgebietes soll es ja zur „Endschlacht“ des „dritten Weltkrieges“ kommen. Sollten es naheliegenderweise deutsche Truppen oder überwiegend deutsche Truppen sein, die Entscheidendes im „dritten Weltkrieg“ bewirken, ist leicht vorstellbar, dass die Völker Europas nach dem „deutschen Sieg“ über die östlichen Eindringlinge eine besonders positive Haltung gegenüber Deutschland einnehmen, etwa vergleichbar mit der Reaktion der Westeuropäer auf die siegreichen „Amis“ nach dem Zweiten Weltkrieg.

Natürlich kann man das *»Deutscher Name, der Du littest schwer, Wieder glänzt um dich die alte Ehr«* – ausgehend von einer Fälschungsthese – auch in Bezug setzen zum Entstehungsdatum der Prophezeiung (1920). Offiziell endete der Erste Weltkrieg für Deutschland am 11. November 1918 mit dem Waffenstillstand von Compiègne (Nordfrankreich). Am 28. Juni 1919 unterzeichnete Deutschland dann unter Protest den Versailler Friedensvertrag, der in ganz Deutschland als große Schmach und große Ungerechtigkeit empfunden wurde.
Der Versailler Vertrag steigerte für die Deutschen den durch den verlorenen Krieg empfundenen Ehrverlust noch ganz erheblich, indem Deutschland offiziell als Hauptschuldiger des Weltkrieges gebrandmarkt wurde und Deutschland erdrückende Reparationszahlungen an die Siegermächte zu zahlen hatte. Infolge des Krieges sowieso schon finanziell ausgeblutet, kam die deutsche Wirtschaft nun erst recht nicht in die Gänge. Und genau das war ja auch der Sinn des Versailler Vertrages, jedenfalls aus französischer Sicht: Der Feind Deutschland sollte dauerhaft geschwächt werden.
Der deutsche Name hatte 1918/19 definitiv *schwer gelitten,* so schwer wie seit Jahrhunderten nicht, wenn überhaupt jemals. Im Oktober 1920 war bei den Deutschen das Empfinden der Entehrung also noch sehr frisch, und auch Autor Martin Hingerl dürfte so empfunden haben.
Nichtsdestotrotz erscheint die Idee, das Lied der Linde sei nichts weiter als eine literarische Wundsalbe für die Anfang der 1920er Jahre verletzte deutsche Seele, ziemlich konstruiert. Wie schon dargelegt, enthält das Lied der Linde an mehreren Stellen Indizien für eine echte hellseherische Inspiration. Vermutlich meint das Lied der Linde mit dem deutschen Ehrverlust also den Zweiten Weltkrieg und den Holocaust, und *nicht* den deutschen Ehrverlust infolge des Ersten Weltkrieges.

Ein weiterer Punkt, der für eine hellseherische Inspiration des Lindenlieds spricht, ist der, dass die durch den verlorenen Weltkrieg ramponierte deutsche Ehre eigentlich schon im Jahre 1936 zur Olympiade in Berlin (die 11. Olympischen Sommerspiele) wiederhergestellt war.

Aus der heutigen Perspektive „politisch korrekter“ Denkgewohnheiten erstaunt es jedenfalls, dass die westliche Welt schon am 13. Mai 1931 die Olympischen Sommerspiele nach Deutschland vergeben hat; nicht einmal dreizehn Jahre nach Ende des Ersten Weltkrieges und der moralischen Degradierung der Deutschen. Im Mai 1931 war Adolf Hitler zwar noch nicht an der Macht, aber am 14. September 1930, acht Monate vor der Vergabe der Sommerspiele, hatte die NSDAP bei der Reichstagswahl schon 18,3 % der Stimmen erhalten.

14 Monate *nach* der Olympiaentscheidung holte die NSDAP dann 37,3 % und war mit deutlichem Abstand *stärkste Partei* im Deutschen Reich. Die Olympiavergabe an Deutschland erfolgte also in einer Zeit, als die NSDAP ihre stärksten Stimmenzuwächse erfuhr und Hitler als kommende Macht durchaus zu erahnen war.

Abb.27: Werbeplakat für Leni Riefenstahls Film über die Olympiade 1936

Die Abstimmung im IOC *(International Olympic Committee)* am 13. Mai 1931 fiel folgendermaßen aus: 43 Stimmen für Berlin; 16 Stimmen für Barcelona; 8 Enthaltungen. Zwar gab es einen Olympia-Boykottaufruf gegen das judenfeindliche Nazideutschland, aber dieser Aufruf wurde vom IOC ignoriert.

Die 1931er Vergabe der Olympiade an Deutschland war zudem symptomatisch. Berlin hatte Anfang der 1930er Jahre eine weltweit beachtete kulturelle Ausstrahlung und wurde von manchen sogar das „New York Europas“ genannt. Deutsche Wissenschaft und Technologie waren Ende der 1920er und Anfang der 1930er weltweit führend.

Der jüdische Physiknobelpreisträger *Albert Einstein* lebte 1931/1932 noch in Berlin. Deutschland konnte Ende der 1920er und Anfang der 1930er jedes Jahr einen der seinerzeit jährlich nur fünf vergebenen Nobelpreise einheimsen:

1928 Adolf Windaus (Chemie)
1929 Thomas Mann (Literatur)
1930 Hans Fischer (Chemie)
1930 Carl Bosch (Chemie)
1931 Otto Warburg (Medizin)
1932 Werner Heisenberg (Physik)
1933 Erwin Schrödinger (Physik), Österreicher

Natürlich waren Adolf Hitler und sein Machtapparat schon 1936 in der internationalen Politik in die Schusslinie geraten. Rassistische und antisemitische Missklänge waren nicht zu überhören. Auf Hitlers Plusseite war jedoch auch zu verzeichnen, dass

innerhalb kürzester Zeit nach seinem Machtantritt Anfang 1933 eine massenpsychologische Wende in Deutschland eingetreten war – wobei sich fragt, mit welchen Tricks und Methoden, aber das ist ein anderes Thema. Die Deutschen jedenfalls glaubten wieder an ihre Zukunft.
Im März 1936 besetzten auf Hitlers Befehl hin sogar deutsche Truppen das entmilitarisierte Rheinland, was laut Versailler Vertrag komplett verboten war. Reaktionen vom Ausland? So gut wie keine. Die Angelegenheit zog keine ernsten Konsequenzen nach sich. Man ließ Hitler damit durchkommen. Wie geplant fanden fünf Monate später die Olympischen Sommerspiele in Berlin statt. Die Siegermächte Großbritannien, Frankreich und die USA nahmen trotz der Missklänge an den Spielen teil. Einen Boykott gab es nicht.
Im Sommer 1936 glaubten die Deutschen wieder an ihre Zukunft, an sich selbst, waren wieder stolz und strahlten das auch international aus. Im Großen und Ganzen war im Jahre 1936 die Ehre wiederhergestellt – abgesehen von den Gebieten, die Deutschland durch den Ersten Weltkrieg verloren hatte. Da rumorte es weiter.

Bedenkt man, wie leicht die Deutschen ihre „Alleinschuld am Ersten Weltkrieg“ in nur 18 Jahren überwunden haben – symbolisch zum Ausdruck gebracht durch die 1936er Olympiade –, ist zu vermuten, dass das Lied der Linde den Ehrverlust im Zusammenhang mit Adolf Hitler, dem Zweiten Weltkrieg und dem Holocaust meint.
Diese Schuld von und mit Adolf Hitler wächst sich zwar mit den Jahren aus dem deutschen Volk heraus, aber es dauert doch wesentlich länger als nach dem Ersten Weltkrieg. Von einer wiederhergestellten deutschen Ehre würde ich persönlich immer noch nicht sprechen. Nie und nimmer. Ich würde sagen, dass sich Deutschland nach 1945 abgefunden hat mit einem latent ehrlosen Zustand. Das deutsche Wesen hat sich nach 1945 aus der Welt der Ehre und des Stolzes zurückgezogen und bestraft sich mit Enthaltsamkeit. Wenn es drauf ankommt, haben die Deutschen kein Rückgrat. Man muss sie nur mit „Nazi!“ anbrüllen, schon zucken sie zusammen und wissen nicht mehr, wie sie sich wehren sollen. Schlagartig erstarren sie vor der Vision des Bösen in sich selbst; erleben sich selbst als Kombination von Schlange und Kaninchen zugleich. Nach wie vor sind die Deutschen im Nazi-Trauma gefangen.
Sicherlich gilt dies nicht für alle Deutschen, aber die politische und massenmediale Macht wird derzeit noch fast ausnahmslos von solchen Personen ausgeübt, die entweder in diesem deutschen Trauma gefangen sind oder die dieses Trauma, diesen satanischen Bannkreis aus Schlange und Kaninchen bewusst als Manipulationswerkzeug einsetzen.

Aus dem Kontext des Lindenliedes – und das ist das eigentliche Argument für den Ehrverlust im Zusammenhang mit Hitler und Holocaust – geht zudem ganz klar und ohne jeden Zweifel hervor, dass sich das *»Wieder glänzt um dich die alte Ehr«* auf die Zeit *nach* dem „dritten Weltkrieg“ bezieht.
Der „dritte Weltkrieg“ wird in den Zeilen zuvor im Zusammenhang mit der dreitägigen Finsternis allerdings nur ganz kurz mit *»schlimmste Menschenschlacht«* angesprochen. Das ist nicht viel. Aber es reicht. Mehr sagt das Lied der Linde nicht zum „dritten Weltkrieg“, was im Übrigen ebenfalls für die Echtheit der Prophezeiung

spricht, denn ein sensationsgeiler Fälscher hätte sich beim Thema „dritter Weltkrieg" besonders effektheischend austoben können.
Sollte es wirklich zum „dritten Weltkrieg" kommen und sollte dieser so verlaufen wie prophezeit, nämlich mit dem Sieg über die russischen Truppen am Nordostrand des Ruhrgebietes unter maßgeblicher, wenn nicht fast ausschließlicher Beteiligung deutscher Truppen, müsste es zu einer grundlegenden Neubewertung der Rolle Deutschlands in der europäischen Völkergemeinschaft kommen. Wer weiß? Vielleicht würde man Deutschland nach dem Kriege als „Retter Europas" ansehen, sei es, dass es tatsächlich so war, sei es, dass man es so sehen will.

Was so gut wie sicher wäre, ist, dass die Deutschen nach dem „dritten Weltkrieg" einen wichtigen Beitrag zum Wiederaufbau Europas leisten und sich die „neue Ehre" maßgeblich auch aus Leistungen der Nachkriegszeit erklärt. Eine Bewunderung herausragender Wiederaufbauleistung haben sich die Deutschen schon nach dem Zweiten Weltkrieg beispielsweise in Argentinien und anderen Staaten Südamerikas erworben. Da Deutschland traditionell stark im Maschinenbau ist, könnte Deutschland auch das Rückgrat für die Re-Industrialisierung Europas nach den Katastrophen bilden. Kurz: Aus deutscher Sicht wäre da jede Menge Platz für neue Ehre.

Der braune Freund von Hermanns Land

Interessant ist dann weiter, wie das Lied der Linde die Zeit in Deutschland einige Jahre nach dem „dritten Weltkrieg" und der dreitägigen Finsternis beschreibt:

Dantes und Cervantes' weicher Laut
Schon dem deutschen Kinde ist vertraut,
Und am Tiber- wie am Ebrostrand
Singt ***der braune Freund vom Herrmanns Land.***[203]

Hermanns Land steht für Deutschland. *Hermann* und *Herrmann* waren im Jahre 1891 in Deutschland die weitverbreitetsten Vornamen für Jungen und gehörten bis 1920 zu den zehn meistgebräuchlichen.
Dante Alighieri (gestorben 1321) war italienischer Dichter und Philosoph, *Miguel de Cervantes* (gest. 1616) gilt als spanischer Nationaldichter. Wenn deutsche Kinder schon früh mit der spanischen und italienischen Sprache vertraut sind, deutet das entweder auf ein hohes Bildungsniveau oder auf Urlaubsreisen der Eltern nach Südeuropa. Die beiden *braunen* Freunde von Hermanns Land jedenfalls sind Italien (Fluss Tiber) und Spanien (Fluss Ebro).
Dass die Prophezeiung italienische und spanische „Gastarbeiter" meint, kann man ausschließen, denn es widerspräche der Logik der Prophezeiung, der nach der *»bunte Fremdling«* gerade das Land verlassen musste. Andererseits verstärkt sich so der Eindruck, bei den *»bunten Fremdlingen«* handle es sich eben *nicht* um Europäer, schließlich werden die Südeuropäer (Spanier und Italiener) als Freunde bezeichnet.

Was eine gewisse kulturelle Affinität zwischen Deutschland, Spanien und Italien betrifft, so fühlt man sich erinnert an die drei faschistischen Regime unter *Adolf Hitler,*

Francisco Franco und *Benito Mussolini.* Im Jahre 1920 allerdings, als das Lied der Linde zu Papier gebracht worden ist, war ganz und gar nicht absehbar, dass die drei europäischen Staaten einmal eine Art faschistisches Dreigestirn bilden würden.
Benito Mussolini und seine Gefolgsleute kamen in Italien erst im Oktober 1922 an die Macht, und auch das zunächst nur in einer Koalition mit Konservativen und Liberalen. Und Francisco Franco wurde erst im Jahre 1936 Chef der nationalspanischen Regierung. Die im Lied der Linde hervorgehobene Achse Deutschland-Italien-Spanien ist somit ein weiteres Indiz für die Echtheit der Prophezeiung.

Weiter heißt es im Lied der Linde, nun über den Papst:

Wenn der engelgleiche Völkerhirt
*Wie **Antonius** zum Wandrer wird,*
Den Verirrten barfuß Predigt hält,
Neuer Frühling lacht der ganzen Welt.

Alle Kirchen einig und vereint,
Einer Herde einz'ger Hirt erscheint,
Halbmond mählich weicht dem Kreuze ganz,
Schwarzes Land erstrahlt im Glaubensglanz.[204]

Abb.28: Bild des heiligen Antonius, Kirche St. Peter und Paul, Neufrach (Baden-Württemberg)

Mit *Antonius* ist der *heilige Antonius von Padua* gemeint, ein christlicher Wanderpriester aus dem frühen 13. Jahrhundert, der infolge seiner großen Beliebtheit und etlicher nachgesagter Wunder bereits elf Monate nach seinem Tod (30. Mai 1232) von *Papst Gregor IX.* heiliggesprochen wurde. Elf Monate zwischen Tod und Heiligsprechung sind kirchengeschichtlich gesehen absolut rekordverdächtig.
Auf bildnerischen Darstellungen erscheint der heilige Antonius oft mit Jesuskind und Buch auf dem Arm (Das Buch ist rechts schlecht zu erkennen.) und einer *weißen Lilie* bzw. *weißen Lilienblüten**. Barfuß wird er aber eher selten dargestellt, meist mit Sandalen.

Die Vereinigung der christlichen Kirchen nach den großen Katastrophen ist ein immer wiederkehrendes Motiv in der europäischen Prophetie und wird von einer ganzen Reihe von Prophezeiungen vorausgesagt. Wie schon erwähnt, bleibt allerdings offen, ob auch die *orthodoxe* Kirche Teil der Vereinigung ist. Die west- und mitteleuropäischen Quellen schauen selten so weit in den Osten, und Prophezeiungen aus der orthodoxen Welt wurden nur selten ins Deutsche oder Englische übersetzt.

* Fraglich ist, wie man *»weiße Lilienblüten«* im Zusammenhang mit obiger Stelle im Lied der Linde deutet.

Zu »*Halbmond mählich weicht dem Kreuze ganz, Schwarzes Land erstrahlt im Glaubensglanz*«: Wenn der Islam Stück für Stück an Boden verliert, dürfte dies zuerst an seinen geografischen Rändern passieren. Bezogen auf Europa ist dies zum einen der Nordwesten Afrikas (Marokko, Algerien) und zum anderen der europäische Zipfel der Türkei. Die Christianisierung Istanbuls wird vereinzelt tatsächlich vorausgesagt.[205]
Unbedingt erwähnenswert in dem Zusammenhang ist noch, dass es auch *islamische* Prophezeiungen gibt, die sich mit dieser Voraussage des Lindenlieds decken. So druckte im Jahre 1999 ein islamischer Verlag folgende Prophezeiung ab, die sich auch noch in anderen islamischen Quellen wiederfindet:

Die großen Vorzeichen der Qiyamah [der Jüngste Tag°]:

Ein Krieg zwischen Christen und Muslimen,
die Hälfte der Christen hilft aber zu den Muslimen. [Russland aufseiten Syriens und des Irans°]
Die feindlichen Christen erobern Konstantinopel,
das aber zurückgewonnen wird.
Die Christen verbünden sich untereinander wieder
und erobern Syrien und Teile Arabiens. *...*[206]

Zur Erklärung: Glaubt man den betreffenden Quellen der europäischen Prophetie, so beginnt der „dritte Weltkrieg" mit einem Nahostkrieg, der etwa im Frühsommer jenes Jahres ausbricht, in dem auch der russische Angriff in Mitteleuropa erfolgt. Der obige Text kann so verstanden werden, dass Russland zunächst aufseiten Syriens kämpft. Wenn dann aber der Krieg in Mitteleuropa entschieden ist und die in Europa stehenden russischen Truppen besiegt und offenbar vollkommen aufgerieben sind, ist denkbar, dass die Europäer mit den unabhängig vom europäischen Szenario operierenden russischen Truppen im Nahen Osten ein Sonderabkommen treffen und Russland daraufhin im Nahen Osten die Seite wechselt.
Hintergrund des Seitenwechsels bzw. der plötzlichen europäisch-russischen Kooperation könnte die Einsicht in die Notwendigkeit einer langfristigen Friedenssicherung in Europa sein. Diese kann nur gelingen, wenn Russland *aus freien* Stücken mitmacht. Das heißt: Es führt kein Weg daran vorbei, Russland trotz des Krieges möglichst bald in die neue europäische Friedensordnung einzubinden und einen Teil der russischen Elite möglichst frühzeitig auf die neue westeuropäische Seite zu ziehen.

Das Lied der Linde geht weiter:

Reiche Ernte schau ich jedes Jahr,
Weiser Männer eine große Schar,
Seuch' und Kriegen ist die Welt entrückt:
Wer die Zeit erlebt, ist hochbeglückt.[207]

Das Lied der Linde ist nicht die einzige Prophezeiung, in der das Motiv reicher Ernten in der Nachkriegszeit auftaucht, so auch in der Botschaft von La Salette (1846) und bei Alois Irlmaier (1949/1950).

Im ersten Moment mag man denken, die reichen Ernten seien eine belanglose Ausschmückung und nur symbolisch gemeint. Den Voraussagen Alois Irlmaiers und anderer Seher nach ergibt sich jedoch das Bild, dass Europa infolge des geografischen Polsprungs so weit nach Süden „verrutscht", dass es in Deutschland keine Winter (keinen Frost) mehr gibt und beispielsweise das Klima in Bayern etwa süditalienisch wird. Das heißt: Die jährliche *»reiche Ernte«* in Mitteleuropa könnte eine Folge deutlich höherer Temperaturen und weiterhin ausreichender Niederschläge sein.

Zu *»Weiser Männer eine große Schar«* erlaube ich mir folgende Deutung: Da kaum anzunehmen ist, dass diese weisen Männer nach der dreitägigen Finsternis aus dem Nichts wie Pilze aus dem Boden schießen, müssten sie schon vorher da sein. Wenn man sie aber heutzutage nicht kennt, kann das einfach daran liegen, dass die Massenmedien nicht über sie berichten.

Zu *»Seuch' und Kriegen ist die Welt entrückt«* lässt sich sagen: Das haben wir in Europa ja bereits weitestgehend schon heute. Mit *»Welt«* ist sicherlich mindestens auch noch Nordafrika und der Nahe Osten gemeint.

Keine Kriege mehr – das würde in jedem Fall auch bedeuten, dass der seit der Gründung des Staates Israel im Jahre 1948 bestehende arabisch-israelische Konflikt endlich beigelegt wird. Es kann keinen echten Frieden in der Welt geben ohne einen echten Frieden im „heiligen" Land.

Und wie könnte es endlich zu einem Frieden zwischen Israel und seinen Nachbarn kommen? Antwort: Wären sowohl Israel als auch seine arabischen Nachbarn von einem neuen Krieg restlos erschöpft, könnte eine militärische Macht von außen, nämlich Europa, einen Frieden durchsetzen. Zu einer solchen Erschöpfung könnte es kommen, wenn sich der Nahostkrieg so lange hinzieht, dass Israel monatelang ohne amerikanische Unterstützung kämpfen muss und der Nimbus der Unbesiegbarkeit der israelischen Armee am Ende dahin ist.

Das Lied der Linde endet mit:

Dieses kündet deutschem Mann und Kind,
Leidend mit dem Land die alte Lind',
Dass der Hochmut mach das Maß nicht voll,
Der Gerechte nicht verzweifeln soll.[208]

Fassen wir zusammen:

Die Voraussagen des Lieds der Linde zu folgenden Punkten:

- die Hyperinflation, das rasche Geld, das zur Asche wird – war 1923 erfüllt
- die bunten Fremdlinge, die den Acker nicht gepflügt haben und besser das Land verlassen sollen – hier ist Voraussetzung zur Erfüllung womöglich seit 2015 erfüllt
- die Achse Deutschland – Italien – Spanien – war ab 1936 erfüllt.

Diese drei Punkte sind gewichtige Indizien für eine echte hellseherische Inspiration dieser Prophezeiung. Im Fall der Hyperinflation würde ich sogar von einem echten *Beweis* sprechen. Darüber hinaus ist das Lied der Linde soweit bekannt die früheste bzw. erste Prophezeiung, die bestimmte Aspekte des „dritten Weltkriegs“, der dreitägigen Finsternis und des geografischen Polsprungs voraussagt. Das betrifft folgende Punkte:

- die Kaiserweihe in einem Dom (Kölner Dom)
- den jahreszeitlichen Zeitpunkt der dreitägigen Finsternis *(»Winter kommt ...«),*
- die zeitnahe Kombination von Auftauchen eines neues Himmelskörpers und eines Polsprungs, was im Lied der Linde jedoch nur fragmentarisch angedeutet wird mit: *»Nimmt die Erde plötzlich andern Lauf? Steigt ein neuer Sonnenstern herauf?«*

Das sind so weit sechs, teils gewichtige Indizien (oder fünf Indizien und ein Beweis) für eine echte hellseherische Inspiration dieser Prophezeiung.

Der große Monarch im Lied der Linde und bei Nostradamus

Das einigermaßen plastische Bild des großen Monarchen im Lied der Linde – ein starker Held, der Ordnung schafft, in Deutschland eine neue Rechtsordnung einführt und sich speziell um Deutschland kümmert –, ist nun dem gegenüberzustellen, was sich bei Nostradamus zum großen europäischen Monarchen findet.
Nostradamus – so die gängige Deutung – sagt voraus, dass der große Monarch ein Franzose ist. Nach Kurt Allgeier (und anderen Interpreten) ist der große Monarch französischen Blutes und kommt aus *»uraltem, bourbonischem Adel«.*[209]
Heißt es dann im Lied der Linde *»Weiße Blumen um das Herz des Herrn – Seinem Rufe folgt der Wackre gern«,* erinnern die weißen Blumen im ersten Moment an die Lilien aus dem bourbonischen Königswappen, doch sind die Lilien im Wappen der Bourbonen nicht weiß, sondern golden oder je nach farblicher Darstellung auch gelb.
Der große Monarch, den Nostradamus beschreibt, steht also in gewissem Widerspruch zu dem eher deutschen Monarchen im Lied der Linde.

Wie ließe sich der Widerspruch erklären? Nun, vor dem Hintergrund der deutsch-französischen Geschichte wäre von zukünftigen europäischen Politikern in jedem Falle darauf zu achten, dass nicht der Eindruck entsteht, ein Franzose würde über Deutschland regieren oder umgekehrt. Die Lösung läge entweder in einer übernationalen Konstruktion, welcher der Monarch vorsteht, grob vergleichbar mit einem europäischen Präsidenten – woran ich aber nicht glaube –, oder die Lösung läge *in der Person selbst;* dergestalt, dass dieser Mann sowohl die Herzen der Franzosen als auch die der Deutschen gewinnt. Sehen wir uns dazu die Deutungen zum Vierzeiler V/74 von *Bernhard Bouvier* an:

Aus trojanischem Blut, geboren ***mit einem deutschen Herzen***
Der, welcher zu so hoher Macht gelangen wird.
Er wird das fremde arabische Volk verjagen und
der Kirche ihre frühere Dominanz wiedergeben.[210]

Sowohl Bouvier als auch Allgeier beziehen dies auf Chiren. Bouvier erläutert (1996):

*Aus **trojanischem Blut** stammen der Sage nach die Bourbonen. Hier wird ein französischer Herrscher angekündigt mit deutscher Tüchtigkeit, Fähigkeit und Tapferkeit. Bei dem **fremden Volk** handelt es sich offenbar nicht um Feinde oder eine Armee, sondern eben um fremdes Volk. Möglicherweise werden die Millionen Marokkaner, die seit 1945 nach Frankreich zugewandert sind, wieder in ihre Heimat zurückkehren müssen. Bereits heute fühlt sich die Mehrzahl der Franzosen in ihrer Rolle als unfreiwillige Gastgeber überfordert.*[211]

Die Möglichkeit der Auswanderung früherer Einwanderer nach Ende des „dritten Weltkrieges" ist auf Grundlage der europäischen Prophetie tatsächlich in Betracht zu ziehen. *Berta Zängeler,* eine Schweizer Hausfrau, sagt um 1950 für die Schweiz voraus, dass die Schweiz nach dem Kriege viele Immigranten in deren alte Heimat zurückschickt, angeblich, weil die Schweizer nicht mehr genug zu essen haben.[212] Im Lied der Linde findet sich, wie schon behandelt, eine entsprechende Stelle, und in anderen Quellen (*Katharina aus dem Ötztal* (um 1950)[213] und bei der *Dame aus Valdres*/Norwegen, 1968) werden Gewaltexzesse beschrieben oder angedeutet, die eine solche Reaktion zur Folge haben könnten.
Kurt Allgeier schreibt Nostradamus auslegend weiter: *»Chiren wird zuerst in **Reims** zum König, später in **Aachen** zum europäischen Kaiser gekrönt.«*[214] Das allerdings sieht Nostradamus-Interpret Bouvier anders, da er *Aix* nicht mit *Aix-la-Chapelle* = *Aachen* „übersetzt".
Dann, es sei ihm nachgesehen, dachte Kurt Allgeier im Jahre 1988, Chiren käme im Jahr 1999 an die Macht,[215] und unmittelbar vorher *»wird es einen Krieg geben«* – der „dritte Weltkrieg" eben. Der Termin war falsch, die Chronologie richtig. Der Aufstieg des großen Monarchen wäre ohne vorausgehenden „dritten Weltkrieg" undenkbar.
So wie im Lied der Linde erweist sich der große Monarch auch bei Nostradamus als Erneuerer des Christentums und wird dadurch eindeutig identifizierbar. Kurt Allgeier kommentiert:

Das neue Schiff ist die neue Kirche, die Chiren wiederaufrichten wird. Sie wird nicht vom Vatikan aus regiert, sagt Nostradamus, sondern ständig unterwegs sein.[216]

Das wiederum erinnert an den „Wanderer Antonius" im Lied der Linde. Kurt Allgeier an anderer Stelle:

Viel wahrscheinlicher ist die Annahme, dass auch hier der große Chiren gemeint ist, der die Kirche zwar neu begründen, ihren Pomp aber abschaffen wird.[217]

Die Abschaffung des Pomps passt wiederum zum „barfuß Predigten halten" im Lied der Linde. Dann schreibt Kurt Allgeier, dass der Franzose Weltherrscher wird. Er kommentiert den Vierzeiler VI;70:

*Erneut ein Chiren-Vers, der keinen Zweifel daran läßt, dass dieser Mann **über die ganze Welt** herrschen wird.*[218]

Auch wenn aus Nostradamus' Perspektive von Mitte des 16. Jahrhunderts mit „Weltherrschaft" nur Europa plus Naher Osten und Nordafrika gemeint gewesen sein mag, ginge es hier um *eine neue europäische Großmacht.*

Wie man sieht, tauchen wichtige Aspekte des großen Monarchen aus dem Lied der Linde auch in den Vierzeilern des Nostradamus auf bzw. in deren Übersetzung und Deutung. Einen Skeptiker wird das vermutlich nicht überzeugen. Aber darum geht es mir an dieser Stelle auch nicht. Worum es mir geht, ist zu zeigen, dass Nostradamus-Interpreten auch in den berühmten Centurien hinsichtlich eines großen Monarchen fündig werden, und dass das, was sie finden, zu dem passt, was auch andere Quellen über den großen Monarchen sagen.

Hinweis: Den kompletten Text des Lieds der Linde finden Sie auf Seite 305.

Johann Kristl (1921)

Bei der nächsten Quelle handelt es sich um einen 1881 geborenen, offenbar seherisch begabten bayerischen Schuster namens *Johann Kristl* aus Rain am Lech, nördlich von Augsburg. Johann Kristl starb im März 1949. Als Seher bekannt wurde er durch ein 1993 veröffentlichtes Büchlein[219], des weiter oben schon erwähnten Benediktinerpaters *Frumentius* (gest. 2000) aus dem Kloster St. Ottilien bei München.
Wir erinnern uns: Pater Frumentius war der Beichtvater von Kardinal Ratzinger, dem späteren Papst Benedikt XVI., und der Pater hat als Erster die Feldpostbrief-Prophezeiung veröffentlicht.

Zu den Voraussagen des Sehers zitiert der Pater in *›Der Dorfschuster Johann Kristl‹*[220] eine Quelle von 1921:

> *Herr Kristl erzählte [...] noch zahlreiche Geschichten über Krieg und Umsturz, die alle sehr zutreffend waren. Hier sei nur erwähnt, dass wir [Deutschen°] wieder einen* ***Kaiser*** *bekommen [...], dass alle Menschen, die durch Zinsleihe, dem eigentlichen Kapitalismus zu Schaden kommen,* ***ihre Güter zurückerhalten,*** *und dass es nach mancherlei Kämpfen* ***bei uns*** *[in Deutschland°]* ***schöner und besser wird, als es jemals war, so dass alle Völker unsere Freundschaft suchen und uns nacheifern werden.*** *[Pater Frumentius fügt dann seine eigene Überlegung hinzu:°] Sollte die Welt also doch am deutschen Wesen genesen? An dem Deutschtum, das mit dem wahren Christentum wesensgleich ist?*[221]

Was des Paters Überlegung betrifft, das *»Deutschtum«* sei *»dem wahren Christentum wesensgleich«,* so ist zu bedenken, dass Pater Frumentius *nicht irgendein* bayerischer Geistlicher war, sondern ein dank seiner seelischen Qualitäten hochgeachteter geistiger Beistand, dem aufgrund seiner Weisheit großer Respekt entgegengebracht wurde.
Sicher kann man jetzt darüber streiten, was unter *»Deutschtum«* und *»wahrem Christentum«* zu verstehen ist. Man kann darüber streiten, ob dieses Deutschtum überhaupt noch existiert oder jemals existiert hat, ob das Deutschtum die Erfindung bestimmter

Ideologen ist oder ob gerade die Negierung des Deutschtums die Frucht einer bestimmten Ideologie ist. Im zweiten Teil des vorliegenden Buches, der sich mit dem deutschen Wesen befasst, werden wir auf die („angebliche") spirituelle Qualität des Deutschtums zurückkommen.

Sehen wir uns jetzt die einzelnen Aussagen des obigen Zitates genauer an:

*»Alle Völker unsere Freundschaft suchen und **uns nacheifern** werden.«*

... klingt nach der Stelle im Lied der Linde, wo es heißt:

Deutscher Name, der Du littest schwer,
Wieder glänzt um dich die alte Ehr,
Wächst um den verschlung'nen Doppelast,
Dessen Schatten sucht gar mancher Gast.

Das Erscheinungsjahr der Originaltexte vom Lied der Linde (1920) und Johann Kristl (1921) ist fast identisch. Wurde der Kristl-Text also beim Lied der Linde abgeschrieben? Ich glaube nicht. Wahrscheinlicher scheint mir, dass zwei Seher einfach dasselbe gesehen haben. Außerdem unterscheiden sich die *konkreten* Inhalte der beiden Texte recht deutlich: Im Lied der Linde wird eigentlich nur beschrieben, dass die Fremden nach Deutschland zu Besuch kommen, weil sie sich in Deutschland *wohlfühlen.* Bei Johann Kristl heißt es, dass andere Völker sich von den Zuständen in Deutschland *zu eigenen Aktivitäten inspirieren lassen.* Das ist etwas ziemlich anderes.

Natürlich könnte man aus *»alle Völker unsere Freundschaft suchen«* sinnentstellend auch irgendwelche Gastarbeiter herausdeuten oder Touristen, die zum Oktoberfest nach München kommen. Beides sind Möglichkeiten, die sich inzwischen erfüllt haben. Nur wie plausibel wäre diese Deutung?
Gegen eine Auslegung der *Freundschaft Suchenden* als Gastarbeiter oder Touristen spricht im Wesentlichen die Art und Weise, wie man das Wort *Freund* vor rund 100 Jahren verwendet hat. Damals hatte *Freund* in Deutschland noch eine echte Bedeutung, auch und vor allem im Kontext mit dem Begriff *Treue.* Heutzutage hingegen wird das Wort *Freund* immer mehr ein Wort ohne Sinn, was sich am deutlichsten bei den sogenannten „Facebook-Freunden" zeigt.
Freund dürfte bei Johann Kristl also tatsächlich *Freud* meinen, also einen Menschen, dem man vertraut, der einem vertraut und in dessen Nähe man sich wohlfühlt. Es dürften keine Menschen gemeint sein, die wegen des Geldes nach Deutschland kommen (Gastarbeiter), oder Menschen, die dort Zerstreuung suchen (Touristen). Freundschaft Suchen hat nichts mit Geld machen oder ausgeben zu tun, sondern mit inneren Werten.
Jedoch, man muss es zugeben: Nach inzwischen über 70 Jahren deutscher Selbstkasteiung und tief eingefräster deutscher Selbstzweifel ist es dem heutigen Durchschnittsdeutschen so gut wie vollkommen unvorstellbar, dass von Deutschland noch einmal eine *echte* Inspiration ausgeht – ein „Licht", wie Hepidannus schreibt.

Dann findet sich eine weitere Parallele zum Lindenlied. Bei Johann Kristl heißt es:

*… dass alle Menschen, die durch **Zinsleihe**, dem eigentlichen Kapitalismus zu Schaden kommen, ihre Güter zurückerhalten*

Im Lied der Linde steht:

*Und durch **strengen Lebenssatz** verbürgt,*
Dass nun Reich und Arm sich nicht mehr würgt.

Womöglich ist hier dieselbe Sache gemeint: Wenn die europäischen Regierungen nach dem „dritten Weltkrieg" eine Vermögensumschichtung von Reich zu Arm durchsetzen, um so diejenigen Vermögen zurückzuschrumpfen, die im Wesentlichen auf der Ausnutzung der korrupt-mafiösen Strukturen und Spielregeln des früheren Finanzsystems beruhen, käme das einem Sieg der europäischen Politik über das Finanzsystem gleich.
Das wäre ein dramatischer, epochaler, seit einigen Jahrhunderten nicht gesehener Umsturz auf der Ebene der eigentlichen Macht: Ein Sieg des großen Monarchen über den Banker! … was in seiner Essenz nichts anderes bedeuten würde, als dass die Welt (wenigstens vorübergehend) eben *nicht* mehr vom Geld regiert würde.
Strukturelle Voraussetzung für eine so tiefgreifende, heutzutage für komplett unmöglich gehaltene Umstrukturierung der Machtelite wäre der Zusammenbruch des Weltfinanzsystems infolge des Polsprungs und der dadurch verursachten Vernichtung der interkontinentalen Infrastruktur.
Das heißt: Die *europäische* Politik hätte es nach dem „dritten Weltkrieg" als Gegner nur noch mit den *europäischen* Finanzeliten zu tun, nicht mehr mit der *globalen* Finanzelite; und das in einer Situation, in der erstens die Währungen kollabiert sind, zweitens elektronisches Geld sich in nichts aufgelöst hat und drittens ein Großteil der dann noch lebenden Eliten im bisherigen Finanzsystem eine zentrale Ursache für den „dritten Weltkrieg" sähen.
Kurz: Die Vertreter der bisherigen europäischen Finanzindustrie wären unmittelbar nach dem „dritten Weltkrieg" in einer äußerst schwachen Position, denn infolge des technologischen Rückfalls und der lokalen und regionalen Zersplitterung der Wirtschaft würde schlichtweg ein Großteil der Finanzinfrastruktur fehlen.

Weiter oben hatte ich schon angesprochen, dass der klassische Gegensatz von Arm und Reich grundsätzlich kein Problem ist. Ein Problem besteht erst dann, wenn die Reichen immer reicher und die Armen immer ärmer werden. Genau diesen Effekt bewirkt das Zinssystem, da in eigentlich allen Produkten ein Zinsanteil enthalten ist, der von den kreditfinanzierten Investitionen des Produzenten verursacht wird. Übersteigt der Zinsanteil im Preis der Waren und Dienstleistungen ein bestimmtes Niveau, verarmen automatisch und systembedingt alle Menschen, die nicht über genug entsprechende Bankeinlagen, Aktien usw. verfügen, um die Zinsverluste, die sich aus dem Konsum ergeben, wieder reinzuholen.
Das *»Reich und Arm sich nicht mehr würgt«* aus dem Lied der Linde würde bedeuten, dass die Politik die Regeln für das Finanzwesen festsetzt.
Natürlich ist das eine weitgehende Deutung einer recht schmalen Textbasis (Lindenlied und J. Kristl). Dennoch dürfte eines klar sein: Nach dem „dritten Weltkrieg"

müsste eines der ersten Ziele der europäischen Politik darin bestehen, eine Wiederholung des gerade eben schmerzhaft Durchlittenen zu verhindern, jedenfalls so weit es in der eigenen Macht liegt. Und da der kausale Zusammenhang zwischen Finanzwelt und Weltkriegen in weiten Bereichen der intellektuellen Elite in Deutschland *schon heute* ein offenes Geheimnis ist und über die Selbstzerstörungsmechanismen des Finanzsystems schon genug im Buchhandel und in elektronischen Medien publiziert worden ist, wären massive Eingriffe der Politik in die Finanzwelt sehr wahrscheinlich.

Pater Frumentius berichtet in seinem Buch ›*Der Dorfschuster Johann Kristl*‹ dann noch von eigenen Recherchen zu Johann Kristl. Die oben zitierten Voraussagen hat er aber aus einem Buch von 1921 mit dem Titel ›*Der geistige Mensch*‹. Dieses Buch stammt vom Maler und Schriftsteller *Franz Schrönghamer-Heimdal* (1881–1962), Autor von etwa drei Dutzend Büchern mit einer Gesamtauflage von über 100.000 Exemplaren.[222] In ›*Der geistige Mensch*‹ erzählt Schrönghamer-Heimdal eindrucksvoll, wie er eines Tages von Johann Kristl – den Schrönghamer-Heimdal bis zu diesem Zeitpunkt weder kannte noch irgendwo gesehen hatte – völlig überraschend an einem Ort aufgesucht wurde, von dem Johann Kristl keinerlei Kenntnis haben konnte. Schrönghamer-Heimdal hatte den betreffenden Ort, eine Gastwirtschaft, spontan aufgesucht, und diese Gastwirtschaft befand sich auch weit entfernt von seinem Zuhause. Johann Kristl erzählte Schrönghamer-Heimdal dann, dass er, der Seher, von einem Geistwesen über eine innere Stimme zu der Gastwirtschaft geführt worden ist, damit ihm Autor Schrönghamer-Heimdal, der sich auch mit geistigen Themen[223] wie Prophetie beschäftigte, hilft, seine Visionen zu deuten.

Abschließend lässt sich zu Johann Kristl feststellen, dass die überlieferten, möglicherweise hellseherisch inspirierten Zeilen zwar recht knapp sind, angesichts der Quellenlage seine Glaubwürdigkeit aber durchaus akzeptabel erscheint, und vor allem seine Aussage *»dass alle Völker unsere Freundschaft suchen und uns nacheifern werden«* exakt den wunden Punkt in der heutigen Selbsteinschätzung der Deutschen trifft; ein wunder Punkt, aus dem heraus sich – wenigstens bisher – keine überzeugende positive Zukunftsvision für Deutschland entwickeln kann. Die Deutschen sind gefangen (!) in einem negativen, destruktiven Selbstbild, und es wird höchste Zeit, dass sie ein Bewusstsein dafür entwickeln, dass zu diesem Gefangensein auch die entsprechenden Gefängniswärter und Fallensteller gehören.

Nicolaas van Rensburg (1864–1926)

Abb.29: Nicolaas van Rensburg
(* 3. August 1864, † 11. März 1926)

Nicolaas van Rensburg (1864–1926) war ein südafrikanischer Farmer, burischer (niederländischer) Abstammung mit – sofern man den Quellen glauben kann – herausragenden hellseherischen Fähigkeiten.
In Deutschland war dieser Seher bis zum Jahre 2006 praktisch vollkommen unbekannt. Dann erschienen seine Prophezeiungen in einem Buch aus der Feder des südafrikanischen Autors *Adriaan Snyman* unter dem Titel *›Worte eines Propheten – Der Seher van Rensburg‹*. Dieses Buch war die deutsche Übersetzung des englischen *›Words of a Prophet‹*, das wiederum die Übersetzung des südafrikanischen Originals von 1995 ist.[224]
Wie man sich denken kann, muss ein Seher aus Südafrika über bemerkenswerte Fähigkeiten verfügt haben, wenn 80 Jahre nach seinem Tode in Europa plötzlich Bücher über ihn und seine Visionen erscheinen.
Angeblich hatte Nicolaas van Rensburg von seinem siebten Lebensjahr an bis zu seinem Tode mit 61 Jahren rund 600 Visionen, wovon aber nicht alles überliefert ist.[225]
Zu Lebzeiten des Sehers suchten zahllose Menschen dessen Rat, nicht selten hochgestellte Persönlichkeiten. Am erstaunlichsten sind dabei jene Fälle, in denen sich burische Militärs, die zu dieser Zeit in Südafrika Krieg gegen britische Truppen führten, bei Nicolaas van Rensburg Rat *für laufende Kampfhandlungen* holten! Und wie es in der Natur des Menschen liegt, wird ein Seher, der in Fragen von Leben und Tod Dinge zutreffend voraussagt, schnell bekannt. Das „gewöhnliche" Volk kommt dann in großer Zahl zu dem Seher; auch die Reichen und Mächtigen.
So zitiert Autor Adriaan Snyman aus dem Bericht einer gerichtlichen Untersuchungskommission anlässlich der Verdächtigung, Nicolaas van Rensburgs sei in die 1916er Buren-Rebellion in Südafrika verwickelt gewesen:

> *»Er [der Seher°] scheint einen **unbegrenzten Einfluss** auf die Farmer in seinem Bezirk zu haben. Von einem Zeugen wurde uns berichtet, dass kurz vor der Rebellion bis zu zehn Motorwagen am Tag in van Rensburgs Hof gesehen worden sind.«*[226]

Wohlgemerkt: Wir sprechen hier von Autos im Jahre 1916, als nur die wenigsten Menschen über ein Auto verfügten. In ganz Deutschland beispielsweise gab es 1916 nicht einmal 100.000 Pkw, und das bei einer Bevölkerung von rund 62 Millionen. Auf ein Auto kamen also *über 620 Bürger*. Heute gibt es in Deutschland 46 Millionen Pkws bei 82 Mio. Einwohnern. Das macht pro Auto *nicht einmal zwei (!) Bürger*.

Sobald ein Hellseher als besonders zuverlässig gilt, wenn er kein oder nur ein geringes Honorar verlangt und wenn die Behörden nicht dazwischenfunken, setzt ein regelrechter Ansturm von Ratsuchenden ein. Das ist ein weltweit zu beobachtendes Phänomen. Ein bekannter Fäll eines solchen Ansturms aus Deutschland ist der des bayerischen Hellsehers *Alois Irlmaier*. In seinem Fall belegen Gerichtsakten Warteschlangen von 70 und 100 Personen am Tag.[227] Ähnliches berichtet die rheinische Seherin *Buchela* (gest. 1986). In ihren Memoiren schreibt sie, dass auf dem Höhepunkt ihrer Bekanntheit die Autos der Bonner Politiker und Diplomaten die ganze Nachbarschaft in ihrem Wohnort Remagen zuparkten.[228]

Nicolaas van Rensburgs hoher Bekanntheitsgrad hat sich darüber hinaus in Südafrika in etlichen Zeitungsartikeln niedergeschlagen. Autor Snyman erwähnt in seinem Buch Artikel in der Wochenzeitschrift *Huisgenoot* (November 1921), der Tageszeitung *Die Burger* (u. a. 17. März 1926 und 8. Juli 1940) und *Cape-Times* (6. März 1926).[229] Zusätzlich haben sich mehrere britische und südafrikanische Schriftsteller mit dem Seher befasst; Snyman zitiert die Autoren *Sybrand Botha* (1940)[230], *Kalahari-Mac* (1949)[231] und *Julian Orford* (gest. 1955)[232] und verweist auf britische Autoren wie *Lawrence G. Green (›There's a secret Hid away‹*, 1956), *Mc. Rae (›Prophets and Prophecies – The Sondervan Pictorial Encyclopaedia of the Bible‹*, 1976) und auf den Bestsellerautor *Stuart Cloete* (*›Rags of Glory‹*,1963). Weiter schreibt Adriaan Snyman über den Seher:

> *Er war schon zu Lebzeiten eine Legende, und nicht nur so* ***bekannte Generäle*** *des [zweiten°] Burenkriegs wie* ***de la Rey*** *[s. u.°] [...] hielten ihn für einen Propheten, sondern auch Staatsmänner wie General Hertzog, Louis Botha und J. C. Smuts.*[233]
> *Große Burenführer und prominente Persönlichkeiten wie die Generäle Jan Smuts, Koos de la Rey, Christiaan de Wet [siehe Bilder unten°], [hier stehen noch sechs weitere Namen°] besuchten ihn auf seiner Farm in seinem Haus mit dem Flachdach mit Lehmwänden und Lehmböden im Bezirk von Wolmaransstad im westlichen Transvaal [südafrikanische Provinz°], und seine Töchter Anna und Letta servierten ihnen Kaffee und Zwieback.*[234]

Der Zweite Burenkrieg dauerte von 1899 bis 1902 (der Erste von 1880 bis 1881) und endete mit dem Sieg der Briten. Die Buren hatten sich allerdings trotz zahlenmäßiger Unterlegenheit (450.000 Briten gegen 83.000 Buren) enorm erfolgreich geschlagen: Die Briten beklagten Verluste von 22.000 Soldaten, die Buren von nur 6.500 Mann.[235] Angesichts der effektiven Guerilla-Taktik des burischen Militärs änderten die Briten dann irgendwann ihre Strategie, indem sie das burische Militär faktisch damit erpressten, dass sie burische Zivilisten – also die Frauen, Kinder und Eltern der burischen Soldaten – in Lagern internierten, wobei über 20.000 Buren, darunter viele Frauen und Kinder zu Tode kamen. Seitdem gilt das britische Militär als „Erfinder" des Konzentrationslagers![236]

Das Vertrauen, das Nicolaas van Rensburg von burischen Militärs entgegengebracht worden ist, ist natürlich eines der schlagkräftigsten Argumente überhaupt für die Glaubwürdigkeit und Verlässlichkeit dieses Sehers.

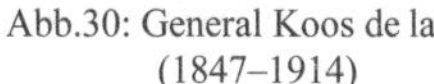

Abb.30: General Koos de la Rey (1847–1914)

Abb.31: General Christiaan Smuts (1870–1950) *

Abb.32: Gen. Christiaan de Wet (1854–1922)

Greifen wir uns dazu den Fall des Generals *de la Rey* heraus: Der erste Kontakt zwischen Nicolaas van Rensburg und General de la Rey kam über einen jungen Feldmarschall der burischen Armee zustande. Der Seher hatte eine schreckliche Vision gehabt, diese dem Feldmarschall erzählt, und der Feldmarschall hatte erkannt, dass ihm der Seher nichts vorspielt. Wenige Stunden später konnte der Seher dann General de la Rey persönlich seine Vision mitteilen:

> *„General, letzte Nacht sah ich etwas Fürchterliches. Wir werden nach Kimberley gehen, aber wir werden dort nicht sehr lange bleiben. Ich hatte das Gefühl, dass wir reiten würden, und zwar in Richtung Süden. Bevor die Vision verschwand, sah ich unsere Männer über schwarze Erde fliehen.* ***Dann sah ich unsere Frauen und Kinder zu Hunderten und Tausenden zusammengepfercht.*** *Ich kann die Kinder immer noch weinen hören. Die Frauen waren auch alle am Verzweifeln und sehr traurig, denn sie wurden zusammengetrieben wie eine Herde von Tieren. Ich sah, wie unsere Häuser und Ländereien in Flammen aufgingen von Horizont zu Horizont. Alles war in Rauch und Flammen eingehüllt. General, es war einfach schrecklich ...“*[237]

Als er dies hörte, riet der General dem Seher, in Zukunft vorsichtig zu sein, wenn er seine Visionen anderen Menschen erzählt, und er bat den Seher, sich wieder an ihn zu wenden, wenn er erneut Visionen zum Kriegsverlauf hat. In der Folgezeit entstand dann eine langjährige Freundschaft zwischen dem Seher und dem General; so Adriaan Snyman.[238]

Frage: Kann es für einen Hellseher etwas Überzeugenderes geben, als mitten im Krieg das Vertrauen eines Generals zu genießen? Wohl kaum. Doch selbst angesichts solch starker Indizien für eine echte hellseherische Begabung weiß man nicht, welche der Voraussagen des Sehers sich noch *in Zukunft* erfüllen werden.

* General C. Smuts war von 1919 bis 1924 und von 1939 bis 1948 Premierminister der Südafrikanischen Union.

Schauen wir uns an, was Wikipedia über General de la Reys militärisches Geschick schreibt:

General de la Rey [...] gilt als einer der fähigsten und tapfersten militärischen Führer der Buren während des Konfliktes mit den Briten. De la Rey war lange Zeit ein ausgesprochener Gegner eines militärischen Konfliktes mit Großbritannien. Als er deswegen der Feigheit bezichtigt wurde, antwortete er, dass er, sollte es zum Krieg kommen, noch kämpfen werde, wenn alle Kriegsbefürworter schon aufgegeben hätten. Dies sollte später auch der Fall sein. [...].
Nur der harte Kern der Buren war [nach einer Reihe von Niederlagen°] gewillt, weiter zu kämpfen. De la Rey, Louis Botha und andere Kommandeure trafen sich bei Kroonstad und entwarfen eine neue Guerillataktik.
Der Westen Transvaals wurde de la Rey zugeteilt, der in den nächsten zwei Jahren kleine Feldzüge vollführte und dabei Schlachten bei Moedwil [...] und an anderen Orten gewann. Bei Ysterspruit fügte er den Briten hohe Verluste an Soldaten und Ausrüstung zu und erbeutete genug Material, um die burischen Kräfte wieder neu zu beleben.
Bei der Schlacht von Tweebosch konnte er große Teile von Methuens Nachhut gefangen nehmen, inklusive Methuen selbst. Obwohl de la Reys Männer abgerissen und oft hungrig waren, ritten sie über große Teile des Landes und banden so zehntausende britische Soldaten. Er hatte ein großes Talent, wenn es darum ging, Kämpfe zu vermeiden, und **viele glaubten, dass er sich von dem ihn begleitenden exzentrischen „Propheten“** *[...]* **van Rensburg beraten ließ.** *Trotz einiger Rückschläge [...] blieben die ca. 3.000 Mann des Kommandos bis zum Ende des Krieges im Feld.*[239]

Ein Heerführer, der sich von einem Seher (oder Astrologen) begleiten lässt, hat eine uralte Tradition. Schon die Römer nahmen ihre *Haruspices* (Eingeweidebeschauer) mit auf ihre Feldzüge. Im Dreißigjährigen Krieg (1618–1648) ließ sich der militärische Führer der Katholischen Liga, *General Wallenstein,* von den Astrologen *Johannes Kepler* und *Seni* beraten. Es gibt viele solcher Beispiele aus praktisch allen Zeiten und allen Kulturen der Welt (siehe mein Buch *›Hellseher und Astrologen im Dienste der Macht‹*).

Konkrete Visionen van Rensburgs zur Zukunft Europas

So weit, so gut. Was den deutschsprachigen Leser an diesem südafrikanischen Seher natürlich am meisten interessieren wird, sind dessen Voraussagen zur Zukunft *Europas* und *Deutschlands*. Und hier ist die Sachlage wieder einmal leider etwas komplizierter, als man es sich wünscht. Das liegt im Wesentlichen daran, dass Nicolaas van Rensburg überwiegend *symbolische* Visionen hatte.
In der überwiegenden Mehrzahl der Fälle (*»etwa 75 %«*[240]) setzten sich Nicolaas van Rensburgs Visionen aus symbolischen Bildern zusammen, die der damaligen Lebenswelt des Sehers – ein einfacher Farmer – entstammen. So konnte – wie Adriaan Snyman schreibt – ein *roter Bulle* für Russland oder China stehen, *Ochsen mit weißem Rücken* für Amerika (USA), ein *neuer Hut* für eine neue Regierung, eine *Person ohne Hut* für den baldigen Tod dieser Person usw. Kurzum: Der springende Punkt der van-Rensburg-Visionen ist ihre *Deutung.*[241]
In den letzten zehn Lebensjahren wurden van Rensburgs Visionen von dessen Tochter *Anna Badenhorst* aufgeschrieben, die Visionen davor wurden hauptsächlich mündlich überliefert. Der Seher selbst konnte sich mit der Symbolik seiner Visionen natürlich über die Jahrzehnte hin vertraut machen, und er hatte mit der Deutung in der Regel auch keine Probleme; insbesondere dann, wenn es um Themen und Ereignisse ging, die immer wieder in seinen Visionen auftauchten.
Das gilt es also zu beachten: Der Mann war eine Kombination aus einer besonderen präkognitiven (hellseherischen) Begabung und der Fähigkeit, seine Visionen zuverlässig zu deuten.

Zum Teil ist überliefert, was der Seher konkret *gesehen hat* und was er selbst aus seinen Visionen *herausgedeutet* hat. Zum Teil sind seine Visionen aber auch nur im Originalwortlaut und *ohne* Deutung des Sehers überliefert. Für diese Visionen ohne Deutung des Sehers liegt aber wiederum eine Art Beipackzettel vor, in dem – auf Grundlage der zuvor schon „entschlüsselten" Visionen – bestimmte bildliche Symbole erklärt werden. Eine entsprechende mehrseitige Liste mit Symbolerklärungen findet sich auch im deutschen Buch über Nicolaas van Rensburg.
Diese zweite Kategorie von Visionen *ohne* überlieferte Deutung des Sehers lässt sich also durchaus noch deuten; nur leider deckt der „Beipackzettel" nicht sämtliche Aspekte und Elemente in den Visionen ab. Und genau hier liegt das Problem.
Denn für das Verständnis der Symbolik der van Rensburg'schen Visionen muss man ein gewisses Einfühlungsvermögen entwickeln, womit wir beim selben Problem ankommen wie oben bei Nostradamus: Will man nicht die vorgekauten Erklärungen irgendwelcher Autoren ungeprüft übernehmen, muss man sich selbst tiefer in die Thematik hineinarbeiten. Und in der Regel macht genau das natürlich kein Leser.
Für die meisten Leser bleiben die van-Rensburg-Voraussagen somit eine ungeprüfte Deutungs- oder Glaubensfrage, mit der Folge, dass man Nicolaas van Rensburg und dessen Visionen relativ schnell wieder vergisst.
Mir als Autor des vorliegenden Buches stellt sich somit die Aufgabe, aus der scheinbaren van Rensburg'schen Blackbox einen soliden Kern herauszuarbeiten, der nach-

wirkt und Bestand hat, ohne mich zu tief in den Sumpf nicht immer nachvollziehbarer Deutungen zu verlieren. Schauen wir, ob mir das gelingen will …

Vorab lässt sich aber schon einmal feststellen, dass sich in den Visionen Nicolaas van Rensburgs ebenso wie bei Hepidannus von St. Gallen, so wie beim Lied der Linde und wie bei Johann Kristl eine Renaissance des Deutschtums und Deutschlands abzeichnet, d. h. eine Situation nach dem „dritten Weltkrieg", in der Deutschland, befreit von den Schatten seiner Vergangenheit international als geistig autarke, selbstbewusste und positive Gestaltungsmacht in Erscheinung tritt.
Die eigentlich spannende Frage ist angesichts des bekannten van-Rensburg-Materials, ob sich diese neue deutsche Gestaltungskraft eher auf Europa beschränkt, sich darüber hinaus noch auf den Nahen Osten erstreckt oder sogar von einem spürbar *globalen* Einfluss Deutschlands in Form einer *echten Weltmacht* gesprochen werden kann? Autor *Adriaan Snyman* jedenfalls beschreibt eine Situation, in der Deutschland nach dem „dritten Weltkrieg" eindeutig die Vormacht in Europa innehat – und in Südafrika militärisch interveniert! Zur Weltordnung nach dem „dritten Weltkrieg" lesen wir bei Adriaan Snyman/van Rensburg:

> ***Russland wird kaputt*** *sein, und obwohl* ***die USA*** *nicht zerstört werden, ist es* ***eine sehr schwache Nation.*** *Die Deutschen erklären den Frieden in Europa und sind in kürzester Zeit die* ***stärkste Nation.***[242]

Russland kaputt – sagt auch die traditionelle europäische Prophetie. Russland soll schließlich den Krieg verlieren. *Die USA eine sehr schwache Nation* – das leitet sich indirekt aus der Renaissance der Monarchie in Europa ab, was ohne Zweifel auf einen tiefen geistigen Bruch zwischen Europa und den USA hindeutet. Zum Niedergang der USA finden sich im nächsten Kapitel über *Alois Irlmaier* weitere Anhaltspunkte.
Zu England heißt es bei van Rensburg: *»England [...] ist keine Nation mehr«*[243], und zu Frankreich: *»Frankreich wird irgendwie überleben.«*[244]
Im Grunde beschreibt der Seher Deutschland als eine Art *last man standing.* Halb im Spaß, halb im Ernst könnte man sagen: Wenn es auch noch die Chinesen erwischt, wäre Deutschland tatsächlich die „einzige Weltmacht". Gegen eine *echte* globale Machtprojektion Deutschlands spräche allerdings der allgemeine technologische Rückfall infolge der dreitägigen Finsternis und des Polsprungs.

Kurzum: Es stellt sich die Frage: Wie groß Deutschland nach den Visionen Nicolaas van Rensburgs tatsächlich würde und wo die Deutungen gegebenenfalls über das Ziel hinausschießen?
Arbeiten wir uns langsam an das Problem heran, indem wir uns zunächst auf diejenigen Visionen des Sehers konzentrieren, die offenbar authentisch überliefert sind, da der Seher in der Ichform zitiert wird, wie er gerade sagt, dass er „sieht". Sehen wir uns dazu als Erstes eine Visionen zum Zweiten Weltkrieg an:

> *Was den [Zweiten Weltkrieg°] betrifft, fährt van Rensburg fort: „Dann erscheint [vor dem geistigen Auge des Sehers°] ein großer* ***blauer*** *Stein [Deutschland, Anm.*

Adriaan Snyman]. Er rollt zuerst in Richtung Westen, dreht dann, rollt ostwärts und dann in Richtung Norden. ... Im Westen eroberte der „Stein“ zuerst Holland, Belgien und Frankreich; von dort aus walzte er die Balkanstaaten nieder. Dann drehte er [vom Balkan aus°] nordwärts [Richtung Russland°].[245]

Die Farbe Blau steht in van Rensburgs Visionen für Deutschland. Hier werden also die Eroberungsfeldzüge Adolf Hitlers bis Sommer 1941 vorausgesehen. Autor Adriaan Snyman schreibt:

Van Rensburg prophezeite auch den Ausgang des [Zweiten Welt-°]Krieges, er sprach darüber zu einem Freund und zu seinem Sohn Kallie:

> *„Deutschland wird den Krieg nicht gewinnen, denn sonst würde die ganze Welt wieder einmal vom mächtigen Deutschen Reich sprechen, so wie man einst von England gesagt hatte: „Britannien regiert die Meere“.*
> ***Die Welt wird glauben, dass Deutschland niemals mehr aufsteht** [...]. Nach einiger Zeit wird Gott jedoch Gnade mit dem deutschen Volk walten lassen, und **sie werden wieder als Macht aufstreben.** ...“*[246]

»Wieder als Macht aufstreben« lässt sich unterschiedlich deuten: als das deutsche Wirtschaftswunder wenige Jahre nach dem Zweiten Weltkrieg oder als wirtschaftlich-politische Dominanz Deutschlands in der Europäischen Union ab der Euro-Einführung im Jahre 2002. Oder eben als zukünftige deutsche Großmacht nach dem „dritten Weltkrieg“.

Das nächste Zitat bezieht sich auf die ersten Jahrzehnte nach dem Zweiten Weltkrieg. In der Zeitschrift *Die Burgher* vom 13. Juli 1940 ist zu lesen:

***Als die schwarzen Horden in England eintreffen,** bricht Englands Wirtschaft zusammen, und das Land treibt schließlich unaufhaltbar in den Ruin.*[247]

Schon Ende der 1940er Jahre erreichte Großbritannien eine erste größere Einwanderungswelle aus dem Kolonialreich; zunächst aus der Karibik. Im Jahre 1958 gab es dann in London erste Rassenunruhen. 1965 erreichte in Großbritannien die Zahl der Einwanderer aus der Karibik, Afrika und aus Indien die Millionengrenze, bei zeitgleich rund 50 Millionen britischer Stammbevölkerung.
Großbritanniens Wirtschaft hat nach dem Zweiten Weltkrieg und dem Zusammenbruch seines Kolonialreichs nie wieder zu alter Größe zurückgefunden. Die nach Großbritannien einströmenden *»schwarzen Horden«* stehen somit für den Untergang des britischen Empires, für dessen innere Schwäche und seinen Niedergang.
Das folgende Zitat bezieht sich auf die Zeit etwa ab 1990:

*„Es wird eine Zeit kommen, wo ich wieder mehr im Gespräch sein werde. In dieser Zeit sehe ich, dass wir als Nation [Südafrika°] immer noch untereinander Streit haben, und **dann werden wir plötzlich eine Regierung der Schwarzen haben** [Im April 1994 gewann der ANC die Wahlen und Nelson Mandela wurde der erste schwarze Präsident Südafrikas.°]. Dann erst wird der mühselige Kampf für die*

weißen Afrikaner so richtig beginnen. [...]
Ich sehe ebenso eine Zeit, wo die ganze Welt untergepflügt wird. Dies ist dann der Anfang des dritten Weltkrieges.[248] *Alles wird in einem chaotischen Zustand sein, und* ***es wird große Verwirrung herrschen.*** *"*[249]

Diese Voraussage ähnelt den europäischen Quellen. Auch dort ist von einer großen Verwirrung am Vorabend des „dritten Weltkriegs" die Rede (siehe Nostradamus und Johannes Wallich). Diese Verwirrung lässt sich auf zwei Hauptursachen zurückführen: Zum einen auf die innere Entwurzelung der Menschen, denen der Instinkt für Wahrheit und Lüge verloren geht; zum anderen auf eine Allpräsenz der Massenmedien – vom angestaubten Fernsehen bis hin zu Facebook und Smartphones – die die Wirklichkeit mit ihren Scheinwirklichkeiten überlagern.

Der Seher fährt fort.

„Dann sehe ich eine Schlange, die auf dem gepflügten Land liegt. Ich kann weder ihren Kopf noch ihren Schwanz sehen (Niemand wird sicher wissen, wo dieser Krieg begann und wo er enden wird [offenbar Snymans Interpretation°]).
In den Kirchen wird auch alles nicht mehr stimmen. *[siehe die „Ehe für alle" in Deutschland und der moralische Flankenschutz seitens der evangelischen und katholischen Kirche.°]*
Ich sah meine Tochter Anna sitzen, wie sie schreibt. Jetzt wusste ich, niemandem würde es gelingen, meine Visionen richtig einzuordnen, wo oben und unten sein soll, und man wird sagen, Nicolaas van Rensburg sagte dies, und ein anderer wird es anfechten und sagen, nein, er sagte das. Nachdem ich diese Vision hatte, bat ich meine Tochter, meine Visionen täglich niederzuschreiben, ***damit alle wissen, wann die Zeit gekommen ist.*** *"*[250]

Nicolaas van Rensburg ist beileibe nicht der einzige Seher, der ausdrücklich sagt und will, dass seine Visionen verbreitet werden, damit die Menschen gewarnt sind.

2014 – der Bürgerkrieg in der Ukraine

Kritische Leser mögen jetzt einwenden, dass es für ein Buch von 2006 nicht besonders überzeugend ist, ein Ereignis von 1994 – die erste schwarze Regierung in Südafrika – vorauszusagen. Kommen wir deshalb zu Ereignissen, die sich erst *nach* 2006 erfüllt haben, z. B. der *Bürgerkrieg in der Ukraine.*
In der deutschen Ausgabe von 2006 beginnt das Kapitel *›Der Dritte Weltkrieg‹* mit folgenden Worten:

Der Dritte Weltkrieg:
Ein Vorspiel – Flüsse von Blut

Van Rensburg warnte davor, dass vieles in Osteuropa (Russland) und dann im Mittleren Osten (Irak) zuerst ganz übel verlaufen würde.
Er sah einen ***grausamen Bürgerkrieg in Russland,*** *und währenddessen würde die Welt danebenstehen und hilflos zuschauen. [...]* ***Der Seher sagte, dass dieser Krieg***

in Osteuropa (Russland) beginnen würde und dann auf die ganze Welt übergreifen würde.[251]

Natürlich könnte man jetzt als skeptischer Mensch bemängeln, dass hier nichts von der *Ukraine* steht. Doch zu van Rensburgs Zeit war die Ukraine, abgesehen von einem Intermezzo im Chaos des Ersten Weltkriegs, der Russischen Revolution und des anschließenden Bürgerkriegs (alles zusammen 1914–1922), immer Teil von Russland (Zarenreich und UdSSR). Wir können also annehmen, dass der Seher den Bürgerkrieg in der Ostukraine zwischen Russischstämmigen und Ukrainischstämmigen gemeint hat.
Darüber hinaus lassen sich noch andere Aspekte dieses „russischen" Bürgerkriegs herausarbeiten: Wenn Russland trotz dieses Bürgerkrieges wenige Jahre später zu einem großangelegten Angriff auf Westeuropa fähig ist, dann kann dieser Bürgerkrieg nicht besonders viele Ressourcen in Russland binden. Der Bürgerkrieg müsste also begrenzt sein. Und er müsste eher an der Peripherie des Riesenreiches ausgetragen werden. Im Zentrum würde er das Land zerreißen.
Wenn *»die Welt danebenstehen und hilflos zuschauen«* muss, scheint sich der Bürgerkrieg länger hinzuziehen. In diesem Fall würde sich fragen, warum der russische Staat und die „ruhmreiche" Rote Armee nicht in der Lage sind, die Aufständischen an der Peripherie des Riesenreiches niederzuschlagen. Mit Napoleon und Hitler ist man ja schließlich auch fertig geworden. Offenbar gibt es einen Faktor, der Moskaus Engagement im Bürgerkrieg bremst. Das passt alles sehr gut zu dem seit 2014 bestehenden Bürgerkrieg in der Ostukraine: Moskau wagt keine offene Invasion mit regulären Truppen, weil das zum ganz großen Krieg führen könnte. Und der Westen seinerseits wagt auch kein zu intensives militärisches Engagement aus demselben Grund. Das Ergebnis ist: *Die Welt steht daneben und schaut hilflos zu.*
Interessant ist weiter, dass der „russische Bürgerkrieg" vom Seher praktisch in einem Atemzug genannt wird mit einer Art deutsch-amerikanischen Allianz, wie wir sie bei der Ukraine-Krise tatsächlich haben:

> *... wird in Russland ein schrecklicher Bürgerkrieg ausbrechen, und in der Folge werden Amerika und Deutschland zusammenstehen.*[252]

Angela Merkel orientiert sich in ihrer Russland-Politik eng an den USA. Überhaupt hat die ganze Ukraine-Krise das NATO-Bündnis neu belebt.
Gestattet man dem südafrikanischen Seher aufgrund seiner zeitlichen und geografischen Distanz eine gewisse Ungenauigkeit, bleibt einem kaum etwas anderes übrig, als seine Voraussage zum „russischen" Bürgerkrieg ernst zu nehmen. Der Bürgerkrieg in der Ukraine wäre eines der letzten Warnzeichen für den „dritten Weltkrieg"!

2015 bis ? – die Flüchtlingskrise

Nach dem, was Adriaan Snyman im Jahre 2006 schreibt, hat van Rensburg nicht nur den im Jahre 2014 ausgebrochenen Bürgerkrieg in der Ukraine vorausgesehen, sondern auch die im Jahre 2015 losgetretene Flüchtlingswelle:

Am 10. März 1961 schrieb Boy Mussmann an einen Freund im damaligen Süd-Rhodesien: „[...] Der Seher hat mir gesagt, dass er kein Datum angibt, denn die Bibel lehre uns, dass die Zeiten [...] nur der HERR kenne. [...] Aber wir sehen bestimmte Zeichen, an denen wir erkennen, wann die Ereignisse eintreffen. [...]
Van Rensburg sprach vor seinem Tod darüber. Es beinhaltet den offensichtlichen Zusammenbruch des Kommunismus, die dramatischen Reformen in Südafrika, die größte Dürre in unserer Geschichte [siehe unten°], die Machtübernahme durch eine neue [schwarze°] Regierung, und wie die Macht der NP auf die Kap-Region beschränkt wird, bevor sie schließlich ganz von der politischen Bühne verschwindet. Streiks, die der Wirtschaft schaden, und auch die Ausbreitung einer weltweiten Krankheit [...], die Millionen von Menschenleben auslöschen wird, für die man kein Heilmittel [Antibiotika-Resistenzen?°] finden wird.*

Van Rensburg sagte, dass alle diese Dinge Hand in Hand gehen würden mit dem ***Wiedererwachen von Rassenunruhen auf der ganzen Welt. Es beginnt in Europa,*** *so warnte er, und dann wird es auf die ganze Welt übergreifen [...].*[253]

Nochmals sei daran erinnert, dass diese Aussagen schon 2006 in Deutschland veröffentlicht worden sind; neun Jahre bevor die Flüchtlingskrise und ein damit zusammenhängender islamistischer Terrorismus in Europa zum großen Thema wurden.
Zur Interpretation der *»Rassenunruhen«:* Dass mit *Rassenunruhen* in Europa Konflikte zwischen Deutschen und Portugiesen oder so gemeint sein könnten, kann man ausschließen. Der Seher dürfte keine innereuropäischen Rassenunruhen gemeint haben. Dazu sind sich die Völker Europas abstammungsgeschichtlich und kulturell viel zu ähnlich. Es sieht also ganz danach aus, als habe Nicolaas van Rensburg tatsächlich Rassenunruhen in Europa mit *Arabern und Schwarzafrikanern* vorausgesehen.

Mit den 2006 veröffentlichten Voraussagen des Bürgerkriegs in Russland und den Rassenunruhen in Europa haben wir zwei weitere Indizien für echte seherische Fähigkeiten van Rensburgs, als auch für die zumindest teilweise authentische Überlieferung der Visionen.
Bemerkenswert ist in dem Zusammenhang auch, dass ein Südafrikaner die „Rassenunruhen" in Europa *noch vor denen in Südafrika* ausbrechen sah.

Und wie gesagt: Nicolaas van Rensburg steht mit seiner Voraussage zu Rassenspannungen in Europa nicht alleine da. Zur Erinnerung z. B. die Norwegerin aus Valdres. Das Zitat habe ich schon im Jahre 2001 veröffentlicht:[254]

Der 3. Weltkrieg wird auf eine Weise beginnen, die niemand erwartet hat [...]. Menschen aus armen Ländern werden nach Europa strömen. [...] Es werden so viele sein, dass die Leute negativ über sie denken und sie hart behandeln werden.[255]

---

* Offenbar ist damit die *Nationale Partei* bzw. die *Neue Nationale Partei* (NNP) gemeint. Diese ist im südafrikanischen Parlament seit den Wahlen im September 2005 nicht mehr vertreten.

Dann findet sich bei dem südafrikanischen Seher eine Vision, in der es um eine (offenbar) zeitgleiche Wirtschaftskrise in Europa und größere Einwandererwellen aus Afrika nach Europa geht:

> *Vision am 29. September 1919: Ein leerer Laden steht in Europa;* ***Menschen fliehen in Richtung Norden mit Wagen, die mit Unrat beladen*** *sind.*

Der *»Unrat«,* den die Menschen aus dem Süden nach Norden mitschleppen, steht vermutlich für unbewältigte Vergangenheit und falsche Verhaltensweisen. Etwas reales Materielles kann es jedenfalls nicht sein, denn die Flüchtlinge kommen im Grunde ja nur mit dem, was sie am Leibe tragen. Van Rensburg weiter:

> *Viele* ***Ochsen mit weißen Rücken*** *[US-Amerikaner, s. u.°] kommen aus Westeuropa, und als sie verschwinden, rennen kleine, nackte „Kaffern“ [abwertend: Schwarzafrikaner°] Richtung Norden. Eine [wirtschaftliche°]* ***Depression,*** *die alle vorherigen unbedeutend erscheinen lässt, trifft die Welt. [...] Nichts wird mehr beständigen Wert haben, und es wird* ***kein Geld mehr*** *geben. Es trifft Europa so hart, dass England untergeht. Amerika wird eingreifen und versucht zu helfen, und* ***ein hungerndes Schwarzafrika wird nach Europa einfallen*** *[...].*[256]

Laut *›Worte eines Propheten‹* stehen Ochsen mit weißen Rücken für die USA bzw. für US-Amerikaner.[257] Damit ergibt sich für obigen Text folgende Deutung: Einige Zeit nach dem Zerfall der UdSSR wenden sich die USA von Europa ab (siehe Donald Trump!), etwa zeitgleich erlebt Europa eine Flüchtlingswelle und eine schwere Wirtschaftskrise. Letztere stünde sozusagen unmittelbar vor der Türe und wird tatsächlich von etlichen Wirtschaftsfachleuten angekündigt und befürchtet.
Einen engen zeitlichen Zusammenhang zwischen einer großen Anzahl von Zuwanderern, die nach Deutschland kommen, und einer großen Wirtschaftskrise sah auch Alois Irlmaier voraus, und zwar in noch eindeutigerer Nähe zum „dritten Weltkrieg“. Die entsprechende Irlmaier-Voraussage wurde 1992 veröffentlicht:

> *Zuerst kommt ein Wohlstand wie noch nie.*
> *Dann folgt ein Glaubensabfall wie nie zuvor.*
> *Darauf eine nie da gewesene Sittenverderbnis.*
> ***Alsdann kommt eine große Zahl Fremder ins Land.***
> ***Es herrscht eine hohe Inflation.***
> ***Das Geld verliert mehr und mehr an Wert.***
> *Bald darauf folgt die Revolution.*
> *Dann überfallen die Russen über Nacht den Westen.*[258]

2016 bis 2018 – die große Dürre in Südafrika

Die oben schon kurz angesprochene *»größte Dürre in unserer Geschichte«* ist dann die dritte Voraussage des Sehers, die sich erst in jüngster Vergangenheit erfüllt hat, genauer genommen *in der Gegenwart* (März 2018). Van Rensburg/Snyman dazu:

> *... wir sehen bestimmte Zeichen, an denen wir erkennen, wann die Ereignisse eintreffen. [...] Es beinhaltet den offensichtlichen Zusammenbruch des Kommunismus, die dramatischen Reformen in Südafrika,* ***die größte Dürre in unserer Geschichte*** *...*[259]

Tatsächlich gab es im Jahre 2016 in Südafrika die schlimmste Dürre seit drei Jahrzehnten. 2017 folgte dann ein noch trockeneres Jahr. Die Massenmedien berichteten wiederholt von der größten oder *»schlimmsten Dürre«* in den südlichen und westlichen Landesteilen Südafrikas *»seit 100 Jahren«:* Schon Ende Mai 2017 schrieb *Russia Today: »Schlimmste Dürre* ***seit 113 Jahren*** *in südafrikanischer Urlaubsprovinz«*[260] Die *Süddeutsche Zeitung* vom 27. Dezember 2017 schrieb: *»Es droht die schlimmste Dürre* ***seit mehr als hundert Jahren.*** *Nur die Reichen können sich Wasser in Flaschen leisten.«*[261] In einer anderen Quelle (Kapstadtmagazin.de) vom 24. Januar 2018 heißt es: *»Die Wasserkrise spitzt sich aufgrund der schlimmsten Dürre* ***seit 100 Jahren*** *in Kapstadt zu. [...] Schuld sind die Dürre und die Politik.«*[262] Die *Tagesschau* vom 13. Februar 2018 berichtete: *»Dürre in Südafrika – Wasserkrise ist nationale Katastrophe.* ***Seit rund drei Jahren hält die Dürre in Südafrika nun schon an*** *– jetzt hat die Regierung sie zu einer nationalen Katastrophe erklärt. Dabei konnte die Wasserabschaltung in Kapstadt auf Juni [2018°] verschoben werden.«*[263]

Der große Streik

Immer wieder bezieht sich Autor Adriaan Snyman in seinem Buch auf einen von Nicolaas van Rensburg vorausgesagten zukünftigen großen Streik in Südafrika. Dieser Streik soll sich nach einem Attentat auf einen schwarzen Politiker zum Bürgerkrieg ausweiten.[264] Zeitgleich mit dem Bürgerkrieg soll es dann zum „dritten Weltkrieg“ kommen, aus dem Deutschland als Großmacht hervortreten und schlussendlich in Südafrika aufseiten der Weißen in den Bürgerkrieg eingreifen soll. Kurz: Der große Streik und die innenpolitische Situation in Südafrika wären brauchbare Vorzeichen für den „dritten Weltkrieg“, da sie sich längere Zeit ankündigen würden.

> *Der Seher sagte 1925: „Dann [***wenn der Streik beginnt,*** *Anm. A. S.] wird es [in Südafrika°] große Probleme mit den Eingeborenen und den Muslimen geben zusätzlich zu den Schwierigkeiten im Ausland [Unruhen, evtl. auch schon Krieg°].*
> *In Verbindung mit dem Ärger mit den Eingeborenen sah ich Frauen [weiße Frauen°] flüchten. Sie hatten nicht einmal Zeit, ihre Fenster zu schließen, die Vorhänge blähen sich nach draußen auf ...“*
> *„***Dieser große Streik wird den „Krieg*** *[...]* ***einläuten,*** *und die Situation in der östlichen Kapregion wird sich in einem solchen Ausmaß verschlimmert haben,* ***dass die***

[*] Die Satzzeichensetzung im deutschen Buch ist hin und wieder etwas konfus.

Weißen aus Städten wie Kapstadt, Port Elizabeth und East London fliehen werden. *... " [ein bald 1000 Kilometer langer Streifen an der Südspitze des Landes, alles Küstenstädte°]*[265]
Der Seher sieht ein geschlachtetes Schaf, das an einem Haken hängt, ein Zeichen dafür, dass ***ein massiver Streik zu einem Bürgerkrieg führt.*** *Aber die großen Schwierigkeiten beginnen erst mit dem gewaltsamen Tod seines schwarzen Anführers.*[266]

Zur innenpolitischen Situation Südafrikas im Moment (März 2018) folgende Information: Als die Schwarzen im Jahre 1994 die Macht im Lande übernommen hatten, befanden sich in Südafrika 85 Prozent der landwirtschaftlich nutzbaren Fläche im Besitz der Weißen, heute sind es immer noch 75 Prozent, und das bei einem schwarzen Bevölkerungsanteil von 73 %.
Wegen der wirtschaftlichen Not und der Unzufriedenheit der schwarzen Bevölkerungsmehrheit, aber auch aus wahltaktischen Überlegungen haben sich nun Ende Februar 2018 die Abgeordneten im Parlament in Kapstadt für eine Enteignung weißer Farmer *ohne Entschädigung* ausgesprochen.[267] Bevor dies in die Praxis umgesetzt werden kann, bräuchte es allerdings noch eine Verfassungsänderung.
Zehn Tage nach den Meldungen über die vom Parlament anvisierte Enteignung der weißen Farmer konnte man auf *JournalistenWatch.com* lesen:

In ihrem neuen Südafrika-Video aus der Reihe „Farmlands" trifft sich die US-Vloggerin Lauren Southern mit Simon Roche. Roche ist der Kopf der weltweit größten nicht-staatlichen Zivilschutzorganisation „Suidlanders". ***Die Organisation ist davon überzeugt, dass es in nächster Zeit zu einem Bürgerkrieg in Südafrika kommen wird und bereitet sich intensiv darauf vor.***
„Wir hatten vor kurzem einen Protest [weißer Farmer°] hier in Südafrika gegen die Farmmorde [...]. Kein Gebäude wurde mit Steinen beworfen, niemand wurde angegriffen, [...] es war komplett friedlich. Und danach erklärte unser Verteidigungsminister: ‚Wenn die Weißen noch einmal so einen Protest veranstalten, ***werden sie den Bürgerkrieg gegen sich entfachen. Sie provozieren damit ihren eigenen Genozid.*** *' Mit solchen Aussagen suggeriert unser Staat, dass alles böse enden wird", erzählt Simon Roche.*
„Wir bereiten uns genau darauf vor [...]", erklärt Simon Roche, der mit seiner Familie in Johannesburg lebt. [...] Simon habe ihr versichert, dass es im ganzen Land Tausende weiße Familien gebe, die sich jetzt schon so auf den Tag X vorbereiten würden. [...] Dass es zu blutigen Kämpfen kommen wird, daran gibt es ihrer Meinung nach keinen Zweifel. „Unsere Führungsleute sind der Meinung, dass der Bürgerkrieg allerspätestens in fünf Jahren beginnen wird", berichtet Simon Roche.
Das ganze Gerede vom Bürgerkrieg höre sich extrem an, findet Lauren Southern und fragt sich, warum ein Mann wie Simon Roche glaubt, dass dieses Land so einen dunklen Weg einschlagen wird.
„Sehen Sie, Lauren, [...] Südafrika ist im Moment wie eine brodelnde Masse. Überall im Land gibt es diese spontanen Ausbrüche. Menschen laufen plötzlich los, stürmen Geschäfte und verwüsten sie. Oder, so wie wir es heute Morgen zusammen gesehen haben, wo hier ein altes nationales Gebäude bis auf die Grundmauern von

den Nachbarn abgebrannt worden ist. [...] solche Dinge passieren hier so schnell und so viele Menschen sind im Moment involviert, unsere Regierung ist überhaupt nicht dazu in der Lage, für Sicherheit zu sorgen", erklärt Roche.
„Die Suidlander sind von den Mainstream-Politikern und den Medien heftig für ihre Art des Umgangs mit den Problemen des Landes kritisiert worden. Doch wenn sich die Kriminalitätsrate so weiterentwickelt und das neue Gesetz zur Enteignung der weißen Farmer wie angekündigt in dieser Legislaturperiode [die endet 2019°] umgesetzt wird, würden wir nicht genau so handeln, wenn wir an ihrer Stelle wären?"[268]

Jeder Bürger, der noch seine fünf Sinne beieinander hat, dürfte begreifen, dass eine entschädigungslose Enteignung eines Farmers, also der Entzug der Existenzgrundlage für ihn und seine Familie, in vielen Fällen zu bewaffneter Gegenwehr führen wird. Hinzu kommt – und damit wird es grotesk und geradezu surreal –, dass es im südlichen Afrika schon Erfahrungen mit der Enteignung weißer Farmer gibt: Im Nachbarland Simbabwe waren nach der oft gewaltsamen Enteignung weißer Farmer viele Farmen verfallen. Der anschließende deutliche Rückgang der landwirtschaftlichen Produktion stürzte das Simbabwe, das früher als Kornkammer des südlichen Afrika galt, in eine schwere Wirtschaftskrise. Entsprechende Erfahrungen hat man zudem auch schon in Südafrika gemacht: Bei Farmen, die man in den letzten Jahren von weißen Farmern an arme Schwarze übereignet hat, ist die Lebensmittelproduktion so weit eingebrochen, dass die neuen schwarzen Farmer *sich oft noch nicht einmal selbst ernähren können.*
Das heißt, das soziale Klima in Südafrika ist derzeit in erschreckend hohem Maße von mangelnder emotionaler und kognitiver Intelligenz, ja von schlichter kollektiver Realitätsverweigerung gekennzeichnet.

Nicolaas van Rensburg weiter:

„Während dieser Zeit sehe ich einen viel größeren Streik als den von 1922 [die sogenannte Rand-Revolte, 150 Tote und rund 600 Verletzte°], und alle die Eisenbahnzüge in der Union außer denen zwischen Deutsch-Süd-Westafrika und Prieska [Stadt in Südafrika, ca. 250 km entfernt von Namibia°], stehen still, ihre Besatzungen befinden sich auch im Ausstand."[269]

Van Rensburg erwähnt an anderer Stelle noch besonders einen nächtlichen Angriff auf Johannesburg und einen massiven Streik zum Zeitpunkt ***des gewaltsamen Todes des schwarzen Führers,*** *der das Land lahmlegt.*[270]
Der Streik wird sich ausweiten und ernsthafte Auswirkungen auf die Wirtschaft haben. Nach den Worten des Sehers wird der Streik kein Ende haben. Es werden ständig Forderungen nach mehr Lohn gestellt, bis die Firmen die Gehälter nicht mehr bezahlen können und schließen müssen. [...]
Nach van Rensburgs „Gesichten" wird der oben erwähnte landesweite ***Streik weitergehen bis zum Ende der Herrschaft der Schwarzen.*** *Dies ist dann der Zeitpunkt, an dem die Buren schließlich der Regierung den Rücken kehren.*[271]

Adriaan Snyman zitiert dann neben Nicolaas van Rensburg noch eine andere Quelle, die die (angeblich) zukünftigen Unruhen in Südafrika vorausgesehen haben soll:

> *Johanna Brandt, die Frau eines Pfarrers, erhielt die folgende Botschaft 1916 über das Blutbad, das in Südafrika stattfinden soll: „Schau!" sagte der Engel. Sie schaute und sah einen kleinen Speer vor sich auf dem Boden liegen. Dann sah sie den Beginn eines Streiks, der sich auf das ganze Land ausbreitet, und hoch oben in der Luft sah sie die Buchstaben XL (römisch 40). Alles kam zum Stillstand. Große Geschäftshäuser wurden geschlossen. Nichts funktionierte mehr.*
> *Die Streiks lähmten das ganze Land. Während dieser Streiks organisierten sich die Schwarzen heimlich und rotteten sich eines Nachts in* ***Johannesburg*** *zusammen. Dann ging alles ganz schnell und unerwartet. Sie durchschnitten die Stromleitungen in und um die Stadt herum. Danach sah man sie in die „weißen" Bezirke eindringen. Sie ermordeten überall Menschen, niemand wurde verschont.*[272]

Die Stadt Johannesburg hat rund eine Million Einwohner, die *City of Johannesburg,* der Großraum Johannesburg, rund 4,4 Millionen. Die Arbeitslosenquote im Großraum Johannesburg liegt bei imposanten 37 %, 91 % davon sind Schwarze. 73 % der Gesamtbevölkerung in Südafrika sind Schwarze, 16 % sind Weiße. 42 % der Einwohner Südafrikas sind jünger als 24. Sieht man sich diese Zahlen an, wundert einen nichts mehr.
Nicht ganz übersehen sollte man bei alledem auch, dass inzwischen die schwarzen Politiker die Hauptverantwortung an den Massakern trügen, schließlich wären sie seit inzwischen (mindestens) 24 Jahren an der Macht.

Nicolaas van Rensburg an anderer Stelle:

> *„Nachdem sich unsere Nation vor Gott demütig gezeigt hat, sehe ich* ***ein großes Wunder*** *[siehe unten°] geschehen, und danach sehe ich den ‚Vierkleur' [die Fahne der nicht von England beherrschten Südafrikanischen Republik, also nicht die Fahne des aktuellen Südafrika°] über einer freien Afrikaaner-Nation fliegen, und* ***endlich gibt es wieder Frieden und Wohlstand.*** *"*[273]

Für den „politisch korrekten" Mitteleuropäer ist die offenbar undemokratische „weiße Rückeroberung" der politischen Macht in Südafrika (16 % Weiße) natürlich eine ziemliche Provokation. Man denke nur an die breit angelegte Anti-Apartheid-Bewegung in der westlichen Welt vor der Machtübernahme der Schwarzen im Jahre 1994 und die Stilisierung Nelson Mandelas zur Ikone einer besseren Welt.
Nicolaas van Rensburg insgesamt zeichnet jedoch das Bild eines Südafrikas, das von schwarzen Politikern zugrunde gerichtet wird. Eine solche Betrachtungsweise gilt derzeit im Westen als tendenziell rassistisch. Das könnte sich aber ändern, käme es in Südafrika tatsächlich zu einem Bürgerkrieg; ein Bürgerkrieg der sich schwerpunktmäßig *gegen die weiße Bevölkerung* richtet, *obwohl* diese dazu keinen akuten Anlass geboten hat.
Südafrikanische Großstädte – das muss in dem Zusammenhang auch noch erwähnt werden – haben seit Jahren weltweit mit die höchsten Mordraten.

Die deutsche Intervention in Südafrika

Der Seher sagte damals, dass die deutsche Regierung [nach dem „dritten Weltkrieg"°] nicht nur die Verträge[274] *einhalten wird, die zwischen den [burischen°] Rebellen und den Deutschen 1914 unterzeichnet worden waren, sondern:* ***„Sie werden auch kommen und uns helfen, das Land aufzuräumen."***
Dann werden fünf deutsche Kriegsschiffe in Lüderitz *[siehe Karte unten°]* ***andocken,*** *und van Rensburg sagt,* ***sie werden uns mit Waffen ausrüsten,*** *denn wir werden unbewaffnet sein. [...]:*

> *„... als die Kriegsschiffe vor Anker gehen, sehe ich* ***die Engländer aus Rhodesien*** *[heute Simbabwe°]* ***und der Kapregion fliehen.*** *Der Herr wird die Eisenbahnlinie, die von Smuts und Botha dazu erbaut worden war, um Deutsch-Süd-Westafrika für die Engländer zu annektieren, dazu benützen, uns die absolute Freiheit und Unabhängigkeit zu gewähren."*[275]

Gegenwärtig befinden sich keine britischen Truppen im südlichen Afrika. Aber: Als im Jahre 2000 in Sierra Leone (Westafrika) ein Bürgerkrieg ausbrach, wurden britische Truppen entsandt, um die dortigen Ausländer zu evakuieren. Und diese Truppen erhielten vom UN-Sicherheitsrat auch das Mandat, in Kampfhandlungen einzugreifen. Das heißt: Die Briten sind für solche Einsätze ausgerüstet und trainiert.
Allerdings: So wie die Sache von Snyman/van Rensburg beschrieben wird, scheint es sich in Simbabwe und der Kapregion nicht nur um ein kleines britisches Evakuierungskommando zu handeln. Hat van Rensburg die Sache also falsch „gesehen"? Oder wurden seine Aussagen ungenau überliefert? Oder ist das ein willkommener Grund, Nicolaas van Rensburg in Bausch und Bogen zu verwerfen und sich an die wohltuende Gewissheit anzukuscheln, dass niemand die Zukunft voraussehen kann ...?

Lüderitz liegt etwa 250 Kilometer nördlich der namibisch-südafrikanischen Grenze.

In ***Prieska, wo die Deutschen uns mit Waffen ausgerüstet haben*** *[...] sieht uns van Rensburg „mit scharfen Hörnern" umkehren. (Wir sind nun ein ernstzunehmender Faktor.)*[276]
„Ich sah die Buren sich nach Süden wenden, nach Prieska. Ein Wunder geschieht, sie bekommen Hilfe in Form von „neuen Waffen" in Lüderitzbucht.

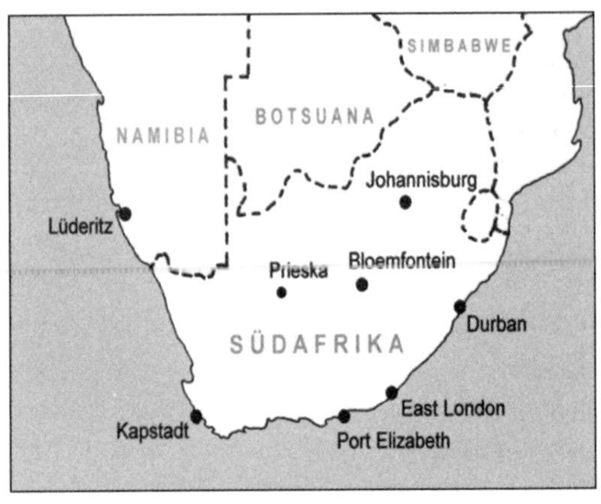

Abb.33: Karte Südafrika/Namibia

Zum ersten Mal seit dem [zweiten°] Burenkrieg wird sich das Volk erheben, um seine Freiheit und ***das gestohlene Erbe*** *[siehe die 2018er Enteignungsinitiative°] mit den Gewehrläufen zurückzufordern.*
Jedermann wird gut ausgerüstet sein mit nagelneuen Waffen und Munition, die von den Deutschen während des Zweiten Weltkriegs in den Pyrenäen (Spanien) versteckt worden waren und die nun mit Kriegsschiffen nach Lüderitzbucht gebracht worden waren.[277]

Hier bleibt offen, durch welche konkreten Bilder dieser doch recht komplexe Zusammenhang in den Visionen des Sehers dargestellt worden ist. Waffen aus Deutschland mag ja noch irgendwie angehen, wir beliefern inzwischen ja auch kurdische Rebellen in Syrien. Aber deutsche Waffen, die 1945 in den Pyrenäen versteckt worden sind? Um was für Waffen soll es da konkret gehen? Nazi-Ufos? Oder doch nur 3000 Maschinengewehre plus zwei halb verrostete V2?

Adriaan Snyman bewegt sich an dieser Stelle auf ziemlich dünnem Eis. Man hört es fast schon knacken.

Alles ändert sich, denn jedermann ist dauernd damit beschäftigt, sich auf die Konfrontation mit dem Feind vorzubereiten zusammen mit den deutschen Streitkräften ***im dritten (und letzten) Burenkrieg.*** *Als der Kampf dann beginnt, ist das Gras grün, und* ***Seite an Seite mit deutschen Truppen wenden sie sich gegen den Feind.***[278]

Trotz gewisser Ungereimtheiten (siehe auch unten) scheint das Grundthema einer deutschen Unterstützung der weißen Südafrikaner aufgrund der mehrfachen Bezugnahme durch den Seher nicht infrage zu stehen.
Leider sind die betreffenden konkreten Visionen des Sehers und Deutungen des Autors Snyman in der deutschen Übersetzung nicht immer präzise voneinander getrennt. Adriaan Snyman riskiert mit seiner Schreibweise (inklusive der deutschen Übersetzung), dass ihm Hinzudichtungen unterstellt werden. Wenig hilfreich ist auch die etwas unsaubere Arbeitsweise des Argo-Verlages (z. B. wiederholt doppelte Anführungszeichen und unklare Kennzeichnung wörtlicher Zitate). Dennoch findet sich in den van-Rensburg-Voraussagen zur deutschen Intervention im Süden Afrikas ein Bezugspunkt, der eine Prüfung wert erscheint: nämlich die deutsche Waffenanlandung in *Lüderitz/Namibia.* Diese Voraussage ist ein Schlüsselelement und Verbindungsglied zwischen der (angeblichen) zukünftigen deutschen Großmacht und dem Machtwechsel in Südafrika.

Natürlich werden einige Leser angesichts der Vorstellung einer deutschen Militärintervention in Südafrika ihre Stirn runzeln und nur mit Mühe gegen innere Widerstände weiterlesen können. Für eine deutsche Intervention in Südafrika fände sich aber eine überaus plausible und vernünftige Erklärung:
Durch den „dritten Weltkrieg“ aufgerüttelt aus deutscher Zögerlichkeit, deutschem Duckmäusertum und deutscher Leisetreterei, könnte die deutsche Politik erkennen, dass sie aktiv und mit erheblichem Personal- und Materialeinsatz zur Stabilisierung

Afrikas beitragen *muss*. Scherzfrage: War da was mit Flüchtlingen in Deutschland und Europa und der „Lösung der Probleme in den Herkunftsländern" ...?
Im Zuge einer solchen aktiven Politik wäre es dringend geboten, dass man als Erstes jene afrikanischen Staaten zu stabilisieren hilft und unterstützt, die *ihrerseits* ein Stabilitätsfaktor auf dem schwarzen Kontinent sein könnten. Südafrika stünde dabei aufgrund seiner Wirtschaftskraft ganz oben auf der Liste der unterstützungswerten Staaten. Passend dazu sagt van Rensburg ja auch voraus, dass Südafrika nach den ganzen Katastrophen aufblüht und einen Riesenboom erlebt.
Die von van Rensburg prophezeite deutsch-burische Kooperation lässt sich also grundsätzlich in zwei Richtungen deuten: einerseits als finstere Machenschaft irgendwelcher „rückständigen" Weißen, die einem weltzerstörerischen Spaltungsgeist anhängen, oder als strategisch absolut sinnvoller Schachzug eines deutsch geführten Europas zur langfristigen Stabilisierung Afrikas; eine Stabilisierung, die *Europa vor einem Millionenheer afrikanischer Flüchtlinge schützt.*
Sicher sind entsprechende Prognosen und Zahlen mit Vorsicht zu genießen, da diese Zahlen als Argumentationsgrundlagen unterschiedlichster politischer Interessen dienen. Aber es ist durchaus erwähnenswert, wenn der Präsident des Europäischen Parlaments, *Antonio Tajani,* Anfang 2017 davor gewarnt hat, dass ***»bis zu 30 Millionen Afrikaner** [...] **innerhalb der nächsten zehn Jahre«***[279] in die EU drängen könnten.
Seien wir ehrlich: Kein Mensch weiß, was in ganz Afrika in den nächsten zehn Jahren in Sachen Bürgerkrieg und Hungersnot (~Klimawandel) geschehen wird. Sicher scheint lediglich, dass sich das Bevölkerungswachstum in Afrika fortsetzen wird. Die Vereinten Nationen schätzen, dass sich die Bevölkerung Afrikas von aktuell 1,1 Milliarden bis zum Jahre 2050 auf 2,5 Milliarden *mehr als verdoppeln wird.*[280]

Auf Seite 40 von *›Worte eines Propheten‹* heißt es zu Visionen van Rensburgs über die Zeit in Südafrika *nach* dem ganzen Chaos:

> *Vision vom 29. November 1917: „Zwei große Scheiben Brot, mit Honig bestrichen, kommen zu mir." Große Reichtümer, die von alters her im Besitz der Buren waren, werden zurückgeholt.*
> *Vision vom 29. Juli 1917: „Heute Morgen sah ich einen Korb fast reifer, gelber Sommerpfirsiche im Westen." [Snyman kommentiert:] Das bedeutet großen Wohlstand bei den Buren. Er konnte jedoch nicht sehen, zu welchem Zeitpunkt sich diese Prophezeiung erfüllen würde.*[281]

Der Seher an anderer Stelle zur deutschen Einflussnahme in Südafrika:

> *„Unser Parlament befindet sich in einer Sitzung. Es hat geregnet und das Gras ist grün. Dann wird es weiß und trocken. Und als das Gras zum zweiten Mal grün wird,* ***landen die Deutschen in Deutsch-Südwestafrika.*** *Dann kommen drei* ***blaue*** *Briefe im Parlament an [eine diplomatische Initiative Deutschlands°]. [...]"*
>
> *Weil der Seher Blau als die deutsche Farbe sieht, sind für ihn die blauen Briefe ein Zeichen, das früher oder später eine direkte Intervention seitens der Deutschen in*

die Angelegenheiten Südafrikas stattfinden könnte. ***Es läuft parallel mit der Präsenz von deutschen Kriegsschiffen in Lüderitzbucht.***[282]

Zur deutschen Anlandung in Lüderitz/Namibia, dem Dreh- und Angelpunkt des (angeblichen) deutschen Engagements in Südafrika, ist nachzutragen, dass der dortige Hafen lange Zeit für größere Schiffe nicht mehr zugänglich war – der Hafen war verschlammt – und dass die Bahnlinie Lüderitz-Prieska jahrzehntelang nicht genutzt werden konnte, da die Gleise zuletzt *»metertief unter [Wüsten-]Sand«* lagen.[283] Inzwischen wurde der Hafen in Lüderitz vertieft, und seit dem Jahre 2000 können dort an einem neuen Kai Schiffe mit einem Tiefgang bis 8,75 Metern festmachen![284] Und was die Eisenbahn Namibia-Südafrika betrifft: Heutzutage kann man 14-tägige Sonderzug-Bahnreisen mit dem *Africa Explorer* von Südafrika (Kapstadt) bis Namibia (Windhoek) buchen, und der Grenzübertritt erfolgt im Zug, d. h. die Strecke ist durchgängig befahrbar.[285]

Adriaan Snyman wieder:

> *Kurz nach dieser letzten Vision sagte er zu einem Angehörigen, der ihn gerade besuchte: „Es wird mehr Verrat geben, mehr Missbrauch, ja, ich sehe mehr Zwietracht und mehr Blutvergießen als während der Rebellion (Während der Rebellion von 1914 bewaffneten sich die Buren und stellten sich auf die Seite der Deutschen [Anm. A. S.]). Es ist nicht nur unser Blut, sondern ich sehe auch, dass* ***ein unglaubliches Wunder*** *geschieht!*[286]

Dieses Wunder wird in Adriaan Snymans Buch nirgends eingehender erklärt. Ich vermute, dass das Wunder im Zusammenhang mit der dreitägigen Finsternis und dem Polsprung steht. Hin und wieder verzichten Seher darauf, bestimmte vorausgesehene Dinge eingehender zu erklären, weil sie genau wissen, dass sie damit ihre Zuhörer komplett überfordern, eben weil die Zuhörer es nicht glauben *können* und den Seher daher für einen Spinner halten würden, wenn sie es nicht sowieso schon tun.
Insofern ist es typisch und bezeichnend, dass ausgerechnet ein *»**unglaubliches** Wunder«* von Nicolaas van Rensburg nicht weiter beschrieben wird! Das Fehlen einer eingehenderen Beschreibung dürfte hier nicht die Folge von Nachlässigkeit sein oder eines zu komplizierten Sachverhaltes, sondern schlicht und einfach eine Vorsichtsmaßnahme, ein Selbstschutz des Sehers.

Adriaan Snyman fährt fort:

> *Er prophezeite dann, dass die Buren schließlich (mit der Hilfe Deutschlands [Anm. A. S.°]) die Kontrolle in Südafrika übernehmen [...] und eine einflussreiche christliche Nation errichteten, in der Folge eines „globalen“ Dritten Weltkriegs.*
>
> > *„Die Afrikaaner [Buren/Südafrikaner°] erwartet eine großartige, glänzende Zukunft: Wir werden eine große Republik – größer als man es sich je erträumt hätte – denn wir werden eine gottesfürchtige Nation sein. ... Eine Nation, eine Sprache, ein Wappen, und ein Gott [im Prinzip dasselbe Grundthema wie in der europäischen Prophetie°] ...* ***Am Ende aller Zeiten werden wir das letzte Land sein, das***

***fällt.** Unser Burenvolk wird nicht zerstört werden, denn wir haben eine Aufgabe und ein Ziel. [...]*
***Als ich dieses Wunder sah** [... dem Kontext nach also ein kriegsentscheidendes Wunder, und damit an die dreitägige Finsternis erinnernd°], wusste ich, dass der Kampf meines Volks (für Freiheit und ein freies Land, eine eigene Republik [Anm. A. S.°]) erfüllt würde, und dann ist die Zeit meiner Visionen beendet ...*"[287]

In Snymans Buch ›*Worte eines Propheten*‹ kommt Nicolaas van Rensburg dreimal auf obiges Wunder zu sprechen; sagt jeweils, *dass* er es sieht, sagt aber nie, *was* es *konkret* ist, bzw. steht dazu nichts im Buch.[288] Einmal sagt der Seher *»ein großes Wunder«,* ein anderes Mal *»ein unglaubliches Wunder«.*
Wie schon erwähnt: Meiner bisherigen Erfahrung mit Hellsehern und Prophezeiungstexten nach vermute ich, dass die Beschreibung des *unglaublich großen Wunders* ganz bewusst ausgelassen worden ist.
Wenn sich das Wunder, so wie es scheint, am Wendepunkt zwischen negativer und positiver Zeit ereignet, dann liegt die Parallele zur europäischen Prophetie auf der Hand: Das Wunder dürfte die dreitägige Finsternis mit dem Polsprung sein, allerdings aus südafrikanischer Perspektive, d. h. im Gegensatz zu Europa vermutlich *ohne giftige Staubwolke in Bodennähe.* Aufgrund der mir bekannten Quellen wäre die dreitägige Finsternis zwar weltweit, die tödliche Staubwolke scheint sich aber der bekannten Quellenlage nach auf der Nordhalbkugel auf den Bereich Nordamerika/Europa zu beschränken (zur weiteren Recherche siehe meine Bücher ›*3 Tage im Spätherbst*‹ und ›*Refugium*‹).
Hochinteressant ist auch das *»Am Ende aller Zeiten werden wir [Südafrika°] das letzte Land sein, das fällt«.* Diese Aussage korrespondiert ebenfalls mit der traditionellen europäischen Prophetie: Das europäische Friedensreich, das nach dem „dritten Weltkrieg" entstehen soll, würde ein paar Generationen lang bestehen, bis es aus Zentralasien oder aus Ostasien von einer ideologisch ultra-anti-christlichen Macht angegriffen würde. Da es dieser asiatischen Macht darum ginge, Europa als Basis des Christentums zu zerstören, Europa also das eigentliche Angriffsziel der Antichrist-Macht wäre, wäre Südafrika für den Kampf um Europa ohne Bedeutung, schließlich liegt es rund 7000 Kilometer abseits. Nicolaas van Rensburg liefert mit seinem „letzten Land" also eine weitere sehr interessante Ergänzung zu den europäischen Prophezeiungen.

Zwischenresümee zu Nicolaas van Rensburg

Interpretiert man Nicolaas van Rensburgs überlieferte Voraussagen zurückhaltend, so beschreibt er ein Deutschland, das nach dem „dritten Weltkrieg" eine – auch in militärischer Hinsicht – eigenständige Außenpolitik verfolgt und keine untergeordnete, befehlsempfangende zweit- oder drittklassige Macht im Schlepptau einer von den USA dominierten NATO ist.
Darüber hinaus deutet Autor Snyman einige Aussagen des Sehers so, als würde Deutschland zu einer regelrechten *Weltmacht,* also vergleichbar mit den heutigen USA oder mit den Briten im 19. Jahrhundert. Da wird so mancher skeptisch.

Ich kann letztlich nicht beurteilen, ob Adriaan Snymans Interpretationen über das Ziel hinausschießen oder ob er mit seiner Deutung tendenziell richtig liegt. Die deutsche Unterstützung der Weißen in Südafrika scheint jedenfalls grundsätzlich absolut plausibel. Ja sie ist langfristig gesehen sogar strategisch angeraten, angesichts einer möglichen zukünftigen Weiterentwicklung der Flüchtlingskrise; Stichwort: *»bis zu 30 Millionen Afrikaner innerhalb der nächsten 10 (!) Jahre«.*[289] Nimmt man die *30 Millionen bis 2027* ernst, wäre eine direkte europäische Intervention in Afrika zur Stabilisierung der dortigen Wirtschaft und Regierungen unendlich viel sinnvoller als die bisherige Tatenlosigkeit und das hirnlose, kurzsichtige und gemeingefährliche „Wir schaffen das"-Geschwätz in Berlin.
Vereinfacht gesagt wird Europa entweder von Afrika überrannt und versinkt selbst in einem Chaos made in Africa, oder aber Europa entscheidet sich zu einer Stabilisierung Afrikas, die weit, weit über das gegenwärtig in Europa und Deutschland politisch vertretbare Engagement hinausgeht.

Nicolaas van Rensburg zur neuen deutschen Großmacht

Sehen wir uns nun diejenigen Stellen aus Adriaan Snymans Buch an, in denen der Seher das Bild einer deutschen Groß-, ja Weltmacht zeichnet und suggeriert:

> *„Die Deutschen erklären den Frieden in Europa und sind in kürzester Zeit **die stärkste Nation.**"*[290]

Dieses Zitat hatten wir schon. Manche Leser langweilen solche Wiederholungen. Vom rein intellektuellen Standpunkt ist das verständlich. Im vorliegenden Buch geht es jedoch letztlich nicht um die Befriedigung des Intellekts, sondern um das Hinterfragen und Bewusstmachen von Glaubenssystemen. Und in diesem Falle sind Wiederholungen sehr wohl angebracht, denn Glaubenssysteme gehen damit einher, dass man bestimmte Dinge nicht hören, nicht wissen und nicht lesen *will.* Die Fundamente von Glaubenssystemen sind emotional – nicht rational. Man glaubt, weil man glauben *will,* nicht, weil es vernünftig ist.

Also *»stärkste Nation«.* Na gut. Und dann? Stärkste Nation von was? Von Europa? Oder gleich der ganzen Welt? Und wenn – liegt es an der neuen deutschen Stärke, oder an der Schwäche der anderen Nationen? Van Rensburg, so wie ihn Autor Snyman zitiert, weiter:

> *„Wir (Südafrika) bekommen unsere Freiheit durch Deutschland, das **die führende Macht in Europa** wird, während es all seine **einstigen Kolonien** zurückerhält."*[291]

Stopp: Von wem bitte soll Deutschland seine früheren Kolonien zurückerhalten? Die entsprechenden Kolonien Togo, Kamerun, Deutsch-Südwestafrika, Deutsch-Ostafrika, Deutsch-Neuguinea, Tsingtau (China), Samoa (Südsee) sind heute unabhängige Staaten oder Teile von diesen.
Diese (angebliche) van-Rensburg-Aussage zu den Kolonien untergräbt, wie ich finde, doch etwas die Glaubwürdigkeit des Sehers. Oder sollte Deutschland mit den früheren

Kolonien Verträge abschließen, nach dem Motto: Wir investieren und restrukturieren bei euch die Behörden, halten die Korruption im Zaume und ihr zahlt mit Rohstoffen? – und das alles endlich einmal mit *fairen* Verträgen?
Oder besticht man die Eliten in den früheren Kolonien, weil man zur Stabilisierung Afrikas ein ganzes Stützpunktenetz braucht? Gingen diese Länder wirklich in deutschen Besitz über oder bekommen sie nur ein deutsches Management und deutsche Beraterstäbe?
Ich persönlich mag nicht an die Rückgabe früherer deutscher Kolonien glauben. Aber ich weiß auch, dass Nicht-glauben-Wollen bei hellseherischen Dingen eine ziemlich kritische Sache ist. Die Prophezeiung, die keiner glaubt, nicht glauben *kann und will,* war schon bei Cassandra und dem Trojanischen Pferd das Herzstück der Dramaturgie. Die nicht geglaubte Prophezeiung, die sich trotzdem erfüllt, ist der absolute Klassiker in Sachen Hellseherei.
Autor Snyman zitiert van Rensburg weiter:[292]

> *„Sogar wir, die ihnen [den Deutschen°] weh getan haben, werden unseren Preis zahlen. Der Frieden und Wohlstand wird viele Jahre dauern, und jedes Volk bekommt Rechte. Unser Land wird sehr groß und reich.“ […]*
> *Ein Wunder passiert in Deutschland, es erholt sich wieder! Deutschland wird wieder in Kämpfe verwickelt und dadurch bekommt es seine Freiheit und wird zu einer großartigen Nation.“ „Alle seine ursprünglichen Provinzen in Europa werden wieder zu Deutschland zurückkehren, und es wird all seinen gestohlenen Besitz zurückerhalten.“*[293]

Auch bei der Rückgabe ehemals deutscher Gebiete in Europa bin ich skeptisch, schließlich leben dort praktisch keinerlei Deutsche mehr. Andererseits klingt auch das Lied der Linde etwas danach, als würde es zu einer gewissen territorialen Neuordnung in Mitteleuropa kommen. Zur Erinnerung: *»Gotteshelt, ein unzertrennlich Band schmiedest du um alles deutsche Land«.*[294] Und in den Feldpostbriefen heißt es ja auch, dass sich die Schweiz im Laufe des „dritten Weltkrieges“ an Deutschland anschließt (siehe Seite 34).

Adriaan Snyman wieder:

> *Dieser Krieg [der „dritte Weltkrieg“°] wird einer der schlimmsten und van Rensburg sagt: „Ein großer Brunnen wird mit Blut gefüllt sein.“ Dies deutet [!°] darauf hin, dass Blut fließt wie nie zuvor. Dies lässt den Russen keine Zeit zum Überlegen, und* ***an diesem Punkt kommt Gott den Deutschen zu Hilfe.***[295]

Tatsächlich findet sich das Motiv eines göttlichen Eingriffes in den „dritten Weltkrieg“ aufseiten der Deutschen auch in der europäischen Prophetie. In der Hauptsache ist damit die dreitägige Finsternis gemeint, die eintreten soll unmittelbar bevor der große Atomkrieg ausbrechen kann. Darüber hinaus finden sich aber auch noch Indizien für ein eher lokal begrenztes Naturereignis ein paar Wochen vor Kriegsende im Kriegsgebiet in Deutschland![296]

> ***Und die Menschen werden sagen, dass Gott Deutschland geholfen hat,*** *wie sonst*

hätten sie das schaffen können?[297]

Rein formal gesehen kann es sich bei der hier erwähnten Hilfe Gottes nicht um die dreitägige Finsternis handeln, da diese (einschließlich des Polsprungs) ein globales Szenario wäre ohne speziellen Schwerpunkt in Deutschland bzw. auf dem deutschen Territorium. Meiner Ansicht nach ist hier ein anderes Ereignis gemeint. Dazu folgende Voraussage: In der Feldpostbrief-Prophetie von 1914 heißt es, dass gewisse Zeit nach dem „dritten Weltkrieg" Touristen aus der ganzen Welt nach Süddeutschland kommen werden, um dort (nördlich der Donau) einen Ort zu besichtigen, wo noch während des Krieges ein besonderes Ereignis stattgefunden hat:

> *Am Schluss kommt noch Russland und fällt über Deutschland her,* ***wird aber zurückgeschlagen, weil die Natur eingreift,*** *und da wird in Süddeutschland ein Platz sein, wo das Ereignis sein sollte, wo die Leute [nach dem Kriege°] von der ganzen Welt hinreisen, um zu schauen.*[298]

Meine Vermutung: An diesem Platz gibt es einen Meteoriten-Einschlag mit nur regionaler, nicht kontinentalweiter Auswirkung. Was sich die Touristen dann später ansehen, ist der *Impaktkrater*. Der europäischen Prophetie nach müsste dieser Einschlag in Süddeutschland nördlich der Donau und östlich des Schwarzwaldes erfolgen.
Ob nun »Eingriff der Natur« oder »Eingriff Gottes« wäre salopp gesagt eine Geschmacksfrage. Käme es tatsächlich im Kampfgebiet mitten in Deutschland zu einem Ereignis, das solch massive und dauerhafte Spuren hinterlässt, würde die breite Masse der Menschen, insbesondere natürlich der Deutschen, dieses Ereignis als Gottesbeweis deuten *wollen*. Nochmals: Sie würden es so deuten *wollen*. Denn die Vorstellung, der allmächtige Gott habe ein Wunder speziell für eine bestimmte Menschengruppe bewirkt, schmeichelt natürlich dem Ego aller, die sich dieser Gruppe zugehörig fühlen. Was bitte könnte dem Ego mehr schmeicheln als der „sichtbare Beweis", dass man „Gottes Liebling" ist?
So würde die van-Rensburg-Aussage *»Und die Menschen werden sagen, dass Gott Deutschland geholfen hat ...«* durchaus plausibel. Lesern, denen Impakt und Krater zu übertrieben erscheint, überlegen einfach, welches geophysikalische Großereignis als Alternative infrage käme. Ein Vulkan vielleicht? Nein. Vulkane gibt es in Europa schon in Italien und Island; das wäre nichts Besonderes auf dem alten Kontinent. Außerdem bräuchte ein Vulkan auch gewisse geologische Voraussetzungen. Irgendwo unter der Oberfläche müsste in Deutschland schon das Magma blubbern. Soweit bekannt, ist das aber nicht im erforderlichen Maße der Fall.
Ein Meteoriteneinschlag hingegen kann praktisch jederzeit und überall erfolgen, sogar ohne jede Vorwarnung, wenn der Meteorit aus Richtung der Sonne kommt und vom Licht der Sonne überstrahlt wird.

A. Snyman/van Rensburg weiter:

> *„Und die Waffen, die Deutschland herstellen wird, werden von vielen Ländern gefürchtet werden, und sie werden vor Angriffen gegen Deutschland zurückschrecken. Dann wird Deutschland befreit werden, alle seine Länder in Europa zurücker-*

langen und so mächtig werden, ***dass ich Deutschland am Kopf des Tisches sitzen sehe, kurz nach Ende des Dritten Weltkriegs.*** *Englands Platz ist leer, denn es ist keine Nation mehr.“*[299]

Dass England aus dem Kreis der Nationen verschwindet, ergibt sich auch aus der europäischen Prophetie. England soll regelrecht im Meer versinken.[300] Mehrfach wird betont, dass gerade England (nicht Schottland und Wales) ein besonders hartes Schicksal droht.
Bei den deutschen „Wunderwaffen“ fragt sich wieder, wie die entsprechende Vision van Rensburgs konkret lautet. Doch das fehlt in Adriaan Snymans Buch.

Bei einer bestimmten Gelegenheit sagte der Seher zu seinem Sohn Klasie: ***„Gott wird Deutschland wieder aufrichten nach diesem großen Krieg.*** *(WK II).* ***Es wird jedoch Nacht werden über England“***[301] *England wird nun ein völlig bedeutungsloses Land sein. [...] Holland gibt auf, ohne einen Mucks von sich zu geben.*[302]

Hier fragt sich, ob mit dem Aufstieg Deutschlands zum „Exportweltmeister“ und mit seiner Stabilitätsankerfunktion in Europa schon die von van Rensburg gemeinte „Aufrichtung“ erfüllt wäre. Der im selben Atemzug erwähnte Untergang Englands deutet eher auf einen Aufstieg Deutschlands nach dem „dritten Weltkrieg“.
Das Schicksal der Niederlande wiederum korrespondiert über die Nordsee mit dem englischen. Versänke England in der Nordsee, würde das Tsunamis von solcher Höhe auslösen, dass dem wohl kein niederländischer Deich standhielte.

Frankreich *wird irgendwie überleben.* ***Russland*** *wird kaputt sein, und obwohl die* ***USA*** *nicht zerstört werden, ist es eine sehr schwache Nation.*[303]

Frankreich überlebt irgendwie, Russland kaputt und die USA sehr schwach – das könnte dann tatsächlich auf eine Dominanz Deutschlands in der christlich-westlichen Hemisphäre hinauslaufen.

„Die Deutschen haben viele ***Geheimwaffen*** *über die spanische Grenze gebracht, als sie nach dem Zweiten Weltkrieg gezwungen wurden, sich zu ergeben. Sie konnten oder wollten sie nicht benutzen, denn die Zeit war noch nicht reif dazu. [...] Die Rote Armee wird an der spanischen Grenze zerschlagen werden, und* ***die Russen werden Waffen antreffen, mit denen sie niemals in den Pyrenäen**** ***gerechnet hatten, alle von Deutschen hergestellt.*** *“*[304]

Solange zu diesen deutschen „Wunderwaffen“ nicht die entsprechenden Bilder der Visionen vorliegen, glaube ich hier erst einmal gar nichts, denn Originalvision und Deutung sind so weit nicht auseinanderzuhalten.
Damit will ich Autor Adriaan Snyman aber nicht grundsätzlich in ein schiefes Licht rücken. Adriaan Snyman, geboren 1938, ist ein in Südafrika bekannter Schriftsteller und

---

* Eine Präsenz russischer Truppen am Nordrand der Pyrenäen wird der Quellenlage nach auch von *Marie Julie Jahenny* (1850–1941, Bretagne) vorausgesagt, siehe dazu in *›Refugium‹* die Landkarten auf Seite 15 und Seite 37. Die eigentliche Endschlacht würde aber am Nordostrand des Ruhrgebietes stattfinden, mit Schlachten zuvor bei Köln, womöglich auch Frankfurt, Ulm und Lyon.

mit einer ebenfalls bekannten Autorin, *Annelize Morgan,* verheiratet. Sensationsgeschichten zum Zweck des Kassemachens hatte der Autor sicher nicht nötig. Außerdem – so berichtet Wikipedia – reiste Adriaan Snyman im Jahre 2001 durch ganz Südafrika, um die Menschen über die van Rensburg'schen Prophezeiungen zu unterrichten und vor dem vorausgesagten Bürgerkrieg zu warnen. Im Rahmen seiner Aktivitäten in Sachen van-Rensburg-Prophezeiungen bekam der Autor zudem erheblichen Ärger mit der südafrikanischen Polizei. Das deutet insgesamt auf ehrliche und ernste Absichten und auch eine gewisse Opferbereitschaft. Nichtsdestotrotz ist die Möglichkeit nicht von der Hand zu weisen, dass Adriaan Snyman die zukünftige Rolle Deutschlands *in der Welt* etwas überzeichnet hat; wohlgemerkt: Deutschlands Rolle *in der Welt* – eine zukünftige Dominanz Deutschlands *in Europa* als auch dessen Machtausstrahlung auf den *Nahen Osten* ist auch in der europäischen Prophetie erkennbar.
Am Rande bemerkt: Natürlich habe ich versucht, über Adriaan Snymans Verlag *Vaandel Uitgewers* Kontakt zum Autor aufzunehmen, aber meine E-Mails, die zwar beantwortet wurden, führten leider zu keinem Kontakt zum Autor selbst.

Hier auch noch ein Nachtrag zu den deutschen *»Geheimwaffen«:* Will man das wirklich glauben, dass die Nazis in den Pyrenäen irgendwelche „Wunderwaffen" versteckt haben? Das klingt ähnlich bizarr wie Nazi-Stützpunkte auf dem Mond à la *›Iron Sky‹* (ein Science-Fiction, der 2012 im Kino lief), oder wie Nazi-Basen unter der Antarktis. Ist es deshalb unmöglich? Nein. Der eigentliche Punkt beim Thema Nazi-Ufos ist letztlich die Anti-Gravitations-Technologie, womit sich ein noch ungleich größeres Problemfeld auftut, das seinerseits um die Frage kreist, ob die Menschheit jemals schneller als Licht reisen und damit das Sonnensystem verlassen kann?

Fazit zu Nicolaas van Rensburg

Nach allem, was von und über Nicolaas van Rensburg von Deutschland aus zu erfahren ist, muss er ein sehr guter Seher gewesen sein, etwa vergleichbar mit dem Bayern Alois Irlmaier (siehe nächstes Kapitel).
In den wesentlichen Grundzügen und etlichen Details deckt sich van Rensburg mit dem, was aus der traditionellen europäischen Prophetie bekannt ist. Dies betrifft unter anderem die Flüchtlingsproblematik, den Untergang Englands (und Hollands), den Abstieg der USA als Weltmacht, den „dritten Weltkrieg", den Sieg Deutschlands bzw. der westeuropäischen Kräfte über Russland, ein großes Wunder gegen Ende des Krieges (wohl die dreitägige Finsternis mit dem Polsprung), nachfolgend eine längere Friedens- und Wohlstandszeit und eine Renaissance des Christentums, und am „Ende" die Zerstörung Europas.
Auch der enorme Machtzuwachs, den van Rensburg für das neue Deutschland nach dem „dritten Weltkrieg" voraussagt, deckt sich grundsätzlich mit der traditionellen europäischen Prophetie. Allerdings ist dort nur eine zukünftige deutsche Strahlkraft nach Osteuropa und den Nahen Osten zu erkennen. Anhaltspunkte für so etwas wie eine deutsche „Weltherrschaft" finden sich (abgesehen von gewissen Nostradamus-Deutungen) nur in eher seltenen und selbst dann noch deutungsabhängigen Formulie-

rungen, wie etwa in den Feldpostbriefen. Zur Erinnerung die Feldpostbriefe, wohlgemerkt (angeblich) aus dem Munde eines Franzosen:

> *Wer dann [nach dem „dritten Weltkrieg"°] das fleißigste Volk besitzt,* ***erhält die Weltherrschaft.*** *England wird dann der ärmste Staat in Europa, denn Deutschland ist das fleißigste Volk der Welt.*[305]

Und wo wir schon dabei sind: bei Hepidannus hieß es ja auch:

> *Die Sonne, die vom Süden die Welt erleuchtet und erwärmt, will ich nach Norden versetzen, und aus den Gegenden des Schreckens und der Nacht soll ein Licht ausgehen, dergleichen man bisher nie gesehen.* ***Aus Germaniens Gründen wird ein Strom hervorquellen, der die ganze Welt überflutet.***[306]

Rein formal gesehen klingt auch Hepidannus nach einer „deutschen Weltherrschaft" im Anschluss an den „dritten Weltkrieg". Allerdings steht und fällt auch hier alles mit der Auslegung einzelner Worte, beispielsweise der versetzten *»Sonne«* und die daraus folgende Deutung mit dem geografischen Polsprung.
Der Vollständigkeit halber sei auch noch eine Schlüsselaussage des bekannten deutschen Nostradamus-Interpreten Kurt Allgeier wiedergegeben.

> *Erneut ein Chiren-Vers, der keinen Zweifel daran läßt, dass dieser Mann* ***über die ganze Welt*** *herrschen wird.*[307]

Möglich, dass der Südafrikaner Nicolaas van Rensburg bestimmte Aspekte des deutschen Schicksals zutreffender beschreibt als die europäischen Quellen. Möglich aber auch, dass die entsprechenden Visionen van Rensburgs von Autor Adriaan Snyman etwas überzeichnet und verzerrt wurden.

Für die Glaubwürdigkeit des Sehers sprechen insbesondere diejenigen Voraussagen, die sich erst nach dem Erscheinen der Snyman-Bücher (1995–2006) erfüllt haben oder sich jetzt zu erfüllen scheinen, als da wären:

- seit 2014 der Bürgerkrieg in der Ukraine
- seit 2015 die Zuspitzung der europäischen Flüchtlingskrise
- seit 2016 die Dürre in Südafrika
- seit 2018 im Zusammenhang mit der drohenden Enteignung der weißen Farmer ein drohender Bürgerkrieg in Südafrika.

Alles in allem ist Nicolaas van Rensburg eine wertvolle Ergänzung und Bestätigung der traditionellen europäischen Prophetie; und er ist auch deshalb wertvoll, weil er als im Jahre 1926 gestorbene südafrikanische Quelle kaum oder gar nicht von europäischen Prophezeiungen beeinflusst sein dürfte.

Alois Irlmaier (1894–1959)

Alois Irlmaier wurde schon im Zusammenhang mit dem prophezeiten europäischen Kaiser und den prophezeiten Königen behandelt. Alois Irlmaier war ein absolut herausragender Seher, dessen Fall sehr gut dokumentiert ist. Aus gutem Grund habe ich deshalb 2009 ein Buch über diesen Seher und seine Voraussagen geschrieben: *›Alois Irlmaier – ein Mann sagt, was er sieht‹*.
Auch von Alois Irlmaier sind konkrete Voraussagen über die Zeit in Deutschland nach dem „dritten Weltkrieg" und der dreitägigen Finsternis überliefert.

Diese Voraussagen Irlmaiers lassen sich in drei Kategorien unterteilen:

1. Relativ unproblematische Voraussagen, die nicht allzu unglaubwürdig erscheinen und bei denen sich niemand besonders auf die Füße getreten fühlt. Diese Voraussagen wurden seinerzeit hauptsächlich 1949/1950 in Zeitungen und Broschüren abgedruckt.
2. Voraussagen, in denen der Seher aus Rücksicht auf die US-Besatzungsorgane in Bayern zu bestimmten Punkten um den heißen Brei herumgeredet hat.
3. Voraussagen, die für den deutschen „Normalbürger" so unglaublich klingen, dass der Seher sie nur im Kreise von Freunden und guten Bekannten gemacht hat, und die seinerzeit nirgends veröffentlicht worden sind.

Abb.34: Alois Irlmaier (um 1950)

Irlmaier und die Amerikaner

Beginnen wir mit Punkt 2, dem Einfluss des US-Militärs auf den Seher: Dazu ist zunächst anzumerken, dass die politische Einflussnahme auf den Hellseher das klassische Problem aller guten Hellseher ist: Der Seher muss mit seinen Voraussagen Rücksicht auf die herrschende politische Macht nehmen. So musste sich Alois Irlmaier von 1933 bis 1945 vor den Nazis in Acht nehmen, danach vor dem US-Militär und den deutschen Behörden, wobei die Nazis natürlich sehr viel gefährlicher waren. So sind aus der Nazizeit praktisch keinerlei Voraussagen des Sehers bekannt.
Wie genau ein Kontakt zwischen Alois Irlmaier und den Amerikanern zustande gekommen ist, ist nicht bekannt. Vermutlich haben ein paar US-Militärs in den ersten Monaten nach Kriegsende mitbekommen, dass vor Irlmaiers Grundstück im südostbayerischen Städtchen Freilassing die Ratsuchenden Schlange stehen (Eine Gerichtsakte aus der Zeit spricht von um die 100 Personen.[308]), und haben Erkundigen eingezogen.

Für einen Kontakt Irlmaiers zu US-Amerikanern gibt es verschiedene Quellen. Hier sei eine Aussage Irlmaiers aus den *Traunsteiner Nachrichten* vom 27. September 1949 zitiert, als sich der Seher nicht mehr vor dem Ansturm der Ratsuchenden retten konnte:

> *„I sag nix mehr! [...] Da kann ma net genug vorsichtig sein! Aber ich sag ja auch niemandem mehr was!* ***Net amal den Amerikanern!*** *“*[309]

Entgegen dieser Aussage hat sich der Seher aber auch noch nach September 1949 immer wieder aufs Neue breitschlagen lassen und hat seherische Auskünfte gegeben. Erst ab Ende Mai 1950 ist Irlmaier so gut wie verstummt. Jedenfalls hat von da an bis zu seinem Tode im Jahre 1959 niemand mehr in der Presse über ihn berichtet.[310]

Bezüglich der Amerikaner erzählte mir im Jahre 2014 ein Zeuge, der mit Alois Irlmaier befreundet war, dass er Anfang der 1950er Jahre vor Irlmaiers Haus eine *Buick*-Limousine mit Generals-Standarte und Motorrad-Eskorte gesehen hat, und mitbekam, wie Alois Irlmaier die Amerikaner wieder weggeschickt hat mit der Bemerkung, sie seien nicht angemeldet und er habe gerade keine Zeit.[311]

Abb.35: Buick-Roadmaster, Baujahr 1938

Nach dem, was man in der Literatur über Irlmaiers Beziehung zum US-Militär erfährt, und nach eigenen Recherchen gehe ich davon aus, dass die Amerikaner schon im Herbst 1945 auf den Seher aufmerksam geworden sind und dass dann ein kleiner Kreis von US-Amerikanern, darunter auch Militärs, dem Seher längere Zeit auf den Zahn gefühlt haben; das heißt, sich von ihm Dinge voraussagen ließen.

Als die Amerikaner dann begriffen, *was* Alois Irlmaier für Fähigkeiten hatte, und vor allem, als Irlmaier Anfang 1950 in Bayern und Deutschland als Hellseher gewisse Berühmtheit erlangt hatte, machten die Amerikaner dem Seher offenbar klar, dass er Probleme bekommt, wenn er jetzt als sehr bekannte Person bestimmte Dinge voraussagt, die den Amerikanern nicht in den Kram passen – beispielsweise den totalen Niedergang der USA in fernerer Zukunft.

Später jedenfalls sagte Alois Irlmaier einmal, dass er etwas nicht sagen dürfe (siehe unten). Untersucht man Irlmaiers Prophezeiungen unter dem Gesichtspunkt des vorsätzlichen Verschweigens, so zeigt sich, dass er bei negativen Voraussagen über das Schicksal der USA und über das von den USA besetzte Gebiet in Deutschland (Bayern, Hessen, ein Teil Baden-Württembergs) und Österreich (Raum Salzburg-Linz) recht undeutliche Aussagen gemacht hat.

Grundsätzlich war die US-Besatzungsmacht aber mit der Publikation der Irlmaier-Voraussagen einverstanden, denn eines der großen Themen Irlmaiers war ja der Angriff der Russen. Irlmaiers Voraussagen schürten ohne Frage Angst vor den Russen und waren damit hilfreich für eine Annäherung zwischen Amerikanern und Deutschen, die fünf Jahre zuvor ja noch aufeinander geschossen hatten. Motto: Der Feind meines Feindes ist mein Freund.

In einem konkreten Fall, in dem der Seher einen – nicht nur meiner Deutung nach – *Drohnenangriff* aus dem arabischen Raum voraussagt (siehe mein Buch ›*Alois Irlmaier*‹), wird der Seher so zitiert, dass er etwas nicht sagen darf. Der Text ist von 1955. Lesen Sie selbst:

> *„Jetzt sehe ich die Erde wie eine Kugel vor mir, auf der die Linien der* ***Flugzeuge*** *hervortreten, die nunmehr* ***wie Schwärme von weißen Tauben*** *aus dem Sand [Wüstenregion°] auffliegen. Der Russe rennt in seinen drei [Angriffs-°]Keilen dahin, sie halten sich nirgends [in Deutschland°] auf, Tag und Nacht rennen sie bis ans Ruhrgebiet, wo [um 1950 noch°] die vielen Öfen und Kamine stehen.*
> *Aber dann kommen die weißen Tauben [Kampfdrohnen°] und es regnet auf einmal ganz gelb vom Himmel herunter [Chemiewaffen°]. Eine klare Nacht wird es sein, wenn sie zu werfen anfangen. Die Panzer rollen noch, aber die Fahrer sind schon tot. Dort, wo es hinfällt, lebt nichts mehr, kein Mensch, kein Vieh, kein Baum, kein Gras, das wird welk und schwarz. Die Häuser stehen noch. Was das ist, weiß ich nicht und kann es nicht sagen. Es ist* ***ein langer Strich.*** *Wer darüber geht, stirbt.*
> *Von* ***Prag*** *geht's hinauf bis ans große Wasser [Ost- oder Nordsee, siehe mein Buch ›Refugium‹°] an eine Bucht. In diesem Strich ist alles hin. Dort, wo es angeht, ist eine Stadt ein Steinhaufen.* ***Den Namen darf ich nicht sagen.*** "[312]

Natürlich könnte man jetzt esoterisch herumdeuteln nach dem Motto, irgendein „Geistwesen" habe dem Seher geraten, nicht den Namen einer konkreten Stadt zu nennen, damit sich die Menschen dort nicht ängstigen ... Doch diese Deutung wäre unsinnig, denn der Seher erwähnt im selben Zusammenhang ja auch die Stadt *Prag*. Meine Deutung: Den Namen *Prag* „darf" der Seher deshalb nennen, weil diese Stadt im Machtbereich des USA-Feindes UdSSR liegt! Diejenige Stadt hingegen, die *»ein Steinhaufen«* wird, also offenbar durch Bomben zerstört wird, müsste folglich im damaligen US-amerikanischen Machtbereich in Deutschland oder Österreich liegen.
Somit stellt sich grundsätzlich die Frage, in welchem Umfang das US-Militär dem Seher vorgeschrieben hat, was er sagen darf und was nicht. Voraussagen wie die zur zukünftigen Monarchie jedenfalls haben die US-Behörden offenkundig durchgehen lassen. Warum, ist nicht ganz klar. Vermutlich dachten sich die Amerikaner als eingefleischte Demokraten: Das glaubt sowieso keiner.

Im Hinblick auf die Frage, was der Seher über die USA *wirklich* dachte, was er über die Zukunft der USA *wirklich* sah, und damit indirekt auch über die zukünftigen Zustände in Deutschland, gibt es eine interessante Quelle von März 2002, die im Original aber von Oktober 1945 stammen soll. In diesem Text nimmt Irlmaier (bzw. der vermutliche Irlmaier) in Sachen USA noch kein Blatt vor den Mund:

> ***Amerika*** *wird ihre eigenen Präsidenten ermorden. [Seit Oktober 1945 wurde erst ein US-Präsident ermordet: John F. Kennedy am 22. November 1963. Mindestens einer würde also noch fehlen.°]*
> ***Die Schwarzen werden die Macht bekommen,*** *die solange im Staub waren. Sittenlosigkeit, Verbrechen wird drüben als Originalität bezeichnet werden.*[313]

»Die Schwarzen werden die Macht bekommen« kann man so interpretieren, dass der Seher *Barack Obama* als Präsidenten vorausgesehen hat und sich auf diese Vision nur dahingehend einen Reim machen konnte, dass es eine regelrechte Machtübernahme der Schwarzen geben wird, was rein praktisch gesehen natürlich völlig unrealistisch wäre, da die Schwarzen nur rund 12 % der US-Bevölkerung stellen.
Im Jahre 1945 gab es in den USA noch Rassentrennung, und der Seher ist bestimmt nicht im Traum auf die Idee gekommen, dass die *weißen* Amerikaner irgendwann in der Zukunft einen *Schwarzen* zum Präsidenten wählen. Also hat es der Seher als „Machtübernahme" der Schwarzen verstanden. So weit *meine* Deutung. Wie gesagt: Diese Irlmaier-Aussage wurde im März 2002 veröffentlicht; Barack Obama wurde erst 2008 zum US-Präsidenten gewählt.

Dann heißt es in diesem Text mit Blick auf die USA weiter:

> *Ich sehe die Wolkenhäuser in sich zusammenstürzen. Amerika wird im Osten dauernd Kriege führen und nie mehr siegen. Gott hat sich abgewandt.*[314]

Im ersten Moment mag man das für eine kurz nach dem 11. September 2001 im März 2002 nachgeschobene gefälschte Prophezeiung halten. Doch wer bitte konnte im März 2002 – neben der „Machtübernahme der Schwarzen" voraussehen, dass die USA im Zuge des nach dem 11. September 2001 losgetretenen „Krieg gegen den Terror" überall im Nahen Osten Kriege und Unruhen anzetteln, diese Kriege aber nirgends mehr gewinnen?
Nach dem 11. September folgte ein endloser Krieg in Afghanistan (bis heute), ab 2003 ein Krieg im Irak, der sich über die Terrormiliz ISIS ebenfalls zur Endloskatastrophe entwickelt hat. Ähnlich sieht es in Libyen aus und in Syrien.[315] Bis auf Libyen liegen diese Kriege aus bayerischer Perspektive alle im Osten – Korea und Vietnam sowieso. Und – dem werden viele Leser zustimmen – die USA geben heutzutage tatsächlich das Bild eines Staates ab, von dem sich Gott abgewandt hat. Viele Leser werden diesem Bild der USA im Niedergang auch Präsident *Donald Trump* hinzufügen, wobei manche gerade das anders sehen werden.
Auch wenn dieser Irlmaier-Text – die handschriftliche Abschrift eines bisher unauffindbaren Zeitungsartikels vom (angeblich) 12. Oktober 1945 – erst im März 2002 im Internet veröffentlicht worden ist, so ist die obige Sequenz zu den USA eigentlich eine *absolute Sensation!*[316]

„Ein Staat im Westen …"

Am 12. April 1950 wurde Alois Irlmaier in der *Landshuter Zeitung* zitiert:

> *„A* ***Staat im West'n*** *kriagt de* ***größte Revolution von alle Zeit'n*** *…"*[317]

Mit *»Staat im West'n«* könnte auf den ersten Blick und von Bayern aus gesehen natürlich verschiedenes gemeint sein: England, Frankreich oder die USA. Da Alois Irlmaier aber auch vorausgesagt hat, dass die Franzosen ihre Hauptstadt Paris anzünden (siehe dazu vier Quellen in der Literatur[318]), Irlmaier also kein Geheimnis aus der

Revolution in Frankreich gemacht hat und er andererseits auch ganz klar vorausgesagt hat, dass England im Meer versinkt,[319] deutet obige Aussage ebenfalls auf die USA. Sonstige *kleinere* Staaten im Westen Europas (westlich von Bayern) kommen nicht infrage, da deren Revolution von den größeren Nachbarstaaten sehr bald niedergeschlagen würde, schließlich will keiner, dass die Rebellion aus dem Nachbarland ins eigene Land schwappt. „Größte Revolutionen aller Zeiten" in kleinen Ländern ergeben von der Logik her wenig Sinn und wären auf gut Deutsch gesagt ziemlich blödsinnig. Ich denke, auf diesen Punkt sollte man sich einigen können. *»Größte Revolution von alle Zeit'n«* impliziert rein logisch gesehen ein großes Volk, in dessen Nachbarschaft sich kein anderes großes Volk befindet, das den betreffenden Bürgerkrieg befrieden könnte.
Die USA sind, wie jeder weiß, groß genug, der durchschnittliche US-Bürger ist bewaffnet genug, und nach der dreitägigen Finsternis wären die USA auch international isoliert genug, so dass sich eine dortige „Revolution" lange genug hinziehen könnte.
So viel zum Thema „Make America great again". Nebenbei bemerkt hatte schon *Ronald Reagan* im Präsidentschafts-Wahlkampf 1980 (!) einen fast identischen Slogan verwendet: „*Lets* make America great again."

An anderer Stelle heißt es über den bayerischen Seher:

> *Irlmaier sah auch einen Einbruch von gelben Menschen über Alaska nach Kanada und die USA. Doch werden die Massen zurückgeschlagen. Dagegen behauptete Irlmaier, eine große Stadt werde durch Raketen-Geschosse vernichtet werden. Ob damit **New York** gemeint sei, diese Frage wollte er nicht beantworten und blieb sehr zurückhaltend.*[320]

Dieser Text wurde 1961 vom Traunsteiner Verleger *Conrad Adlmaier* veröffentlicht; jener Verleger, der durch seine Veröffentlichungen maßgeblich dazu beigetragen hat, dass Irlmaier in Bayern zur Legende wurde. Adlmaiers Beziehung zu Irlmaier war allerdings zwiespältig. Einerseits hat der Verleger den Seher in gewissem Rahmen geschäftlich ausgenutzt, und der Seher hat unter der von Adlmaier geschürten Hysterie gelitten, anderseits hat man 2015 in Irlmaiers früherer Werkstatt einen ganzen Stapel druckfrischer, von Adlmaier verlegter 1955er Ausgaben der Irlmaier-Prophezeiungen gefunden.[321] Noch Jahre nach der 1950er Hysterie um Alois Irlmaier hatten der Verleger und der Seher also noch Kontakt. Möglicherweise waren die beiden zeitweise zerstritten, haben sich aber wieder vertragen.
Was nun obige Andeutung zu New York betrifft, kann man annehmen, dass definitiv *New York* gemeint ist. Eine Zerstörung New Yorks durch Raketen sagt z. B. auch ein gewisser *Seher aus dem Waldviertel* voraus; veröffentlicht wurde dies 1980.[322]
Auch hier wieder kämen London (soll im Meer versinken) und Paris (soll laut Alois Irlmaier von den eigenen Bürgern angesteckt werden) aus den genannten Gründen nicht infrage.

Alois Irlmaier sagt also nicht nur eine Rückkehr der Monarchie in Europa voraus, und damit indirekt einen dramatisch schwindenden Einfluss der USA in Europa, sondern er liefert auch Anhaltspunkte dafür, *warum* die USA nach dem „dritten Weltkrieg"

global betrachtet abwesend sind: Die USA haben dann genug mit sich selbst zu tun, da sie in einen inneren Reinigungsprozess eintreten, der kathartisch mit einem ausgewachsenen Bürgerkrieg beginnt.
Im Zusammenhang mit dem Bürgerkrieg in den USA muss dann auch noch auf die aktuelle reale geistige Spaltung der USA verwiesen werden, in der Donald Trump und dessen Anhänger (also halb Amerika) von einem Großteil der Massenmedien und des Kulturbetriebes (Film- und Musikindustrie) praktisch tagtäglich als fast schon geisteskrank und moralisch abartig stigmatisiert werden, und ein Dialog zwischen den beiden politischen Lagern (Globalisten gegen Nationalisten, bzw. Demokraten gegen Republikaner) nicht mehr möglich scheint.
Genau aus einer solchen dogmatisch-verbohrten Kommunikationsverweigerung, wie sie heutzutage in den USA anzutreffen ist, entstehen Bürgerkriege. Und genau diese Stigmatisierung politischer Gegner wird auch in Europa praktiziert. Es ist dies ein absolut unheilvoller Zeitgeist. Es beginnt damit, dass man um keinen Preis mit den anderen reden will, *wohlwissentlich,* dass Bürgerkriege mit der kategorischen Verweigerung von Verstehen, Verständnis und Mitgefühl beginnen! Es gibt in der westlichen Welt bestimmt etliche 100.000 Psychologen, Soziologen und Politologen, die ganz genau wissen, dass auf genau diese Weise Bürgerkriege entstehen. Aber bisher schweigt man und schaut tatenlos zu. Ganz offensichtlich ist den Leuten Rechthaben und Deutungshoheit wichtiger als Frieden.

Hier eine weitere Irlmaier-Aussage, die um 1952 herum veröffentlicht worden ist. Der Privatmann *Ernst Ladurner* hatte den Seher befragt und das Interview ohne genaues Datum in einer Broschüre veröffentlicht:

> *„Der Ami wird den anderen Herr (wird siegen, Anm. Ladurner) und* ***dann werden wir wieder freie Hand haben in unserem Heimatland.*** *Goldene Zeiten werden wir kriegen. Drei Kronen seh' ich deutlich, die in Gottesfurcht regieren werden. Die Donaumonarchie werden wir bekommen.* ***Ganz von vorne wird es wieder angehen*** *und die Menschen werden wieder in Ehrfurcht und Gottvertrauen leben, so wie es sein soll."*[323]

Dass die USA die Russen besiegen sollen, ist etwas erklärungsbedürftig: Nach Irlmaier würden die USA zwar wenige Stunden oder wenige Tage nach Kriegsausbruch in Mitteleuropa durch den bereits erwähnten Chemiewaffeneinsatz mit Drohnen nördlich von Prag die Niederlage Russlands in Mitteleuropa besiegeln, doch US-Bodentruppen wären so gut wie gar nicht am Krieg in Europa beteiligt. Die USA würden der Roten Armee durch den Chemiewaffeneinsatz zwar die Kraft zum Siegen nehmen, dennoch sollen die Westeuropäer noch rund drei Monate brauchen, bis sie die Eindringlinge vollständig besiegt haben.

Die eher „unproblematischen“ Voraussagen Irlmaiers zur Nachkriegszeit

Mit *»wieder freie Hand in unserem Heimatland«* könnte Bayern oder Deutschland gemeint sein, wobei echte Bajuwaren mit *Heimat* immer Bayern meinen. Das *»Ganz von vorne wird es wieder angehen«* bezieht sich auf den technologischen Rückfall infolge der Katastrophen: Ein Großteil der Lieferketten, insbesondere der Öltransport aus Übersee und Sibirien würde nicht mehr funktionieren. Dadurch würde ein Großteil der Maschinen ausfallen und in vielen Wirtschaftsbereichen ein technologisches Niveau wie im 19. Jahrhundert herrschen. Dieser technologische Rückfall wird meines Wissens aber nirgends in den Quellen besonders problematisiert. Ich wiederhole: *Meines Wissens nirgends!* Der Tenor ist eindeutig der, dass die Leute sich wieder verstehen und glücklich und in Frieden leben.
Langfristig wäre natürlich damit zu rechnen, dass man sich aus dem technologisch rückständigen Niveau wieder herausarbeitet. Dafür finden sich auch Anhaltspunkte in den Quellen. Fraglich ist allerdings, wie lange die Re-Industrialisierung braucht und in welchen Gebieten es schneller ginge und wo nicht.

Die *Münchner Allgemeine* vom 20. November 1949 zitiert den Seher zur Zeit nach dem „dritten Weltkrieg“:

> *Man habe dann sehr viel weniger Geld und Gesetze, es sei ein freies, besseres Leben.*[324]

»Weniger Gesetze« kann, wie schon erwähnt, eigentlich nur bedeuten, dass die EU in der jetzigen Form nicht mehr existiert und europäische Gesetze ungültig sein werden. Darüber hinaus gäbe es aber auch ganz praktische Gründe für weniger Gesetze: In den ersten Jahrzehnten nach der dreitägigen Finsternis, wenn die Bevölkerungsverluste an vielen Stellen der Gesellschaft große Lücken aufgerissen haben, müsste überall improvisiert werden, es würde überall an Fachleuten und funktionierenden Maschinen fehlen. In solchen Pionierzeiten braucht man kein ausgetüfteltes Regelwerk und umfangreiche behördliche Genehmigungen, sondern Tatkraft, Mut und Fantasie.
»Weniger Geld« wiederum lässt sich so deuten, dass es in den ersten Jahren an importierter fossiler Energie, maschineller Produktion und damit an Produktvielfalt mangelt. Gibt es wenig zu kaufen, braucht man logischerweise auch weniger Geld.

Was Irlmaiers eigentliche Kriegsvoraussagen betrifft, so waren diese Voraussagen, wie schon erwähnt, seinerzeit durchaus im Sinne der Amerikaner. Deren Rechnung lautete einfach: Je mehr sich die Deutschen vor den Russen fürchten, desto eher werden sie unter die Fittiche der Amerikaner kriechen, schließlich hatten die USA Anfang der 50er Jahre einen deutlichen Vorsprung bei der Atomrüstung. Die USA produzierten schon seit 1945 Atombomben, Russland hatte am 29. August 1949 gerade einmal den ersten erfolgreichen Atombombentest absolviert.
Wenn Irlmaier half, Kriegsangst zu schüren, so war das durchaus gern gesehen. Nur sollte der Seher offenbar eben keine zu genauen Ortsangaben machen, so dass verängstigte Bürger anfangen, innerhalb der US-Besatzungszone aus bestimmten Gebieten zu flüchten. Genau dazu war es aber Mitte 1950 ansatzweise in Bayern nördlich

der Donau gekommen.[325] Und wegen der behördlichen Angst vor einer Panik – zu der sich auch Akten im Bayerischen Hauptstaatsarchiv finden – schwieg die Presse ab Juni 1950 den Seher tot.

Was weitere Voraussagen Irlmaiers für die Zeit nach dem „dritten Weltkrieg“ und der Finsternis betrifft, so hat er, wie viele andere Quellen auch, eine Art religiöse Renaissance und eine christlich-geistig-moralische Wende vorausgesagt, allerdings ohne dies im Detail besonders auszuführen.
Wichtig sind dann weiter seine Voraussagen zu Veränderungen in der Natur, speziell dem Klima. Wie schon erwähnt, sagt Irlmaier für Bayern einen Temperaturanstieg auf etwa süditalienische/tunesische Verhältnisse voraus. In Bayern sollen Südfrüchte wie Orangen angebaut werden, und es soll zwei Ernten im Jahr geben – so Irlmaier.[326] Diese Angaben lassen sich dann natürlich auch auf andere Gebiete Mitteleuropas bzw. ganz Europas übertragen und werden grundsätzlich auch wieder von anderen Quellen bestätigt. Der entsprechende Temperaturanstieg würde der Quellenlage nach wohlgemerkt *innerhalb eines Tages* erfolgen: vom letzten Tag der dreitägigen Finsternis zum ersten Tag danach, *und keinesfalls über mehrere Jahre!* Der prophezeite Klimawandel wäre Folge des geografischen Polsprungs und *definitiv nicht* Folge einer heute so viel beachteten menschenverursachten Klimaerwärmung.

Hier noch ein paar Irlmaier-Zitate zur Situation nach Krieg und Finsternis:

> *„Durch das Gebet der Christenheit stirbt das Ungeheuer aus der Hölle, auch die jungen Leute glauben wieder an die Fürbitte der Gottesmutter.“*[327]

> *„Aber anfangen müssen die Leut wieder da, wo ihre Urgroßväter angefangen haben.“*[328]

Geht man von einem heute 30-Jährigen aus und rechnet man 30 Jahre pro Generation, dann gelangen wir beim Urgroßvater im Jahre 1898 an. Der ist dann Pi mal Daumen 30 Jahre alt, seine Frau ist schwanger und er „fängt an“ mit Familie gründen und Haus bauen. In dem Zusammenhang kurz zur Orientierung: Im Jahre 1898 sahen Pkw noch aus wie Kutschen, und die Elektrifizierung beschränkte sich noch auf kleine lokale Netze, die zudem noch mit Gleichstrom liefen.
Allerdings ist zu vermuten, dass beim Militär in vielen Bereichen sehr wohl noch funktionierende Hochtechnologie vorhanden ist. Das eigentliche Problem wäre wohl nicht so sehr das wirkliche Fehlen der Technologie, sondern der Wiederaufbau der Industrie und die Verbreiterung der technologischen Basis.

> *„Wenn aber amoi das Kreuz wieder regiert, und es werd überall no regiern, dann werd alles wieder besser. Aa unser Vaterland siecht [sieht°] dann wieder bessere Zeiten. Aber z'erscht muaß des schlimme überstandn sei, da is nix zum macha.*
> ***Es werd no a große Hungersnot komma,*** *und die Lernt wern bettln, aa solchen, dene es heit recht guad geht. Über'm Böhmerwald wern vui Leit kemma, die um Hilf bittn. ... Die Leut' werden sich alle gut verstehen und man wird kaum mehr ein böses Wort hören.“*[329]

Was die *»große Hungersnot«* betrifft, so finden sich in den Quellen unterschiedliche Angaben. In der entsprechenden Preper-Szene (vom Englischen *prepare* = vorbereiten) geht man von Lebensmittelvorräten für mindestens drei Monate aus.

„Ihr braucht euch dann keine Häuser und Autos kaufen, es gibt genug. Denn jeder wird zum anderen sagen: ‚He, lebst Du auch noch?'"[330]

Alois Irlmaier ist die dritte mir bekannte Quellen, die nach Krieg und Finsternis in Deutschland einen Zusammenbruch des Immobilienmarktes voraussagt. Vermutlich gilt der *totale* Preisverfall aber nur für Randlagen.
Was die Autos betrifft, so scheint dies eher eine rationale Schlussfolgerung zu sein, als auf eine Schau Irlmaiers zurückzugehen. Insgesamt deuten die Quellen eher darauf, dass in der ersten Zeit nach dem Krieg so gut wie gar keine Autos fahren, sei es wegen Spritmangel, sei es wegen versagender Mikroelektronik (EMP oder elektromagnetischer Stürme während des Polsprungs). Am ehesten dürften noch Oldtimer fahren.

„Die überschüssigen Leute ziehen [nach Krieg und Katastrophen°] dorthin, wo die Wüste entstanden ist, und ***jeder kann siedeln, wo er will und Land haben, so viel er anbauen kann.*** *Da werden die Leut wenig und der Krämer steht vor der Tür und sagt: Kaufts mir was ab, sonst geh i drauf." Und d' Würst hängen übers Teller naus, so viel gibt's."*[331]

Bei den *»überschüssigen Leuten«* müsste es sich hauptsächlich um bayerische Flüchtlinge handeln, die vor dem Krieg auf bayerisches Gebiet südlich der Donau geflüchtet sind, oder um österreichische Flüchtlinge in Bayern. Die Wüste wäre nördlich der Donau entstanden.[332] Natürlich wäre es keine *echte* Wüste, denn dorthin würde niemand übersiedeln. Also ist das Gebiet von Krieg und Naturkatastrophen lediglich vorübergehend *ver*wüstet (siehe ›*Refugium*‹, Seite 77).
Das Bild mit der landwirtschaftlichen Überproduktion ist psychologisch gesehen insofern wichtig, als dass es trotz des technologischen Rückfalls auf Ende des 19. Jahrhunderts zu keinen dauerhaften Versorgungsproblemen mit Lebensmitteln käme; was zugegebenermaßen etwas rätselhaft anmutet, da es gigantische Probleme mit fehlendem Treibstoff, fehlender technischer Unterstützung für landwirtschaftliche Maschinen und fehlendem Kunstdünger geben müsste, bei gleichzeitigem Mangel an Zugtieren.

Ein Irlmaier-Zeuge berichtet:

„So hat Irlmaier meinem Vater gegenüber geäußert, in Bayern gebe es sehr viele Bodenschätze, er sehe sie ganz deutlich unter der Erde, aber er verrate nichts, denn es sei besser, die bleiben liegen, bis Bayern wieder selbstständig ..."[333]

Interessant ist auch diese Irlmaier-Aussage:

„Unsere jungen Leute müssen noch einrücken, Freiwillige werden noch in die Kämpfe verwickelt, die anderen müssen fort zur Besatzung [nach Russland°] und werden drei Sommer dort bleiben, bis sie wieder heimkommen. Dann ist Frieden und ich sehe Weihnachtsbäume brennen."[334]

Man vergleiche dies mit dem unsäglichen Elend in Afghanistan und im Irak, wo nach einem formalen militärischen Sieg eine nicht enden wollende Reihe von Jahren mit Unruhen, Aufständen und Terror folgt. Kommen die deutschen Soldaten schon nach zwei oder drei Jahren (wenn man den Kriegssommer nicht mitrechnet) wieder nach Hause, kann das nur bedeuten, dass in Russland sehr bald eine den Deutschen und Westeuropäern wohlgesonnene Elite fest im Sattel sitzt.

„Bitte halten Sie mich jetzt nicht für verrückt ..."

Kommen wir abschließend zur dritten Kategorie von Irlmaiers Voraussagen, nämlich den „unglaublichen", der Öffentlichkeit gegenüber verschwiegenen Aussagen. Naturbedingt weiß ich darüber nur wenig, und ich gebe hier auch nur das wieder, was mir aus mindestens zwei Quellen bekannt ist. Das ist nicht viel! Besser gesagt ist es nur ein einziger Punkt. Aber der hat es in sich:

Im Rahmen meiner Recherchen bin ich auf eine Voraussage Irlmaiers gestoßen, der zufolge nach der dreitägigen Finsternis *die Sonne im Westen* aufgeht – eine Voraussage, die auch andere Quellen machen.[335] Das mit dem Sonnenaufgang im Westen haben mir im Jahre 2016 zwei Zeugen erzählt, die Irlmaier noch persönlich erlebt haben, sich untereinander aber nicht kennen. Bezeichnenderweise äußerte einer der beiden Zeugen (eine Frau) die Befürchtung, *ich* würde sie für verrückt halten, wenn sie mir das erzählt. Selbst das sagte sie mir erst *zwei Jahre* nachdem wir uns kennengelernt und zwischenzeitlich schon etliche Male miteinander gesprochen hatten.

Der Sonnenaufgang im Westen wäre eine Folge des geografischen Polsprungs im Rahmen der dreitägigen Finsternis: Die Erde würde sich „überschlagen". Zusätzlich scheint es auch noch eine Verschiebung der Kontinentalschollen in Bezug zum Erdmantel zu geben. In meinem Buch *›3 Tage im Spätherbst‹* gehe ich ausführlich auf das Thema geografischer Polsprung ein. Dieses Buch sei jedem wärmstens ans Herz gelegt, der dazu mehr erfahren will.

Fassen wir zusammen: Auch Alois Irlmaier zeichnet ein positives, hoffnungsvolles Bild Deutschlands nach Finsternis und Krieg: ein deutlich freieres Land, in dem die Menschen – wenn auch zunächst deutlich ärmer – zufrieden und glücklich leben, wieder stärker untereinander verbunden sind, wieder mehrheitlich an einen Gott glauben.

Die geostrategischen Rahmenparameter und die weltpolitischen Eckwerte, die der Seher berührt – das Schicksal der USA, Englands und Russlands –, entsprechen dem, was auch andere europäische Prophezeiungen voraussahen oder sich aus ihren Aussagen schlussfolgern lässt. Alois Irlmaier unterlässt es allerdings, das Bild eines gerade auch gegenüber den heutigen Verhältnissen deutlich *erstarkten* Deutschlands plastisch auszumalen. Der Leser mag selbst entscheiden, ob diese Lücke darauf zurückzuführen ist, dass der Seher kein wiedererstarktes Deutschland gesehen hat, oder ob der Seher dieses erstarkte Deutschland sehr wohl gesehen hat, es Ende der 1940er und Anfang der 1950er aber vorzog, darüber zu schweigen.

Prophezeiungen über die Zukunft Deutschlands – Resümee

Die von mir zitierten Prophezeiungen über die Zukunft Deutschlands: Hepidannus von St. Gallen, Nostradamus (mit Vorbehalt wegen der Deutungsproblematik), Johannes Wallich, das Lied der Linde, Johann Kristl, Nicolaas van Rensburg und Alois Irlmaier zeichnen das Bild eines zukünftigen Deutschlands, das deutlich besser, lebenswerter und selbstbewusster ist als das heutige Deutschland – ein zukünftiges Deutschland, das *freier* sein soll (Alois Irlmaier), *mit sich selbst sehr viel zufriedener* (Lied der Linde) und *Freund der Welt* (Johann Kristl, Lied der Linde).
Dreh- und Angelpunkt dieser positiven Zukunftsvision ist ein kommendes Friedensreich in Europa, das, wenn nicht ausschließlich, so doch in der Hauptsache von Königen regiert wird.

Zeit	Quelle	"dritter Weltkrieg"	dreitägige Finsternis	neue(r) Monarch(en) in Europa	glückliche Epoche in Deutschland
1081	Hepidannus von St. Gallen	JA	JA	JA	JA
1566	Nostradamus	JA	JA	JA	(auch in D.)
1849	Johannes Wallich	indirekt	keine Angabe	JA	JA
1920	Lied der Linde	JA	JA	JA	JA
1921	Johann Kristl	keine Angabe	keine Angabe	JA	JA
1926	Nicolaas van Rensburg	JA	unsicher	keine Angabe	JA
1959	Alois Irlmaier	JA	JA	JA	JA

Abb.36: Tabelle: zitierte Prophezeiungen zur Zukunft Deutschlands und vorausgesagte Aspekte

Insgesamt zeichnet die traditionelle europäische Prophetie ein durchaus schlüssiges Zukunftsbild, sowohl für Deutschland als auch für Europa.
Dieses Zukunftsbild kann man glauben oder nicht. Das bleibt jedem selbst überlassen. Was jedoch nicht geht und sozusagen „postfaktisch" wäre, ist, die traditionelle europäische Prophetie als einen konfusen, widersprüchlichen Quellensalat abzuqualifizieren. Die strukturelle Schlüssigkeit der traditionellen europäischen Prophetie habe ich, wie ich denke, in meinen Büchern hinreichend belegt.
Glaubt man dieser Prophetie, so ist Deutschland auf mittlere Sicht – sagen wir in 10 bis 20 Jahren – ein wirklich ideales Land; ein Land, das blüht und gedeiht.

Die prophezeite Zukunft Deutschlands ein romantischer Abklatsch?

Insgesamt zeichnet die europäische Prophetie mit den neuen Monarchien und der religiösen Renaissance ein Zukunftsbild, das romantischen deutschen Zukunftsbildern des 18. und 19. Jahrhunderts recht nahekommt.

Infolge der Ähnlichkeit von Romantik und Prophetie kann durchaus der Eindruck entstehen, die betreffenden Prophezeiungen seien frei erfunden und man habe sie nur auf den damaligen Geschmack des deutschen Publikums zugeschnitten.
An mehreren Stellen im Lied der Linde hatte ich jedoch exemplarisch aufgezeigt, dass beim Zukunftsbild der europäischen Prophetie echte Hellseherei definitiv oder wahrscheinlich mit im Spiel ist. Entsprechende Stellen bei Hepidannus, Alois Irlmaier und Nostradamus hatte ich auch eingehender behandelt.

In der vorletzten Strophe des Lieds der Linde heißt es über Deutschland – und wohl auch über große Teile Europas:

Reiche Ernte schau ich jedes Jahr,
Weiser Männer große Schar,
Seuch' und Kriegen ist die Welt entrückt:
Wer die Zeit erlebt, ist hochbeglückt.[336]

Hochbeglückte Zeit *in Deutschland?* Es fällt schwer, dies im Jahre 2018 zu glauben. Doch genau diese massenpsychologische Wende wird in vielen älteren Prophezeiungen für Europa vorausgesagt. Und es sind dies ein bisschen zu viele Prophezeiungen, als dass man sie guten Gewissens und klaren Geistes einfach so beiseite wischen könnte. Folglich haben wir im Jahr 2018 gute Gründe, zu glauben, dass die mittlere Zukunft Deutschlands und Europas so wird, wie sie die traditionelle europäische Prophetie voraussagt.
Wie gut diese Gründe letztlich wirklich sind, können wir derzeit natürlich nicht wissen. So oder so bleiben Prophezeiungen im entscheidenden Punkt, nämlich der Voraussage *zukünftiger* Ereignisse, eine Glaubensfrage. Und auch wenn sich erwiesen hat, dass jemand die Zukunft richtig voraussagen konnte, weiß man nicht, welche der Voraussagen dieser Quelle sich in Zukunft noch erfüllen werden – und welche nicht. Zukunft bleibt immer eine Glaubensfrage!

„Keiner kennt die Zukunft!"

Der große Konsens im öffentlichen Raum in Sachen Zukunft lautet heutzutage: „Keiner kennt die Zukunft! Hellseherei ist Betrug! Keiner ist Prophet! Ich nicht. Du nicht. Niemand!" Die Unmöglichkeit, die Zukunft vorauszusagen, gilt heutzutage nicht als Glauben, sondern als *Wahrheit.*
Allerdings gibt es wohl keine Sphäre, in der die Notwendigkeit des Glaubens so deutlich wird wie bei der Zukunft. Kein normaler Bürger kann von sich behaupten, er kenne die Zukunft. Aber es kann auch keiner behaupten, es gäbe keine Zukunft. Die Zukunft konfrontiert uns also jeden Tag aufs Neue mit dem großen Unbekannten.
Im Gegensatz zur ähnlich unergründlichen Frage nach Gott und der unsterblichen menschlichen Seele können wir uns der Frage nach der unklaren Zukunft aber nicht dadurch entziehen, dass wir behaupten: „Es gibt sie nicht, die Zukunft!"
Niemand kann vor der Zukunft fliehen. Deshalb sind wir im Fall der Zukunft alle gezwungen zu glauben; entweder dieses oder jenes. Am Ende gibt es kein Entkommen, keinen Notausgang, keinen Schleichpfad, kein Schlupfloch, keine Escape-Taste.

Das Wissen um die Existenz der Zukunft bringt uns dazu, *zu glauben.*

Die Wissenschaft, die in unserer von Technologie besoffenen Zeit faktisch die traditionelle Rolle der übersinnlichen Prophetie übernommen hat – die Wissenschaft, die jetzt ihrerseits *Orakel spielt* –, sagt uns, dass wir die Zukunft deshalb nicht voraussagen können, weil die Welt viel zu komplex ist und weil man langfristig nicht voraussagen kann, wann sich welcher Faktor durchsetzt. Die Standardausrede lautet: „Das ist alles viel zu komplex." Das Paradebeispiel ist der Schmetterling, dessen Flügelschlag theoretisch einen ganzen Sturm auslösen könnte.

Jenseits des ehrfurchtsvollen Staunens über die Komplexität der Welt ist aber auch denkbar, dass wir die Zukunft nur deshalb nicht voraussagen können, weil wir wichtige Faktoren überhaupt nicht in Betracht ziehen und andere wichtige Faktoren völlig unterschätzen. Das Problem läge dann nicht so sehr auf der Ebene der Komplexität, der Überfülle an Faktoren und Daten, sondern auf der Ebene der Datenauswertung. Das Problem läge nicht so sehr auf der reinen Datenebene, sondern auf der Ebene des *wissenschaftlichen Personals,* der Wissenschaftler eben, der Priesterkaste der ach so aufgeklärten Gottlosigkeit.

Ein Faktor, der von der Orakel spielenden Wissenschaft und von den Zukunftsbild malenden Massenmedien komplett ignoriert wird, eine komplett unterschätzte Kraft – so lautet meine These – ist das *deutsche Wesen.*
Die Geschichte jedenfalls beweist, dass dieses Etwas mit Namen *deutsches Wesen* über erhebliches Beharrungsvermögen und enorme Gestaltungskraft verfügt. Dieses deutsche Wesen* hat einen Willen, und dieser Wille ist – wie bei anderen Völkern – der *Wille zur Selbstverwirklichung.* Dieses Prinzip des Willens zur Selbstverwirklichung kennt man von vielen Völkern, die sich irgendwann selbst verwirklichten, indem sie ein Reich gründeten. In der deutschen Kultur hingegen gab es erstaunlich lange Zeit keinen echten Willen, ein solches Reich zu gründen – was so sympathisch wie rätselhaft ist.
Gefühlte ewige Zeiten war Deutschland in viele kleine unabhängige Königreiche, Fürstentümer und freie Städte zersplittert und fühlte sich darin auch wohl. Erst die französische Übermacht unter Napoleon Bonaparte verhalf der deutschen Nationalstaatsidee zum Durchbruch. Es war Druck von außen, der das deutsche Volk aus seiner Beschaulichkeit riss.
Als dann im Jahre 1871 das Deutsche Reich gegründet worden war, beklagten führende deutsche Kulturschaffenden wie *Richard Wagner* und *Friedrich Nietzsche* die Reichsgründung als den Sieg der deutschen Politik über die deutsche Kultur! Die „Urkatastrophe" der deutschen Politik geschah demnach nicht in den Jahren 1914, 1933 oder 1939, sondern schon 1871.
Das, was heutzutage in der öffentlichen Debatte mit „deutschem Wesen" assoziiert wird, dieses diffuse Etwas, dessen innere Substanz sich angeblich in der Hauptsache,

* Entsprechendes gilt natürlich auch für das Wesen anderer Völker, nur haben die Völker jeweils ihre eigene Zeit der Blüte.

irgendwie nur aus der Nazizeit ableitet, ergab im 19. Jahrhundert noch ein vollkommen anderes Bild.

Es ist absolut erfrischend zu lesen – und das werden wir jetzt im zweiten Teil des Buches tun –, was man im Europa vor den Weltkriegen und vor dem Holocaust über die Deutschen dachte und was die Deutschen über sich selbst dachten; damals, als die Deutschen noch frei waren von der Schuld des 20. Jahrhunderts, damals, als sich der Leichenstaub von Auschwitz noch nicht in die Seelen der Deutschen hineingefressen hatte.

Ja, ja, ich weiß: Solche Formulierungen klingen für manche Ohren überzogen. Doch wenn der Leser einen Moment innehält, wird er (oder sie) spüren, dass es so ist. Auschwitz hat sich in die Seele der Deutschen hineingefressen. Auschwitz war keine Schramme, kein Kratzer, nicht nur ein Beinbruch. Das mit Auschwitz ging richtig tief. Verdammt tief. Auschwitz hat ein großes, fast ewiges Fragezeichen in der deutschen Seele hinterlassen.

Abb.37: Germania,
Wandbild von Philipp Veit (1834–1836)

Links unten auf dem Kissen erkennt man die Reichskrone der Könige und Kaiser des Heiligen Römischen Reiches. Germania wartet sinnbildlich auf den neuen deutschen Kaiser. Knapp 40 Jahre später war er dann da.

Der Grundgedanke in der nachfolgenden Abhandlung über das deutsche Wesen ist also der, dass *wenn* es ein deutsches Wesen gibt und *wenn* sich dieses deutsche Wesen noch nicht voll verwirklicht hat, dass es sich in Zukunft noch verwirklichen *muss*.

Und aus diesem Gedanken heraus kann man weiter schlussfolgern, dass man die Zukunft Deutschlands (und damit Europas) umso klarer erkennen kann, je klarer man das deutsche Wesen erkennt.

Das deutsche Wesen

Seele und Wesen

Befassen wir uns, bevor wir richtig loslegen, kurz mit der Definition der Begriffe *Seele* und *Wesen:* Schaut man dazu auf Wikipedia nach, so liest man zum Begriff *Seele* Folgendes:

> *Der Ausdruck Seele hat vielfältige Bedeutungen, je nach den unterschiedlichen, mystischen, religiösen, philosophischen oder psychologischen Traditionen und Lehren.*[337]

Folglich besteht eine ziemlich große Freiheit hinsichtlich der Auslegung des Begriffs *Seele.* Also bezeichne ich im vorliegenden Buch mit *Seele* den unzerstörbaren, nicht materiellen Teil eines jeden Lebewesens, der nach dem Tode, also nach der Zerstörung der materiellen Hülle, weiterlebt. Diese Definition der Seele bedeutet auch, dass es eine bisher von der Wissenschaft nicht nachweisliche Sphäre gibt, aus der die Seelen kommen und in die sie nach dem physischen Tod auch wieder verschwinden.
Nach meiner Definition verfügt eine Seele darüber hinaus über eine Individualität und über ein wie auch immer bewusstes Wissen darüber, woher sie kommt und wohin sie geht. Trotz ihrer Individualität ist die Seele aber nicht vollkommen getrennt von den Seelen anderer. Diese Definition von Seele lässt folglich auch die Existenz von *Gruppenseelen* zu.

Zum *Wesen* heißt es auf Wikipedia:

> *Der Ausdruck Wesen [...] hat im philosophischen Sprachgebrauch eine Doppelbedeutung. Er bezeichnet in der Tradition des Aristoteles zunächst das Selbststand besitzende konkrete Individuum [Einzelwesen°]. In einem zweiten Sinn bezeichnet „Wesen" die allgemeine und bleibende Bestimmtheit eines konkreten Individuums [der Typ, Charakter°].*[338]

Im ersten Teil der Doppelbedeutung steht *Wesen* im Prinzip für *Lebewesen* und kommt dem Begriff *Seele* recht nahe. Im zweiten Teil steht *Wesen* für *Individualität, Charakter, Eigenart.* Im vorliegenden Buch verwende ich den Begriff *Wesen* im Sinne der individuellen Ausdrucksform einer *Seele. Seele* und *Wesen* sind also auf das Engste miteinander verknüpft, da es nach der von mir (und vielen anderen) verwendeten Definition eine Seele ohne Individualität nicht geben kann. Kurz: Eine Seele hat aufgrund ihrer Individualität ein Wesen, und ein (Lebe-)Wesen hat auch eine Seele.

Volk und Bevölkerung

Lassen Sie mich auch noch kurz auf die Begriffe *Volk* und *Bevölkerung* eingehen, schließlich ist der Begriff *deutsches Wesen* eng verknüpft mit dem Begriff *deutsches Volk.* Gibt es kein deutsches Wesen, gibt es im eigentlichen Sinne auch kein deutsches Volk – und umgekehrt; jedenfalls in dem Sinne, dass sich das deutsche Volk durch bestimmte Eigenschaften eindeutig von anderen (auch europäischen) Völkern unterscheidet.

Der aktuelle Stand der Debatte um *deutsches Volk* und *deutsches Wesen* lässt sich ganz gut an der Inschrift über dem Portal des Deutschen Reichstages ablesen. Dort steht:

›DEM DEUTSCHEN VOLKE‹

Abb.38: Die Inschrift am Giebel des Deutschen Reichstages

Angebracht wurde dieser Schriftzug im Jahre 1916.
Gegen Ende des 20. Jahrhunderts hat dann in Deutschland eine Debatte darüber begonnen, ob der Volksbegriff angesichts der anwachsenden Zahl deutscher Bürger mit Migrationshintergrund und in Deutschland lebender Ausländer noch zeitgemäß sei. Im Jahre 2000 realisierte dann der Projektkünstler *Hans Haacke* im Lichthof des deutschen Bundestages eine Alternative zur obigen Giebelinschrift:

›DER BEVÖLKERUNG‹

Abb.39: Die Arbeit „*Der Bevölkerung*“ von *Hans Haacke* im Lichthof des Reichstages (2000)

Mit dem Begriff *Bevölkerung* versuchen nun jene, die das deutsche Volk für ein entbehrliches Relikt früherer Zeiten halten, Stammbevölkerung und Zugewanderte in einer Übergruppe zusammenzufassen.
Rein sprachlich gesehen ist Be-*völk*-erung natürlich eine Ableitung von *Volk.* Neudeutsch gesprochen ist *Volk* eindeutig der Markenkern von Be-*Völk*erung. Markenkern ist – so besagt das kleine Einmaleins des Managements – dasjenige, was bis zuletzt verteidigt werden muss. Motto: Auf *Be-* und *-erung* können wir notfalls verzichten, nicht aber auf *Volk.*

Ein weiterer Makel an *Be*-Völkerung besteht rein sprachlich gesehen darin, dass *Be*-Völkerung Assoziationen an *Ent*-Völkerung und *Über-Be*-Völkerung weckt. Der Begriff Volk hingegen steht in sich geschlossen da und schwankt nicht zwischen Be-, Ent- und Über-. Das Vorsilbenpaar Be- und Ent- kennen wir zudem u. a. aus der Transportbranche: Be- und Entladen. „Be“ und „Ent“ banalisieren. Das bedeutet: *Be*-Völkerung steht semantisch nicht alleine, sondern in ihm schwingen noch andere Dinge mit, insbesondere die *Ent*-Völkerung.

Darüber hinaus spaltet sich *Be*-Völkerung auch noch in einen Vorgang und in ein Subjekt: *Be*-Völkerung kann sich auf eine Gruppe von Menschen beziehen oder auf den Vorgang einer Landnahme durch eine Menschengruppe.
Für das *›DER BEVÖLKERUNG‹* im Lichthof des Bundestages bedeutet das, dass es doppeldeutig ist: Es kann rein sprachlich gesehen alle Menschen meinen, die gerade in Deutschland leben, oder es kann einen bewusst gesteuerten Prozess meinen, der dafür sorgt, dass Menschenmassen (~Völker) nach Deutschland kommen.
In der Regel bezieht man den Prozess der *Be*-Völkerung auf ein zuvor unbewohntes Land. Doch wenn man ein zuvor unbewohntes Land von null auf sagen wir 10 Millionen Menschen anfüllt, dann hört der Prozess der Be-Völkerung ja nicht plötzlich zwischen 5 und 6 Millionen auf. Der Prozess einer *Be*-Völkerung ist also nicht zwingend an ein *leeres Land* gebunden, sondern eher an ein Land, das dem Prozess der *Be*-Völkerung *willensmäßig neutral* gegenübersteht.

Kurzum: Schon rein sprachlich gesehen ist *Be*-Völkerung schwächer und energieloser als *Volk*. *Be*-Völkerung hat keine eigene innere Substanz und ist konfus, weil mehrdeutig. *Volk* steht für innere Einheit und damit für innere Kraft, wohingegen *Be*-Völkerung von vornherein nach buntem Sammelsurium klingt, mit einer Vielzahl von Zentren; ein Multipol eben, und wo sich fragt, ob und in welchem Umfang die Teilzentren miteinander kooperieren oder sich gar irgendwann bekämpfen, wie das derzeit schon bei den Deutschtürken zu beobachten ist, die sich spalten in deutsch-türkische Erdogan-Anhänger, deutsch-türkische Erdogan-Gegnern und drittens auch noch in Deutschland lebende Kurden türkischer Staatsangehörigkeit.
Die Deutschen wollen (bisher) einfach nicht begreifen, dass sie den Streit der Welt nicht in ihrem „freundlichen Gesicht“ ertränken können, sondern sich lediglich den Streit der Welt ins Land holen, ohne jede echte, ehrliche Hoffnung auf die Befriedung der importierten Konflikte.

Die stammdeutsche* Bevölkerung, das „klassische“ deutsche Volk, jene Deutschen eben, die gemeint sind, wenn von „Kollektivschuld“ oder „historischer Verpflichtung“ gesprochen wird, sind im zweiten Jahrzehnt des dritten Jahrtausends an einem Punkt angelangt, an dem sie sich fragen sollten, wie tiefgreifend und nachhaltig sie sich in der „Bevölkerung“, diesem Mix aus Volk und Zugewanderten auflösen wol-

---

* Mit *stammdeutsch* bezeichne ich Personen, deren Vorfahren seit mehreren Generationen in Deutschland leben, perfektes Deutsch sprechen und sich grundsätzlich mit der deutschen Kultur identifizieren.
Mir ist klar, dass man das auch anders definieren kann, aber ich denke, meine Definition genügt dem Rahmen dieses Buches.

len. Dazu gehört auch die Frage, welche deutschen Kulturaspekte sozusagen im „worst case“ verloren gehen können. Es braucht folglich eine Debatte darüber, was typisch deutsch ist, was der „Markenkern“ des Deutschtums ist und was unbedingt von deutschem Wesen und von der deutschen Kultur erhalten werden soll und muss.

Ein weiterer wichtiger Aspekt in der aktuellen Debatte über das, was deutsch ist, sein darf, muss und sollte, besteht in einem fiktiven Standpunkt, demnach das „Deutsche“ eine Art monolithischer Block sei, der sich hermetisch gegen alles Fremde abgrenzt. Dieser Standpunkt wird den Deutsch-Traditionalisten immer wieder unterstellt und man versucht sie damit zu diskreditieren. Dazu ist Folgendes anzumerken:
Selbstverständlich gilt für das deutsche Volk dasselbe wie für den menschlichen Körper und eigentlich jeden Organismus: Es kommt zu einem permanenten Austausch mit der Umwelt. Um beim Beispiel des menschlichen Körpers zu bleiben: Sauerstoff, Wasser, Nahrung, UV-Strahlung etc. dringen in das System ein, andere Stoffe verlassen das System. Ohne diese Wechselwirkung und den Austausch mit der Umwelt ist kein physisches Leben möglich; weder heute noch gestern oder morgen, noch auf irgendeinem anderen Planeten. Leben bedeutet Stoffwechsel, also eine Wechselwirkung mit der Umwelt. Die lebensnotwendige Wechselwirkung darf andererseits aber auch ein bestimmtes Maß, einen bestimmten Grenzwert nicht überschreiten, sonst wird die Wechselwirkung krankmachend oder sogar tödlich.

Was wir derzeit in Deutschland und anderswo in Europa erleben, ist ein Ausblenden und Unterdrücken einer solchen *Grenzwert-Debatte* seitens der etablierten Parteien und Massenmedien. So entsteht mitunter der Eindruck, man wolle heimlich still und leise unter Umgehung einer öffentlichen Debatte den Ausländeranteil in Deutschland (Österreich usw.) so weit ansteigen lassen, bis vollendete Tatsachen geschaffen sind.

Andererseits sind bestimmte Übersättigungsformen auch natürlicher und nützlicher Teil eines Gesamtsystems, nämlich dann, wenn sich daraus eine Immunisierung ergibt, was auf gesellschaftlicher Ebene eine Bewusstseinssteigerung bedeuten würde. Von daher bleibt abzuwarten, wie die aktuelle Zuwanderungssituation unsere Gesellschaft jenseits unrealistischer Hoffnungen und Ängste letztendlich *wirklich* verändern wird. Behält der Zuwanderungsprozess und damit der Auflösungsprozess der traditionellen deutschen Gesellschaft die Oberhand oder kommt es zu einer nachhaltigen Gegenreaktion in Form einer Bewusstwerdung im Hinblick auf das, was der Stammdeutsche ist, sein will, darf und muss, und wo seine Rechte als Urbevölkerung liegen?

Die Geisteskinder der One World jedenfalls behaupten, es gäbe gar keine deutsche Kultur, und damit auch kein deutsches Wesen. Das Paradebeispiel für diese Haltung lieferte bezeichnenderweise die türkischstämmige *Integrationsbeauftragte der Bundesregierung* (!) *Aydan Özoğuz* (SPD). Am 14. Mai 2017 schrieb sie in der Zeitung *Tagesspiegel: »Eine spezifische deutsche Kultur ist, jenseits der Sprache, schlicht nicht identifizierbar.«*[339] Die logische Schlussfolgerung lautet: Keine deutsche Kultur = kein deutsches Volk = keine Sonderrechte für Stammdeutsche. Das kommt einer kulturhistorischen Enterbung der Stammdeutschen gleich. Der Stammdeutsche verliert sein Hausrecht, wird zum bloßen Mitbewohner einer Deutschland-WG. Faktisch verliert der Stammdeutsche sein Recht auf Heimat.

Glaubt man jedoch der traditionellen europäischen Prophetie, so bleibt den Stammdeutschen das Schicksal eines „Geduldeten im eigenen Land“ erspart: Die Stammdeutschen sollen nicht nur nicht verschwinden, sondern sie sollen von den historischen Lasten des 20. Jahrhunderts befreit eine neue Blütephase deutscher Kultur erleben.

Das deutsche Wesen im Wandel der Zeit

Nach offiziellen Zahlen von September 2016 sind im Jahre 2015 *890.000* „Schutzsuchende“ oder „Flüchtlinge“ nach Deutschland eingereist. Illegale und Nichterfasste sind dabei nicht berücksichtigt.[340] Frühere Hochrechnungen lagen bei 1,1 Mio. oder noch darüber. Kaum waren diese Zahlen in Nähe des siebenstelligen Bereichs bekannt, hieß es aus dem politischen Berlin: „Das war eine Ausnahme. Das darf nie wieder geschehen – so viele Flüchtlinge auf einen Schlag.“
Angela Merkels Mantra lautete 2015/2016: *„Wir schaffen das!“* Mag sein. Mag sein, dass man das mit den 2015/2016er Flüchtlingen noch irgendwie schafft. Aber was ist mit denen, die von 2017 bis 2030 noch kommen werden? Oder bis 2040? Merkwürdigerweise und erschreckenderweise gibt es in Deutschland nicht einmal im Ansatz eine Debatte darüber, wie Deutschland bei geschätzten 200.000 Flüchtlingen pro Jahr aussehen wird; wenn alle fünf Jahre eine weitere Million hinzukommt?
Wie werden sich beispielsweise jene Stadtteile in den Großstädten verändern, wo die preiswerten Wohnungen sind und naturbedingt die Bürger mit geringen Einkommen und geringer beruflicher Qualifikation leben müssen? Wie werden sich die Kindergärten, Schulen und Behörden entwickeln? Werden wir uns mittelfristig mit einer Zunahme der Korruption in unseren Behörden abfinden müssen, weil zu viele Deutsche mit Migrationshintergrund ihren jahrhundertealten Landessitten treu bleiben?

Wie wird es in den Schulen aussehen, wenn nicht nur in sozialen Brennpunkten stammdeutsche Kinder in der Minderheit sind? Und wie wird es mit der Integration muslimisch-arabischer Neubürger aussehen, wenn deren muslimisch-arabischen Netzwerke auf deutschem Boden so umfassend und dicht sind, dass sie sich faktisch und praktisch gesehen gar nicht mehr integrieren müssen? Wo werden überall No-go-Areas entstehen, wie schon heute in Berlin und im Ruhrgebiet, in denen es die Polizei aufgegeben hat, für Recht und Ordnung zu sorgen?

Ungeachtet ihrer eigenen öffentlichen Beschwichtigung geht die Politik davon aus, dass der Einwanderungsdruck aus dem arabisch-islamischen und dem afrikanischen Raum auf Jahrzehnte hin anhalten wird. Ende 2017/Anfang 2018 versucht die CSU zwar, ihren bayerischen Wählern einzureden, man werde die Zahl der nach Deutschland kommenden Flüchtlinge auf etwa 200.000 pro Jahr beschränken können, aber dieses Vorhaben gilt bei vielen als unrealistisch (siehe: *»bis zu 30 Millionen Afrikaner innerhalb der nächsten zehn Jahre«*).[341]

Angesichts all dessen muss man schon Angehöriger recht bildungsferner Schichten sein, um nicht zu begreifen, dass die Hauptmasse dieser Einwanderer in Deutschland – wenn überhaupt – langfristig nur schlecht bezahlte Jobs bekommen wird, und folglich mit den schon länger hier lebenden Einwanderern (z. B. Türken) um diese schlecht bezahlten Jobs konkurrieren werden. Dies wird den Druck auf die Sozialsysteme erhöhen, mit der mittelfristigen Folge, dass die Sozialleistung insgesamt abgesenkt werden müssen, für sämtliche in Deutschland lebende Bürger.
Die USA, Kanada, Australien und Neuseeland lassen aus gutem Grund nur beruflich qualifizierte Einwanderer ins Land.
Ein großer Teil der Einwanderer in Deutschland, Österreich etc. wird also wahrscheinlich auf lange Zeit am Rande der Gesellschaft leben, arbeitstechnisch nur schwer zu integrieren sein und infolge der schlechten Integration auch nur schlecht Deutsch sprechen (*Manager-Magazin* vom 23. Januar 2017: *»Wir müssen aufhören, uns das Bildungsniveau der Flüchtlinge schönzureden.«*). Da diese Menschen andererseits dennoch etwas mit ihrem Leben anfangen wollen, werden sie Familien gründen und Kinder bekommen. Familiengründen ist einfach und geht immer. Diese Familien würden aber zum großen Teil in einem Milieu gegründet, das infolge mangelnder Finanzen und Integration weiterhin von der Kultur ihrer Heimatländer geprägt sein wird. Rechnet man mit einem Kind pro Einwanderer, was angesichts eines afrikanischen oder islamischen Hintergrundes eine relativ optimistische Schätzung ist, muss man bei 200.000 neuen Flüchtlingen pro Jahr im Endeffekt mit effektiv 400.000 kulturfremden Zuwanderern *pro Jahr* rechnen. Hier dürfte die Faustregel gelten: Wer bleibt, bekommt auch Kinder.
Kurzum: Was da in Deutschland vor sich geht, spottet jedem gesunden Menschenverstand. Und wenn im September 2015 auf dem Höhepunkt der Flüchtlingskrise der britische Politologe *Anthony Glees* Deutschland einen „Hippie-Staat“ nennt, der sich „nur von Gefühlen leiten lässt“, fragt sich nur noch, ob ganz Deutschland bloß ein bisschen gekifft hat oder gleich auf 'nem LSD-Trip hängen geblieben ist?
Wenn also kein Wunder geschieht; wenn im arabisch-islamisch-afrikanischen Raum das Bevölkerungswachstum nicht deutlich zurückgeht, diese Länder ein signifikantes Wirtschaftswachstum realisieren und ihrer Jugend Aufstiegschancen bieten, die wenigstens ansatzweise das westliche Niveau haben, ist mittelfristig mit einer Situation zu rechnen, wo das bisherige Deutschland faktisch verschwindet, und zwar nicht erst dann, wenn die Hälfte der Deutschen einen Migrationshintergrund sprich ausländische Wurzeln hat, sondern wenn in den Kindergärten und Schulen die Mehrheit nicht mehr stammdeutsch ist; kurz: wenn die Jugend nicht mehr stammdeutsch ist! Und diese Situation steht jetzt unmittelbar bevor:
Nach Zahlen des *Bundesministeriums für Familie, Senioren, Frauen und Jugend* hatten im Jahre 2009 in der Altersklasse 35–45 noch 79 % der Deutschen *keinen* Migrationshintergrund, in der Altersklasse 10–15 waren es nur noch 71 % und in der Altersklasse 0–5 nur noch 65 %.[342] Diese Zahlen sind inzwischen 9 Jahre alt, so dass man in der Gruppe 0–5 deutlich näher an die 50 % herangekommen sein dürfte.

Wenn die abstammungsmäßig nicht-deutschen Bürger dieses Landes eine gewisse Größenordnung überschreiten, wird sich das darüber hinaus auch im politischen System niederschlagen. Es wird muslimische Parteien geben, und jeder Anspruch auf eine deutsche „Leitkultur" wird eines denkwürdigen Tages als Angriff auf die kulturelle Vielfalt dieses Landes gelten. Deutschland in seinem ursprünglichen Sinne würde verschwinden.
In jedem Fall wird die massive Zunahme nicht-stammdeutscher, nicht-europäischer, nicht-christlicher und nicht-westlicher kultureller Einflüsse in einem Ausmaß, dem sich kein Bürger mehr entziehen kann, den einzelnen stammdeutschen Bürger unausweichlich mit der Frage konfrontieren, was ihm dieser Kulturimport eigentlich ganz konkret bringt, *wie* sich der Kulturimport *anfühlt* und *ob* er sich damit *wohlfühlt?* Was ist mit *seinem* Recht auf Kultur? Die bisweilen etwas moralisch-verkopften, idealistisch-verträumten Deutschen mögen diesen Heimat-Wohlfühlfaktor gewisse Zeit unterschätzen, aber irgendwann ist ein Punkt erreicht, an dem auch die moralisch-verkopften und idealistisch verblendeten Deutschen die Verbindung zu ihren Gefühlen wiederfinden und sich ganz einfach wieder wohlfühlen wollen in ihrer Heimat. Einfach deshalb, weil sie irgendwann erkennen und spüren, dass Heimat wie Gesundheit ist: Dafür gibt es k e i n e n E r s a t z.

Je mehr sich das Fremde in den Vordergrund drängt – und das ist ein Wesensmerkmal unserer Zeit, da die Welt immer mehr „zusammenrückt" –, desto drängender stellt sich die Frage nach dem, was man *selbst* ist, was *deutsch* ist, welchen Wert dieses Deutsche hat und was von diesem Deutschen unbedingt aufrechterhalten werden *sollte* und erhalten werden *will.*
Dass die deutsche Stammbevölkerung gegenwärtig immerhin grundsätzlich noch über Werte und damit rote Linien verfügt, die für sie – quer über das gesamte politische Spektrum – *nicht* zur Debatte stehen, zeigt die *Gleichstellung der Frau.*

Beim anstehenden Klärungsprozess über das, was deutsch ist und bleiben soll, greifen ab einem bestimmten Punkt zwangsläufig psychologische Grundmechanismen und -Affekte, denen irgendwelche moralischen, politischen oder „politisch-korrekten" Denkvorschriften herzlich egal sind: Wenn sich „dank" importierter Kulturen, der Müll auf der Straße häuft, der Lärmpegel sich im öffentlichen Raum erhöht, die Korruption und Willkür in Behörden zunimmt, das Leistungsniveau in den öffentlichen Schulen und in Universitäten immer weiter absackt, oder die Staatsmacht wie schon in Berlin und im Ruhrgebiet gebietsweise vor der Macht arabischer Familienclans kapituliert, wird sich der „politisch korrekte" Imperativ des hippiemäßigen Willkommens-Wahns als wirkungslos erweisen, genau so, wie einst in der DDR der Griff der Stasi zuletzt ein Griff ins Leere war, trotz rund 300.000 Stasi-Mitarbeiter (zuletzt 91.000 hauptamtliche und 200.000 inoffizielle Mitarbeiter).

Natürlich kann man als tagträumender Bürger dieses Landes bzw. als Bürger Westdeutschlands die westdeutschen Erfahrungen der letzten 70 Jahre auch einfach in die Zukunft projizieren, nach dem Motto: „Es ist doch immer gutgegangen, und es wird auch in Zukunft gutgehen. So schlimm wird es schon nicht kommen."

Doch schon die Bürger Ostdeutschlands werden dieser Einschätzung angesichts ihrer eigenen historischen Erfahrung nur bedingt zustimmen, ebenso wie jene Deutschen, deren geistiger Horizont noch in die Zeit vor 1946 zurückreicht. „Es wird schon nicht so schlimm kommen“ ist schnell dahergeplappert. Historisch gesehen ist es verantwortungslos. Es ist dummes Zeug, verdammt gefährliches dummes Zeug.

Je mehr Fremde nach Deutschland kommen, desto mehr wird sich die Frage erheben, was eigentlich deutsch ist? Das ist so sicher wie das Amen in der Kirche. Natürlich lässt sich diese Frage gewisse Zeit unter den Teppich kehren und die Antwort auf später vertrösten. Über den Hebel der etablierten Massenmedien lässt sich diese Frage gewisse Zeit aus dem öffentlichen Diskurs heraushalten, oder man kann der deutschen Stammbevölkerung einreden, suggerieren und vorgaukeln, dass es im Grunde gar keine Deutschen gibt. Man kann das „Deutsche“ auf eine reine Geschmacks- oder Stilfrage reduzieren.
Eine entsprechende Beeinflussung und Steuerung der öffentlichen Meinung stößt aber auch irgendwann an ihre Grenze. Es gibt Wahrnehmungsebenen, die außerhalb äußerer Einflussnahme liegen. Propaganda kann viel, aber sie kann nicht alles. Das musste am Ende des „Dritten Reiches“ auch der klumpfüßige NS-Propagandachef *Joseph Goebbels* erkennen; jener Obernazi, der dem „Führer“ bis ganz zum Schluss die Treue hielt. Das musste im Jahre 1989 in der DDR auch die Stasi erkennen. Am Ende des Tages siegen Taten über Worte und die Wahrheit über die Lüge. Das ist es, was wir Deutschen aus dem Untergang des Nazi-Reiches und der DDR gelernt haben.

Das große Multikulti-Experiment

Bei alledem sollte man nicht übersehen, dass die große Zuwanderungswelle nach Deutschland zu Beginn des dritten Jahrtausends schlicht und einfach ein *Experiment* ist. Oder fällt hier einem Leser ein historisches Beispiel dafür ein, dass ein etwa 80-Millionen-Volk mit langer kultureller Tradition in kurzer Zeit so viele völlig kulturfremde Einwanderer aufgenommen hat, noch dazu in einer sogenannten Demokratie, in der das Volk nicht ausdrücklich* danach gefragt worden ist, ob es so grundlegend umstrukturiert werden will? Mir nicht.
Seien wir ehrlich: Das ganze Einwanderungsding ist ein Experiment. Kein „Normalbürger“ weiß, wie es endet. Das Wort „Experiment“ jedoch entdeckt man bisher nirgends in der öffentlichen Debatte. Warum? Weil selbst der Dümmste weiß, dass Experimente scheitern können.

Andererseits gibt es sehr wohl Hunderttausende, wenn nicht Millionen von Bürger in diesem Lande (und anderswo, beispielsweise in den USA, Großbritannien, Österreich, Frankreich, Niederlande etc.), die befürchten, dass das große Zuwanderungs-Experiment misslingt. Und um das zu erahnen, braucht es auch keine große Fantasie.
In der öffentlichen Debatte in Deutschland Anfang 2018 jedoch wird der Eindruck erweckt und so getan, als wären gerade die Immigrations-Skeptiker und Besorgten die

* also außerhalb der Wahlen in einer eigens dafür angesetzten Volksbefragung

Hauptschuldigen, sollte das Experiment tatsächlich misslingen. Gewissermaßen sind die schauspielerischen Darsteller für die Rolle der wahren Schuldigen im Falle eines gescheiterten Multikulti-Experiments schon gecastet, sind geschminkt und stecken auch schon in ihren Kostümen. Eine Debatte darüber, ob man vielleicht ein völlig anderes Stück auf den Spielplan setzen sollte, findet jedoch (noch) nicht statt.
Ein angeblich ach so demokratisches Volk soll durch langfristige Zuwanderung grundlegend verändert werden und darf nicht darüber abstimmen? Das ist Demokratie als Farce und Hohn. Sollte das von oben angeordnete Experiment misslingen, ist zudem zu befürchten, dass diejenigen, die das Experiment wollen, lenken und forcieren, auch noch die Dreistigkeit besitzen werden, dem Volk, das nie gefragt worden ist, die Schuld zuzuschieben.

Aber auch das hätte seinen Sinn. Wir erinnern uns: Bevor der Weltstaat kommt, muss der normale Bürger den Glauben an sich und seine Gemeinschaft verlieren. Sonst beginnt der normale One-World-Bürger früher oder später wieder von der Demokratie zu träumen. Und das soll er ja nicht.
Sollte also das Multikulti-Experiment mit Pauken und Trompeten scheitern, könnte man das gescheiterte Experiment massenpsychologisch dahingehend ausschlachten, dass man eine weitere Spaltung der Gesellschaft vertieft und zementiert; etwa indem man einen „Krieg gegen die Nationalstaats-Anhänger" ausruft. So ergibt sich rein systemanalytisch gedacht die Idee, dass Multikulti *in Wahrheit nie gelingen sollte,* sondern von vornherein das Ziel verfolgt worden ist, die europäischen Gesellschaften und insbesondere Deutschland als Kraftzentrum des alten Kontinents massiv zu schwächen. Damit landen wir bei einem ähnlichen Strickmuster wie bei der „Umstrukturierung" Nordafrikas und des Nahen Ostens, die ja mit dem optimistischen sogenannten „arabischen Frühling" begonnen hat. Die These oder Verschwörungstheorie (ja, ja) lautet somit: Die entscheidenden Leute, die Multikulti forcieren, tun dies, weil sie ganz genau wissen, dass Multikulti, so wie es jetzt umgesetzt wird, nie funktionieren *kann*, ebenso wenig, wie der sogenannte „arabische Frühling" funktionieren konnte.

Was die Überschrift dieses Kapitels *›Das große Multikulti-Experiment‹* betrifft, hier ein Nachtrag kurz vor Fertigstellung des Manuskriptes: Am 20. Februar 2018 wurde meiner Beobachtung nach das erste Mal in den Mainstream-Medien gegenüber einem breiteren Publikum der Experiment-Charakter der Flüchtlings- oder Einwandererkrise angesprochen, und zwar in den *ARD-Tagesthemen.* Dazu hatte man sich aus den USA den Harvard-University-Dozenten (!) *Yascha Mounk* hinzugeschaltet; Jahrgang 1982, in München aufgewachsen und Sohn polnischer Einwanderer.[343] Auf die Frage der Moderatorin *Caren Miosga* nach den Gründen für den derzeitigen Erfolg der „Rechtspopulisten" führt Herr Mounk drei Gründe an: erstens die wirtschaftliche Stagnation in Europa und dadurch schrumpfende soziale Aufstiegschancen, zweitens das veränderte soziale Klima infolge der Flüchtlingskrise, und drittens die Potenzierung der Wut der Unzufriedenen durch das Internet. Herr Mounk zu Punkt zwei:

„... *dass wir hier [in Europa, insbesondere Deutschland°]* ***ein historisch einzigartiges Experiment wagen,*** *und zwar eine monoethische, monokulturelle Demokratie* *in eine multiethnische zu verwandeln.* ***Das kann klappen. Das wird glaube ich auch klappen,*** *aber dabei kommt es natürlich auch zu vielen Verwerfungen."*

Aha. Und wer ist es, der dieses Experiment will? Wo ist die demokratische Legitimation für dieses Experiment? Und wer bitte zahlt die Zeche, wenn das Experiment komplett in die Hose geht? Irgendwelche Dozenten aus den USA?
Nun gut. Sehen wir es positiv: Immerhin sagt man den Leuten inzwischen in Ausnahmefällen, dass da in Europa ein gigantisches Experiment läuft.

Glaubt man den entsprechenden Quellen der traditionellen europäischen Prophetie, würde das Experiment *zunächst* glimpflich verlaufen, bis dann mit dem „dritten Weltkrieg" plötzlich das große Chaos ausbricht. Plötzlich würden die Ressourcen in Deutschland für die Integration der jüngsten Zuwanderungswellen wegbrechen. Die nicht integrierten oft jugendlichen männlichen, mitunter charakterlich noch etwas ungefestigten Zuwanderer würden notgedrungen auf die traditionellen Notfall-Versorgungsstrategien ihrer oft von Korruption, chauvinistisch-patriarchalischer Gewalt und Bürgerkrieg geprägten Heimatländer zurückgreifen.
Und es ist zu befürchten, dass im allgemeinen Ich-bin-mir-der-Nächste-Chaos Gräben zwischen deutscher Stammbevölkerung und jüngst Zugewanderten so tief aufreißen, dass sie später selbst von den aufopferungswilligsten Flüchtlingshelfern nicht mehr zugeschüttet werden können.
Laut europäischer Prophetie findet sich genau hier die Sollbruchstelle: Die ganze sogenannte Integrationspolitik ist eine reine Schönwetterpolitik. Sie dürfte katastrophal scheitern, wenn große Teile der deutschen Bevölkerung infolge eines Krieges in Mitteleuropa *selbst* in Not geraten. Dann würde die Stunde der Wahrheit in Sachen Multikulti schlagen; dann, wenn die Deutschen *selbst* in Not geraten, wenn sie *selbst* schwach sind und *selbst* Hilfe brauchen. Dann käme für Flüchtlinge und „Flüchtlinge" der Moment, ihre Loyalität zu beweisen.

Darüber hinaus – das nur der Vollständigkeit halber – darf man die Berliner Einwanderungspolitik natürlich nicht als isoliertes Phänomen betrachten. Sie reiht sich ein in ein Bündel anderer, überwiegend strategisch konzipierter Entwicklungen, die alle zusammen auf die Abschaffung der Nationalstaaten hinzielen. Wir können das sehr gut in der Europäischen Union beobachten, wo sich immer größere politische Macht in Brüssel konzentriert, eine Aufhebung der Nationalstaatsgrenzen angestrebt wird usw. Das deutsche Volk sieht langfristig nicht nur einer demographischen Auflösung entgegen. Dasselbe gilt für den deutschen Staat an sich. Diese Auflösungserscheinungen gelten natürlich nicht nur für Deutschland, sondern im Prinzip für alle Staaten der Europäischen Union.

Halten wir fest, dass es am Ende gar nicht um die Frage geht, was deutsch ist, sondern um die Frage, wer *wir* sind und wer *wir* in Zukunft sein wollen, und ob *wir* Stammdeutschen über eine individuelle innere Substanz verfügen, die tiefer liegt, als jede Sozialisation.
Diese Frage nach unserer wahren Identität sollten wir Stammdeutschen uns stellen, nicht zuletzt deshalb, weil wir auf ein paar Jahrzehnte hin noch die Mehrheit in die-

sem Staate stellen werden. Wir haben ein Recht, diese Frage zu stellen, und wir haben ein Recht darauf, *selbst* die Antwort zu suchen und zu finden. Wehe demjenigen Deutschen, der so dumm, so innerlich ausgehöhlt, mürbe und verwässert ist, dass ihm ein Ausländer oder jüngst Zugewanderter sagen muss, *wer er ist.* Wehe dem, der nicht weiß, wer er ist, und es auch nicht herausfinden will. Am Ende wird er alles verlieren und eine Sklavenexistenz fristen. Und das zu Recht.

Um die emotionale Wucht der ganzen Debatte über die deutsche Identität zu verdeutlichen, stellen Sie – lieber Leser – sich einfach vor, Erich Honecker wäre im Herbst 1989 vor das in Leipzig „Wir sind das Volk!“ skandierende DDR-Volk getreten und hätte es mit autoritärer, Furcht einflößender Stimme angeschnauzt: „Maul halten, ihr Wichte! *Ihr* seid nicht das Volk! *Ihr* seid nur eine kleine Minderheit. Eigentlich gibt es euch gar nicht. In Wahrheit seid ihr gar nichts.“

Und jetzt stelle man sich vor, die Leipziger Demonstranten hätten Honecker geglaubt.

Ein Volk, das sich nicht mehr als Volk begreift, empfindet und erkennt, verliert eine elementare innere Kraft; eine Kraft, die aus dem *Wir* kommt.
Was bitte hätten die Leipziger Demonstranten noch skandieren können, hätten sie sich selbst nicht mehr als ein Volk empfunden? Was, wenn die Demonstranten nicht mehr gewusst hätten, *wer sie sind?* Ganz im Ernst: In der Stasizentrale in der Berliner Normannenstraße hätten die Rotkäppchen-Sektkorken geknallt aus Freude über die unfassbare Dummheit des Volkes. Stasichef *Erich Mielke* hätte seine Sekretärin zum Tänzchen aufgefordert und die Mauer stünde noch immer. Es hätte keine Wiedervereinigung gegeben. Der seinerzeit in der BRD angeschlagene Helmut Kohl hätte die 1990er Bundestagswahl wahrscheinlich verloren, die SPD wäre an die Macht gekommen, und Angela Merkel? Angela Merkel würde wohl noch immer in Ostberlin als Physikerin arbeiten, wenn sie nicht schon pensioniert wäre.[344]

Das *Volk* ist eines der effektivsten identitätsstiftenden Konzepte, um so etwas wie eine Gruppenenergie zu mobilisieren. *Volk* ist sehr viel mehr als die Summe seiner Einzelteile. Fehlt eine echte starke Gruppenidentität, fehlt auch die entsprechende innere Kraft, und die Menschenmasse bleibt eine bloße Menge, ein kraftloses Sammelsurium, eine Art Menschenmatsch.
Das *Volk* ist ein Kraftwerk. *Volk* ist *Teamgeist!* Natürlich kann das Volk die Energie, die es aus sich selbst heraus mobilisiert, auch missbrauchen – Stichwort *Nazizeit.* Dann muss das Volk eben lernen, sich selbst und diese Energie besser zu verstehen. Man muss lernen seine Kräfte zu beherrschen.

Auf der Suche nach dem deutschen Wesen

Wenn Sie sich auf die Suche nach dem deutschen Wesen begeben, einen Spaten in Ihr Auto packen, in den nächstgelegenen Wald fahren und dann anfangen, an einer beliebigen Stelle zu graben, können Sie so tief buddeln, wie Sie wollen – Sie werden es nicht finden – das deutsche Wesen.

Die Erfolglosigkeit dieser Erdarbeiten wird in der Hauptsache daran liegen, dass das deutsche Wesen nichts ist, was man in die Hand nehmen, mit den Augen betrachten und in eine Vitrine einschließen kann. Das deutsche Wesen ist im Prinzip unsichtbar. Und wie bei allen unsichtbaren Dingen gehen die Ansichten und Meinungen über dieses unsichtbare Ding weit – ja, sehr weit auseinander.
Dasselbe Problem kennen wir vom unsichtbaren Gott und der unsichtbaren menschlichen Seele. Die Bandbreite der Ansichten in Sachen *Gott* und *Seele* ist so groß, dass etliche behaupten, einen Gott und eine Seele gäbe es überhaupt nicht, wohingegen andere behaupten, nichts im ganzen Universum sei wichtiger als Gott und Seele.
Eine Deutungsbandbreite, die im Prinzip alles zulässt – Himmel und Hölle, alles und nichts, das Beste und das Schlechteste –, kennen gerade wir Deutschen auch im Hinblick auf unsere nationale Identität. Liebäugelten vor ein paar Generationen noch viele Deutsche mit der Idee, eines Tages würde die Welt „am deutschen Wesen genesen“, so zuckt der Deutsche von heute beim selben Gedanken entsetzt zusammen: „Deutsches Wesen? Um Himmels willen! Nein! Bitte nicht! Satan, weiche von mir!“

Der brave Durchschnittsdeutsche Anfang des dritten Jahrtausends neigt zu dem Glauben, dieses deutsche Wesen – oder doch wenigstens ein wesentlicher Bestandteil desselben – habe sich auf ganz besondere Weise in Auschwitz offenbart. Nicht umsonst haben wir Deutschen im Zentrum unserer Hauptstadt an prominenter Stelle ein riesiges Denkmal errichtet – das Holocaust-Mahnmal –, das uns Deutsche an das schwarze Loch im Zentrum der Galaxie unseres Wesens ermahnt; jenes Loch der Schuld, um das herum seit Mai 1945, wie von dunkler Macht gezwungen, angeblich alles wirklich Deutsche kreist. Auschwitz gilt als Kristallisationspunkt mindestens der deutschen Negativität, wenn nicht sogar als Kristallisationspunkt der christlich-europäischen Negativität.
Systemanalytisch gedacht folgt aus dem Auschwitz-Trauma aber auch die Frage, ob es im deutschen Wesen nicht auch so etwas wie einen *positiven* Gegen-Kristallisationspunkt gibt: ein Kristallisationspunkt, der Auschwitz aufwiegt, überwiegt, überstrahlt und überblendet. Kurz: Ein Kristallisationspunkt, der – wenn es hart auf hart kommt – wichtiger ist als Auschwitz und wesentlich näher am deutschen Wesen.

Das deutsche Wesen – real oder fiktiv –, in jedem Falle aber unsichtbar und nicht dingfest, lässt sich nicht aus feuchten Waldböden hervorwühlen, in einen Kofferraum wuchten und später einer Schar verdutzt, entzückt oder angeekelt dreinblickender Mitbürger präsentieren. Also gehen die Ansichten über das deutsche Wesen sehr weit auseinander.

Komplexität des deutschen Wesens

Natürlich haben sich in den letzten Jahrhunderten viele Beobachter – darunter einige ziemlich scharfsinnige – zum deutschen Wesen geäußert; insbesondere in den zurückliegenden zwei Jahrhunderten. Dabei ist man in einigen Bereichen zu durchaus übereinstimmenden Ergebnissen gekommen; und diese Übereinstimmungen in der Einschätzung des deutschen Wesens finden wir sowohl bei deutschen als auch bei nichtdeutschen Beobachtern.

Leider zeigt sich bei diesen Studien aber auch, dass das deutsche Wesen – oder das, was man dafür hält – komplexer und vielschichtiger ist, als einem lieb sein könnte. Diese Vielschichtigkeit betrifft zum einen unterschiedliche Wesenszüge der Deutschen zu unterschiedlichen Zeitpunkten der Geschichte, zum anderen die *Wandlung* gewisser Wesenszüge über längere Zeiträume hin – beispielsweise vom 17. Jahrhundert bis ins 21. Es gibt einen Deutschen von vorgestern, gestern und heute (und morgen). Und so fragt sich, welcher dieser Deutschen der „wahre Deutsche“ ist, und ob es einen Pulsschlag gibt, der die Deutschen über all diese Jahrhunderte verbindet? Gibt es eine die Jahrhunderte überdauernde *deutsche Konstante?*

Trotz seiner Komplexität endet die Betrachtung des deutschen Wesens aber keinesfalls in Chaos und Verwirrung. Nur ein echter harter Kern, der sich zielstrebig mit einer (geistigen) Zange greifen lässt, ist – wenigstens auf den ersten Blick – kaum auszumachen. Als passendes Sinnbild für das deutsche Wesen bietet sich das Bild eines *Gasplaneten* wie des Jupiters an, der an der Oberfläche sehr wohl „nebulös“ ist, sich zum Zentrum hin aber mehr und mehr verdichtet und irgendwann durchaus solide und fest wird. Lange Zeit wusste man so gut wie nichts über das Innere Jupiters, doch inzwischen (Stand 2008) geht die Forschung davon aus, dass sich im Inneren Jupiters ein Gestein-Eis-Kern mit etwa dem 14- bis 18-fachen der Erdmasse befindet.[345]

Zur Veranschaulichung des Problems der Vielschichtigkeit des deutschen Wesens hier noch ein Beispiel: Im Februar 2017 erschien vom Literaturwissenschaftler und Germanisten *Professor Dieter Borchmeyer* das Buch *›Was ist deutsch? – Die Suche einer Nation nach sich selbst‹*. Dieses Buch – das mir nebenbei bemerkt eine sehr wichtige Quelle war – hat stolze 1056 Seiten, was in der Praxis bedeutet, dass es nicht allzu viele Leser komplett lesen werden. Andererseits zeigt der Umfang des Buches, dass sich das deutsche Wesen entweder nicht in wenigen Sätzen zusammenfassen lässt, oder es bedeutet, dass eine solche kurze Zusammenfassung so unglaublich schwierig ist, dass es bisher nicht gelungen ist.
In einem Interview auf der 2017er Leipziger Buchmesse wurde Dieter Borchmeyer gefragt, ob er eine Antwort auf die Frage „Was ist deutsch?“ gefunden hat. Der Autor entgegnete:

> *„Ich verzichte in meinem Buch auf eine für alle Zeiten mögliche Definition des Deutschen.* ***Das geht einfach nicht.*** *[...]* ***Es ist eine Suche, die nie zum Abschluss gekommen ist.*** *“*[346]

Meint Dieter Borchmeyer dieses *»Das geht einfach nicht«* wirklich ernst? Oder bedient er nur den vorherrschenden intellektuellen Gleichschritt, der da behauptet:

„Etwas wirklich substanziell Deutsches gibt es nicht!“

Deutsche Gründlichkeit

Ich sehe das etwas anders. Meiner Einschätzung nach gibt es sehr wohl solche „deutsche Konstanten“, und eine dieser Konstanten ist die deutsche *Gründlichkeit.* Bemerkenswerterweise und bezeichnenderweise hat die deutsche Gründlichkeit im Unterschied zu manch anderer deutscher Qualität auch die Wirren der deutschen Geschichte in den letzten zwei Jahrhunderten, insbesondere die Nazizeit praktisch vollkommen unbeschadet überstanden.
Und das obwohl die deutsche Gründlichkeit ein entscheidender Faktor beim Holocaust war. Hier wird es äußerst diffizil. So lesen wir auf Wikipedia über den *Holocaust:*

> *Der Holocaust [...] (engl., aus altgriech. [...] „**vollständig** verbrannt“ [...]) war der nationalsozialistische Völkermord an 5,6 bis 6,3 Millionen europäischen Juden. Deutsche und ihre Helfer führten ihn von 1941 bis 1945 **systematisch,** ab 1942 auch mit industriellen Methoden durch, mit dem Ziel, **alle Juden** im deutschen Machtbereich zu vernichten. [...] Der endgültige Entschluss zur Ermordung **aller Juden** fiel in engem Zusammenhang mit dem Vernichtungskrieg gegen die UdSSR ab dem Sommer 1941. [...] Seither [seit 1978°] wird der Begriff meist auf die **systematische Ermordung** der europäischen Juden begrenzt.*[347]

»Vollständig« und *»alle«* in wiederholter Kombination mit *»systematisch«* kommt *gründlich* so nahe, dass es praktisch deckungsgleich wird.

Um sich die zentrale und elementare Bedeutung der Gründlichkeit für die Holocaust-Erinnerungskultur und die typisch deutsche Schuldthematik bewusst zu machen, hilft es, sich einmal vorzustellen, der Holocaust wäre eben nicht *»vollständig«* und nicht *»systematisch«* gewesen:

Zunächst einmal wäre es aus Sicht der zutiefst judenfeindlichen NS-Ideologie unmöglich gewesen, einen Teil der jüdischen Bevölkerung als „harmlos“ oder als eigentlich „gute Juden“ zu klassifizieren und diesen Teil der Juden aus der Verfolgung auszuklammern.[348] *Gründlichkeit* bedeutet im Falle des Holocausts *sämtliche* Juden; ohne Ausnahme.
Die Gründlichkeit – und das ist entscheidend – bezieht sich hier auf alles, was **vor** der eigentlichen Ermordung geschehen ist. Bei der Ermordung selbst war die Gründlichkeit kein entscheidender Faktor. Man ermordet niemanden gründlich.
Ebenso klar ist, dass der NS-Herrschaftsapparat seinerzeit angesichts der angeordneten Maßnahmen wie Enteignungen, Freiheitsberaubungen und zuletzt Ermordungen eine gesetzliche Grundlage brauchte. Eine Nachlässigkeit bei der Durchführung des Holocausts hätte es also wenn, dann nur außerhalb des Staatsapparates geben können: auf Ebene der normalen Bevölkerung, die beispielsweise verfolgte Juden versteckt.

Aber auch das hätte eine weitverbreitete Nachlässigkeit der Ordnungskräfte vor Ort vorausgesetzt, die ihre Personenlisten schlampig abarbeiten, einzelne Juden als verhaftet registrieren, obwohl sie es nicht sind, untergetauchte Juden nur widerwillig suchen und nachsichtig mit „Volksdeutschen" sind, bei denen man einen versteckten Juden gefunden hat.
Ein im Sinne der Nazis nachlässig durchgeführter Holocaust hätte in der Praxis bedeutet, dass es überall Ermessungsspielräume gibt, die couragierte Bürger nutzen können, um Juden vor der Ermordung zu retten. Je größer eine mangelnde Gründlichkeit bei der Erfassung der Juden gewesen wäre, je mehr Deutsche die Möglichkeit von Lücken im System hätten nutzen können, desto deutlicher wäre der Nachwelt nach dem 8. Mai 1945 geworden, dass ein Unterschied bestanden hat zwischen dem *Willen der NS-Regierung* und dem *Willen des deutschen Volkes.*
Dass es wenigstens noch zu Beginn der NS-Herrschaft bezüglich der Juden einen Unterschied zwischen Regierungswillen und Volkswillen gegeben hat, hat sich Anfang April 1933 beim Boykott jüdischer Geschäfte, Banken, Arztpraxen und Anwaltspraxen gezeigt. Der eigentlich für einen längeren Zeitraum geplante Boykott wurde noch am Abend des ersten Tages (1. April 1933) abgeblasen, da sich viel zu viele Deutsche eben *nicht* an dem Boykott beteiligt haben.
Kurzum: Ein im Sinne der Nazis nicht gründlich durchgeführter Holocaust hätte der Nachwelt gezeigt, dass *nur ein Teil des deutschen Volkes* am Holocaust mitschuldig war. Die strukturelle Grundvoraussetzung für die „Kollektivschuld" der Deutschen am Holocaust – egal ob „gefühlt" oder real – war *dessen gründliche Durchführung.*

Natürlich bleibt es Spekulation, wie viele Deutsche im Falle einer im Sinne der Nazis *nicht* gründlichen Durchführung des Holocausts jüdische Bürger vor der Verfolgung gerettet hätten. Doch hätte sich nach dem 8. Mai 1945 gezeigt, dass Deutsche, die jüdische Mitbürger gerettet haben, beileibe keine Einzelfälle waren, wäre irgendwann eine Grenze überschritten worden – sagen wir bei 10.000 nachgewiesenen Fällen –, wo man nicht mehr von „Kollektivschuld" – egal ob ausdrücklich oder unterschwellig suggeriert – hätte sprechen können; einfach deshalb, weil zu viele Deutsche einen oder mehrere Juden gerettet hätten; und zwar unter *eigener Lebensgefahr* bzw. der Gefahr, *selbst* im KZ zu landen! Hätten 10.000 Deutsche den Mut aufgebracht, einen Juden zu verstecken, wäre eine noch bedeutend höhere Anzahl Deutscher hinzugekommen, die das eigentlich auch wollten, angesichts der eigenen Lebensgefahr aber nicht den Mut dazu hatten. (Laut einer Volkszählung von Juni 1933 lebten damals eine halbe Million Juden in Deutschland. Deutschland insgesamt hatte im Jahre 1933 65 Mio. Einwohner.)[349]
Kurzum: Es besteht ein offenkundiger, nicht zu leugnender Zusammenhang zwischen der „deutschen Gründlichkeit" und dem Konzept der deutschen „Kollektivschuld" oder der „kollektiven historischen Verantwortung und Verpflichtung", wie es heute überwiegend heißt. Ohne deutsche Gründlichkeit gäbe es im eigentlichen Sinne keine deutsche Kollektivschuld und keine kollektive Verpflichtung der Deutschen, da sich das deutsche Volk zwischen 1941 und 1945 zu eindeutig und zu offenkundig in gründliche Schuldige und „nicht gründliche" Unschuldige gespalten hätte.

So viel zur dunklen Seite der deutschen Gründlichkeit.

Darüber hinaus handelt es sich bei der Gründlichkeit aber auch um eine Eigenschaft, die sowohl die materielle als auch die geistige Welt durchdringt, ja sogar in letzter Konsequenz zwangsläufig und automatisch von der materiellen zur geistig-spirituellen Welt hinführt: Betrachtet man nämlich einen materiellen Gegenstand immer genauer, so gelangt man irgendwann von der molekularen Ebene zur atomaren und von dort zur subatomaren. Und dort, im subatomaren Bereich, gelangt man auch physikalisch gesehen in die Sphäre der Magie und Metaphysik. So ist es kein Zufall, dass eines der Elementarteilchen, das sogenannte *Higgs-Boson* auch als *„Gottesteilchen“* bezeichnet wird.

Hinter der Gründlichkeit selbst steht wiederum der *Wille zur Gründlichkeit,* und damit der Wille, zum Kern der Dinge vorzudringen. Gründlichkeit ist die Wirkung, ihre Ursache *der Wille zur Gründlichkeit.* Man geht den Dingen auf den Grund, weil man ahnt, dass sich jenseits der bekannten Gründe ein weiterer, noch tieferer Grund findet; eine noch tiefere Ebene, eine Ebene, die man nur findet, wenn man an die Grenze des Bekannten geht.
Wahre Gründlichkeit geht den Dingen nicht nur auf den Grund, sondern sie tritt in Resonanz zum *Unergründlichen.* Ja, ich behaupte: Das ultimative Ziel aller Gründlichkeit *ist das Unergründliche.* Nichts ist wirklich gründlich, wenn es nicht im Unergründlichen endet. Wahre Gründlichkeit endet somit als *Metaphysik.* Aber das gelingt der Gründlichkeit ohne besonderen spirituellen, religiösen Vorsatz, ohne Weihrauch und Glockengebimmel. Es reicht einzig und alleine der beständige Wille zur Gründlichkeit. Sei gründlich. Und höre nicht auf. So gelangst du ans Ziel..

Meine These lautet also: Es gibt eine deutsche Konstante. Und Gründlichkeit ist Teil dieser Konstante.

Spaßeshalber habe ich einmal auf Google nachgeschaut, was man zum Begriff *Gründlichkeit* findet, wenn man den Begriff mit bestimmten Nationalitäten kombiniert. Sehen Sie dazu in der Tabelle unten das Ergebnis vom 27. Oktober 2017:

Google-Suchbegriff	Anzahl der Ergebnisse	Suchzeit in Sekunden
deutsche Gründlichkeit	107.000	0,52
Schweizer Gründlichkeit	5.780	0,45
italienische Gründlichkeit	121	0,47
englische Gründlichkeit	111	0,37
französische Gründlichkeit	51	0,41
indische Gründlichkeit	5	0,35

Zwei Einschränkungen

Bevor wir uns nachfolgend die unterschiedlichen Ansichten und Urteile unterschiedlichster Personen zum deutschen Wesen ansehen, muss ich auf zwei Einschränkungen hinweisen, die das Nachfolgende in erheblichem Maße relativieren.

Zum einen beziehen sich alle diese Ansichten, Feststellungen und Urteile auf die Deutschen, wie sie *waren* und bestenfalls wie sie *jetzt sind.* Vollkommen unberücksichtigt bleibt, *wie die Deutschen in Zukunft sein werden.*
Dieser Hinweis ist deshalb wichtig, weil sich in der Vergangenheit grundlegende Aussagen über die Deutschen und ihr Wesen mit der Zeit als nicht mehr zutreffend und *falsch* erwiesen haben. So wurden im 19. Jahrhundert einige Autoren, die man zu Recht als Deutschlandkenner bezeichnen kann, von der deutschen Reichsgründung im Jahre 1871 ziemlich überrascht; nämlich von der Tatsache, dass die Deutschen plötzlich als politische Weltmacht in Erscheinung traten, obwohl sie über Jahrhunderte hin nur harmlose Dichter und Denker waren. Dasselbe gilt für das „Dritte Reich", das seinerzeit von einigen ausgewiesenen Deutschlandkennern ebenso wenig vorausgesehen worden ist.
Das heißt: Das jeweilige Bild der Deutschen und die Einschätzung ihres Wesens wurde mehrfach von der nachfolgenden Geschichte *widerlegt.* Es kam anders, als man dachte, *und zwar sehr viel anders!* Natürlich wurde damit nicht das Bild der Deutschen insgesamt widerlegt – platt gesagt: gründlich waren sie schon immer, egal ob unter einem Kaiser, Diktator oder einem demokratischen Kanzler – aber es ist doch eine ziemliche Unsicherheit im Hinblick auf das deutsche Wesen entstanden. Man ist sich bewusst geworden, dass es da im deutschen Wesen etwas Rätselhaftes gibt, das aber auch schon früher beobachtet worden ist.
Kurzum: Das Problem lässt sich auf den Punkt bringen, indem man sagt: Wir wissen zwar, wer die Deutschen sind, aber – und das lehrt die Geschichte – wir wissen nicht, wer sie in Zukunft sein werden und was sie in Zukunft noch so anstellen werden. Die Deutschen sind gut für Überraschungen. Das vergesse man nicht.

Die zweite Einschränkung für die nachfolgende Abhandlung betrifft den Umstand, dass das Auflisten von Ansichten und Einschätzungen, das Sammeln von Fakten und deren Analysen letztlich nicht wirklich geeignet ist, um das *Wesen* einer lebendigen Sache zu erfassen. Um das Wesen und die Seele von etwas Lebendigem zu erfassen, braucht es mehr als Wissen und Vernunft. Um Seele und Wesen zu erkennen, braucht *man selbst Seele und Wesen.* In diesem Sinne bleibt dieses Buch dem Leser eine Antwort auf die Frage nach dem deutschen Wesen schuldig, aber es hilft dem Leser, die Antwort *in sich* zu finden.

Dann sei noch kurz auf das Problem hingewiesen, dass ursprünglich als deutsch empfundene Eigenschaften in den letzten Jahrzehnten durch die Zuwanderung immer mehr verwässern. Aber auf diesen Punkt komme ich noch gesondert zurück.

Von der 1+ bis zur glatten 6

Eine Reihe Menschen aus Deutschland und anderen Ländern haben in den letzten Jahrhunderten also ihre Ansichten und Urteile über das deutsche Wesen hinterlassen (siehe ab Seite 211). Die jeweiligen Charakterisierungen stammen von Deutschen, US-Amerikanern, Briten, Franzosen, Italienern (Römern), Russen, Indern und anderen.
Trotz der im Einzelnen unterschiedlichen Perspektiven der jeweiligen Beobachter ergibt sich im Hinblick auf das Bild der Deutschen – wie schon im Zusammenhang mit der deutschen Gründlichkeit erwähnt – insgesamt *kein* chaotisches Gesamtbild.
Die im Einzelnen beobachteten Eigenschaften der Deutschen mögen zwar gelegentlich widersprüchlich erscheinen – so z. B. die heutige Kompromissbereitschaft der Deutschen gegenüber dem Ausland, und die Kompromiss*losigkeit* gegenüber dem Ausland unter Adolf Hitler –, aber es ist unschwer eine Kette durchgängig bestehender Werte und Eigenschaften der Deutschen zu erkennen, die sich in der Nähe der Begriffe *Gründlich-keit* und *Gewissen-haftig-keit* verdichten.
Dennoch ist es, wie schon gesagt, unmöglich, das deutsche Wesen in einem einzigen kurzen Satz auf den Punkt zu bringen. „Der Deutsche" lässt sich – und das gilt natürlich auch für andere Völker – nicht auf zwei, drei Eigenschaften reduzieren. Das Bild eines Volkes ist komplexer, es braucht eine größere Anzahl von Pixeln, damit man etwas erkennt. Es ist wichtig, das im Auge zu behalten: Völker sind komplexe Phänomene. Völker sind Sinfonien, keine Solos. Um „das Deutsche" wirklich zu verstehen, ist also eine gewisse Vertiefung, eine gewisse Ernsthaftigkeit bei der Betrachtung erforderlich. Man muss das deutsche Wesen verstehen *wollen.* Viele wollen das nicht, und das ist auch vollkommen O. K. so. Was jedoch absolut *nicht* O. K. ist, ist, dass viele das deutsche Wesen gar nicht verstehen wollen und trotzdem mitreden wollen, ja sogar Anspruch darauf erheben, dass man ihnen zuhört und ihnen glaubt.

Des Weiteren fragt sich bei den nachfolgenden Ansichten über die Deutschen – wie Sie sehen werden –, ob beim jeweiligen Beobachter die Einsicht tief und die Sinne klar genug waren oder ob Klischees und Vorurteile wiedergekaut und nachgeplappert wurden. Stets ist in Betracht zu ziehen, ob und in welchem Umfang eine persönliche Färbung vorliegt.

Das Spektrum der Ansichten über „den Deutschen" ist jedenfalls – ich wiederhole mich – weit gespannt. Es reicht – um es in deutschen Schulnoten auszudrücken – von einer 1+ bis zur glatten 6. Und gerade diese extreme Bandbreite von sehr positiv bis sehr negativ ist typisch für die Deutschen. Gerade diese Bandbreite von 1+ bis zur glatten 6 ist Ausdruck des deutschen Wesens – und Rätsel des deutschen Wesens zugleich. Wer diese Bandbreite versteht, versteht – behaupte ich einmal – das deutsche Wesen.

Die Nation im Spannungsfeld von Einheit und Vielfalt

Was man beim Thema *deutsches Wesen* keinesfalls unterschätzen sollte, ist, dass wir uns – wie schon erwähnt – zu Beginn des 21. Jahrhunderts in Europa, im Westen, ja eigentlich auf der ganzen Welt im Umfeld eines immer weiter um sich greifenden weltanschaulichen Konflikts befinden.

Dieser weltanschauliche Konflikt lässt sich im Kern auf einen *Konflikt zwischen Einheit und Vielfalt* verdichten. Einerseits gibt es starke politische und wirtschaftliche Kräfte, die eine intensivierte Globalisierung anstreben. Andererseits findet sich eine Gruppe von Nationalstaaten, die ihre Unabhängigkeit behalten wollen. „Zufälligerweise" haben alle diese Nationalstaaten irgendwie alle erhebliche Probleme mit Demokratie und Menschenrechten: Nordkorea, China, Russland, Türkei, Iran, Ungarn, Polen und einige andere. Der Irak, Serbien und Libyen – so wird gemunkelt – haben ihre diesbezüglichen Eigenständigkeitsbestrebungen sogar teuer mit Krieg, Tod und Zerstörung bezahlt.

In der Europäischen Union sind (noch?) in den meisten Ländern starke politische und gesellschaftliche Kräfte an der Macht, die eine immer größere Einigung Europas anstreben: Bereits realisierte oder weiterhin angestrebte Ziele sind die europäische Einheitswährung, die Aufhebung der innereuropäischen Staatsgrenzen, eine einheitliche Sozialpolitik, eine Vereinheitlichung der Steuervorschriften, eine gemeinsame Armee, eine gemeinsame Außenpolitik. Scherzhaft könnte man sagen: „Na super! Toll! Das wollte Hitler ja auch! Nur eben unter *deutscher* Vorherrschaft!"

Die beiden Hauptargumente für den europäischen Einigungsprozess lauten: Erstens: Die Nationalstaaten müssen aufgelöst werden, weil sie der Hauptgrund für den Ersten und Zweiten Weltkrieg waren und infolge ihres nationalen Egoismus prinzipiell den Weltfrieden bedrohen. Zweitens: Die Teilstaaten Europas jeder für sich sind viel zu schwach, um im globalen, immer härter werdenden wirtschaftlichen und politischen Konkurrenzkampf bestehen zu können. Gemäß diesen Argumenten ist die EU das Allheilmittel gegen die innere Zerstörung Europas und seine Zerstörung von außen.

Sieht man sich die beiden Hauptargumente für den europäischen Verschmelzungs- oder Nationalstaats-Auflösungsprozess genauer an, so erkennt man, dass man mit denselben Argumenten auch eine spätere *Vereinigung Europas mit den USA* propagandistisch an den Mann und die Frau bringen könnte. Und nach demselben Muster; mit Hilfe ähnlicher Parolen würde man am Ende auch die *Vereinigung der ganzen Welt* erreichen. Ob das im Endeffekt wirklich eine *geeinte* Welt wäre oder nur ein Gebilde, das von Überredungskunst, Manipulation, Lüge, militärischer und polizeilicher Gewalt und Korruption zusammengezwungen wird, steht dann auf einem anderen Blatt. Die große Parole jedenfalls lautet: *We are one!*

Die derzeit (Anfang 2018) in unseren Medien am häufigsten kritisierten Staaten mit deutlich nationaler Ausrichtung der Regierungspolitik sind – wer hätte es gedacht – die USA *und* Russland. Das Staatenpaar USA und Russland, die im Kalten Krieg für das Reich des Guten und des Bösen standen, stehen plötzlich *beide* für eine Art Reich

des Bösen. How come? Ganz einfach: *Gut* ist nur noch das Globale und alles, was die schöne neue Prachtstraße zum Weltstaat säumt.
Donald Trump und Wladimir Putin gehören nicht dazu. Die nationale Ausrichtung der US-Politik unter Donald Trump gilt den vereinigungsgläubigen deutschen Massenmedien (ARD-Slogan: *Wir sind eins* allerdings „nur“ als Ausrutscher, der noch vor der Beendigung der Amtszeit Trumps im Jahre 2021 wieder „korrigiert“ werden könnte. Notfalls mit einem Attentat.
Insgesamt hoffen die europäischen und deutschen Massenmedien, der Trend zur Globalisierung sei durch Donald Trump nur vorübergehend gestört.
Zusätzlich zwingt der 2016 erklärte Wille Großbritanniens, die europäische Union zu verlassen, die kontinental-europäischen EU-Einheitsverfechter dazu, ihr Projekt neu und besser zu begründen. Denn wenn die Briten die ach so tolle Europa-Party verlassen, ist etwas faul mit dieser Party. So jedenfalls der Eindruck, der durch den Brexit entstanden ist.

Abb.40: Das auf dem TV-Bildschirm zu sehende ARD-Logo mit Slogan *Wir sind eins.*

Lässt man die Euro-Finanzkrise einmal außer Acht, so schien der europäische Einigungsprozess bis etwa Anfang 2015 quasi gottgewollt, alternativlos wissenschaftlich begründet. Diese Selbstsicherheit der EU-Einheitsgläubigen ist seit dem Brexit im Juni 2016 und der Wahl Donald Trumps im November 2016 wie weggeblasen.

Die Nationalstaats-Anhänger sagen jetzt immer lauter: *„Wir wollen keinen Superstaat, keinen Weltstaat. Adolf Hitler und Josef Stalin haben deutlich genug gezeigt, was aus totaler Macht über 100 Millionen Menschen und mehr wird. Wir wollen kein Experiment mit 7 oder 8 Milliarden Menschen. Nein danke.“*

Die Weltstaats-Befürworter sagen: *„Immer mehr Staaten kommen infolge des technologischen Fortschritts in den Besitz von Massenvernichtungswaffen. Wenn es uns nicht rechtzeitig gelingt, eine effektive Weltregierung zu etablieren, fliegt uns demnächst die ganze Welt um die Ohren; entweder wegen der Massenvernichtungswaffen, dem Klimawandel oder eines anderen drängenden, nur global lösbaren Problems.“*

Die Globalisten streben im Rahmen ihrer (angeblichen) Weltrettungsabsicht die *One World* an, die eine außer Kontrolle geratene menschliche Kreativität in Form von Massenvernichtungswaffen, Verbrennungsmotoren (~Klimakatastrophe) und anderem wieder unter Kontrolle bringen soll: *„Wir retten die Welt mit der One World.“* Das angebliche Heilmittel der Globalisten für ein gescheitertes zivilisatorisches Experiment namens *Technologie* – das Reparatur-Set der Globalisten für die Folgekosten von grob gerechnet 150 Jahren technologischer Revolution ist nichts weiter als *ein weiteres, noch weit größeres Experiment:* die *One World.*

Natürlich birgt der Gegensatz von „Welt retten" und „frei sein wollen" in sich ein enormes Sprengpotenzial. Die angebliche Rettung der Welt war schon immer ein äußerst beliebtes Argument, wenn es darum ging, Freiheiten zu rauben und größte Grausamkeiten zu begehen. Weltretter haben stets einen ganzen Rucksack voller Totschlagargumente dabei. Und ist die Zeit dann reif, nutzen sie diese Argumente, bis das Blut fließt. Der Zweck heiligt die Mittel. Und die Rettung der Welt ist der heiligste aller Zwecke. Wer wollte es wagen, dies zu bestreiten?

Wie der vielgepriesene One-World-Staat am Ende wirklich aussieht, weiß keiner. Das ist alles nichts als Wette, Mutmaßung, Hoffnung und Spekulation. Kein Mensch weiß derzeit, ob und wann irgendwelche Seilschaften und Cliquen innerhalb einer Weltregierungsadministration die Macht an sich reißen und sich die schöne One World plötzlich in eine Richtung bewegt, die ursprünglich keiner wollte.
Wer das Konzept des Nationalstaates für überholt hält, all seine Hoffnung auf eine Weltregierung richtet, nicht aber *deren* Risiken sieht, nicht die Gefahr einer Weltdiktatur erkennen *will,* wer – ausgerechnet auch als Deutscher – das mahnende Beispiele totaler Macht unter Adolf Hitler nicht sehen will, der ist – ja, was ist er eigentlich? Es wird schwierig, an dieser Stelle nicht beleidigend zu werden.

Gegenwärtig gibt es also einen großen weltanschaulichen Konflikt zwischen Einheit und Vielfalt; zwischen Weltstaat und Nationalstaat; ein Konflikt, in dem derzeit die One-World-Jünger im Vorteil sind, da sie dank der Medienmacht die Deutungshoheit im öffentlichen Raum innehaben. Deshalb können die One-World-Gläubigen den Konflikt zwischen Nationalstaat und Weltstaat als Wahl zwischen gestern und heute oder zwischen Hölle und Himmel hoch stilisieren.
Bis etwa 2016, als Großbritannien sich entschloss, dem europäischen Einheitsprojekt den Rücken zu kehren, und damit den „Sinn Europas" zutiefst anzweifelte, war der ideologische Aspekt der Einheits-Idee noch nicht so sehr zutage getreten. Doch da jetzt Großbritannien wie auch die USA unter Donald Trump die nationale Karte ziehen, sehen sich die EU-Zentralisten und One-World-Gläubigen gezwungen, das zu tun, was sie eigentlich vermeiden wollten: nämlich die Zähne zu zeigen und in den Massenmedien propagandistisch in die Offensive zu gehen, zu kratzen und zu beißen.

Die Idee des *deutschen Wesens* bewegt sich derzeit also in einem ideologisch stark aufgeladenen politisch-massenpsychologischen Spannungsfeld, in dem es um die Schwächung der Nationalstaaten geht.
Es findet ein Konflikt zwischen Globalisten und Nationalstaats-Anhängern statt, und innerhalb dieses Konfliktes stellt der Volksbegriff ein zentrales Element dar. Denn der Nationalstaat leitet sich weitestgehend vom Volksbegriff ab. Wer langfristig einen Weltstaat will, muss folglich den Begriff des Volkes schwächen und relativieren (*Bevölkerung* statt *Volk*). Das wiederum geht nur, wenn man die Identität und echte Individualität der Völker anzweifelt und bestreitet – also deren *Wesen. Deutsches Volk* und *deutsches Wesen* sind aus der Perspektive der One-World-Jünger und EU-Einheitsgläubigen folglich ideologische Kampfbegriffe. Wörter, die Jahrhunderte eindeutig positiv belegt waren, werden plötzlich geächtet.

Genug davon. Sehen wir uns endlich an, was sich alles unter der Bezeichnung *typisch deutsch* findet.

Made in Germany

Made in Germany ist das bekannteste deutsche Qualitätssiegel oder „Markenzeichen" oder genauer gesagt, es ist *DAS* deutsche Markenzeichen.
Made in Germany steht für hohe Qualität, für Verlässlichkeit, Langlebigkeit, Funktionalität und geringe Fehleranfälligkeit; und in den letzten Jahren ist noch Energieeffizienz und Umweltverträglichkeit hinzugekommen. Diese Produkteigenschaften lassen sich direkt zurückführen auf den Hang der Deutschen zur Gründlichkeit und zur Ehrlichkeit. Der Deutsche will mit hervorragenden Produkten eine langfristige Kundenbeziehung aufbauen.
Der Gegenpol zu *Made in Germany* ist ein Produkt, das zwar im ersten Moment begeistert, dann aber mehr und mehr enttäuscht. *Made in Germany* ist das prinzipielle Gegenkonzept zu „Take the money and run", wobei die Unkultur des schnellen Geldes, der Abzocke und des Betrugs im Zuge der Globalisierung natürlich immer mehr auch auf deutsche Firmen abfärbt. Man denke nur an die sogenannte *Deutsche Bank,* die *Deutsche Post* und die *Deutsche Bahn* – inzwischen allesamt Aktiengesellschaften mit globalisierten Ethik- und Qualitätsstandards (Deutsche-Bahn-Aktien werden aktuell aber nicht gehandelt).

Made in Germany als Abbild des deutschen Wesens

Made in Germany lässt sich durchaus als ein materiell-wirtschaftliches Abbild der Deutschen begreifen. Doch nicht nur das. Es steht auch für das Schicksal Deutschlands im europäischen Kontext und Spannungsfeld: Die Produktkennzeichnung *Made in Germany* und die dahinterstehende Herkunftsland-Kennzeichnungs-Pflicht wurde 1887 vom englischen Parlament eingeführt; in der erklärten Absicht, ausländischen Produzenten den Zugang zum britischen Markt zu erschweren, um den britischen Kunden (angeblich) vor qualitativ schlechten ausländischen Produkten zu schützen.
Tatsächlich war es eine Verteidigungsmaßnahme der britischen Wirtschaft, die in erster Linie gegen die aufstrebende Exportmacht des Deutschen Reiches gerichtet war, da die deutsche Industrie in dieser Zeit einen enormen Boom erlebte: Hatte Deutschland (bzw. der *Deutsche Bund*) Anfang der 1860er Jahre nur einen Anteil von 5 % an der Weltindustrieproduktion, und Großbritannien rund 20 %, so hatte sich der deutsche Anteil bis 1913 fast *verdreifacht* auf satte 14,8 %, und damit sogar Großbritannien mit nur noch 13,6 % an der Weltindustrieproduktion übertroffen.

Der *Spiegel* schrieb am 27. April 2008 unter der Überschrift *»Made in Germany – Wie deutsche Produkte die Welt eroberten«:*

> *Die meisten Imitate [auf dem britischen Markt°] stammen aus Deutschland –* ***das jedenfalls behaupten viele Betroffene*** *[in Großbritannien°]. Und nicht nur in Sheffield [Stahlindustrie°] stöhnen die Industriellen:* ***Eine schwere Handelskrise***

***erschüttert Großbritannien.** Viele Firmen gehen pleite, immer größer wird die Furcht, die führende Handelsmacht der Welt könnte ihre Märkte an Konkurrenten verlieren – etwa an das Deutsche Reich.*

Will man das glauben? Dass das stolze britische Empire von einer Handelskrise erschüttert wird, weil der britische Konsument nur noch das billige Zeug aus Deutschland kauft? Wohl kaum.
Vermutlich ist es heutzutage schwierig, vergleichbare Produkte von 1887 aus Großbritannien und Deutschland aufzutreiben, um sie dann von der *Stiftung Warentest* vergleichen zu lassen. Lassen wir deshalb an dieser Stelle den Verdacht im Raume stehen, die Sache mit der schlechten deutschen Qualität um 1887 sei nur eine faule Ausrede der exportschwachen Briten gewesen.
Der Zwang zur Herkunftskennzeichnung jedenfalls ist aus britischer Sicht nach hinten losgegangen. Der Kennzeichnungszwang führte dazu, dass die Kunden gerade das kaufen wollten, was aus Deutschland kam, und zwar *weltweit. Made in Germany* wurde nicht gemieden; nein, es war *gewollt* und *gesucht,* und man zahlte dafür auch gerne etwas mehr. Kurz: Schon im *Made in Germany* findet sich die für Deutschland typische Verquickung des Guten und Schlechten in ein und demselben.

Das Volk der Dichter und Denker

Zu Beginn des 19. Jahrhunderts, noch bevor in Deutschland der Industrialisierungsboom einsetzte (das war um 1820), wurde es Mode, von den Deutschen als einem *»Volk der Dichter und Denker«* zu sprechen.
Mit *Volk der Dichter und Denker* war aber nicht nur gemeint, dass das deutsche Volk viele Dichter und Denker hervorgebracht hat, sondern auch, dass man rechts des Rheins darüber hinaus nicht allzu viel zustande gebracht hat: Ein Volk netter, harmloser Spinner sozusagen. *Nur denken und dichten* bedeutet auch *nicht* zu handeln, weltpolitisch *nicht* aktiv zu sein; bedeutet zu dumm und zu naiv zu sein, um am wahren Leben teilzunehmen; dort, wo es um Macht und Reichtümer geht und wo Nationen wie Großbritannien, Frankreich, Spanien, Portugal, die Niederlande und die USA schon seit langer Zeit tätig waren und sich ihre Reichtümer zusammenrafften.

Das große Dichten und Denken gab es in Deutschland im Wesentlichen vor Ende des 19. Jahrhunderts. Heutzutage ist nicht mehr viel davon übrig. Ob die Deutschen eines Tages ihre Lust am Dichten und Denken wiederentdecken? Gute Frage.

Warum eigentlich sind die Deutschen keine Dichter und Denker mehr? Wie wäre es mit folgender These: Sie dichten und denken deshalb nicht mehr, weil es nichts Großes mehr gibt, an das sie glauben. Wenn einem der Glaube an das Große und große Schöne fehlt, fehlt einem die Kraft zur Inspiration, eben zum Dichten und Denken.
Verloren haben die Deutschen diesen Glauben natürlich irgendwo im „dunkelsten Kapitel deutscher Geschichte“. War klar. Wo denn sonst? Ein dunkler Raum, besonders wenn er der Dunkelste ist, bietet ideale Voraussetzungen dafür, um etwas zu verlieren und – was noch wichtiger ist – um es *nicht wiederzufinden.*

Der Begriff vom „dunkelsten Kapitel deutscher Geschichte“ ist nebenbei bemerkt ein wunderbarer, ja ein geradezu fantastisch ehrlicher Ausdruck des deutschen Zeitgeistes Anfang des 21. Jahrhunderts: Nicht nur, dass dieses Kapitel dunkel *ist,* das Tragische, aber auch Faszinierende an diesem Kapitel ist, dass es bisher dunkel *bleibt!*
In symbolischer Hinsicht erscheint damit Adolf Hitlers *›Mein Kampf‹* geradezu als das *„making of the darkest chapter“.* Im Phänomen von Hitlers Buch *›Mein Kampf‹* verdichtet sich die Magie des neudeutschen Nicht-hinsehen-Wollens- und Könnens in besonderer Weise: Nach 1945 war *›Mein Kampf‹* jahrzehntelang nur antiquarisch erhältlich und wurde immer nur auszugsweise zitiert, sozusagen in homöopathischen Dosen unters Volk gebracht. Als Anfang 2016 das Copyright an dem Machwerk erlosch und damit jede juristische Handhabe wegfiel, einen Nachdruck zu verhindern, gab es in Deutschland immer noch Diskussionen darüber, ob die Deutschen schon so weit sind, dass sie *›Mein Kampf‹* verkraften. Damit findet sich auch hier eine Analogie zum Bild der Deutschen als ein Volk auf Bewährung, ein Volk, das sich in Freiheit erst noch beweisen muss. Man traut den Deutschen in der breiten Masse immer noch zu, beim Lesen von *›Mein Kampf‹* den demokratischen Kopf zu verlieren und wieder zum Nazi zu werden.
Bevor die Deutschen wieder dichten und denken, müssen sie sich erst einmal innerlich von den zwölf dunklen Jahren befreien. Das Nazi-Schreckgespenst muss exorziert – und seine schwarzmagische Macht muss gebrochen werden. Notfalls mit Hilfe himmlischer Mächte.

Im „zu naiv und zögerlich, um seinen politischen Vorteil zu nutzen“ schwingt, wie schon bemerkt, auch ein „zu ehrlich und zu doof zum Kasse machen“ mit. Die Deutschen galten im 18. und frühen 19. Jahrhundert insgesamt tatsächlich als wenig gewinn- und machtorientiert.[*] Manche Analysten haben das so gedeutet, dass die Deutschen damals noch nicht so richtig verstanden hatten, worum es im Kapitalismus eigentlich geht; dass die Deutschen innerlich noch nicht bereit zum Kapitalismus waren. Der mangelnde deutsche Wille zur Macht hat sich darüber hinaus auch deutlich in der damaligen Zersplitterung Deutschlands in zahllose kleine Königreiche und Fürstentümer gezeigt und dem daraus resultierenden Fehlen überseeischer Kolonien.
Johann Wolfgang von Goethe brachte es 1829 folgendermaßen auf den Punkt:

> *Während aber die Deutschen sich mit Auflösung philosophischer Probleme quälen, lachen uns* ***die Engländer*** *mit ihrem großen praktischen Verstande aus und* ***gewinnen die Welt.***[350]

Nach der Schlacht bei Waterloo im Jahre 1815 und dem endgültigen Sieg über Napoleon Bonaparte hatte Großbritannien weltweit keinen ernstzunehmenden politisch-militärischen Rivalen mehr. 1815 begann für die Briten das „imperiale Jahrhundert“, das Inselreich wurde zum Weltpolizisten, man sprach vom „Pax Britannica“, ein Weltfrieden, den England garantiert. Überspitzt formuliert: Die Briten eroberten die

---

[*] Wobei man hier die wirtschaftlich sehr erfolgreiche *Hanse* wohl gesondert behandeln muss.

Welt – die Deutschen drehten Däumchen. Warum? Waren die Deutschen zu blöd? Waren sie zu nett und zu naiv?

Der Deutsche lebt, um zu arbeiten …

Ein bekanntes Klischee lautet:

Der Franzose arbeitet, um zu leben,
der Deutsche lebt, um zu arbeiten.

Machen wir uns zum besseren Verständnis dieses Klischees ein paar Gedanken über Arbeit und Leben. Zunächst zur Arbeit: Natürlich kann man es mit der Arbeit übertreiben. Man kann zu viel arbeiten. Irgendwann beginnt man seine Familie zu vernachlässigen, wird zum Workaholic, bekommt einen Burn-out, ruiniert seine Gesundheit usw. Auch für Arbeit gilt: Alles in Maßen.
Grundvoraussetzung für Arbeit ist der *Wille zur Arbeit.* Der Deutsche muss nicht arbeiten, *er will.* Der Wille zur Arbeit wiederum ist ein Wille zur Energie, zur Bewusstheit und zu einer funktionierenden Gemeinschaft. Denn die Motivation zur Arbeit kommt – wenigstens im Regelfall – aus dem Glauben an die Gemeinschaft, dem Glauben daran, dass die Menschen der Gemeinschaft, der man angehört, es wert sind, dass man für sie arbeitet. Wer hingegen seine Mitmenschen geringschätzt, auf sie herabsieht, sie gar verachtet, dem fällt es leicht, sie zu übervorteilen, sie zu betrügen, sie auszubeuten und zu berauben.
Arbeit ist ein zentraler Aspekt menschlicher Kreativität. Nicht umsonst sind die großen Kulturdenkmäler der Welt auch immer Denkmäler der Arbeit. Man denke nur an die Pyramiden in Ägypten oder die Große Mauer in China. Dasselbe gilt für Stonehenge, Angkor Wat, römisch-griechische Denkmäler und andere bekannte Beispiele. Arbeit ist kein schweres Schicksal, das einem bei der Vertreibung aus dem Paradies von Gott auferlegt worden ist. Arbeit ist Ausdruck der *Kreativität.* Der Wille zur Arbeit ist der Wille zur Kreativität.

Um den Zusammenhang von Arbeit und Kreativität zu verdeutlichen, folgende Idee: Stellen Sie sich vor, Adam und Eva wären nicht aus dem Paradies vertrieben worden und hätten stattdessen dort nach und nach immer mehr Kinder in die Welt gesetzt, und Adam hätte, wenn er seine täglichen Pflichten als Vater und Gatte erfüllt hatte, zu schnitzen begonnen (z. B. eine Halskette für Eva) oder zu modellieren, zu steinmetzen usw. Nach einigen Generationen, wenn noch immer keiner aus Adams Sippschaft aus dem Paradies geflogen wäre, wäre das Paradies übersät gewesen mit irgendwelchen Tempeln, Statuen, Werkstätten, Straßen, Restaurants, hier und dort eine Abfallgrube usw. Ob Gott das in *seinem* Paradies gefallen hätte? Ich glaube nicht.

Das Bild, das wir von Adam und Eva im Paradies haben, entspricht dem der Menschen in der Sammler-und-Jäger-Zeit, ja eigentlich sogar noch der Zeit davor, denn Adam und Eva hatten noch keinerlei Werkzeuge. Wie man weiß, werden Adam und Eva (vor dem Sündenfall) auf Bildern immer ohne Pfeil und Bogen, Kochtopf usw. dargestellt, und das quer durch die ganze Kunstgeschichte.

Beim biblisch-paradiesischen Adam ist keinerlei kreatives Moment zu erkennen. Null!

Hart gesagt: Adam und Eva sehen zwar aus wie Menschen, aber im Grunde leben sie wie Affen.

Wäre Adam ein *echter* Homo Sapiens gewesen, hätte er sich an diesem Ort früher oder später gelangweilt, jawohl: *gelangweilt.*

Abb.41: Der Sündenfall
von Albrecht Dürer (1504)

Arbeit ist Ausdruck von Kreativität, und die Kreativität auf möglichst vielen Ebenen unterscheidet den Menschen vom Tier. *Made in Germany;* deutsche Dichter und Denker; der Deutsche lebt, um zu arbeiten – in allen drei Fällen geht es um Kreativität. Der Deutsche *muss* nicht arbeiten. Nein, er *will!*

Was bedeutet demgegenüber *leben?* Was ist – was heißt *leben?*

***

Schöner wohnen? Gut essen, viel reisen? Tanzbein schwingen? Mehr Sex? Freundschaften pflegen? Kinder großziehen? Sich um seine Seele kümmern?

Was und wie viel von *diesem* Leben zählt noch, wenn der Tod naht und man auf sein Leben zurückblickt?

Leben bedeutet zuallererst: Atmen, Trinken, Essen, Schlafen. Alles das ist so weit entweder passiv oder ohne große Willensanstrengung möglich. Ein bekanntes Klischee für *Leben* ist der Sommerurlaub am Strand. Man liegt träge auf dem Sand, lässt sich die Sonne auf den Pelz brennen. Geht man ins Wasser und schwimmt etwas, wird man zwar aktiv, aber auch in diesem Fall geht es eher darum, zu *spüren:* die Erfrischung im Wasser, wie das Wasser den Körper umspült und wie es die obersten Körperschichten abkühlt. Leben ist eher passiv. Man *arbeitet* nicht das Leben oder tut es, man *lebt es*. Der Fokus beim Leben ist auf das Außen gerichtet: auf den Sauerstoff in der Atmosphäre, die Nahrung aus der Natur, Ehepartner, Familie, die Gemeinschaft. Leben heißt mit der Umwelt zu interagieren.

Arbeit hingegen hat einen starken Bezug zum *Inneren* des Menschen. Kann ein Mensch *keine* innere Beziehung zu seiner Arbeit herstellen, so fehlt ihm die Motivation. Erkennt ein Mensch in seiner Arbeit keinen Sinn, ist er unmotiviert, wird er schnell unzufrieden und fühlt sich schlecht. Muss ein unmotivierter Mensch lange Zeit hart arbeiten, kann die Arbeit seine Persönlichkeit zerstören.
Damit dem Menschen die Arbeit guttut, braucht er zu ihr eine innere Verbindung. Hat er diese Verbindung, geht es ihm langfristig *besser als dem Nichtarbeitenden,* da der Arbeitende dank der Früchte seiner Arbeit nach gewisser Zeit über mehr Möglichkeiten verfügt und flexibler wird.
Der Arbeitende muss also für sich persönlich einen Sinn in der Arbeit erkennen. Die Sinnerfüllung liegt dabei für die meisten Menschen immer in der Zukunft und nicht im Hier & Jetzt, sei es die Bezahlung oder sei es das vollendete Werk. Demgegenüber funktioniert das Sonnenbaden und Plantschen im kühlen Wasser auch ohne Sinnfrage. Man spürt einfach. Das Hier & Jetzt reicht. Doch wenn das Hier & Jetzt alles ist, gibt es auch keine Kreativität mehr. Kreativität braucht Zeit.*

Arbeit wird von vielen Menschen mit Mühe und Anstrengung assoziiert. Das Maß der Mühe und Anstrengung aber leitet sich ab von der *Motivation.* Wer motiviert ist, dem fällt die Arbeit leicht. Das bedeutet: Der Schlüssel zur Arbeit ist Motivation, und diese Motivation finden wir *in uns.* Arbeit ist damit ein Phänomen, das in engem Bezug zu unserem Inneren steht und umso mehr in Bezug zu unserem Inneren stehen *muss,* je härter wir arbeiten.
Arbeit in idealer Form, Arbeit, zu der man motiviert ist, ist also ein Phänomen, das eher einer *introvertierten* Lebenseinstellung zuzuordnen ist. Denn die eigentliche Kraftquelle zur idealen Arbeit – eben die Motivation – findet sich im Inneren einer Person.

Somit ergibt sich die Kausalkette: *Innerlichkeit – Motivation – Fleiß*

Arbeit steht zudem auch für Freiheit und Freiheitsliebe, da derjenige, der seinen Lebensunterhalt *selbst* verdient, keinen anderen braucht, der es für ihn tut.
Man erkennt: Von der Arbeitsaffinität und Arbeitsliebe vieler Deutscher führen Verbindungslinien zur *Innerlichkeit* als potenziellem Tor zur Spiritualität und Religiosität und zur Achtung *der Freiheit anderer.* Wer fleißig ist, erschafft Produkte und Dienstleistungen, die anderen nützen und die er verkaufen kann. Er muss nicht stehlen oder ausbeuten. Er braucht kein rohstoffreiches Heimatland, kein Kolonialreich, in dem er die Eingeborenen auspresst, und er braucht kein weltweites Netz von Militärstützpunkten. Die Kernressource, das eigentliche Kapital, auf das der Fleißige setzt, ist *er s e l b s t.* Der Wille zur Arbeit ist *der Wille zur Energie aus sich s e l b s t,* im Wis-

* außer Tanz und Gesang, aber auch das will geübt sein, und auch das braucht seine Zeit.

sen, dass dies der Schlüssel zur Freiheit ist: Denn der wahre Schlüssel zur Freiheit ist nicht das, was frei *macht,* sondern das, was Freiheit *erhält.* Und das ist Arbeit.

So weit eine erste Annäherung an das Thema deutsches Wesen mit Hilfe drei gängiger Klischees, Schlagwörter oder Labels:

Made in Germany

Land der Dichter und Denker

Der Deutsche lebt, um zu arbeiten ...

Der Vollständigkeit halber sei noch erwähnt, dass es natürlich viele Deutsche gibt, die obigen und nachfolgenden Charakterisierungen nicht oder nur teilweise entsprechen. Diese Ungenauigkeit der Charakterisierung im Einzelfall gilt aber auch für andere Völker und Nationen.

Konkrete Personen über das deutsche Wesen

Wenden wir uns nun endlich den Aussagen konkreter Personen über das deutsche Wesen zu. Dabei möchte ich mit zwei Fällen beginnen, die im direkten Zusammenhang mit dem Zweiten Weltkrieg und der Zeit des Nationalsozialismus stehen; eine Zeit, die bekanntermaßen einen tiefen Schatten auf das Selbstbild der Deutschen geworfen hat.

Der erste der beiden Fälle ist US-Präsident *Franklin Delano Roosevelt,* US-Präsident von 1932 bis 1945, gestorben am 12. April 1945, also knapp einen Monat vor Ende des Zweiten Weltkrieges in Europa. Franklin D. Roosevelt äußerte sich im August 1944 sehr negativ über das deutsche Volk, was im ersten Moment durchaus verständlich ist, schließlich hatte das Deutsche Reich den USA am 11. Dezember 1941 den Krieg erklärt.
Der zweite Fall ist der bekannte russische Literaturnobelpreisträger *Alexander I. Solschenizyn* (1918–2008) und stammt aus dem Jahre 2000. Als die Deutschen im Juni 1941 die UdSSR angriffen, wurde Alexander Solschenizyn zum Militärdienst eingezogen und kämpfte bis wenige Monate vor Kriegsende (da verhaftete ihn der Militärgeheimdienst) in einer Artillerieeinheit. Alexander Solschenizyn hat also praktisch den ganzen Krieg gegen Deutschland mitgekämpft. Dennoch kommt er in krassem Gegensatz zu Franklin D. Roosevelt zu einer *sehr positiven* Einschätzung des deutschen Charakters.
Die Zitate von Roosevelt und Solschenizyn sollen als Eingangsbeispiel dafür dienen, wie weit die Ansichten über die Deutschen auseinandergehen können.

Franklin Delano Roosevelt, US-Präsident (1932 bis 1945)

… und sein Finanzminister *Henry Morgenthau* (1934–1945).

Als gegen Ende des Zweiten Weltkrieges Hitlers Niederlage absehbar wurde, gab es in der US-Regierung Diskussionen darüber, wie mit Deutschland nach dem Siege zu verfahren sei. Im *Spiegel*-Magazin vom 11. Dezember 1967 heißt es zu einer Diskussion zwischen US-Präsident *Roosevelt* und seinem Finanzminister *Morgenthau,* der so wie der Präsident das Problem mit den Deutschen ein für alle Mal lösen wollte:

> *Die Alliierten, so meinte Morgenthau, sollten sich […] nicht damit begnügen, Hitler und seine Helfershelfer zu verhaften oder hinzurichten, die von den Deutschen besetzten Länder zu befreien und Deutschland zu besetzen. Ein dauerhafter Friede erfordere auch* ***die Umerziehung des deutschen Volkes zu demokratischem Denken*** *und die Beseitigung der für einen Krieg notwendigen Industriekapazität in Deutschland. Nur so würden Europa und die Weit Sicherheit finden. […]*[351]

Natürlich fragt sich hier, was von einer Demokratie zu halten ist, wenn das betreffende Volk zuvor einer Umerziehung unterzogen werden musste. Lässt sich noch von

„freiem" Willen dieses Volkes sprechen, wenn es einen Krieg verloren hat und die Sieger bestimmen, was und wie es zu denken und zu fühlen hat?

Der *Spiegel* weiter:

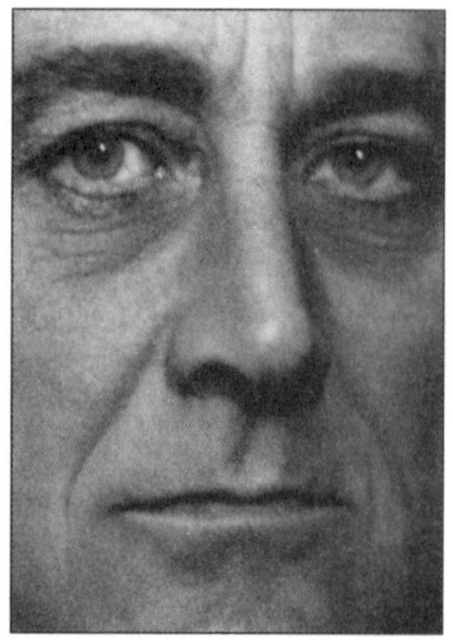

Abb.42: Franklin Delano Roosevelt

> *Am 19. August 1944 sprach Morgenthau mit Franklin Delano Roosevelt. Der Minister erklärte ihm: „Niemand hat sich mit der Frage beschäftigt, wie Deutschland nach den von Ihnen gewünschten Richtlinien streng behandelt werden soll."*

Darauf der Präsident:

> *„Wir müssen mit Deutschland hart umgehen, und* ***ich meine dabei das deutsche Volk, nicht nur die Nazis.*** *Wir müssen entweder das deutsche Volk kastrieren*[352] *oder man muss die Deutschen so behandeln, dass sie nicht einfach weiterhin Menschen zeugen können, die* ***im alten Geist*** *fortfahren wollen."*[353]

»Kastrieren« bedeutet faktisch ausrotten, nur dass diese Form der Ausrottung ein paar Jahrzehnte benötigt.
Für unser Thema aber noch wichtiger ist der Begriff *»alter Geist«* bzw. *alter deutscher Geist.*[354] Damit ist bezeichnenderweise nicht der Geist der Nationalsozialisten gemeint, denn dieser Geist war zum Zeitpunkt der Aussage gerade einmal 11 ½ Jahre an der Macht. Und 11 ½ Jahre ist historisch gesehen nicht alt, es ist sehr jung. Die Wurzeln des alten Geistes liegen also näher an den Wurzeln des Ersten Weltkrieges, ja genauer noch im *preußischen* Geist, der 1871 die deutsche Reichsgründung ermöglicht hatte.
Der Kern des deutschen Problems lag aus Roosevelts Sicht also irgendwo in der Mitte des 19. Jahrhunderts, wenn nicht sogar noch weit davor. Das ist entscheidend: Das Problem waren nicht die Nazis, und auch nicht deren Wähler in den 1930ern, sondern das deutsche Volk *per se* – und damit *das deutsche Wesen!*

An anderer Stelle wird Roosevelt 1944 zitiert:

> *„Meine Beschäftigung und meine persönliche Erfahrung mit Deutschland [im Alter von neun Jahren verbrachte Roosevelt drei Monate in Bad Nauheim in Hessen°] [...] bringen mich zu der Überzeugung, dass die deutsche Philosophie nicht durch Dekret, Gesetz oder militärische Ordnung geändert werden kann. Eine Veränderung der deutschen Philosophie hat evolutionär zu sein und mag zwei Generationen in Anspruch nehmen [also bis 2004, wenn man ab 1944 und mit 30 Jahren pro Generation rechnet°]".*[355]

Der Begriff *Philosophie* – hier auch als *Wertesystem* zu verstehen – verdeutlicht noch einmal, dass es sich um eine Ursache handelt, die tief ins 19. Jahrhundert zurückreicht und noch sehr viel weiter in die Vergangenheit.
Präsident Roosevelt geht es also, wie er selbst unumwunden zugibt, keinesfalls nur um Adolf Hitler und dessen Anhänger (Die NSDAP hatte vor der Machtergreifung am 30. Januar 1933 1,2 Mio. Mitglieder.) Hitler ist für Roosevelt nur die besonders herausragende Frucht des bösen deutschen Baumes, dessen Wurzeln weit in die Jahrhunderte zurückreichen. Es geht Roosevelt um das deutsche Volk *an sich,* um dessen kulturelle Prägung, die natürlich schon viele Generationen vor der Nazizeit vorhanden war.
Damit outet sich Roosevelt als hochgradig rassistisch, denkt aber auch noch zeittypisch in der Kategorie eines deutschen Wesens. Für ihn ist das deutsche Wesen noch sehr real und keinesfalls fiktiv. Allerdings mag es der Präsident ganz und gar nicht und will es am liebsten ausrotten.
Was die praktische Durchführung der von Roosevelt beabsichtigten *»evolutionären Veränderung der deutschen Philosophie«* angeht, so hätte diese natürlich primär über das Bildungssystem, also über Schulen und Universitäten zu erfolgen, da der jugendliche Geist noch weich und formbar ist. Dort musste angesetzt werden.

Nun gut. Auf die Kastration der deutschen Männer hat man verzichtet und auch die von Henry Morgenthau favorisierte De-Industrialisierung Deutschlands und die Umwandlung ganz Deutschlands in einen reinen Agrarstaat hat man nicht in die Tat umgesetzt, schließlich hat man in Washington und London schnell begriffen, dass man das kreative und industrielle Potenzial des deutschen Volkes hervorragend im Kampf gegen den neuen Feind UdSSR gebrauchen konnte.

Auch wenn Franklin D. Roosevelt und Henry Morgenthau mit ihrer krassen Antipathie gegenüber den Deutschen in den USA eher ein Ausnahmefall gewesen sein mögen, so wird man sich im politischen Establishment der USA sehr wohl gefragt haben, wie man die rund 60 Millionen Westdeutschen dauerhaft und langfristig unter Kontrolle halten kann. Schließlich wollte man den Fehler von 1918 vermeiden, als es nicht gelungen war, dem besiegten Deutschland einen aggressiven Wiederaufstieg unmöglich zu machen.
Aus Sicht der USA war der große Vorteil gegenüber 1918 natürlich der, dass Deutschland ab 1945 besetzt war und dass man die komplette Elite des Landes austauschen und handverlesen konnte. Dieser Elitenaustausch ging aber nicht gleich und zu 100 Prozent, sonst wäre Deutschland zusammengebrochen, oder man hätte Hunderttausende Deutsch sprechende Verwaltungsbeamte aus den USA, England und Frankreich nach Deutschland schicken müssen, die es in dieser Anzahl natürlich nicht gab.
Die *»evolutionäre Veränderung der deutschen* ***Philosophie****«,* besser gesagt das tradierte deutsche Wertesystem, hatte also Stück für Stück zu erfolgen, sozusagen über eine ganze Serie von Hirnwaschgängen, die sich über mehrere Generationen verteilen. Und in der öffentlichen Wahrnehmung der Deutschen hätten diese Hirnwaschungen natürlich mittelfristig durch *Deutsche* zu erfolgen, damit die ganze Sache nicht zu sehr nach Kolonialherrschaft aussieht.

Zunächst also duldete man in Behörden, im Bildungssystem und in der Industrie Mitläufer des Naziregimes und setzte darauf, dass im Zuge des natürlichen Generationenwechsels eine Jugend nachrückt, die unter der Regie der USA bzw. der westlichen Alliierten in einem anderen Geiste erzogen und aufgewachsen ist. Dass dieser Prozess mehrere Jahrzehnte beansprucht, bis alle „alten Nazis“ weggestorben sind, war klar.

Kurzum: Präsident Roosevelt unterläuft ein Denkfehler, wenn er oben sagt *»dass sie [die Deutschen°] nicht einfach weiterhin Menschen* ***zeugen*** *können [»go on reproducing«], die im alten Geist fortfahren wollen«:* Es kommt in diesem Sinne nicht darauf an, wer ein Kind *zeugt,* sondern wer es *erzieht.*
Ist die Erziehung der Schlüssel, muss man das Erziehungssystem des eroberten Landes unter seine Kontrolle bringen und umkonstruieren: Man muss das pädagogische bzw. Lehrpersonal an Kindergärten, Schulen und Universitäten austauschen. Die umerzogenen neuen Professoren bilden dann neue Lehrer, Journalisten usw. aus, und mit der Zeit entsteht tatsächlich auf breiter Front ein neuer Geist. Allerdings fragt sich am Ende, ob dieser über Unterricht, Ansprachen, Reden, Zeitungen, Bücher und Filme injizierte Geist tief genug in das Wesen des besiegten Volkes eindringen kann.

Ein wichtiger, ganz zentraler Baustein bei der Umerziehung des deutschen Volkes war natürlich auch die Entwertung des Volksbegriffes und die Untergrabung der nationalen Identität. Die Ersatzdroge für die einst stolzgeschwellte deutsche Brust war Individualismus, Materialismus und Konsum. Dem industriellen Boom sei Dank. Hätte es das sogenannte deutsche Wirtschaftswunder und den hiesigen Konsumrausch nicht gegeben, hätte man das Wertevakuum, das der Zusammenbruch des nationalsozialistischen Wertesystems hinterlassen hat, wohl kaum wieder auffangen können.
Jedenfalls hat es nach 1945 eine deutliche Verschiebung des westdeutschen Wertekanons vom kollektiv-idealistischen zum individualistisch-materialistischen gegeben. Das bedeutet: Im Zuge der Entnazifizierung und der anschließenden sich programmgemäß über mehrere Jahrzehnte erstreckenden Werteumformung (Roosevelt: *»mag zwei Generationen in Anspruch nehmen«*), ist ein ganzes Paket tief verwurzelter, lange vor 1933 bestehender deutscher Werte entweder komplett entfernt worden oder erheblich geschwächt und an den Rand der Gesellschaft abgedrängt worden.
Geht es um die heutige deutsche Kultur und das heutige deutsche Wesen, sollte einem also stets bewusst sein, dass es sich dabei um die Kombination eines traditionell gewachsenen Wertesystems und eines von einer Siegermacht aufoktroyierten Wertesystems handelt. Das heutige sogenannte deutsche Wesen ist somit eine Chimäre, wobei wir den Siegern des Zweiten Weltkrieges die gute ursprüngliche Absicht nicht kategorisch absprechen wollen.
Und wenn Roosevelt sagt, dass diese Umprogrammierung *»zwei Generationen in Anspruch nehmen«* mag, so bedeutet dies, dass das entsprechende Umerziehungsprojekt so umfangreich und tiefgreifend sein muss, dass es nach 60 Jahren (oder mehr) nicht so einfach abgestellt werden kann. Denn nach 60 Jahren und mehr ist eine regelrechte Kaste von Volkspädagogen entstanden, die nun ihrerseits ein Eigenleben führt und eine gewisse Selbsterhaltungsdynamik entwickelt hat.

Haben die „Amis“ Deutschland inzwischen komplett gehackt?

Jetzt fragt sich natürlich, wie tief der *„amerikanische Geist“*, die *US-amerikanische Steuerungssoftware* infolge einer inzwischen 70-jährigen Umprogrammierung (Stichwort *Atlantikbrücke*) in das deutsche Wesen eingedrungen ist? Haben diese über 70 Jahre tatsächlich gereicht, um die US-amerikanische Betriebssoftware unumkehrbar in das deutsche Wesen einzubrennen? Oder droht den Deutschen ein Rückfall in alte Fehler, sobald das US-Imperium vor aller Augen zu wanken beginnt? Motto: Ist die Katze aus dem Haus, tanzen die Mäuse auf dem Tisch.
Was eigentlich sagt die Wissenschaft über die Möglichkeiten und Nachhaltigkeit einer Volksumerziehung? Ganz im Ernst: Wie viele Jahrzehnte braucht die nachhaltige, unumkehrbare Umerziehung eines Volkes von der Größe des deutschen Volkes? Gibt es auch Völker, bei denen dies aus welchen Gründen auch immer nie so richtig klappt? Was sagen zu dieser Frage wissenschaftliche Studien und Erfahrungsberichte in Archiven der USA oder anderer Kolonialmächte oder gar der katholischen Kirche; Mächte eben, die auf ganze Jahrhunderte mit Erfahrungen in Sachen der Volksumerziehung zurückblicken können?
Kann ein Deutscher so gut und nachhaltig umprogrammiert werden wie ein nordamerikanischer *Mic-Mac-Indianer?* Oder gibt es im Inneren des Deutschen eine Art Kernprozessor, der *nicht* umprogrammierbar ist?

Diese Fragen zu beantworten ist natürlich schwierig. Man spricht nicht gerne über die Umerziehung der Deutschen nach 1945. Und man spricht auch nicht so gerne über die Umerziehung eines Volkes an sich. Denn Volksumerziehung passt irgendwie nicht so richtig zum Ideal der Demokratie und dem Selbstbestimmungsrecht der Völker. Nichtsdestotrotz hat es in der Geschichte der westlichen Kulturexpansion zahllose Versuche gegeben, ein fremdes Volk umzuerziehen. Es liegen also Erfahrungen vor, und man sollte einmal untersuchen, bei welchen Völkern die Umerziehung gut funktioniert hat und bei welchen nicht so gut und warum. Da gibt es durchaus Unterschiede. So sind die Versuche der katholischen Kirche, die Mongolen zum Christentum zu bekehren, vollkommen ins Leere gelaufen.
Dass die Umerziehung der Deutschen – man lese und staune – eher nicht so gut funktioniert hat, glaubte beispielsweise die britische Premierministerin Margaret Thatcher (gest. 2013) (siehe Seite 222).

Alexander I. Solschenizyn (1918–2008)

Alexander I. Solschenizyn (1918–2008) erhielt im Jahre 1970 den Literaturnobelpreis und ist vielleicht der bekannteste russische Schriftsteller in der zweiten Hälfte des 20. Jahrhunderts. Sein Hauptwerk ›*Der Archipel Gulag*‹ (1973) beschreibt detailliert die Verbrechen des stalinistischen Regimes bei der Verbannung und Ermordung von Millionen Menschen im Gulag, dem sogenannten Straflagersystem in der UdSSR.
Im März 2000, ein knappes halbes Jahr nach *Wladimir Putins* Machtantritt, als noch keiner wusste, wer Putin ist und was er will, führte der Spiegel ein Interview mit Alexander Solschenizyn, in dem sich dieser sehr positiv über die deutsche Kultur äußerte:

> *„... schon als Schulkind war ich von der deutschen Literatur und der deutschen* ***Sprache*** *begeistert, ich habe zwei Sommer lang Goethe, Schiller, Heine, deutsche Volksmärchen auf Deutsch gelesen – was immer mir in die Hände kam. Es war ein Genuss für mich.* ***Der Krieg gegen das faschistische Deutschland hat bei mir keine negativen Gefühle gegenüber dem deutschen Volk ausgelöst.*** *“*[356]

Sieh' da: So geht es also auch. Trotz all des von Deutschen verursachten Leids muss man die Deutschen keinesfalls hassen. Und wie erwähnt: Alexander Solschenizyn sagt dies als jemand, der fast den ganzen Krieg gegen Deutschland (22. Juni 1941 bis 8. Mai 1945) mitgekämpft hat:

> *Frau Solschenizyna (tritt hinzu): „Er hat ja auch einen absolut deutschen Charakter.“*
> *Spiegel: „Was ist ein deutscher Charakter?“*
> *Natalja Solschenizyna: „Was er macht, macht er* ***gründlich, überlegt und führt es zu Ende.*** *Das Einzige, was bei ihm nicht so deutsch ist: Er gewährt seiner Ehefrau wahrscheinlich zu viele Rechte und Freiheiten.“ [...]*
> *Alexander Solschenizyn (lacht): „Das können wir ja korrigieren.“*
> *Spiegel: „Sie sehen Deutschland als ein Bindeglied zwischen dem Westen Europas und dem östlichen Teil des Kontinents?“*
> *Solschenizyn: „Hunderte, wenn nicht Tausende Deutsche zeichneten sich im Zarenreich als* ***äußerst effektive*** *und* ***treue*** *Diener des russischen Staates aus. Sie haben auch Russlands Kultur* ***begeistert und ehrlich*** *aufgenommen.“*

Abb.43: Alexander I. Solschenizyn (1918–2008)

Es war die deutschstämmige Zarin Katharina die Große (geborene *Anhalt-Zerbst*, gest. 1796), die erstmals deutsche Siedler nach Russland eingeladen hat. Solschenizyn weiter:

> *„Ich hoffe sehr, dass Deutschland dieser Rolle wieder gerecht werden kann, uns mit dem Rest der westlichen Welt zu verbinden. Es verletzt mich schon, wenn manche*

Stimmen in der deutschen Presse jetzt sehr Russland-feindlich klingen, speziell im Zusammenhang mit Tschetschenien [zweiter Tschetschenienkrieg 1999–2009°]. "[357]

Die Beispiele Roosevelt und Solschenizyn belegen sehr gut, welchen Unterschied der individuelle Standpunkt ausmacht. Alexander Solschenizyn ist hoch anzurechnen, dass gerade er als Russe, als ein Mann aus einem Volk mit 27 Millionen Toten im Zweiten Weltkrieg, eine so positive Grundhaltung gegenüber Deutschland einnimmt.
Zum Vergleich: Die USA hatten im ganzen Zweiten Weltkrieg (einschließlich des Krieges gegen Japan) 400.000 Tote zu beklagen. Das sind etwa 1,5 Prozent der russischen Opferzahl. Damit kamen im Zweiten Weltkrieg auf jeden toten US-Amerikaner rund 68 tote Russen! In Worten *Achtundsechzig.* Man wagt gar nicht sich auszumalen, was US-Präsident Roosevelt alles eingefallen wäre, wäre er *Russe* gewesen.
Was die von Roosevelt und Solschenizyn hervorgehobenen Eigenschaften der Deutschen betrifft (Solschenizyn: *gründlich, ehrlich, treu, effektiv;* Roosevelt: *autoritätsgläubig* und *gefährlich für die Welt*), so werden diese im nun folgenden Teil des Buches – neben anderen Eigenschaften – immer wieder Gegenstand der Betrachtung sein.

Begreift man nun das deutsche Wesen als ein ganzes Spektrum unterschiedlichster Eigenschaften, fragt sich irgendwann auch, ob manche dieser Eigenschaften im deutschen Wesen tiefer verwurzelt sind als andere? Sind die jeweiligen Eigenschaften der Deutschen eher wie Gras verwurzelt oder eher wie Büsche oder Bäume?

Es fragt sich: *Wie tief geht deutsch?*

Sehen wir uns zum Thema tiefer verwurzelter Eigenschaften der Deutschen ein paar Fallbeispiele an, und zwar zur *Treue.* Im ersten der folgenden Beispiele geht es um *Vertrags*treue:

Der Vertrag von Fredericksburg

In *Fredericksburg*/Texas/USA wurde im Jahre 1847 ein Friedensvertrag zwischen den überwiegend deutschstämmigen Einwanderern aus dem Westerwald (nordöstlich von Bonn/Koblenz) und Indianern vom Stamm der *Comanchen* unterzeichnet. Dieser Vertrag hat bis heute Gültigkeit und wurde bisher nie gebrochen, was eine absolute Ausnahme in der Geschichte der USA ist.
Die Vertragsunterzeichnung und der Bestand des Vertrages wird in Fredricksburg (rund 11.000 Einwohner) jedes Jahr am zweiten Maiwochenende gefeiert. Unterzeichnet wurde der Vertrag am 9. Mai 1847.[358]

Tacitus (um 58 bis um 120 n. Chr.)

Abb.44: Publius Cornelius Tacitus (geb. um 58 n. Chr., gest. um 120)

Recherchiert man in Sachen germanisch-deutscher Wesenszüge, führt kein Weg vorbei an *Publius Cornelius Tacitus,* dem bekannten römischen Senator und Historiker, gestorben um 120 n. Chr.
Aus Tacitus' Feder stammt der früheste und umfassendste völkerkundliche Bericht über die alten Germanen; Titel: ›*Germania*‹, um 99 n. Chr. erschienen. Schon in ›*Germania*‹ lobt der römische Historiker an mehreren Stellen die Treue der Germanen (siehe unten).
In einem anderen Werk, den ›*Annalen*‹, gibt Tacitus eine historisch verbürgte Szene im Pompeius-Theater in Rom im Jahre 58 n. Chr. wieder, in der zwei friesische Häuptlinge namens *Verritus* und *Malorix* während einer Aufführung für etwas Trubel sorgten, weil sie die Treue der Germanen als zu wenig wertgeschätzt empfanden. Entrüstet störten die beiden Friesenhäuptlinge die Aufführung mit dem Ausruf:

> *„Kein Volk auf der Welt kann an Tapferkeit und Treue die Germanen übertreffen!"*[359]

Grundsätzlich ist bei Tacitus' Charakterisierung der Germanen zu bedenken, dass die Römer damals schon seit Jahrhunderten Kontakt zu allen möglichen Völkern im gesamten Mittelmeerraum, in Mitteleuropa und im Nahen Osten hatten und sie im Hinblick auf die Eigenarten der einzelnen Völker über durchaus geschärfte Sinne verfügten. Rom hatte mit zahllosen Völkern gekämpft, beherrschte sie, hielt sie als Sklaven, heuerte sie als Söldner an und trieb mit ihnen Handel. Kurz: Rom war Multikulti.
In ›*Germania*‹ zeichnet Tacitus ein in manchen Punkten erstaunlich differenziertes Bild der Germanen. Namentlich erwähnt er rund 40 (in Worten *vierzig*) unterschiedliche germanische Stämme, wobei er die Mehrzahl aber nur kurz benennt und nicht eingehender beschreibt. Insgesamt zeichnet er ein recht positives Bild der Germanen.
Nicht wenige Historiker allerdings bezweifeln die Glaubwürdigkeit von Tacitus' Bericht. So wird mitunter behauptet, Tacitus habe die Germanen lediglich als Projektionsfläche benutzt, für positive Eigenschaften, die er bei seinen römischen Mitbürgern inzwischen vermisste: das Germanen-Vorbild sozusagen als mahnender Zeigefinger.
Da Tacitus' historisch belegte Aussagen über die Treue der Germanen ein nicht unerhebliches Argument für die These eines Ur-Deutschtums ist, bekommen Tacitus' Aussagen eine politische Qualität und werden von jenen bekämpft, die sich mehr oder weniger nach der Auflösung der Völker und Nationalstaaten sehnen. So wird Tacitus nicht aus geschichtswissenschaftlichen Gründen angezweifelt, sondern aus ideologi-

schen. Dazu ein typisches Beispiel aus dem *Spiegel* vom 26. März 2013, Überschrift *›Wesen der Germanen‹*, Untertitel *›Land der Biertrinker‹.*[360]

Schon im zweiten Atemzug des Artikels weht einem mit *»Land der Biertrinker«* ein Geist der Banalisierung und Entwertung entgegen. Nahtlos geht es weiter:

> *Meisterhaft knapp beschrieb der Historiker Tacitus das Wesen der Germanen.* ***Wozu, weiß niemand genau*** *– sicher ist nur, dass das Büchlein ungeheuer nachgewirkt hat.*[361]

»Wozu, weiß niemand genau« suggeriert: Ein sinnloses Buch über ein sinnloses Volk. Doch da die Deutschen im Ausland nun einmal als *Germans* bekannt sind – und natürlich auch aus anderen Gründen –, kommen deutsche Publizisten nicht umhin, sich von Zeit zu Zeit mit den alten Germanen zu befassen. Im Zuge dessen kommen sie auch nicht umhin, ein gewisses Sammelsurium germanischer Eigenarten vor dem Publikum auszubreiten. Mehr aber gibt es nicht, es bleibt beim Sammelsurium. Dieses Strickmuster des sinnlosen Sammelsuriums trifft man übrigens auch in *Theo Dorns* und *Richard Wagners* Buch *›Die deutsche Seele‹* von 2011 an.
Das *›Wesen der Germanen‹* wird, so wie es der *Spiegel* in seiner Überschrift vortäuscht, jedoch nicht herausgearbeitet. Im Gegenteil: Dem Leser wird die Lust auf die Suche nach dem germanischen Wesen genommen. So schreibt *Spiegel*-Journalist *Johannes Saltzwedel:*

> *Aber* ***schrieb Tacitus die „Germania" wirklich als faktentreuer Ermittler?*** *[...] Jahrhundertelang haben Philologen und Althistoriker den Text analysiert, doch* ***wozu genau die*** *musterhaft übersichtlich gegliederte* ***Schrift hätte dienen können, weiß letztlich keiner genau.*** *[...] für wen konnte die moralgesättigte, extrem kondensierte Ethnografie in Form einer Stilübung gedacht sein? [...] Blieben eigentlich nur jene Zeitgenossen, die aus allgemeiner Neugier lasen – eine fast verschwindend geringe Zahl. [...]* ***Nur selten finden sich in den folgenden Jahrhunderten Anzeichen für eine Lektüre der „Germania".*** *[...]*

Zweifel an Fakten in einem sinnlosen Buch, das niemand gelesen hat. Eine Kaskade der Sinnentleerung.

> *Seither haben Altertumsforscher, Linguisten, Archäologen, Geografen, Historiker, Germanisten, Volkskundler und natürlich auch windige Ideologen jede Möglichkeit zu nutzen versucht, die kargen, mitunter kryptisch anmutenden Informationen des Tacitus in* ***ein schlüssiges Bild*** *des damaligen Europa östlich des Rheins und nördlich der Alpen umzusetzen. [...] Weder die – nur schemenhaft rekonstruierbare – Geografie noch die [...] nahezu* ***komplett dem Hörensagen entstammenden Detailangaben*** *seien belastbar, warnen die meisten Althistoriker.*
> *Andererseits mag niemand von vornherein ausschließen, dass Tacitus – mit den Worten des Kenners Alfons Städele – sozusagen dank höherer Fügung „ein annähernd richtiges Bild des Germaniens seiner Tage entworfen hat."*

Tacitus unumwunden als Betrüger oder als schlampigen Rechercheur hinzustellen – nun, das wagt man dann doch nicht. Dies schösse übers Ziel hinaus. Das Ziel ist allerdings auch schon erreicht, wenn man den Leser glauben machen konnte, es lohne sich nicht, sich in den Originaltext zu vertiefen.

Genug davon. Sehen wir uns nun ein paar Stellen aus Tacitus' *›Germania‹* an. Der Leser mag selbst entscheiden, ob er Tacitus glaubt oder nicht:

Im Kampfe muss der [germanische°] Fürst alle überragen, der Gefolgsmann des Fürsten wert sein und ***mit ihm in den Tod gehen,*** *wenn er nicht der allgemeinen Verachtung verfallen will.*[362]

Treue im Kampf auf Leben und Tod. Der klassische Test der Treue.

Die [germanische°] Frau trägt gewöhnlich nichts anderes als der Mann, außer einem linnenen, mit Purpur geschmückten Oberkleid, das sie aber nicht durch Riesenärmel verzerrt. Der ganze Arm und oben die Brust bleiben nackt.
Trotzdem ist die Ehe dort heilig. *Darin verdienen sie überhaupt die größte Bewunderung. Sind sie doch fast (!) die einzigen Barbaren, die* ***nur ein Weib*** *nehmen. Eine Ausnahme machen, nicht aus Wollust, nur die, die wegen ihres Adels als Schwiegersöhne viel begehrt sind. [...]*[363]
Und trotzdem steht es bis jetzt nicht gerade schlecht um jenes Volk, wo nur Jungfrauen in die Ehe kommen und als Gattinnen für immer all ihre Erwartungen und ihr Verlangen erfüllt sehen. Nur einen Gatten habe jede Frau, wie sie nur einen Leib und ein Leben hat und nebenher keine geheimen Wünsche, keine Leidenschaft.
Weniger dem Manne als der Ehe halte sie die Treue.[364]

Eine interessante Beobachtung: Demnach geht es bei der Treue der germanischen Frauen um 100 n. Chr. in vielen Fällen nicht so sehr um den Mann, sondern um den sozialen Status, das Ansehen, die Ehre, das Ego.

Unverständlich ist mir des Germanen Leidenschaft für das Würfelspiel. In vollständig nüchternem Zustande treibt er es wie ein ernstes Geschäft und dabei mit solcher blinden Tollheit, dass er, wenn alles andere hin ist, auf den letzten Wurf sogar die persönliche Freiheit setzt. Verliert er, ***stellt er sich gutwillig als Sklave,*** *lässt sich binden und verkaufen, wenn er auch der Jüngere und Stärkere ist. So hartnäckig vertreten sie sogar ihre Torheit.* ***Sie selbst nennen das Treue.***[365]

»Gutwillig als Sklave« – passt durchaus zu dem, was man auch um 1800 herum den Deutschen attestiert hat (siehe unten). Eine Vertrags- und Regeltreue, die an *Blödheit* grenzt, ist auch Beobachtern in sehr viel späteren Jahrhunderten an den Deutschen aufgefallen.

Die Stämme am Rhein selbst, die Vangionen, Triboker und Nemeter sind zweifellos Germanen. Auch die Ubier, die ja nun römische Bürger geworden sind und sich nach der Gründerin ihrer Stadt lieber Agrippinenser [Kölner; Köln wurde 38 vor Chr. gegründet°] nennen, sind stolz auf ihre germanische Abkunft. Sie sind schon *vor langer Zeit über den Rhein gekommen und erhielten **wegen ihrer Treue** als Grenzwächter, nicht etwa als Bewachte, dicht am Rhein Land.*[366]

Auch hier germanische Vertragstreue, diesmal den Römern gegenüber, wobei – das sollte nicht verschwiegen werden – andere Germanen wie *Arminius* in der Schlacht im Teutoburger Wald 9 nach Chr. sehr wohl Verrat an den Römern geübt haben.

So weit hatten wir germanische Treue dem Ehepartner gegenüber, Treue dem Fürsten gegenüber, Treue zum gegebenen Wort beim Spiel und Bündnistreue. Tacitus weiter:

Im 640. Jahre nach Gründung unserer Stadt [Rom im Jahre 735 vor Chr.°] [...], hörte Rom zum ersten Mal den Klang cimbrischer Waffen [Einfall eines germanischen Volksstammes um 120 vor Chr., vermutlich aus Jütland/Dänemark°]. Zählen wir von da bis zum zweiten Konsulat des Kaisers Trajan, so erhalten wir 210 Jahre. So lange schon »besiegen« wir fortgesetzt die Germanen und mittlerweile hatten wir wie sie Verluste über Verluste. Die Samniter [aus Italien°], die Punier [Karthago°], die Spanier, die Gallier und selbst die Parther [Vorderasien°] haben uns nicht so viel zu schaffen gemacht. Denn ungebundene Wildheit des Germanen bricht nicht so leicht wie des Arsakus Königreich [Partherkönig°].
Wessen können sich die Orientalen, die ein Ventidius schlagen konnte, denn rühmen, höchstens dass sie uns Crassus erschlugen, und dafür büßte ihr Pakorus. Die Germanen aber haben Carbo, Cassius, Skaurus Aurelius, Servilius Caepio und Gnäus Manlius geschlagen oder gefangen und einmal sogar auf einen Schlag fünf Heere mit ihren Konsuln, und noch zur Zeit des Augustus, Varius und seine Legionen, völlig vernichtet [die legendäre Varus-Schlacht 9 n. Chr.°].[367]

Der militärische Erfolg eines so hartnäckigen Gegners kann sich auf verschiedene Faktoren stützen: seine große Anzahl, seine militärischen Fähigkeiten oder sein Kampfeswille, der sich wiederum aus einem bestimmten Wertesystem und einer bestimmten Weltanschauung (Religion) ableitet.
Halten wir fest: Glaubt man Tacitus, dann war für die alten Germanen Treue ein Wert, der ganz oben in ihrem Wertesystem rangierte.

Osho (1931–1990)

Osho, alias *Bhagwan Shree Rajneesh,* alias *Acharya Rajneesh,* (gest. 1990) war ein in den 1970/80ern im Westen recht bekannter indischer Guru aus Poona/Indien. Osho/Rajneesh hatte als spiritueller Lehrer weltweit eine große Schülerschaar, die sich stets in Orange oder in rötliche Töne kleidete; darunter alleine 30.000 bis 40.000 Deutsche.[368] Sich selbst bezeichnete Osho als *erleuchtet,* der östlichen Tradition nach ein Bewusstseinszustand, der sich mit „Einssein mit Gott" umschreiben lässt; ein Bewusstseinszustand, in dem sich die Seele nicht mehr mit Dingen aus der Welt der Täuschung identifiziert und daher nicht mehr körperlich wiedergeboren werden muss.
Als jahrzehntelang tätiger Psychologe und spiritueller Lehrer mit etlichen Zehntausenden Schülern aus praktisch allen westlichen Ländern plus Japan und Indien hatte

Osho Zeit und Gelegenheit genug, das Wesen der Deutschen zu studieren und es mit dem Wesen anderer Völker zu vergleichen.
Ich selbst habe mich seinerzeit ein paar Jahre im Kreise von Oshos Schülern bewegt, war selbst Schüler Oshos und erinnere eine Aussage Oshos zu der unterschiedlichen Art, wie ihn seine Schüler in Abhängigkeit von ihrer nationalen Herkunft lieben. Über die Deutschen sagte Osho, dass sie, *wenn* sie jemanden erst einmal lieben, dies *für immer* tun. Als Inder und Asiat stand Osho aber nicht im Verdacht, Deutschland gegenüber besonders parteiisch zu sein. Hier findet sich also kein Anhaltspunkt, um diese Aussage zu relativieren.
Osho bestätigt also Tacitus in Sachen germanisch-deutscher Treue. Beide betonen die germanisch/deutsche Treue im Vergleich zur Treue der anderen Völker *der Welt!*

Margaret Thatcher, britische Premierministerin von 1979–1990

Fünf Jahre nach der deutschen Wiedervereinigung traf sich die frühere britische Regierungschefin *Margaret Thatcher* in Colorado Springs (USA) mit den im Jahre 1990 regierenden anderen Staatschefs der Siegermächte von 1945, als da waren:

George H. W. Bush	US-Präsident	von 1989 bis 1993
François Mitterrand	französischer Präsident	von 1981 bis 1995
Brian Mulroney	kanadischer Premierminister	von 1984 bis 1993
Michail Gorbatschow ..	Generalsekretär des ZK der UdSSR ...	von 1985 bis 1991

Zweck des Treffens war ein Gedankenaustausch über die neue politische Lage auf dem alten Kontinent nach der deutschen Wiedervereinigung.

Abb.45: Margaret Thatcher (1925–2013)

Die vier großen Siegermächte des Zweiten Weltkrieges (USA, UdSSR, Großbritannien und Frankreich) hatten bei der deutschen Wiedervereinigung natürlich ein gehöriges Wort mitzureden (Zwei-plus-Vier-Vertrag) und waren gelinde gesagt nicht alle im selben Maße begeistert von der Vorstellung eines bevölkerungsmäßig größeren und wirtschaftlich *noch* stärkeren Deutschlands.
Besonders die Briten waren sehr skeptisch, fürchteten sie doch, dass ein um 16 Millionen Bürger angewachsenes, bereits vor dem Jahre 1990 wirtschaftlich sehr starkes Deutschland den europäischen Kontinent endgültig dominiert und aus dem Gleichgewicht bringt – was inzwischen im Zuge der Euro-Einführung und des Nord-Süd-Gefälles ja teilweise auch eingetreten ist.
Die Briten fürchteten, das wiedervereinigte Deutschland könne so, wie vor dem Ersten und vor dem Zweiten Weltkrieg zu mächtig werden.

In dankenswerter Offenheit sagte Mrs. Thatcher auf dem Treffen in Colorado Springs:

„Es hat Diskussionen zwischen uns gegeben, und ich glaube, einige [der damaligen Staatschefs°] haben meine ***Angst*** *geteilt, dass im Charakter des deutschen Volkes* ***etwas*** *ist, das zu Dingen geführt hat [Hitler und Holocaust°], die niemals hätten geschehen sollen.*
Ich kann nicht begreifen, *warum so viele Deutsche, warum diese bemerkenswerten Menschen, die so hoch intelligent sind – deren Wissenschaft so herrlich ist, deren Musik so wunderbar, sie haben eine so effiziente Industrie – Hitler haben tun lassen, was er getan hat.“*[369]

Dazu ist anzumerken, dass es nach Recherchen von Sachbuchautor *Will Berthold* 42 Attentatsplanungen und durchgeführte Attentatsversuche auf Adolf Hitler gegeben hat. Diese Informationen wurden 1981 veröffentlicht.[370] Auf Wikipedia findet sich darüber hinaus eine *›Liste der Attentate auf Adolf Hitler‹,* in der 18 gut belegte Fälle behandelt werden. Und in nur rund zehn Prozent dieser Fälle ging die Initiative zum Attentat von Nichtdeutschen aus. Margaret Thatchers indirekte Behauptung, die Deutschen hätten nichts gegen Hitler unternommen, kann man so also keinesfalls stehen lassen.
Eine andere bekannte Aussage „Maggie“ Thatchers stammt aus einem Gastbeitrag für das *Spiegel*-Magazin (11. Oktober 1993):

Seit der Einigung unter Bismarck [1871°] hat Deutschland [...] stets auf ***unberechenbare Weise*** *zwischen Aggression und Selbstzweifeln geschwankt.*[371]

Es fällt auf, wie stark die „eiserne Lady“ im Falle Deutschlands von irrationalen Impulsen beeinflusst wird: Sie sagt, sie habe *»Angst«* vor den Deutschen und dem *»etwas«* im deutschen Charakter. Sie sagt, sie könne *»nicht begreifen«,* was da im deutschen Wesen zwischen 1933 und 1945 vor sich gegangen ist. Sie befürchtet, dass sich das irgendwie wiederholt, und hält die Deutschen für *»unberechenbar«.*
Margaret Thatchers Aussagen stehen damit exemplarisch für den nicht untypischen Mix von besonders gut und besonders böse, den man bei der Charakterisierung der Deutschen immer wieder antrifft: Klassische deutsche Musiker wie *Bach* und *Beethoven* sind leuchtende Sterne am Himmel der europäischen Kultur, deutsche Wissenschaft und deutsche Ingenieurskunst sind unbestritten. Doch um all diese Leuchttürme deutscher Kreativität herum schleicht der alte Teufel Adolf Hitler, und keiner weiß so recht, wie man all das Gute und all das Böse im Deutschen auf einen gemeinsamen Nenner bringen kann.

Angesichts dieses teutonischen Rätsels, dieses seltsamen Gut-Böse-Gemischs rettet sich Margaret Thatcher in ein Deutschlandbild, das angelehnt zu sein scheint an eine Südsee- oder Karibikinsel mit einem Vulkan – sagen wir *Martinique* mit dem Vulkan *Mont Pelé:* Wenn der ach so böse Vulkan auf der ach so schönen Insel eine Ruhephase einlegt und ein paar Jahrzehnte schläft, ist alles super: Das Land ist fruchtbar und alles blüht. Die Bewohner sind nett, friedlich und fleißig. Doch irgendwann – und

keiner weiß wann – bricht der böse Vulkan mit Macht aus. Und jäh endet dann das lustige Treiben auf der ach so schönen Insel.
So in etwa das Deutschlandbild der eisernen Lady. Es ist von tiefem Misstrauen geprägt. Andererseits – und das rechnen wir der Lady hoch an – hat die Dame noch an etwas Beständiges im Wesen der Völker geglaubt. Im deutschen Fall zwar an etwas beständig Negatives. Aber immerhin. Besser eine schwarze Seele als gar keine.

Der Vollständigkeit halber seien dann „Maggies" Befürchtungen von 1994 noch in Bezug gesetzt zu Henry Morgenthaus und Franklin D. Roosevelts Umerziehungsplan von 1944. Margaret Thatcher klingt nämlich nicht so, als würde sie daran glauben, dass man die Deutschen wirklich umerziehen kann. Also doch kastrieren?

Herbert Grönemeyer und sein Produzent Alex Silva

Der deutsche Musiker, Komponist und Schauspieler *Herbert Grönemeyer* (geb. 1956) war im Jahre 2008 mit 17 Millionen verkauften Tonträgern der erfolgreichste deutsche Solokünstler. Grönemeyer ist seit 1979 erfolgreich im Musikgeschäft, hat eine treue Fangemeinde und ist nach rund 40 Jahren Musikerkarriere immer noch in der Lage, ganze Stadien zu füllen (z. B. 30. Mai 2016, Dresden, Dynamo-Stadion: 30.000 Fans). 1998 ist er nach London umgezogen und singt dort seine Lieder auch mit englischen Texten.
Von der Instrumentalisierung und den Arrangements her ist Grönemeyers Musik Pop, seine Texte aber zeichnen sich durch Tiefgang aus, und genau dieser Tiefgang schafft die Verbindung zu seinen Fans.
Grönemeyers wohl bekanntestes Lied *›Bochum‹* (1984) beschreibt seine Heimatstadt Bochum und seine Liebe zu dieser Stadt. *Heimat* steht ähnlich wie *Arbeit* auf der Grenzlinie von äußerer und innerer Welt, jeweils mit dem Blick nach innen.
Dabei ist Grönemeyer alles andere als ein deutscher Nationalist und gerät mit *›Bochum‹* auch nicht in Verdacht, einer zu sein. Vielmehr schafft er es in dem Lied mit der Projektion des Themas *Heimat* auf die Stadt Bochum, ein Heimatgefühl jenseits „politisch korrekter" Vorgaben und schnulziger Klischees gerade für deutsche Zuhörer erlebbar und genießbar zu machen.

Abb.46: Herbert Grönemeyer

Das ist eine künstlerisch wertvolle Leistung. *›Bochum‹* beschreibt die Liebe zur deutschen Heimat ohne ein „ja aber", ohne etwas zu beschönigen, aber auch ohne diese Liebe im Kern und ihrer Essenz infrage zu stellen.

Ein anderes Beispiel: Das Lied *›Der Weg‹* (von 2002) beschreibt den Abschied des Sängers von seiner 1998 verstorbenen Frau Anna. Das Lied handelt von Liebe, Tod und Sterben und ist vom Thema her auch nicht besonders für einen Popsong geeignet.

Dennoch schaffte es Herbert Grönemeyer, die Erfahrung mit dem Tod seiner Frau positiv und kraftgebend umzusetzen; in einem Lied, das dennoch von einer breiten Öffentlichkeit wahrgenommen worden ist.
In seinen reiferen Jahren kann man Herbert Grönemeyer also einen Künstler nennen, der zwar *in der Welt* lebt, dessen Blick aber eigentlich nach innen gerichtet ist. Damit entspricht Herbert Grönemeyer einem zentralen Charakteristikum der deutschen Kultur im 18. und 19. Jahrhundert, nämlich dem Hang zur *Innerlichkeit* (siehe Seite 293).

Nun zu Grönemeyers Musikproduzenten: In einer im Jahre 2008 produzierten deutschen TV-Reihe mit dem Titel *›Deutschland, deine Künstler‹* wurde in der Folge über Herbert Grönemeyer auch dessen britischer Musikproduzent *Alex Silva* interviewt, also jemand, der sowohl Herbert Grönemeyer persönlich gut kennt als auch dessen Musik. Alex Silva wurde in Cardiff in Wales geboren. Grönemeyer arbeitete mit ihm seit 1998 zusammen.

An einer Stelle des TV-Portraits über Herbert Grönemeyer sagt Alex Silva:

> *„Herbert ist Deutscher. Und seine Musik steht sehr in der deutschen Musiktradition. Die liegt ihm im Blut. Wenn ein Deutscher seine Musik hört –* ***ich als Nichtdeutscher kann das nur ahnen*** *– dann gibt es sofort diese unbewusste [!] Sympathie damit. Sie löst tief in den Menschen [den Deutschen!°]* ***etwas aus.*** *“*

… so die Übersetzung des deutschen Sprechers.

Es erstaunt doch ziemlich, dass der britische Musikproduzent, so wie er sagt, selbst nach *zehnjähriger* (!) Zusammenarbeit mit Herbert Grönemeyer nicht verstanden hat, über welchen eigentlichen Kanal der Sänger mit seinen deutschen Fans kommuniziert: *»Ich als Nichtdeutscher kann das nur ahnen.«* Aber immerhin stellt Alex Silva klar, *dass* ein speziell deutscher Kommunikationskanal existiert und dass dieser Kanal irgendwie mit der deutschen Seele, sprich dem deutschen Wesen zusammenhängt.*
Dankenswerterweise sagt der Musikproduzent: *»Seine Musik steht sehr in der deutschen Musiktradition.«* Damit ist der Bogen geschlagen zur deutschen Musik des 18. und 19. Jahrhunderts. Und worin bestand die Tradition der deutschen Musik dieser Zeit? Was war ihr Wesen und ihr Kern? … Die deutsche Musiktradition hat eher etwas mit Innerlichkeit zu tun als mit Entertainment und Extrovertiertheit (siehe *Richard Wagner* und *Johann Sebastian Bach,* Seite 264).

Margaret Thatcher und Alex Silvas Anmerkungen zu den Deutschen zeigen, dass manche Briten Ende des 20. und Anfang des 21. Jahrhunderts im deutschen Wesen etwas wahrnehmen, was sie *nicht* benennen können *(»ich kann nicht begreifen …«, »ich als Nichtdeutscher kann es nur ahnen …«).* Es ist interessant zu beobachten, dass die Kommunikation zwischen zwei nordischen Völkern in einem so wichtigen Bereich so stark von Irrationalität, von Nichtverstehen und Angsthaben geprägt ist. Dieses Nichtverstehen ist im Falle Englands umso irritierender, als die Briten ja auch

* Ende 2017 habe ich Alex Silva angemailt, jedoch keine Antwort erhalten.

Nachfahren der um die Mitte des ersten Jahrtausends vor allem aus Norddeutschland und Dänemark stammenden Angelsachsen sind. Haben sich Deutsche und Angelsachsen in den letzten rund 1500 Jahren tatsächlich so weit auseinanderentwickelt? Oder ist seinerzeit nur ein spezieller Typ von Germanen nach England ausgewandert? Das sollte einmal im Rahmen einer DNA-Analyse überprüft werden.

Sinn machen und haben

Was die geistige Distanz zwischen Briten und Deutschen betrifft, so drückt sich diese auch aus im Klischee vom praktisch orientierten Briten und dem idealistisch-verträumten Deutschen. Und es passt wie die Faust aufs Auge, dass es auf dem Höhepunkt der Flüchtlingskrise im Herbst 2015 ein Brite war, nämlich der Politologe *Anthony Glees,* der den Deutschen vorgeworfen hat, sich wie ein „Hippie-Staat" aufzuführen, der sich *»nur von Gefühlen leiten lässt«* und unfähig ist, die langfristigen Konsequenzen ins Auge zu fassen.[372]
Die geistige Distanz zwischen Briten und Deutschen, besser gesagt zwischen *Engländern* und Deutschen zeigt sich auch im Sprachlichen, beispielsweise im deutschen „Sinn haben" und englischem „Sinn machen" *(make sense).*[*]
Ich erinnere dazu einen TV-Beitrag über Großbritannien vor ein paar Jahren: In einem touristisch angehauchten TV-Bericht befand sich das deutsche Kamerateam im Schloss eines britischen Adligen. Man unterhielt sich gepflegt, als die Deutschen in einem bestimmten Zusammenhang nach dem tieferen Sinn einer Sache fragten. Spontan platzte es aus dem blaublütigen Briten heraus: „Oh ihr Deutschen! Immer eure Frage nach dem Sinn. Könnt ihr nicht einfach leben?"

Natürlich können die Deutschen auch leben – und feiern. Oktoberfest, Love Parade. Man kann schon. Wenn man will. Doch egal, ob nun englisches Leben oder deutsches – irgendwann ist es vorbei. Und dann? Game over? Oder öffnet sich nach dem Tode ein neuer Horizont, ein neuerer, größerer Zusammenhang?
Sollte es nach dem Tode wider Erwarten nicht stockdunkel und mucksmäuschenstill werden, sondern sich ein weiterer Vorhang heben, ändert sich schlagartig der Sinn der ganzen Inszenierung, der Sinn des irdischen Daseins. So gesehen geht es also gar nicht um den *Sinn des Lebens,* sondern um den *Kontext* des Lebens, um den Bezugsrahmen, den größeren Zusammenhang, aus dem heraus sich erst der Sinn ergibt.
Sinn ist immer ein Abbild der Welt, in der man lebt. Bevor man sich mit dem *Sinn* des Lebens befasst, muss man also erst einmal wissen, was *Leben* überhaupt ist. Daraus folgt, dass der erste Sinn des Lebens darin bestehen muss, herauszufinden, *was Leben ist.* Wer hingegen die Sinnsuche für überflüssig und verzichtbar erklärt, hat aufgehört, die Grenzen seiner Welt zu hinterfragen. Und dieses Nichthinterfragen der eigenen Weltgrenzen ist gerade für die Engländer, die die Meere der Welt wie kaum ein anderes Volk erkundet haben, ziemlich befremdlich.

---

[*] Hier verwies unsere Lektorin darauf, dass dem „make sense" das schriftdeutsche, heutzutage eher nicht umgangssprachliche „Sinn ergeben" entspricht. Google findet zu „hat Sinn" 59.000 Treffer, zu „macht Sinn" 490.000 und zu „ergibt Sinn" 59.000 Treffer.

Sinnsuche ist nicht wie die Suche nach einem verlorenen Haustürschlüssel, sondern ein Prozess, an dessen idealem Ende die Transformation des Suchenden steht. Hinter der Sinnsuche steht der Wunsch nach *Selbsttransformation.*
Es ist kein Zufall, dass die praktisch veranlagten Briten in ihrer Sprache von „Sinn machen" sprechen, wohingegen die Deutschen von „Sinn haben" sprechen, obwohl – man muss es zugeben – das „Sinn machen" mehr und mehr in die deutsche Sprache einzieht. Wenn eine Sache „Sinn macht" bedeutet das entweder, dass sie zuvor *keinen Sinn* hatte oder dass sie aufhört Sinn zu haben, sobald sie nichts mehr tut. Insofern ist der britische Sinn wie eine Art Schweiß, der verschwindet, sobald man ein paar Gänge zurückschaltet. Das deutsche „Sinn haben" ist demgegenüber ein Sinn, der auch dann noch vorhanden ist, wenn sich nichts mehr bewegt: Wenn man so will: Ein Sinn der Stille.

Zwischen Großartigkeit und Monstrosität

Das Beispiel Margaret Thatcher von 1995 zeigt, dass man sich auch ein halbes Jahrhundert nach Ende des Zweiten Weltkrieges in gebildeten und einflussreichen nordeuropäischen Kreisen noch keinen rechten Reim auf den Gut/Böse-Widerspruch im deutschen Wesen machen konnte. Stattdessen bevorzugte und bevorzugt man im Ausland wie auch in Deutschland für die Enträtselung des deutschen Wesens irgendwelche irrationalen Konstrukte, Schemen und Gespenster, in die hinein sich alles Mögliche projizieren lässt. Und es fällt auf, dass gerade Angelsachsen zu solch irrationalen Ausdeutungen des Deutschen Wesens neigen (Morgenthau, Roosevelt, Thatcher).
Der Gegensatz und Widerspruch im deutschen Wesen; das, was Margaret Thatcher im hohen Alter (70 Jahre) und trotz sicherlich hervorragender informativer Vernetzung nicht begreifen konnte, wurde vom jüdischstämmigen, deutschen Philosophen *Theodor W. Adorno* (1903–1969) recht treffend auf den Punkt gebracht mit der Formel vom *»Ineinander des Großartigen mit dem Monströsen«* im deutschen Wesen (siehe Seite 286).
Das Gefangensein zwischen Großartigkeit und Monstrosität ist jedoch, wenn man ehrlich ist, ein Problem der GESAMTEN Menschheit. Wenn Adorno als Jude bei Monstrosität vor allem an Auschwitz denken mag, so wird er nicht umhinkommen, auch an Hiroshima, Nagasaki, Dresden und andere Orte zu denken. Monstrosität ist kein Monopol der Deutschen. Monstrosität gibt es zudem nicht nur auf der materiellen, physischen Ebene, sondern auch auf der psychisch-geistigen. Es gibt auch monströse Lügen, mit denen – dank der elektronischen Massenmedien – die ganze Menschheit verführt werden kann. Merke: Das Monster ist multidimensional. Es wirkt auch im Unsichtbaren. Und dort natürlich ziemlich ungestört, weil oft genug völlig unerkannt.
Es sind Wissenschaft und Technologie, die das Zeitalter des Monströsen begründet haben, nicht das deutsche Wesen. Das Problem ist nicht der Deutsche, sondern die Kreativität des Menschen; eine Kreativität, die dem Menschen Kräfte erschließt und verleiht, die er leider noch nicht beherrscht, da er *sich selbst* noch nicht beherrscht.
Die „Strategie", die die Deutschen in der ganzen Zeit seit 1945 angewandt haben, um mit dem Problem ihrer potenziellen Monstrosität irgendwie zurande zu kommen, besteht nun darin, das kollektive Energieniveau abzusenken, um die Monstrosität dadurch zu verhindern, dass man zum Großartigen unfähig wird.

Dummerweise haben die Deutschen aber übersehen, dass es auch eine Monstrosität der Mittelmäßigkeit und Schwäche gibt. Der Versuch, nicht man selbst zu sein, kann ebenso monströse Konsequenzen nach sich ziehen. Da kann jeder Psychologe ein Lied von singen. So erleiden mittelmäßige und schwache Völker seit Jahrtausenden überall auf der Welt das Schicksal, unterworfen und ausgebeutet zu werden, wenn nicht Schlimmeres. Die Antwort auf die missratene Großartigkeit kann kein Rückzug in die Mittelmäßigkeit sein, sondern muss selbstverständlich in einer *verbesserten* Großartigkeit bestehen.
Der „dritte Weltkrieg" – wenn er denn jemals käme – würde unserer „Strategie" der Mittelmäßigkeit aus Furcht vor dem Großartigen ein Ende setzen, denn er würde die Deutschen auf äußerst brutale Weise lehren, dass der Versuch, nicht man selbst zu sein, im Untergang enden kann.

Es ist essenziell, dass die Deutschen beginnen, das Spannungsfeld von Großartigkeit und Monstrosität, in dem sie leben und in das sie das Schicksal offensichtlich gezwungen hat, nicht als Problem oder Fluch zu verstehen, sondern als eine schicksalsgegebene Chance, die ihrem inneren Wesen entspricht. Die Deutschen sollten erkennen, dass Großartigkeit ihre Bestimmung ist und dass die Monstrosität letztlich ein Schreckgespenst ist, mit dem man die Deutschen vom Ausleben ihrer wahren Natur abhalten will.
Im Kern geht es hier für die Deutschen wie für die Menschen überhaupt um einen Konflikt zwischen Kreativität und Nicht-Kreativität. Die wahre Bestimmung des Menschen ist Kreativität. Die Kinder Gottes sollen nicht Daumen nuckeln. Sie sollen mit Bauklötzen spielen.
Und spätestens seit dem 20. Jahrhundert spürt und ahnt jeder Mensch, zu welchen gigantischen Leistungen der Mensch fähig ist. Die Weltkriege hingegen lassen sich als Versuch einer geistigen Kraft deuten, die den Menschen daran hindern will, seine wahre Kreativität zu entfalten.
Bei den Weltkriegen, der Umweltzerstörung, Wirtschafts- und Finanzkatastrophen usw. geht es entsprechend dieser Deutung in letzter Konsequenz nicht um die konkrete sichtbare Zerstörung, sondern um die Schaffung eines negativen Menschenselbstbildes. Es geht um die Zerstörung des positiven Menschenbildes, die Zerstörung des Glaubens an die Menschheit. Ziel ist ein Mensch, der an sich selbst verzweifelt, der den Glauben an sich selbst und sein kreatives Potenzial verliert. Es geht um die Zerstörung des Glaubens des Menschen *an sich selbst.*
Und so sitzen jene, die Kriege anzetteln, und diejenigen, die Kriege am lautesten beklagen und am meisten an der Menschheit verzweifeln, *im selben Boot.* Beide arbeiten an der Zerstörung des Glaubens an die Menschheit.

Im Sinne der großen Weltsorge und des großen Weltzweifels sind die Deutschen unter den weißen Völkern lediglich die Vorreiter und Pioniere.

Der teuflische Trost für die Deutschen lautet daher:

Ihr Deutschen fühlt euch schuldig, zweifelt an euch selbst, misstraut euch selbst und leidet daran?

Oh, ihr Narren!
Wartet, bis die g a n z e W e l t leidet
sich schuldig fühlt,
an sich selbst zweifelt
und sich selbst misstraut!

Ihr Deutschen seid nur die Vorreiter.
An eurem Nacken wird nur das Beil geschärft,
das später einmal das Genick der Welt durchtrennt.

Das Deutschen-Bild vor 1871

Werfen wir nun einen eingehenderen Blick auf die unterschiedlichen Beschreibungen des deutschen Wesens in der Zeit vor 1871 bzw. vor Ausbruch des Ersten Weltkrieges. Wie empfand man seinerzeit die Deutschen? Und wie haben sich die Deutschen damals selbst gesehen?

Dem Leser werden nachfolgend unter anderem zwei Dinge auffallen: Zum einem werden die Deutschen in der Zeit vor dem Ersten Weltkrieg und vor 1871 im Wesentlichen sehr positiv beschrieben. Zum anderen wird dem Leser auffallen, dass es in erstaunlich vielen Punkten eine Übereinstimmung zwischen dem gibt, was die Deutschen vor – sagen wir 200 Jahren waren, und dem, was sie heute sind.
Diese jahrhunderteübergreifende Kontinuität deutscher Wesenszüge ist heute so gut wie vollkommen aus dem Blickfeld der Deutschen geraten. Ja, der „politisch korrekt" geborene oder später „politisch korrekt" nachjustierte Durchschnittsdeutsche lebt heute in der Selbsteinschätzung, er sei im Wesentlichen frei von Prägungen aus solch grauer Vorzeit.

Sehr viel wahrscheinlicher scheint jedoch, dass sich die Deutschen von heute vieler ihrer nach wie vor vorhandenen typisch deutschen Eigenschaften nicht mehr richtig bewusst sind und dass die jetzt im Dunklen liegenden typisch deutschen Eigenschaften von unwohlgesonnen Kräften als Einfallstore benutzt werden, um das zu vollenden, was Roosevelt und andere vor über 70 Jahren ausgeheckt haben.
Kurz: Die Deutschen sind keinesfalls dabei, ihr Deutschsein zu überwinden, sie vergessen lediglich, wer sie sind, und halten diese Selbstvergessenheit für eine Art neue geistige Reife. Jedoch: Die Deutschen haben nicht den Gipfel einer neuen Klarheit erklommen, sie sind nur tiefer in den Sumpf der Verwirrung hineingeraten.

Es folgen die Zitate in historischer Abfolge.

William Shakespeare (1564–1616)

»Die Deutschen sind ehrliche Leute.«

William Shakespeare (1564–1616) ist der bekannteste englische Dichter und Dramatiker aller Zeiten. In einem seiner Stücke, *›Die lustigen Weiber von Windsor‹* (1600) lässt er einen britischen Schankwirt ein paar Deutsche in Schutz nehmen, die aus Sicht des Schankwirts unberechtigterweise beschuldigt werden. Der Schankwirt verteidigt die abwesenden Deutschen:

„Die Deutschen sind ehrliche Leute.“[373]

Diese Worte sind eine der frühesten in England dokumentierten Aussagen über die Deutschen. Bis dahin hatten die Engländer kaum zwischen Niederländern und Deutschen unterschieden.

Natürlich sollte man diese Aussage aus dem Munde eines Kneipenwirtes in einem Theaterstück nicht überbewerten.

Abb.47: William Shakespeare (1582–1616)

„Zufälligerweise“ wird die Ehrlichkeit der Deutschen aber – wie wir bald sehen werden – noch Jahrhunderte später von anderen Beobachtern angesprochen. Und diese Ehrlichkeit belegt sich auch durch Fakten. Das Beispiel mit dem Friedensvertrag in Fredericksburg/Texas wurde schon erwähnt. Ob Zufall oder nicht, ob Theater oder nicht – Shakespeares Satz fügt sich ins Bild.

Kurze Anmerkung zur Ehrlichkeit selbst: Ehrlichkeit an sich bezieht sich auf zwei Bereiche: Die Ehrlichkeit *anderen Menschen gegenüber* und die Ehrlichkeit *sich selbst gegenüber.*
Die Ehrlichkeit anderen gegenüber ist ein moralisches Phänomen und sorgt für das Funktionieren einer Gemeinschaft. Diese Ehrlichkeit reicht aber nicht aus, wenn es um die Entwicklung des Selbst geht. Wer ein glückliches Leben führen will, muss auch *sich selbst* gegenüber ehrlich sein – im Hinblick auf das, was er fühlt, denkt, will, glaubt, braucht, wo er sich wohlfühlt usw. In Ehrlichkeit liegt somit auch ein Keim für Spiritualität. Spirituelle Seelen haben einen natürlichen Hang und Instinkt zur Ehrlichkeit. Ehrlichkeit ist der Duft einer suchenden Seele. Und Ehrlichkeit korrespondiert mit dem nachfolgend immer wieder angesprochenen Hang der Deutschen zur *Innerlichkeit.*

Immanuel Kant (1724–1804)

»Die Deutschen stehen im Ruf eines guten Charakters.«

Der im Jahre 1724 in Königsberg (Ostpreußen, heute Kaliningrad) geborene deutsche Philosoph *Immanuel Kant* zählt zu den größten Philosophen der europäischen Geistesgeschichte überhaupt. Kants Werk *›Kritik der reinen Vernunft‹* gilt als Wendepunkt der Philosophiegeschichte und als Beginn der modernen Philosophie.

Abb.48: Immanuel Kant (1724–1804)

Über die Deutschen schreibt Kant im Jahre 1798:

> *Die Deutschen stehen im Ruf eines guten Charakters, nämlich dem der* ***Ehrlichkeit*** *und* ***Häuslichkeit;*** *Eigenschaften, die eben nicht zum Glänzen geeignet sind.*[374]

Mit diesen Worten beginnt Immanuel Kant die Charakteristik des deutschen Volks in seiner *›Anthropologie in pragmatischer Hinsicht‹*. Ein paar Zeilen weiter ergänzt der Philosoph seine Liste deutscher Eigenschaften:

> ***Fleiß, Reinlichkeit*** *und* ***Sparsamkeit*** *[...], so lautet das Lob, welches selbst Engländer den Deutschen in Nord-Amerika geben.*[375]
> *Das ist nun seine gute Seite in dem, was durch* ***anhaltenden Fleiß*** *auszurichten ist, [...] der* ***mit gesundem Verstandestalent verbundene Fleiß*** *des Deutschen. – Dieses sein Charakter im Umgange ist* ***Bescheidenheit. Er lernt mehr als jedes andere Volk fremde Sprachen,*** *ist [...]* ***Großhändler in der Gelehrsamkeit*** *und kommt im Felde der Wissenschaften zuerst auf manche Spuren, die nachher von anderen mit Geräusch benutzt werden; ...*[376]

Auch das Letzte ist eine deutsche Eigenart, die sich bis in die Jetztzeit erhalten hat. Es gibt zahlreiche Beispiele dafür, dass die Deutschen eine chancenreiche neue Technologie entwickelt oder ein chancenreiches Produkt erfunden haben, z. B. den *Walkman* in den 1980ern, es aber anderen überlassen haben, daraus ein großes Geschäft zu machen.

> *...* ***er hat keinen Nationalstolz,*** *hängt gleich als* ***Kosmopolit*** *auch nicht an seiner Heimat. [...]*[377]

Der mangelnde Nationalstolz der Deutschen ist im 18. und 19. Jahrhundert von zahllosen Beobachtern festgestellt worden. Heutzutage glaubt der brave Deutsche, der fehlende Nationalstolz der Deutschen hinge mit Hitler und Holocaust zusammen. Weit gefehlt. Diese Sichtweise greift viel zu kurz. Die Hauptursache für die schwache nationale Identität liegt in der jahrhundertelangen deutschen Kleinstaaterei.

Auch die kosmopolitische Ausrichtung vieler Deutscher; deren übernationale Orientierung, die Sorge vieler Deutscher um die Welt (und nicht so sehr um Deutschland) wurde damals von vielen Beobachtern angesprochen.

Kant weiter:

> *... **disziplinierte seine Kinder** zur Sittsamkeit mit Strenge, wie er dann auch seinem **Hange zur Ordnung und Regel** gemäß sich eher despotisieren [unterdrücken°], als sich auf Neuerungen (zumal eigenmächtige Reformen in der Regierung) einlassen wird. – [...] Seine unvorteilhafte Seite ist sein **Hang zum Nachahmen** und **die geringe Meinung von sich,** original sein zu können (was gerade das Gegenteil des **trotzigen Engländers** ist).*[378]
> *Der Deutsche fügt sich unter allen zivilisierten Völkern am leichtesten und dauerhaftesten der Regierung, unter der er ist, und ist am meisten von Neuerungssucht und Widersetzlichkeit gegen die eingeführte Ordnung entfernt.*[379]

Damit haben wir ein Fragment zur Erklärung Adolf Hitlers. Wenn Margaret Thatcher sich fragt, warum unter Hitler Dinge geschehen sind, *»die niemals hätten geschehen sollen«,* so lautet die Antwort: Diese Dinge sind zum großen Teil einfach deshalb geschehen, weil die Deutschen tun, was ihnen ihre Obrigkeit sagt, egal ob nationalsozialistische Obrigkeit, Merkel'sche oder globalistische Obrigkeit.

Das Talent der Deutschen zur Rebellion ist unterentwickelt. Als Staatsbürger ist der Deutsche eher Kaltblüter. Für diese Kaltblutnatur verwendet Kant auch das Wort *Phlegma.* Er schreibt:

> *Da Phlegma (im guten Sinn genommen) das Temperament der kalten Überlegung und der [Ausdauer°] in Verfolgung seines Zwecks, [und°] des Aushaltens der damit verbundenen Beschwerlichkeiten ist: so kann man von dem Talente seines **richtigen Verstandes** und seiner **tief nachdenkenden Vernunft** so viel wie von jedem anderen der größten Kultur fähigen Volk erwarten.*[380]

Ein interessanter und meiner Ansicht nach überschätzter Aspekt der deutschen Obrigkeitshörigkeit und Regeltreue findet sich im Zusammenhang mit *Martin Luther* (1483–1546) und der Reformation. Die vom Deutschen Martin Luther ausgelöste Reformation war sehr wohl eine Rebellion, ein Aufstand gegen die Obrigkeit, nur eben im Wesentlichen ein Aufstand gegen eine *geistige* Obrigkeit und keine politische.
70 Jahre nach Luthers Tod mündete die Reformation in den Dreißigjährigen Krieg (1618–1648), der hauptsächlich in Deutschland ausgefochten worden ist und – Hunger und Seuchen mitgerechnet – in manchen Landesteilen bis zu zwei Dritteln der Menschen das Leben gekostet hat. Auch wenn dieser Krieg von den machtpolitischen Interessen vieler europäischer Mächte befeuert wurde, so wäre der Krieg ohne den Religionskonflikt sicherlich deutlich kürzer und weit weniger blutig gewesen.
Ich stelle somit die These in den Raum, dass der Deutsche oft nur deshalb lange Zeit obrigkeitstreu bleibt, weil man bei ihm nicht den „richtigen Knopf" drückt. Wird jedoch ein entsprechender Knopf gedrückt, dann ist der Deutsche durchaus dazu fähig, massiv und mit enormer Energie gegen seine Obrigkeit vorzugehen. Ich halte es folg-

lich für dumm und gefährlich, sich zu lange auf die deutsche Trägheit in Sachen Revolution zu verlassen. Tatsächlich ergibt sich das Bild rasend wütend rebellierender Deutscher aus nicht wenigen traditionellen europäischen Prophezeiungen. Glaubt man diesen Quellen, dann ist in Deutschland spätestens ab Ausbruch des „dritten Weltkrieges“ mit Gewaltexzessen zu rechnen, wie man sie in Deutschland nur aus dem Dreißigjährigen Krieg kennt.[381]

Abschließend zu Kants Deutschen-Bild sei noch nachgetragen, dass aus Kants Sicht den Deutschen *»der Drang [fehlt°], andere Völker zu beherrschen«.*[382] Diese Sichtweise ergab sich damals u. a. auch aus dem nicht existierenden deutschen Kolonialreich. Keine 100 Jahre nach Kants Tod hatte aber auch Deutschland ein Kolonialreich, das im Übrigen auch gar nicht so klein war.
Im krassen Widerspruch zu der von Kant gelobten deutschen imperialen Zurückhaltung steht natürlich auch der Versuch der Nationalsozialisten, ab Sommer 1941 die „Untervölker“ im Osten zu unterwerfen. Heutzutage, über 70 Jahre später, fehlt den Deutschen aber wieder der Drang, andere Völker zu beherrschen. Doch dieser Wille fehlt inzwischen eigentlich allen europäischen Völkern.

Zusammenfassend lässt sich zu Kant sagen: Immanuel Kants Blick auf die Deutschen ist insgesamt sehr positiv, aber man muss auch sehen, dass Kant die Deutschen vor über 200 Jahren meint.

Johann Christoph Adelung (1732–1806)

»redlich, rechtschaffen, unverstellt«

Johann Christoph Adelung war ein deutscher Bibliothekar, Lexikograph und Germanist. Adelungs bedeutendstes Werk ist sein *›Grammatisch-kritisches Wörterbuch der Hochdeutschen Mundart‹*, 1774 erschienen. Literaturwissenschaftler Dieter Borchmeyer kommentiert in seinem Buch *›Was ist deutsch?‹*:

> *Schon in Adelungs Grammatisch-kritischem Wörterbuch der Hochdeutschen Mundart waren unter dem Lemma [Stichwort°] »Deutsch« die Merkmale zu lesen:*
>
> > ***»Redlich, rechtschaffen, unverstellt«*** *– eben* ***»nach Art der alten Deutschen«.***[383]

Abb.49: Johann Christoph Adelung (1732–1806)

Friedrich Schiller (1759–1805)

»Der Tag der Deutschen ist die Ernte der ganzen Zeit.«

Johann Christoph Friedrich von Schiller, kurz *Friedrich Schiller* (1759–1805) war deutscher Philosoph, Dichter, Historiker und Arzt.
Schiller gilt als einer der bedeutendsten deutschsprachigen Dramatiker und Lyriker.

Ein bekanntes Zitat von ihm lautet:

Das ist nicht des Deutschen Größe
Obzusiegen mit dem Schwert,
In das Geisterreich zu dringen,
Vorurteile zu besiegen,
Männlich mit dem Wahn zu kriegen
Das ist seines Eifers wert.[384]

Nach zwei verlorenen Weltkriegen lesen sich diese Zeilen über die „Unfähigkeit" der Deutschen, mit dem Schwert zu siegen, recht seltsam, fast schon prophetisch.

Abb.50: Friedrich Schiller (1759–1805)

Die sechs Zeilen des Zitates stammen aus einem unvollendeten und unbetitelten Werk Schillers, das auf 1797 bis 1801 datiert wird. Eine passende Überschrift wurde erst von *Bernhard Suphan,* dem Direktor des Weimarer Goethe- und Schiller-Archivs, in seiner Ausgabe von 1902 hinzugefügt: *›Deutsche Größe‹*.

Bevor wir uns weitere Ausschnitte aus dem Gedicht ansehen, eine Anmerkung zu Friedrich Schillers Weltbild: Schiller glaubte an einen Gott und damit an eine höhere Ordnung. Sein Gottesbild unterschied sich aber vom etablierten, christlich-kirchlichen Gottesbild. Dennoch glaubte auch Schiller an eine weise, göttliche Allmacht, die das Schicksal der Welt lenkt.
Darüber hinaus war Schiller davon überzeugt, dass diese Allmacht im Rahmen eines Weltenplanes *den Deutschen eine besondere Rolle zugewiesen* hat; eine Rolle und Aufgabe, die erst am Ende dieses Planes zum Tragen und zur vollen Entfaltung kommen wird und etwas mit der *Vollendung des Menschen* zu tun hat.
Die Idee und der Glaube, ein auserwähltes Volk zu sein, ist dabei natürlich nicht typisch deutsch. Diesen Glauben hatten oder haben andere Völker auch; allen voran die Juden, aber auch die Amerikaner, Russen, Briten, Chinesen, Niederländer, Buren (Südafrika) und etliche andere auch.
Zum Zeitpunkt, als Friedrich Schiller den Text *›Deutsche Größe‹* verfasst hat, gingen deutschsprachige Gebiete an Frankreich verloren. Gleich zu Beginn des Textes bezieht sich Schiller auf die militärische Demütigung der Deutschen durch Franzosen (und Bri-

ten) und liefert damit einen Einblick in die damalige Stimmungslage in Deutschland. Ich gebe den Text leicht gekürzt wieder, man möge es mir verzeihen.

Deutsche Größe[385]

[Entwurf°] *

Darf der Deutsche in diesem Augenblicke, wo er ruhmlos aus seinem tränenvollen Kriege geht, wo zwei übermütige Völker ihren Fuß auf seinen Nacken setzen, und der Sieger sein Geschick bestimmt – darf er sich fühlen? Darf er sich seines Namens rühmen und freuen? Darf er sein Haupt erheben und mit Selbstgefühl auftreten in der Völker Reihe?

***

Ja er darfs! Er geht unglücklich aus dem Kampf, aber das, was seinen Wert ausmacht, hat er nicht verloren. Deutsches Reich und deutsche Nation sind zweierlei Dinge. Die Majestät des Deutschen ruhte nie auf dem Haupt s.[einer°] Fürsten. Abgesondert von dem politischen hat der Deutsche sich einen eigenen Wert gegründet, und wenn auch das Imperium untergegangen, so bliebe die deutsche Würde unangefochten.

***

Sie ist eine sittliche Größe, sie wohnt in der Kultur und im Charakter der Nation, ***die von ihren politischen Schicksalen unabhängig ist.*** *– Dieses Reich blüht in Deutschland, es ist in vollem Wachsen, und mitten unter den gotischen Ruinen einer alten barbarischen Verfassung bildet sich das Lebendige aus. [...]*

***

Dem, der den Geist bildet, beherrscht [Schiller zufolge der Deutsche°], muss zuletzt die Herrschaft werden, denn endlich ***an dem Ziel der Zeit,*** *wenn anders* ***die Welt einen Plan,*** *wenn des Menschen Leben irgend nur Bedeutung hat, endlich muss die Sitte und die Vernunft siegen, die rohe Gewalt der Form erliegen – und das langsamste Volk [in Europa, die Deutschen°] wird alle die schnellen flüchtigen einholen.*
Die andern Völker waren dann die Blume, die abfällt.
Wenn die Blume abgefallen, bleibt die goldne Frucht übrig, bildet sich, schwillt die Frucht der Ernte zu.

***

Das köstliche Gut der deutschen Sprache, die alles ausdrückt, das Tiefste und das Flüchtigste, den Geist, die Seele, die voller Sinn ist.

---

* Schillers Text liegt im Original in zwei Spalten vor: Links der eigentliche Text, rechts Anmerkungen und Ideen, von denen Schiller offenbar beabsichtigte, einige in das Gedicht einzubauen. Manche Herausgeber haben die rechte Spalte in das Gedicht übernommen; ich nicht. Auch habe ich Anmerkungen/Notizen Schillers in eckigen Klammern in der linken Spalte weitestgehend weggelassen. Wenn ich darüber hinaus noch etwas aus der linken Spalte gekürzt habe, habe ich das mit [...°] gekennzeichnet.

Unsre Sprache wird die Welt beherrschen. *[... ups°] Die Sprache ist der Spiegel einer Nation, wenn wir in diesen Spiegel schauen, so kommt uns ein großes treffliches Bild von uns selbst daraus entgegen. Wir können das jugendlich Griechische und das modern Ideelle ausdrücken.*[386]

***

Keine Hauptstadt und kein Hof übte eine Tyrannei über den
deutschen Geschmack aus. ***Paris. London.***
So viele Länder und Ströme und Sitten, so viele eigene Triebe und Arten.

Zu Schillers Sehnsucht, Deutschland möge geistig/kulturell nicht mehr von London und Paris tyrannisiert werden, findet sich zum einen eine Analogie in Form der heutigen untergeordneten Rolle Deutschlands in der EU (siehe Deutschlands Stimmrecht im Rat der Europäischen Zentralbank) und der NATO und zum anderen in Form der traditionellen europäischen Prophetie, wonach es nach dem „dritten Weltkrieg“ die Städte London und Paris ganz einfach nicht mehr geben soll.

[...°]

Das ist nicht des Deutschen Größe
Obzusiegen mit dem Schwert,
In das Geisterreich zu dringen
Vorurteile zu besiegen [...]
Männlich mit dem Wahn zu kriegen
Das ist seines Eifers wert.
Schwere Ketten drückten alle
Völker auf dem Erdenballe
Als der Deutsche sie zerbrach
Fehde bot dem Vatikane
Krieg ankündigte dem ***Wahne***
Der ***die ganze Welt*** *bestach.*
Höhern Sieg hat der errungen
Der der Wahrheit Blitz geschwungen,
Der die Geister selbst befreit
Freiheit der Vernunft erfechten
Heißt für alle Völker rechten
Gilt für alle ewge Zeit.

[...°]

Nicht aus dem Schoß der Verderbnis, nicht am feilen Hof der Könige schöpft sich der Deutsche ***eine trostlose Philosophie des Eigennutzes, einen traurigen Materialismus,*** *nicht da, wo die Meinung Tugend präget, wo der Witz die Wahrheit wäget. Nicht Redner sind's. Weise. – Darum blieb ihm das Heilige heilig.*

***

[...°]

Nach dem Höchsten soll [...°] er streben,
Die Natur und das Ideal.
Er verkehrt mit dem Geist der Welten.

Ihm ist das Höchste bestimmt,
Und so wie er in der Mitte von
Europas Völkern sich befindet,
So ist er der Kern der Menschheit,
Jene sind die Blüte und das Blatt.

***

***Er ist erwählt von dem Weltgeist,** während des Zeitkampfs*
an dem ew'gen Bau der Menschenbildung zu arbeiten,
zu bewahren, was die Zeit bringt.
Daher hat er bisher Fremdes sich angeeignet und es in sich bewahrt,
Alles was Schätzbares bei andern Zeiten und Völkern aufkam, mit der Zeit entstand und schwand, hat er aufbewahrt, es ist ihm unverloren, die Schätze von Jahrhunderten.
*Nicht im Augenblick zu glänzen [siehe Kant°] und seine Rolle zu spielen, sondern **den großen Prozeß der Zeit zu gewinnen.** Jedes Volk hat seinen Tag in der Geschichte, **doch der Tag des Deutschen ist die Ernte der ganzen Zeit** – wenn der Zeiten Kreis sich füllt, und des Deutschen Tag wird scheinen*
Wenn die Sch[aren] sich vereinen
In der Menschheit schönes Bild!
[...°][387]

Die Deutschen, vom Zeitgeist (~ Gott?) auserwählt, um genau dann – zu diesem Zeitpunkt – als Schirmherr in Erscheinung zu treten, wenn sich die Menschheit vollendet? Die Deutschen als Hüter des Vollendungsprozesses der Menschheit? ...
Natürlich kann man Schillers Idee als romantische Spinnerei abtun, als Träumerei beiseite wischen. Träume aber können sehr große Kraft haben und enorm hartnäckig sein. Überhaupt sollte man vorsichtig mit Träumen sein, denn sie sind oft sehr eng verknüpft mit der Lebenskraft. Und wehe dem, dem die Kraft zum Träumen versiegt. Vor allem, wenn ihm diese Kraft mit den besten und klügsten Argumenten geraubt wird.

Schillers Idee von einer Sonderrolle der Deutschen bei der Vervollkommnung der Menschheit finden wir noch bei Richard Wagner, Emanuel Geibel und natürlich noch anderen. Schiller drückt mit ›*Deutsche Größe*‹ eine Sehnsucht aus, die im 18. und 19. Jahrhundert in Deutschland weit verbreitet war.

Johann Gottlieb Fichte (1762–1814)

»Charakter haben und deutsch sein, muss gleichbedeutend sein!«

Johann Gottlieb Fichte war ein deutscher Philosoph. Neben *Friedrich W. J. Schelling* und *Georg Wilhelm Friedrich Hegel* gilt J. G. Fichte als wichtigster Vertreter des *Deutschen Idealismus*.
In seinen *›Reden an die deutsche Nation‹* (1808) schreibt er:

> *... wir müssen uns haltbare und unerschütterliche Grundsätze bilden, die allem unserm übrigen Denken und unserm Handeln zur festen Richtschnur dienen, Leben und Denken muss bei uns aus einem Stücke seyn und ein sich durchdringendes und gediegenes Ganzes; wir müssen in beiden der Natur und der Wahrheit gemäss werden, um es mit einem Wort zu sagen, uns Charakter anschaffen; denn* ***Charakter haben und deutsch seyn, ist ohne Zweifel gleichbedeutend*** *...*[388]

Abb.51: Johann Gottlieb Fichte (1762–1814)

Der Philosoph kann diese Aufforderung und diesen Anspruch natürlich nur erheben, weil er den Deutschen zutraut, ihn zu erfüllen. Also auch hier wieder ein von Idealismus geprägter Geist mit großem Vertrauen in das deutsche Volk.

Madame de Staël (1766–1817)

»Land, in dem Ernst und Wahrheit herrscht«

Baronin Anne Louise Germaine de Staël-Holstein kurz *Germaine de Staël* war eine französische Schriftstellerin schweizerischer Abstammung, die in der Zeit der französischen Revolution und der napoleonischen Zeit lebte.
Madame de Staël schrieb ein Buch über die Deutschen, Titel *›De l'Allemagne‹* (*›Über die Deutschen‹*), das 1813 in London erschienen ist. Dieses Buch ist auch heute noch ein unverzichtbares Werk für Studien über das deutsche Wesen. Literaturwissenschaftler Dieter Borchmeyer merkt in seinem Buch *›Was ist deutsch?‹* (2017) an:

> *Ihr Werk ›De l'Allemagne‹ ist bis heute eine der bedeutendsten Würdigungen deutscher Mentalität und Kultur aus außerdeutschem Blickwinkel.*[389]

Über die Deutschen schreibt die adlige Dame u. a.:

In der Literatur wie in der Politik haben die Deutschen ***zu viel Achtung vor dem Ausland*** *und nicht genug nationale Voreingenommenheit.* ***Selbstverleugnung und Achtung vor andern*** *sind bei [...] Individuen eine Tugend –* ***der Patriotismus der Nationen aber muss egoistisch sein.***[390]

Abb.52: Madame de Staël (1766–1817)

Das Fehlen eines *„egoistischen Patriotismus"*, lässt sich auch heute noch in Deutschland beobachten, und zwar besonders im Zusammenhang mit der 2015 eskalierten Flüchtlingskrise, wo seitdem immer wieder der Eindruck entsteht, der deutsche Staat kümmere sich mehr um Flüchtlinge als um bedürftige einheimische Bürger.
»Zu hoher Respekt vor dem Ausland« und *»Selbstverleugnung«?* Kommt das dem deutschen Leser irgendwie bekannt vor? Welcher Deutsche ist sich heutzutage bewusst, dass das deutsche Hitler-Trauma auf einem emotionalen Muster aufbaut, das im Jahre 1933 bereits seit Jahrhunderten vorhanden war?
Man sollte einmal untersuchen, ob und in welchem Ausmaß die deutsche *»Selbstverleugnung und Achtung vor anderen«* federführend war und ist bei der Konstruktion der Europäischen Union. Konnte Deutschland in Brüssel deshalb über den Tisch gezogen werden (siehe unten zur EZB), weil die Deutschen an einem chronischen Mangel an Selbstbewusstsein (und Angst vor dem eigenen Potenzial) leiden; ein Selbstzweifel, der ab 1945 lediglich besonders heftig ausbrach, jedoch schon damals viele Generationen zuvor im deutschen Wesen rumorte?

Die tiefere Verwurzelung gewisser Eigenschaften der Deutschen wird heutzutage vor allem deshalb nicht mehr richtig erkannt, weil zwischen damals und heute ein Gebirge von Nazischuld-Vergangenheit emporgequetscht worden ist, das den Blick in die Zeit vor Adolf Hitler verstellt und das es dem Durchschnittsdeutschen so gut wie unmöglich macht, das Wahre, Gute und Schöne in der Zeit *vor* dem deutschen Sündenfall ohne jedes Wenn und Aber, ohne jede Relativierung anzunehmen.
Der nach wie vor verstellte Blick in die Zeit vor dem deutschen Sündenfall beweist wie nichts anderes, dass es bisher eben *nicht* gelungen ist, das 1933–45-Trauma wirklich zu heilen. Die emotionale Hegemonie der sogenannten NS-Erinnerungskultur im öffentlichen Raum ist ein einfacher Prüfstein für die Qualität und Effizienz der inzwischen 70-jährigen NS-Vergangenheitsbewältigung. Wenn wir Deutschen nicht in der Lage sind, unseren Blick entspannt auf das zu richten, was – vereinfacht gesagt – *vor Hitler* war, zeigt dies, wie sehr wir immer noch im Trauma gefangen sind und wie sehr die sogenannte Vergangenheitsbewältigung und Erinnerungskultur versagt hat.

Autor Borchmeyer ergänzt obige Aussage der Baronin:

*Madame de Staël verweist auf die Überheblichkeit der Engländer, den Nationalstolz der Franzosen und Spanier, der eben ihre Weltmacht erkläre. Die Deutschen aber hätten **keinen echten nationalen Gemeingeist,** denn dieser sei wie das Land zerstückelt – die Deutschen blieben eben in erster Linie Sachsen, Preußen, Bayern oder Österreicher.*[391]

Der Gedanke, dass Preußen Preußen und Bayern Bayern bleiben, erinnert an die Langfristperspektive von Hepidannus von St. Gallen, wonach sich die einzelnen deutschen Stämme eines Tages wieder ihren eigenen Geschäften zuwenden – sobald der deutsche Riese den wütenden Ur besiegt hat. Zur Erinnerung Hepidannus:

Nachdem dieses aber geschehen, wird das eiserne Band, das alle [deutschen Staaten°] umschlang und zu vereinter Tat verband, sich lösen und jeder einzelne wird, wenngleich mit der Gesamtheit verbunden, als selbständiges Reis seine eigenen Wege emporstreben.[392]

Dass die Deutschen im 18. und frühen 19. Jahrhundert noch kein Nationalbewusstsein hatten, ist neben vielen anderen auch dem deutschen Schriftsteller, Kritiker und Philosophen *Gotthold Ephraim Lessing* (1729–1781) aufgefallen:

*Der Charakter des deutschen Volkes besteht darin, dass es **keinen Nationalcharakter** besitzt.*[393]

Abb.53: Gotthold Ephraim Lessing (1729–1781)

Lessings Aussage – er starb 1781 – stammt aus der Zeit vor der Französischen Revolution und vor der Napoleonischen Zeit; jener Zeit, als Deutschland noch in Kleinstaaten zergliedert war.
Doch zurück zu Madame de Staël – und weil es so wichtig ist, noch einmal ein Blick auf die *»Selbstverleugnung«,* und das schwache deutsche Selbstbewusstsein: Begreift man diesen Charakterzug als tief im deutschen Wesen verwurzelt, fragt man sich unweigerlich, ob und in welchem Maße die gegenwärtige Begeisterung der meisten deutschen Politiker für ein vereinigtes Europa nicht auch von einer traditionellen Selbst*gering*schätzung der Deutschen und ihrer traditionellen *Über*schätzung des Auslandes herrühren?

Theoretisch mag es ja angehen, dass die Deutschen aufgrund ihrer Vergangenheit in Europa eingebunden und gebremst gehören und sie ihre Macht an andere abgeben sollten. Nur fragt sich dann eben auch, was mit jenen Mächten ist, an die Deutschland seine Macht, seine Kraft und nicht zuletzt sein Geld abgibt? Was eigentlich spricht für die edle Gesinnung dieser Stellvertreter- oder Vormundmächte, seien es Franzosen oder wer auch immer, in deren Hände wir Deutschen einen nicht geringen Teil unseres Schicksals legen? Könnte es nicht sein, dass im Zuge der Europäisierung lediglich der deutsche Selbstzweifel und der naive Glauben der Deutschen an andere Völker ausgenutzt wird? Nutzt man ganz einfach den blöden, gutgläubigen Deutschen aus? Könnte es nicht sein, dass trotz aller guten Argumente in Wahrheit nichts weiter geschieht, als dass ein Trottel seine Macht und Kraft an einen oder mehrere Verschlagene abgibt? Zeigt die Bereitschaft der Deutschen zur Machtabgabe wirklich, dass sie aus der Geschichte gelernt haben? Oder ist es einfach eine Riesendummheit, begangen von einer ideologisch verblendeten politischen Elite – so, wie eine verblendete politische Elite auch die DDR und das „Dritte Reich" in den Abgrund gerissen hat?

Im Zusammenhang mit dem deutschen Idealismus und der deutschen Verklärung Europas möchte ich kurz eine Aussage von Autor *Andreas Wehr* wiedergeben, von dem im Jahre 2012 das Buch *›Die Europäische Union‹* erschienen ist. In einem Interview vom 30. November 2017 auf *KenFM.de* sagte Andreas Wehr:

> *„Hier [in Deutschland und in der politischen Elite Deutschlands°] ist das so, dass man sagen könnte,* ***das deutsche Nationalgefühl ist faktisch ein europäisches,*** *weil man das faktisch immer gleichsetzt.* ***Wenn wir gute Deutsche sein wollen, müssen wir auch gute Europäer sein.*** *"*[394]

Andreas Wehr merkt dann noch an, dass die Skandinavier beispielsweise keinesfalls so denken. Es muss also die Frage erlaubt sein, ob die Deutschen nach 1945 nicht doch ein bisschen zu heiß hirngewaschen worden sind.

Deutschlands wahre Freunde?

Damit kommen wir zu der Frage, wem die Deutschen vertrauen können und wer Deutschlands wahre Freunde sind. In dem Zusammenhang kann ich Ihnen ein paar Zeilen aus den 1983 im Droemer-Knaur-Verlag erschienenen Memoiren der damals sehr bekannten niederrheinischen Wahrsagerin *Buchela* nicht vorenthalten:

> *Die Einfachen über dem Wasser [Atlantik°] dürft ihr Freunde nennen, die Großen nicht. Schlagt in euren Büchern nach, und ihr werdet erfahren, dass die Großen bisher jeden verraten haben, der sich Freund nannte und so fühlte.*
> ***Das Freundsein mit dem Erhöhten*** *[~ US-Präsident?°]* ***und das Vertrauen, das ihr ihnen entgegenbringt, wird euch bitter bekommen.*** *[...] Die Fernen werden euch nicht beistehen, wenn ihr in Not seid und sie ruft.*[395]

... wenn der Krieg in Europa ausbricht. D. h. wenn die USA und die USA-geführte NATO Russland so weit provoziert haben, dass es sich zu einer Wahnsinnstat hinreißen lässt.

> *Sie [die Deutschen°] glauben, dass die anderen [die westl. Siegermächte des Zweiten Weltkrieges, USA, UK u. Fr.°] helfen werden, dass ihr Sehnen [nach der Wiedervereinigung°] Wahrheit wird. Glaubt allen Schwüren nicht.* ***Eure eigenen Freunde hintergehen euch*** *und tun so, als würden sie Kartoffeln in die Erde bringen, aber in Wirklichkeit werfen sie diese weg.* ***Eure Feinde*** *[die „Freunde"°]* ***wollen nicht, dass Deutschland wieder eins wird, das ist ihnen zu mächtig.*** *Es hat*

Falschheiten im Vergangenen gegeben, die werden vor dem Jahr 2000 nicht aufgedeckt werden. Aber danach werdet ihr euch eurer Freunde schämen.[396]

Mit der Voraussage zutreffender Jahreszahlen hatte Buchela wie die meisten Seher kein Glück. Inhaltlich hingegen hat sie mit vielen ihrer Voraussagen recht behalten, was im Falle ihrer Eurokrisen-Voraussage besonders frappierend ist (siehe Seite 25).
Natürlich haben die Siegermächte die deutsche Wiedervereinigung zugelassen. Angesichts des Zerfalls der UdSSR hatten sie aber auch gar keine Wahl. Denn wie hätten die USA, Großbritannien und Frankreich dagestanden, hätten sie trotz des Zerfalls der UdSSR auf einer Teilung Deutschlands bestanden? Wie hätten sie das begründen sollen? Etwa mit der unverbesserlichen Schlechtigkeit der Deutschen? Nein. Die Wiedervereinigung war unumgänglich. Das schloss aber nicht andere Möglichkeiten einer substanziellen Schwächung Deutschlands aus, beispielsweise, indem man es in ein übernationales europäisches Konstrukt einbindet, das seinerseits dem Untergang geweiht ist. Im Grunde ist es genau das, was Buchela 1983 vorausgesagt hat: die von den falschen Freunden beabsichtigte Schwächung Deutschlands:

Es wird zu einer Inflation kommen, die nicht so schlimm ist, wie die in den zwanziger oder dreißiger Jahren, aber dennoch so, dass ***man*** *für das Geld nicht mehr viel kaufen kann. Das bedeutet aber nicht, dass die Regierenden in Deutschland das Geld ruiniert haben.* ***Vom Ausland her wird alles kaputtgemacht werden.*** *[...]* ***Sie werden euch in den Abgrund ihrer Unfähigkeit hinabziehen.***[397]

Dann fragt sich nur noch: Dumm gelaufen? Oder pure Absicht?

Zurück zu Madame de Staël. Über die Wurzeln des deutschen Wesens philosophiert sie weiter:

In einem Reich, das seit Jahrhunderten zersplittert ist, und wo, fast immer durch fremden Einfluss bewogen, Deutsche gegen Deutsche kämpften, kann ***keine große Vaterlandsliebe*** *existieren, und auch die Liebe zum Ruhm kann nicht sehr lebhaft sein in einem Lande, wo es kein Zentrum, keine Hauptstadt, keine Gesellschaft [~nationale Elite°] gibt.*[398]

Tatsächlich haben sich die Deutschen sowohl im Dreißigjährigen Kriege (1618–1648) als auch in den Napoleonischen Kriegen (1803–1815) im Dienste fremder Mächte gegenseitig zerfleischt.

Weiter schreibt die Baronin über die Deutschen:

Die Deutschen sind im ***allgemeinen aufrichtig und bieder: sie brechen nie ihr Wort, und Lug und Trug ist ihnen fremd.***[399]

Das ist natürlich überzeichnet und idealisiert. Doch selbst wenn man manches als übertrieben abzieht, bleibt noch ein ansehnlicher Rest (siehe Shakespeare und Kant).

Wenn dieser Fehler [die Unehrlichkeit°] sich jemals in Deutschland einbürgern sollte, so würde das nur als Folge des Bestrebens geschehen, ***die Ausländer nach-***

> ***zuahmen,*** *sich ebenso gewandt zu zeigen wie sie, und besonders, um nicht selbst betrogen zu werden.*
>
> *Aber der Verstand und das Gemüt würden dann doch die Deutschen bald wieder zu der Einsicht bringen, dass* ***die Stärke immer nur innerhalb der Grenzen der eigenen Natur liegt*** *und dass die Gewohnheit,* ***redlich*** *und* ***offen*** *zu sein, vollständig unfähig macht, sich der Hinterlist zu bedienen, selbst wenn man es will.*[400]

Das klingt ein wenig nach „zu lieb für diese Welt". Dieter Borchmeyer merkt dazu an, dass die Baronin die Deutschen wohl etwas zu sehr idealisiert, wenn sie meint, den Deutschen sei *»Lug und Trug fremd«*. Da hat Herr Borchmeyer sicher recht. Andererseits ist das *»im allgemeinen aufrichtig und bieder«* der Baronin so gut wie deckungsgleich mit Kants *»Die Deutschen stehen im Ruf eines guten Charakters«* und *»Ehrlichkeit und Häuslichkeit«*.
Madame de Staëls Gedankenspiel, die Deutschen würden einmal „die elegante Verlogenheit der Welt" nachahmen, erinnert an Erfahrungen, die man in Deutschland machen musste, nachdem man sich in den 1990ern von der „Old Economy" abgewandt und der „New Economy" zugewandt hatte: Als die Deutschen statt hart zu arbeiten, lieber an der Börse zu spekulieren begannen, so wie alle anderen auch, wurden gerade die Deutschen beim New Economy Crash (2000) und beim Platzen der US-Immobilienblase (ab 2007, Höhepunkt 2008/9) an den Finanzplätzen der Welt in besonderer Weise ausgenommen. Die dümmliche deutsche Gutgläubigkeit bei höchst windigen Finanzprodukten prägte im angelsächsischen Raum sogar den Begriff „stupid German money".

Die gute Absicht und die Vertrauenswürdigkeit des deutschen Wesens ist der Baronin so wichtig, dass sie diese in ihrem Werk ein paar Seiten weiter erneut anspricht:

> *Denn ich wiederhole es: die* ***Gutmütigkeit*** *[Aufrichtigkeit, Redlichkeit°] zeigt sich in Deutschland* ***bei allem*** *[...]. Ein wirkliches Seelenleid können sich die Menschen nur durch Falschheit oder durch Spott zufügen:* ***in einem Land, in dem Ernst und Wahrheit herrscht,*** *findet sich daher immer Gerechtigkeit und Glück.*[401]
>
> ***Die vollkommene Redlichkeit, die den Charakter der Deutschen auszeichnet,*** *macht die Liebe für das Glück der Frauen weniger gefährlich, und vielleicht nähern sie sich auch diesem Gefühl mit größerem Vertrauen, weil es die Farbe der Romantik trägt und Geringschätzung und Untreue hier weniger zu fürchten sind als anderswo.*[402]

Ähnlich wie Tacitus bei der germanischen Treue kommt Madame de Staël immer wieder auf jenen deutschen Wesenskern zurück, der sich ihrer Beobachtung nach in *Ehrlichkeit, Redlichkeit, Gutmütigkeit* ausdrückt. Und selbst wenn man das positive Bild der Baronin von den Deutschen um einen fiktiven Teil kürzt, der sich aus ihrer persönlichen Sicht erklärt, so bleibt immer noch ein solider positiver Kern des deutschen Wesens, der mit dem, was mit Adolf Hitler assoziiert wird, kaum mehr in Einklang zu bringen ist. Der Kontrast von guten Deutschen um 1800 und schlechten

Deutschen um 1940 wird hier so eklatant, dass man glauben könnte, er sei überhaupt nicht mehr in Einklang zu bringen.
Im nächsten Beispiel beschreibt die Baronin die Folgen der deutschen Redlichkeit und Ehrlichkeit für die Konversation:

> *Ein Franzose weiß immer noch zu reden, selbst wenn er keine Gedanken hat, ein Deutscher dagegen hat immer etwas mehr Gedanken im Kopf, als er aussprechen kann. [...] Wenn aber ein Deutscher nicht denkt, so kann er nichts sagen und verwickelt sich in Formalitäten, die er zu Höflichkeiten stempeln möchte, die aber ihm und den andern gleich lästig sind.*[403]
> *Die Deutschen sehen in der **Schönheit der Wortwahl eine Art Schwindel** und wählen lieber einen abstrakten Ausdruck, weil dieser genauer ist und **sich mehr dem Wesen des Wahren nähert.***[404]

Wieder bezieht sich die Baronin auf die bemerkenswerte Neigung der Deutschen zu Wahrheit und zum Wahren (siehe oben *»Land, in dem Ernst und Wahrheit herrscht«*). Die Formulierung *»sich dem Wesen der Wahrheit nähern [wollen°]«* ist ein Lob, das nicht hoch genug eingeschätzt werden kann.
Zur deutschen Sprache selbst merkt sie an:

> *Das Deutsche ist eine Sprache, die **in der Poesie sehr glänzend, in der Metaphysik ungemein reich,** in der Unterhaltung aber äußerst prosaisch [nüchtern°] ist.*[405]

Nichts belegt den tief in die Vergangenheit zurückreichenden Hang bestimmter Deutscher zur *Metaphysik*[*] mehr, als der Reichtum der in dieser Hinsicht reichen deutschen Sprache.
Weiter schreibt die Baronin zum Vergleich des Französischen und des Deutschen:

> *Es gibt in der Tat sehr viele Phrasen in unserer Sprache, um zu sprechen und doch nichts zu sagen, Hoffnung zu erwecken, ohne etwas zu versprechen, und sogar ein Versprechen zu geben, ohne sich zu binden.*
> ***Das Deutsche ist nicht so geschmeidig und tut gut, so zu bleiben, wie es ist, denn nichts flößt mehr Abscheu ein als die deutsche Sprache, wenn sie zum Lügen gebraucht wird** [...]. Der schleppende Satzbau, die vielfachen Konsonanten und die gelehrte Grammatik hindern sie, die glatte Doppelzüngigkeit mit feiner Anmut zu verbinden, und so scheint es, als ob die Sprache selbst sich gegen die Absicht dessen sträubte, der sie spricht, sobald er sie missbrauchen will, um sich an der Wahrheit zu versündigen.*[406]

Sprache ist ein exzellentes Abbild des Wesens eines Volkes. In Sprache drückt sich Denken, Fühlen und Glauben aus.
Wäre es zu gewagt, zu behaupten, die Baronin habe mit der deutschen Sprache einen Strang und Pfad entdeckt, der die Deutschen um 1800 herum mit den Germanen um

---

[*] Wikipedia über Metaphysik: *»... ist eine Grunddisziplin der Philosophie [...] und [...] [behandelt°] **Sinn und Zweck der gesamten Realität** bzw. allen Seins.«*

das Jahr Null verbindet? Gibt es eine direkte Verbindung zwischen der von Madame de Staël beschriebenen deutschen Ehrlichkeit zu der von Tacitus hervorgehobenen germanischen Treue? …
Weiter bescheinigt Germaine de Staël den Deutschen hohe moralische Festigkeit:

> *Das Geld, das ihnen angeboten wird, beeinflusst ihre Handlungsweise nicht, die Furcht macht sie ihren Grundsätzen nicht abspenstig, kurzum,* ***sie besitzen in hohem Grad jene Festigkeit bei allem, die in moralischer Beziehung eine ausgezeichnete Gabe ist,*** *denn der Mensch, der beständig von der Furcht und noch mehr von der Hoffnung in Bewegung gesetzt wird, wechselt leicht seine Meinung, sobald sein Vorteil es erheischt.*[407]

Weltrettung durch Überparteilichkeit?

Die positiven Eigenschaften der Deutschen wurden seinerzeit gewissermaßen verdichtet zum fiktiven Fundament einer Weltverbesserung nach deutschem Vorbild. Der deutlichste Ausdruck dieser damals in Deutschland anzutreffenden Sichtweise war der etwa ab 1900 beliebte Spruch *»Am deutschen Wesen mag die Welt genesen«* (siehe Emanuel Geibel, Seite 268). Grundlage dieser Weltgenesungs- und Weltrettungs-Fantasie war der von vielen damaligen Beobachtern attestierte Hang der Deutschen zum *Übernationalen.* Auch zu diesem Phänomen äußert sich Madame de Staël:

> *Die* ***Unparteilichkeit,*** *ein* ***Überfluss an Gerechtigkeitssinn,*** *der die Deutschen charakterisiert, macht sie weit geeigneter,* ***sich für abstrakte Ideen als für die Interessen des wirklichen Lebens zu begeistern.***[408]

»Sich für abstrakte Ideen [mehr°] als für die Interessen des wirklichen Lebens zu begeistern« lässt sich wieder auf die Flüchtlingsthematik beziehen.
Der hier attestierte deutsche Hang zur *»Unparteilichkeit«* und der *»Überfluss an Gerechtigkeitssinn«* bilden die Grundsubstanz für die seinerzeit von vielen Köpfen angesprochene *Übernationalität* und den *Kosmopolitismus* der Deutschen, die sich eben eher um das Schicksal der Welt sorgen als um das Schicksal ihres eigenen Landes.

Die Baronin an anderer Stelle:

> *Mehr als der Witz [die Begabung zum Humor°] charakterisiert eben die* ***Einbildungskraft*** *die Deutschen. Jean Paul, einer ihrer ausgezeichnetsten Schriftsteller [1825 gest.], hat den Ausspruch getan,* ***die Herrschaft über das Meer gehöre den Engländern, die über das Land den Franzosen, das Reich der Luft aber den Deutschen.***[409]

Wer zu viel und zu lange von einer besseren Welt träumt, setzt sich natürlich irgendwann auch dem Vorwurf aus, er übertünche mit seiner Träumerei nur sein Versagen im wirklichen Leben. In der Formel von den Deutschen als dem *Volk der Dichter und Denker* schwingt ohne Frage auch etwas Häme über die Erfolglosigkeit der Deutschen im politischen Leben mit.

Mit der Erfolglosigkeit in der materiellen Welt war es allerdings seit der Industrialisierung Deutschlands und der 1871er Reichgründung vorbei.

Madame de Staël in anderem Zusammenhang zur *»Unparteilichkeit«* der Deutschen:

> *Die **Unparteilichkeit** [der Gerechtigkeitssinn°], die dem Charakter der Deutschen eigen ist, veranlasst sie, sich mit der Literatur des Auslandes zu beschäftigen, und man findet in Deutschland unter denen, die etwas über dem gewöhnlichen Haufen stehen, nur wenig Männer, die nicht mit der Lektüre in mehreren Sprachen vertraut sind [siehe Kant°]. [...]*
> *„Auf den deutschen Universitäten", sagt ein französischer Schriftsteller, „beginnt die Erziehung da, wo die mehrerer europäischer Nationen endet." Nicht nur sind die Professoren Männer von staunenswerter Gelehrsamkeit, was sie besonders auszeichnet, das ist die **peinliche Gründlichkeit** ihres Unterrichts.*
> ***In Deutschland tut man alles mit Gewissenhaftigkeit,** und in der Tat kann diese Eigenschaft nirgends entbehrt werden. Wenn man den Lauf des menschlichen Schicksals genau beobachtet, so wird man sehen, dass die Oberflächlichkeit zu allem führen kann, was es nur Schlimmes und Schlechtes in der Welt gibt.*[410]

Gründlichkeit und Gewissenhaftigkeit sind sozusagen *die* Klassiker deutscher Tugenden. Zur dazugehörenden deutschen Arbeitsliebe schreibt die Baronin:

> *Die **bedeutende Fähigkeit zur Arbeit** [...] ist ebenfalls einer der charakteristischen Züge der deutschen Nation.*[411]

Natürlich sind Germaine de Staël an den Deutschen auch gewisse negative Züge aufgefallen. Der unverzeihlichste Zug ist vielleicht der folgende:

> *Die Liebe zur Freiheit ist bei den Deutschen nicht entwickelt.*[412]

Damit ist wohlgemerkt der (damals) fehlende Wille zur *politischen Freiheit* gemeint. Auf den deutschen Widerspruch zwischen dem fehlenden Willen zur *politischen* und dem starken Willen zur *geistigen Freiheit* komme ich weiter unten zurück.

> *Das **Übergewicht des Militärstandes** und die Rangunterschiede haben ihnen in gesellschaftlicher Beziehung die **größte Untertänigkeit** zur Gewohnheit gemacht. Bei ihnen ist der Gehorsam aber keine Unterwürfigkeit, sondern genaue Beobachtung der Schicklichkeitsregeln.*[413]

Auch hier lohnt es zu differenzieren. Der Baronin geht es in diesem Zitat um die Kultur und die Rituale des Militärs als Ausdruck des Untertanengeistes. Ansonsten vermisste die Dame bei den Deutschen bemerkenswerterweise einen *kriegerischen Geist,* der den Franzosen unter Napoleon Bonaparte bekanntermaßen nicht gefehlt hat. Autor Borchmeyer merkt dazu an:

> *Der Vorwurf des deutschen Militarismus ist [um 1813°] also noch weit – viele Jahrzehnte – entfernt. Madame de Staël war deshalb einigermaßen irritiert, als zur*

Erscheinungszeit ihres Buchs [zweites Halbjahr 1813°] die Freiheitskriege [gegen Napoleon°] plötzlich eine ganz andere Seite Deutschlands zeigten.[414]

Mit den *Freiheitskriegen* oder *Befreiungskriegen* wird die Reihe kriegerischer Auseinandersetzungen vom Frühjahr 1813 bis zum Sommer 1815 bezeichnet, in denen Europa das napoleonische Joch abgeschüttelt hat. Die Befreiungskriege endeten am 18. Juni 1815 mit der Schlacht von Waterloo.
Dass sich die Baronin bei einem so wichtigen Punkt – dem effektiven Einsatz militärischer Macht – im deutschen Wesen getäuscht hat, sagt vermutlich mehr über das Wesen der Deutschen aus als über die französische Autorin: Im deutschen Wesen scheint es – wie bei anderen Völkern auch – ein unvorhersehbares Moment zu geben. Unter diese Kategorie unvorhersehbarer Kräfte fällt auch und vor allem Adolf Hitler, jenem einstigen Obdachlosen aus Wien, der zum Beherrscher zwei Drittel Europas wurde.[415] Vom Obdachlosen zum Herrscher Europas – das klingt so unwahrscheinlich, so unglaublich, dass man es normalerweise keinem Drehbuchautor abkaufen würde. In einem Paralleluniversum könnte das Karrierewunder Adolf Hitler Reklame für Toyota machen; Slogan: *„Nichts ist unmöglich!“*, oder Hitler könnte Motivationskurse an der Volkshochschule geben, Motto: *„Das schaffst du! Du musst nur ganz fest an dich glauben. ... Bloß mit Russland solltest du dich nicht anlegen.“*

An anderer Stelle merkt die Baronin zum deutschen Untertanengeist an:

*... ihre **Achtung vor der Macht** entspringt mehr dem Glauben an deren Schicksalhaftigkeit als einem eigennützigen Beweggrund.*[416]

Hier fragt sich, was wohl mit der deutschen Untertänigkeit geschähe, verlören die Deutschen den Glauben an die Schicksalhaftigkeit der deutschen Obrigkeit? Was dann?

Madame de Staël zum deutschen Widerspruch zwischen geistiger und politischer Freiheit:

*Der Geist der Deutschen [in Wissenschaft, Philosophie und Literatur°] und ihr Charakter [mit dem sie das tägliche Leben bewältigen°] scheinen keine Verbindung miteinander zu haben: **der eine duldet keine Schranken, der andere fügt sich jedem Joch,** der eine ist äußerst tatkräftig, der andere äußerst schwach – kurzum, die Aufklärung des einen verleiht nur selten dem andern Kraft.*
*Das ist aber leicht erklärlich. Die Ausdehnung der Kenntnisse in der Neuzeit muss den Charakter schwächen, sobald er nicht durch Übung in **Geschäften** und Betätigung des **Willens** gestählt wird.*
*Alles sehen und alles begreifen ist ein wesentlicher Grund der Unentschiedenheit. **Die Vollkraft der Handlung zeigt sich nur in jenen freien, mächtigen Reichen, wo das patriotische Gefühl die Seele erfüllt** [...].*[417]

Der damalige deutsche Niveauunterschied zwischen Geist und Tat wird noch von anderen Beobachtern angesprochen (siehe unten). Ob Madame de Staël, so wie sie den Widerspruch erklärt, jedoch den Kern trifft, sei dahingestellt. Auf jeden Fall ahnt man, dass sich die Diskrepanz von zu viel an geistiger Energie (Philosophie und

Dichtkunst) und zu wenig Energie der Tat (Wirtschaft und Politik) im deutschen Wesen irgendwann auflösen müsste. Dieser Widerspruch konnte nicht ewig bestehen bleiben. So gesehen lassen sich der Erste und Zweite Weltkrieg auch als eine misslungene Willensübung der Deutschen nach Jahrhunderten im Kleinklein begreifen; als ein tragisches Herausstolpern aus Jahrhunderten weltpolitischer Passivität.
Der Deutsche hat sich in den Weltkriegen in *»Geschäft«* und *»Willen«* geübt. Und es ist mächtig in die Hose gegangen. Und die Zeit nach 1945? Bezogen auf die BRD war die Zeit nach 1945 sicher eine Hochzeit des Geschäftes. Aber war es auch eine Zeit des *freien* Willens? National betrachtet sicher nicht. Ein bis heute von amerikanischen Truppen besetztes Land, einschließlich im Fliegerhorst Büchel in der Eifel gelagerter Atomwaffen, und ein Land, dessen Telekommunikation vom US-Geheimdienst NSA flächendeckend abgehört wird, ohne dass Deutschland irgendetwas Substanzielles dagegen unternimmt, entspricht ganz und gar nicht den Kategorien eines freien Willens. Das ist weder freier Wille noch Willen zur Freiheit.
Es ist also nicht ganz auszuschließen, dass sich die Deutschen seit (mindestens) 200 Jahren in einem nach wie vor nicht abgeschlossenen Entwicklungsprozess befinden, an dessen Ende sich *»Geist«* und *»Charakter«* im Gleichgewicht befinden werden. Die traditionelle europäische Prophetie jedenfalls deutet fraglos in diese Richtung.

Zum Schluss noch folgende Kritik der Baronin am deutschen Wesen:

> *Wenn man aus Frankreich kommt, gewöhnt man sich anfangs nur mit Mühe an die* ***Langsamkeit und Trägheit des deutschen Volkes.*** *Es übereilt sich nie, es findet überall Hindernisse, und den Ausruf: „Das ist unmöglich!" hört man in Deutschland hundertmal öfter als in Frankreich. Sobald es gilt, handelnd aufzutreten, wissen die Deutschen nicht gegen die Schwierigkeiten anzukämpfen […].*[418]

Das erinnert an aktuelle Zustände in Deutschland, die viele Erfolgssuchende und Risikobereite dazu veranlasst, ins Ausland zu gehen, dorthin, wo es boomt und Einsatz- und Risikobereitschaft reicher belohnt werden als hierzulande.

Kurzum: Madame de Staëls 200 Jahre alte Beschreibung der Deutschen offenbart fraglos eine Kontinuität bei verschiedenen deutschen Wesenszügen, positiven wie negativen. Siehe dazu abschließend eine Auflistung der von Madame de Staël behandelten deutschen Eigenschaften und Wesenszüge.

positiv/eher positiv

- *ehrlich, redlich, aufrichtig, wahrheitsliebend*
- *fleißig*
- *ernst, gründlich, gewissenhaft*
- *Hang zur Überparteilichkeit*
- *ausgeprägter Gerechtigkeitssinn*
- *kein echter nationaler Gemeingeist*
- *kein kriegerischer Geist*

negativ/eher negativ

- *selbstverleugnend*
- *zu hoher Respekt vor dem Ausland*
- *zu hoher Respekt vor der Macht*
- *bedenkentragend*
- *mangelnde Tatentschlossenheit*
- *mangelnde Freiheitsliebe*

Napoleon Bonaparte (1769–1821)

Wer Zitate zum deutschen Wesen sucht, wird bald über eine angebliche Aussage Napoleon Bonapartes stolpern, die aber nicht von ihm selbst stammt, sondern ihm aus propagandistischen Gründen vom Verleger *Joseph Görres* untergeschoben worden ist. Der Vollständigkeit halber sei das Zitat hier wiedergegeben:

> *Es gibt kein gutmütigeres, aber auch kein leichtgläubigeres Volk als das deutsche. Zwiespalt brauchte ich unter ihnen nie zu säen. Ich brauchte nur meine Netze auszuspannen, dann liefen sie wie ein scheues Wild hinein. Untereinander haben sie sich gewürgt, und sie meinten ihre Pflicht zu tun. Törichter ist kein anderes Volk auf Erden. Keine Lüge kann grob genug ersonnen werden: die Deutschen glauben sie. Um eine Parole, die man ihnen gab, verfolgten sie ihre Landsleute mit größerer Erbitterung als ihre wirklichen Feinde.*[419]

Friedrich Schlegel (1772–1829)

»... die Kunst [...] bloß um der Kunst [...] willen ...«

Karl Wilhelm Friedrich Schlegel war ein deutscher Kulturphilosoph, Schriftsteller, Literaturkritiker und Historiker. Über die Deutschen schreibt er:

> *Nur bey den Deutschen ist es eine Nationaleigenheit, **die Kunst und die Wissenschaft bloß um der Kunst und der Wissenschaft willen** göttlich zu verehren.*[420]

Abb.54: Friedrich Schlegel (1772–1829)

Die Aussage unterstreicht zum einen die schon von Madame de Staël hervorgehobene Freiheit des deutschen Geistes. Zum anderen klingt auch das unterentwickelte „Talent“ der Deutschen an, Kunst und Wissenschaft ökonomischen Interessen unterzuordnen, sprich kommerziell auszuschlachten.

Etwa ein halbes Jahrhundert später wird Richard Wagner den Kern des deutschen Wesens auf genau eine solche Formel bringen: *»Deutsch sein heißt, eine Sache um ihrer selbst willen treiben.«*

Georg Wilhelm Friedrich Hegel (1770–1831)

»Der germanische Geist ist der Geist der neuen Welt.«

Georg Wilhelm Friedrich Hegel war ein deutscher Philosoph und der bedeutendste Vertreter des *Deutschen Idealismus.* Dieter Borchmeyer schreibt über ihn:

> *Der Angelpunkt der »germanischen Nation« ist nach Hegel das »Gemüt« als »unbestimmte Totalität des Geistes«. Diese* ***»Gemütlichkeit«*** *[im Sinne von sich selbst spüren, und sich nicht im Banne eines Zieles befindlich°] [...] hat* ***»keinen bestimmten Zweck, des Reichtums, der Ehre und dergleichen«,*** *sondern ruht in sich selbst,* ***»als der allgemeine Genuss seiner selbst«.***[421]

So wie andere bedeutende Köpfe seiner Zeit war Hegel auf der Suche nach einer Art inneren Kern des deutschen Wesens. Findet *Richard Wagner* diesen Kern bei *Johann Sebastian Bach* (siehe Seite 261) und der deutschen *Innerlichkeit,* so findet Hegel den Kern in der „Gemütlichkeit" und einem „Genuss seiner selbst". Hegels *Gemütlichkeit* kommt der Wagner'schen *Innerlichkeit* natürlich nahe.

Und so wie Schiller glaubt Hegel an eine höhere Macht, die die Menschheitsgeschichte lenkt:

> *Der germanische Geist ist der Geist der neuen Welt, deren Zweck die* ***Realisierung der absoluten Wahrheit*** *als der unendlichen Selbstbestimmung der Freiheit ist [...].*
>
> *Das Princip des germanischen Reiches sollte der christlichen Religion angemessen sein. Die Bestimmung der Völker desselben ist, Träger des christlichen Princips abzugeben. Der Grundsatz der geistigen Freiheit, sowohl in weltlicher als in religiöser Hinsicht, das Prinzip der Versöhnung, wurde in die noch unbefangenen ungebildeten Gemüter jener Völker gelegt, und es wurde diesen aufgegeben,* ***im Dienste des Weltgeistes*** *den Begriff der wahrhaften Freiheit zur Substanz zu haben und sich durch diesen zu gestalten, damit der wahrhafte Begriff in ihnen realisiert werde.*[422]

Abb.55: Georg Wilhelm Friedrich Hegel (1770–1831)

Hier ist sie wieder: Die Idee einer globalen Mission der Germanen. Natürlich zählen zu den germanischen Völkern auch die Niederländer (17 Mio.), die Dänen (6 Mio.), Schweden (10 Mio.), Norweger (5 Mio.), Isländer (350.000) und abstammungsgeschichtlich gesehen auch grob die Hälfte Briten (~30 Mio.). Die Deutschen (82 Mio.) plus Österreicher (9 Mio.) und Deutschschweizer (5,4 Mio.) stellen aber mit Abstand die größte Gruppe. Insofern kann man „Germanen" grob mit Deutschen gleichsetzen.

Johann Wolfgang von Goethe (1749–1832)

»Die Bestimmung des Deutschen [ist°] sich zum Repräsentanten der sämtlichen Weltbürger zu erheben.«

Johann Wolfgang von Goethe ist der bekannteste deutsche Dichter aller Zeiten. Werke aus Goethes Feder sind Weltliteratur.
Goethe gilt als *die* Ikone deutscher Kultur. Folgerichtig trägt das Institut, das die deutsche Kultur im Ausland bekannt machen und pflegen soll, auch den Namen *Goethe-Institut.*

Abb.56: Johann Wolfgang von Goethe (1749–1832)

Johann Wolfgang von Goethe ist im 18./19. Jahrhundert ein, wenn nicht *der* führende Vertreter der These, dass im deutschen Wesen eine Qualität liegt, die der Welt den Weg zum Frieden und zur Vollendung zeigen kann; eine Qualität, die nicht nur hilft, das Leben auf der Erde besser und angenehmer zu gestalten, sondern die von zentraler Bedeutung ist im Hinblick auf die Frage nach der Zukunft der Menschheit überhaupt.

Dieter Borchmeyer schreibt über Goethe:

> *Die spezifische »Bestimmung des Deutschen« sei es, so Goethe am 14. Juni 1820 in einem Brief an Johann Lambert Bächler, »sich zum* ***Repräsentanten der sämtlichen Weltbürger*** *zu erheben«, da sie zu keiner nationalstaatlichen Einheit zusammengewachsen sind.*[423]

»Weltbürger« steht für einen Menschen, der sich dank seiner seelisch-geistigen Reife über das kleingeistige Niveau nationaler Streitigkeiten erheben konnte. Das Biotop, in dem sich die weltbürgerliche Qualität der Deutschen entwickeln konnte, sieht auch Goethe in der deutschen Kleinstaaterei, und er berührt mit *»Weltbürger«* das, was Kant mit *»Kosmopolit«* bezeichnet (1798), und wo Madame de Staël (1813) von der *»Überparteilichkeit«* der Deutschen spricht.
In dem Zusammenhang bemerkt Goethe am 14. März 1830 über die mögliche Überwindung des Nationalhasses:

> *Überhaupt [...] ist es mit dem Nationalhaß ein eigenes Ding. – Auf den untersten Stufen der Kultur werden Sie ihn immer am stärksten und heftigsten finden. Es gibt aber eine Stufe, wo er ganz verschwindet und wo man [...] über den Nationen steht, und man ein Glück oder ein Wehe seines Nachbarvolkes empfindet, als wäre es dem eigenen begegnet. Diese Kulturstufe war meiner Natur gemäß, und ich hatte mich darin lange befestigt, ehe ich mein sechszigstes Jahr erreicht hatte.*[424]

Wohlgemerkt: Goethe plädiert für Anteilnahme und Mitgefühl Nachbarvölkern gegenüber. Von einer langfristigen *Auflösung* der Völker durch Durchmischung lesen wir hier nichts!

Die zweite Seele in der Brust …

Zu Goethes bekannter Formulierung mit den zwei Seelen in der Brust schreibt der Jenaer Philosoph *Thomas Grüning* in ›*Das geistige Deutschland*‹ (2008):

> *„**Die zweite Seele** in der Brust", welche, wie Goethe seinen Faust sagen ließ, „gewaltsam sich vorn Dunst zu den **Gefilden hoher Ahnen**" hebt, sie ist **im deutschen Gemüt besonders kräftig ausgebildet** und hat die deutsche Kultur mit **einzigartigem Ernst** in eine **einzigartige Tiefe** geführt. Doch eben diese Tiefe des deutschen Denkens war nur möglich [...] um den Preis einer **Ferne von der Welt.***[425]

Die zweite Seele – neben der ersten, dem Diesseits zugewandten Seele – steht für den seelisch-transzendenten inneren Teil im Deutschen, der im Grunde von der Welt abgewandt ist. Der deutschen *»Ferne von der Welt«* entspricht das *»Volk der Dichter und Denker«.*

Von angeblichem Segen und tatsächlichem Fluch mancher Technik

Als wacher Geist seiner Zeit hatte Goethe schon Anfang des 19. Jahrhunderts den Trend zur Globalisierung und dessen mögliche Auswirkung auch auf das Geistesleben erkannt. Dieter Borchmeyer – und ich muss mich hier einmal ausdrücklich bei diesem für seine Arbeit ›*Was ist deutsch? – Die Suche einer Nation nach sich selbst*‹ bedanken – schreibt über Goethe:

> *Für Goethe ist »Weltliteratur« die »unausbleibliche« Konsequenz aus dem immer unaufhaltsamer sich entwickelnden Internationalismus des Handels und »der sich immer vermehrenden Schnelligkeit des Verkehrs«.*[426]

Goethes Optimismus in Sachen Globalisierung war aber auch etwas naiv und in dieser Naivität auch wieder recht deutsch, da an den deutschen Idealismus angelehnt. Die naive Erwartung des Poeten in Sachen technische Entwicklung und Globalisierung zeigt sich u. a. in seiner Spekulation über das seinerzeit aufblühende Zeitungswesen: Ein gewisser *Friedrich Koenig* hatte im Jahre 1811 die erste mit Dampfmaschinen angetriebene Druckmaschine erfunden, die sogenannte *Schnellpresse.* Das hatte zur Folge, dass in kürzerer Zeit wesentlich mehr Zeitungen zu deutlich geringeren Preisen gedruckt werden konnten. Dank der Schnellpresse entstand so ein echtes Zeitungswesen. Dieter Borchmeyer dazu:

> *Eines der wichtigsten Medien der meta-nationalen Kommunikation sind für Goethe die Zeitschriften gewesen, deren Aufblühen in Europa er mit großer Aufmerksamkeit verfolgt hat. Er hat [...] die französischen Literaturjournale, in erster Linie die Romantikerzeitschrift ›Le Globe‹ [1824–1832], eingehend studiert [...]. [Goethe schreibt:] »Diese Zeitschriften, wie sie sich nach und nach ein größeres Publikum*

gewinnen, ***werden zu einer gehofften allgemeinen Weltliteratur aufs Wirksamste beitragen****«, heißt es in einem Artikel Goethes über die ›Edinburgh Reviews‹ [1802–1929]. Freilich betont er, »dass nicht die Rede sein könne, die Nationen sollen übereindenken [~einheitlich denken°], sondern sie sollen nur einander gewahr werden, sich begreifen und, wenn sie sich wechselseitig nicht lieben mögen, sich einander wenigstens dulden lernen«. Die Nationen sollen also, mit anderen Worten, inter-nationale Toleranz üben.*[427]

Goethes hoffnungsvolle Erwartung angesichts des Anfang des 19. Jahrhunderts entstehenden Zeitungswesens lässt erahnen, wie wenig man damals erkennen konnte oder wollte, dass Zeitungen (wie andere Massenmedien auch) einmal zum Instrument der Massenmanipulation, der Propaganda und der Lüge werden können. Kaum jemand konnte oder wollte sich vor 200 Jahren vorstellen, dass Zeitungen (und andere Massenmedien) statt den Geist zu befreien und das Bewusstsein der Menschen anzuheben, einmal zum Instrument der Manipulation und Lüge werden können. Goethes Zeit war noch ganz gefangen von der Idee des „Wunders Technik". Die *Titanic* war noch lange nicht gebaut (1912), die technisierten und industrialisierten Kriege und das Massensterben lagen noch ein paar Generationen in der Zukunft.

Am Rande bemerkt finden wir in Goethes Hoffnung auf das neue Zeitungswesen eine Parallele zur heutigen Hoffnung auf das Massenmedium unserer Tage, das *Internet.* Nicht wenige systemkritische Intellektuelle in Amerika und Europa hoffen, das Internet könne durch schnelle und freie Informationen die Menschen aufklären, das Bewusstsein anheben und so schlussendlich die Welt retten. In Kreisen systemkritischer „alternativer" oder „freier" Medien vorwiegend im Internet pflegt man den Glauben, man könne im Internet abseits der Medienmacht etablierter Medienkonzerne den ins Stottern geratenen Motor der Demokratie und Aufklärung wieder ins Laufen bringen, indem man die Menschen über das aufklärt, was wirklich in der Welt passiert.

Im Unterschied zum frühen 19. Jahrhundert weiß man heute sehr viel besser, dass die Kontrolle der Massenmedien eine Grundvoraussetzung für die Führung von Kriegen ist. Wer Krieg will, braucht ein kriegswilliges Volk. Und das bekommt er nur, wenn er die Massenmedien beherrscht. Bevor der brave Bürger von Volk A bereit ist, die braven Bürger von Volk B umzubringen, muss der brave Bürger von Volk A die braven Bürger von Volk B erst einmal hassen lernen. Das Hassen bringen ihm die Massenmedien bei. Und die erste Lektion der Hass-Schulung besteht darin, im öffentlichen Raum vorzuführen, dass die Herabwürdigung und Verächtlichmachung bestimmter Menschen und Gruppen moralisch unbedenklich ist und folgenlos bleibt.
Es gilt, den braven Bürgern vorzuführen, dass diese Verächtlichmachung weder kritisiert noch infrage gestellt noch geahndet wird. Ist das zukünftige Hassopfer dann sinnbildlich gesehen oft genug bespuckt worden, findet sich auch bald ein Dummkopf und Rohling, der das Opfer schlägt. Und sobald das Opfer zurückschlägt, läuft die Hassmaschine. Denn jetzt hat man den „Beweis" für die Gefährlichkeit des Opfers: *Es schlägt!*

Die für Spaltung und Krieg erforderliche Hass-Schulung der braven Bürger beginnt im ersten Schritt nicht mit dem Aufruf zum Hass, sondern mit der Erzeugung eines Klimas, in dem Hass toleriert wird und bestimmte ausgrenzende Verhaltensweisen nicht mehr hinterfragt werden. Kategorische, kompromisslose und unversöhnliche Ausgrenzung wird zur Norm.
Man spricht nicht mehr miteinander. Ja, das Miteinander-sprechen-Wollen, das Den-anderen-verstehen-Wollen erhält den Nimbus des Verrats. In diesem Sinne ist der Begriff *Putin-Versteher* geradezu zu lehrbuchmäßig, ja fast schon langweilig zwangsläufig. Statt dass – so wie Goethe hofft – Zeitungen das Bewusstsein der Menschen anheben, bringen sie den Menschen die Lüge und halten uns den Steigbügel zum Hass.

MITTWOCH, 14. MÄRZ 2018
Bild
++ Syrien-Massaker ++ Nerven-Gift-Anschlag in Europa ++ Mays Ultimatum ignoriert ++
WIE WEIT GEHT PUTIN NOCH?
DAS HILFT WIRKLICH GEGEN RHEUMA
Telefon-LOTTO
HEUTE LETZTE CHANCE AUF 50000 EURO
Sonderseiten 2 und 3

Abb.57: Bild-Zeitung, 14. März 2018

++ Syrien-Massaker ++ Nerven-Gift-Anschlag in Europa ++ Mays Ultimatum ignoriert ++
WIE WEIT GEHT PUTIN NOCH?

In Anbetracht dessen, dass nahezu jede ursprünglich gut gemeinte menschliche Erfindung ins Negative verkehrt worden ist, ist Goethes Hoffnung auf das neue Massenmedium Zeitung wirklich erstaunlich blauäugig.
Natürlich war die „Maschine“ als „Krone der menschlichen Schöpfung“ zu Goethes Zeit noch positiv besetzt. Das Menschenkind aus Metall und Plastik war noch nicht in den Brunnen der Technologiegefahren gefallen. Die Verwandlung menschlicher Schaffenskraft ins Zerstörerische war vor Beginn der Industrialisierung noch kein großes Thema. Doch *genau das* ist die Lektion des 20. und beginnenden 21. Jahrhunderts; die Lektion zweier Weltkriege, eines Holocausts und einer weltweiten Umweltzerstörung: Wie kann der Mensch schöpferisch sein, *ohne* am Ende zerstörerischer zu werden? Wie kann der Menschen sein kreatives Potenzial entfalten, *ohne* in die Falle jener geistigen Kraft zu geraten, die dem Menschen seine Kreativität verleiden will; die verhindern will, dass der Mensch das Göttliche in sich befreit?

Die heutzutage in erschreckender Naivität allerorts gepriesene Globalisierung ist wie der Verbrennungsmotor, der Atomreaktor, das Dynamit und andere Erfindungen nicht davor gefeit, in den Dienst einer zerstörerischen Macht gestellt zu werden. Die Gefahr schwerer Missbräuche, Fehler und Irrtümer ist im Fall der Globalisierung sogar besonders groß, da ein hoher Vernetzungsgrad logischerweise die Verbreitungsgeschwindigkeit von Fehlern erhöht. „We are one“ bedeutet eben auch: Wir alle hängen mit drin. Wenn es scheppert, sitzen wir alle im selben Boot.

Halten wir fest, dass wir in Goethe einen typischen Vertreter der Auffassung finden, Deutschland habe noch eine wichtige Mission für die Welt. Deutschland, so Goethe im Juni 1820, hat die Bestimmung *»sich zum Repräsentanten der sämtlichen Weltbürger zu erheben«*, also quasi der Welt vorzumachen, wie man im Frieden lebt.[428] Andererseits konnte auch Goethe nichts ahnen von dem zerstörerischen Potenzial, das der Mensch im Zuge von Aufklärung, Wissenschaft und Technologie entfalten wird. Goethe starb 1832, noch bevor die Industrialisierung in Deutschland so richtig begonnen hatte.

Heinrich Heine (1797–1856)

»tapfer ohne Nebengedanken«

Heinrich Heine war ein deutscher Journalist, Begründer des modernen Feuilletons und einer der bedeutendsten deutschen Dichter im 19. Jahrhundert.

Über die Deutschen schreibt Heinrich Heine:

> *Der Deutsche gleicht dem Sklaven, der seinem Herrn gehorcht ohne Fessel, ohne Peitsche, durch das bloße Wort, ja durch einen Blick.* ***Die Knechtschaft ist in ihm selbst, in seiner Seele;*** *schlimmer als die materielle Sklaverei ist die spiritualisierte.* ***Man muss die Deutschen von innen befreien, von außen hilft nichts.***[429]

Das korrespondiert mit dem von Kant und Madame de Staël kritisierten deutschen Untertanengeist. Und im Grunde sagt Heine damit auch, dass die demokratische Umerziehung der Deutschen nach 1945 nicht (wirklich) gelingen kann!

Abb.58: Heinrich Heine (1797–1856)

Heine an anderer Stelle über die Deutschen:

> *Die Deutschen aber sind* ***tapfer ohne Nebengedanken,*** *sie schlagen sich, um sich zu schlagen, wie sie trinken, um zu trinken.*[430]

»Tapfer ohne Nebengedanken« bedeutet: ehrlich, ohne auf materiellen Vorteil bedacht zu sein, ohne Egoismus.

Im Jahre 1844 in *›Deutschland. Ein Wintermärchen‹* träumt Heine so vor sich hin:

> *[...]* ***die ganze Welt wird deutsch werden!*** *Von dieser Sendung und* ***Universalherrschaft Deutschlands*** *träume ich oft, wenn ich unter Eichen wandle. Das ist mein Patriotismus.*[431]

Man beachte: Heine war Jude. Eine ziemlich seltsame Stelle … Heine meint natürlich keine militärisch-politische Weltherrschaft der Deutschen, sondern eine weltweite geistige Vorherrschaft, wobei man sich fragen kann, ob das nun wirklich besser wäre.

Dieter Borchmeyer ergänzt:

> *Und eben weil die Deutschen* ***von ihrer eigentlichen »Sendung« her Weltbürger*** *und nicht bloß »Nation« sind, träumt Heine von einer* ***»Universalherrschaft Deutschlands«,*** *der die »ganze Welt« zufallen möge. Das ist […] eine trotz ironischer Untertöne von Heine im Grunde seines Herzens ernstgemeinte Idee.*
> *Die* ***Übernationalität des Deutschen,*** *das heißt des Deutschseins, soll die europäischen Nationen dazu bringen, ihre Grenzen auf die* ***Einheit Europas und der Menschheit*** *hin zu überschreiten.*
> *Diese Idee, der zufolge das Deutsche wesenhaft Weltbürgerlichkeit in sich fasst, ist ein* ***Grundgedanke des modernen deutschen Humanismus von Goethe bis Thomas Mann.*** *[…]. Die Idee, dass das Deutschsein nicht im »Nationalen« aufgeht, ist Bestandteil fast aller Traktate über die Frage »Was ist deutsch?«, die im 19. und 20. Jahrhundert so häufig gestellt worden ist. […].*[432]
> *Das Deutsche soll sich, so ist seit dem späten 18. Jahrhundert immer wieder zu hören, über alle politischen und gesellschaftlichen Zwecke erheben.*
> ***Deutsch sei, eine Sache »um ihrer selbst [willen] treiben«, so lautet die berühmteste aller Definitionen des Deutschen*** *aus Richard Wagners Schrift ›Deutsche Kunst und deutsche Politik‹. Dieses »um seiner selbst willen« schließt die über die Enge einer nationalen Zielsetzung hinausstrebende kosmopolitische Anverwandlung verschiedener Kulturen ein.*[433]

Die um das Jahr 1850 von Heinrich Heine bemerkte übernationale Affinität der Deutschen finden wir rund 170 Jahre später erneut, wenn auch in abgewandelter Form. *Deutsch* steht heutzutage in den meinungsbildenden Massenmedien schwerpunktmäßig für *weltoffen:* offen für eine faktisch ungebremste Globalisierung der Welt, offen für die Stärkung einer europäischen Zentralregierung und die Abschaffung des Nationalstaates, offen für eine langfristig faktisch unbegrenzte Zuwanderung – schließlich gibt es ohne Nationalstaat auch kein Staatsvolk mehr.

„Deutsch sein" heißt heute „offen sein für alles, was von außen kommt", von Ausnahmen abgesehen natürlich. Das *Nationale* hingegen ist Anfang 2018 in der öffentlichen Debatte ein Phänomen am Rande der Legalität und Ächtung, *national* gilt als rückständig, angstgesteuert, tendenziell ungerecht und tendenziell gewalttätig.

Der ehrliche Wunsch vieler Deutscher nach Völker*verständigung* – dieser Eindruck drängt sich auf – wird gegenwärtig mit Hilfe der Massenmedien und unter Instrumentalisierung des Nazi-Traumas umgebogen in einen angeblichen Wunsch nach Selbstauflösung des deutschen Volkes im bunten Völkergemisch.

Man gaukelt den Deutschen vor, sie würden in einer besseren Welt leben, gäbe es keine nationalen Identitäten mehr. Symbolisch gesehen ist der „politisch korrekte" Deutsche bereit, den **Nationalstaat auf den Altar der Weltrettung zu opfern,** sei es die Verhinderung zukünftiger „Weltfeinde" wie Adolf Hitler, sei es die Kontrolle der

Massenvernichtungswaffen, die Rettung des Weltklimas usw.
Die Begriffe *Nation* und *Volk* sind dabei austauschbar. Es geht darum, dem Individuum die Identifikation mit einer größeren Menschengruppe zu verleiden, deren Identität von einer Zentralmacht nur schwer zu kontrollieren ist: Nation, Volk, Stamm, Familie. Weg damit. Die Rettung der Welt verlangt nach der absoluten Einheit. *We are one* – oder wir sind die längste Zeit gewesen.

Ernst Moritz Arndt (1769–1860)

»Dem Deutschen ist die Verwaltung der geistigen europäischen Güter übertragen.«

Ernst Moritz Arndt (1769–1860) war ein deutscher Historiker, Schriftsteller, Professor der Philosophie, Freiheitskämpfer und Abgeordneter der Frankfurter Nationalversammlung (1848/49). Auch war Arndt Verfasser der bekannten antinapoleonischen Flugschrift *›Geist der Zeit‹* (1806), wegen derer Arndt auch nach Stockholm fliehen musste.

Abb.59: Ernst Moritz Arndt (1769–1860)

Über die Deutschen schreibt E. M. Arndt:

> *Dem Deutschen ist* ***die Verwaltung der geistigen europäischen Güter*** *vorzugsweise übertragen, Ausbildung und Entwicklung von Sitte, Gesetz, Kunst, Wissenschaft im christlichen Sinn. In allen Trübsalen und Hartsalen, die über ihn hingefahren sind, hat er diese Aufgabe* ***nimmer vergessen.***[434]

Auch hier die Idee einer geistigen Mission des deutschen Volkes.
Auch bei Arndt finden wir an zentraler Stelle die deutsche Treue: *»Aufgabe nimmer vergessen«*. Natürlich ist oder war die *»Verwaltung der geistigen europäischen Güter«* keine Aufgabe des „normalen Durchschnittsdeutschen“, sondern Aufgabe einer kulturellen, intellektuellen Elite, was für die Kultur aber ganz allgemein gilt. Eine solche Elite braucht zum Gelingen ihres Vorhabens aber auch ein Volk, das die Absicht der Elite instinktiv mitträgt. Mentalität von Volk und Elite müssen miteinander harmonieren.

Friedrich Hebbel (1813–1863)

»Die Deutschen fürchten, durch die Freiheit zu wilden Tieren zu werden.«

Christian Friedrich Hebbel – kurz *Friedrich Hebbel* – war ein deutscher Dramatiker und Lyriker. Über die Deutschen schreibt er:

> *Weil die Deutschen wissen, dass die wilden Tiere frei sind, fürchten sie, durch die Freiheit zu wilden Tieren zu werden.*[435]

Im ersten Moment klingt diese Formel ganz griffig, doch bedenkt man, dass es im Tierreich nicht nur fleischfressende Raubtiere gibt, sondern auch umgänglichere Arten wie Tauben, Spatzen, Bienen, Rehe, Gämsen, Hasen und Kaninchen, ist die Aussage differenzierter zu betrachten. *Wild* mit *gefährlich* gleichzusetzen ist ein Irrtum.

Was Hebbel eher meint, ist die bei Deutschen weitverbreitete Angst vor dem eigenen Potenzial. Es fehlt den Deutschen an Selbstvertrauen. Damit fragt sich: Warum ist das so? Und war es schon immer so?

Abb.60: Christian Friedrich Hebbel (1813–1863)

Letzteres glaube ich nicht. Die Germanen, die im Jahre 9 n. Chr. in der sogenannten Varus-Schlacht die römischen Legionen besiegt und restlos aufgerieben haben, müssen ziemlich wild gewesen sein. Zugegebenermaßen ist das aber auch schon eine ganze Weile her.

„Dank" der Deutschen Angst vor ihrem eigenen Potenzial lassen sich die Deutschen von angeblichen Autoritäten leicht einschüchtern, und sie glauben länger an diese Autoritäten, als ihnen guttut. Übersteigt aber irgendwann der Druck unhaltbarer äußerer Umstände die Kraft der angezogenen inneren Handbremse der Deutschen, brechen auch beim Deutschen brachiale Energien hervor. Diese Energien äußern sich aber nur deshalb brachial, weil sie zu lange zurückgehalten worden sind.

Der Deutsche lässt sich zwar aufgrund seines oft schwachen Selbstbewusstseins relativ leicht manipulieren, irgendwann aber platzt auch dem Deutschen der Kragen. Und ein solches „irgendwann Kragen platzen" erklärt teilweise auch den Aufstieg Adolf Hitlers nach dem seinerzeit überall in Deutschland als zutiefst ungerecht empfundenen Versailler „Friedens"-Vertrag von 1919.

Das von Friedrich Hebbel diagnostizierte Problem mangelnder Selbstsicherheit der Deutschen wurde von Großbritanniens Kriegspremier *Winston Churchill* (1940–1945) folgendermaßen auf den Punkt gebracht:

> *Man hat die Deutschen entweder an der Gurgel oder zu Füßen.*[436]

Gesamthistorisch ist diese Aussage natürlich falsch, schließlich gab es in der deutschen Geschichte auch immer wieder Phasen, in denen die Briten die Deutschen weder an der Gurgel noch unter den Füßen hatten. So haben Briten zusammen mit Preußen bei Waterloo Napoleon besiegt. Doch gewisse neurotische Züge der Deutschen seit Anfang des 20. Jahrhunderts beschreibt Churchill wohl ganz gut.

Nebenbei bemerkt: Ein feiner Witz bei den britisch-deutschen Beziehungen ist aus britischer Sicht der, dass man sich langfristig besser mit einem *Gegner* arrangieren kann, wenn dieser an einem lädierten Selbstbewusstsein krankt. Fehlendes Selbstbewusstsein bedeutet, dass man seine Kräfte und Potenzial weder voll noch wirklich sinnvoll einsetzen kann. Selbstzweifel schwächt und verwirrt.
Britische Premiers mögen hier und dort über neurotische deutsche Spitzenpolitiker jammern, doch man sollte sich einmal überlegen, wie für Großbritannien (und die USA) die Welt heute aussähe, wären die Deutschen nicht in zwei Weltkriegen besiegt worden? Wo wären Deutschland, England und die USA heute, hätte es nicht die beiden Weltkriege gegeben? Deutschland wäre mit Sicherheit bedeutend stärker, sowohl wirtschaftlich als auch militärisch. Es hätte ein bedeutend größeres Territorium, die Bevölkerung Deutschlands läge ohne Kriegsverluste bei vielleicht 100 Millionen. Und besonders bitter für unsere angelsächsischen Freunde: Dank des deutschen Vorsprungs in der Raketentechnologie Mitte der 1940er Jahre wäre der erste Mensch auf dem Mond auch *ein Deutscher gewesen* – für manche eine gruselige Vorstellung, an die man in Großbritannien das Fernsehpublikum aber von Zeit zu Zeit immer wieder gerne erinnert.
Ohne verlorene Weltkriege und ohne Holocaust wäre Deutschland heute mit Sicherheit wesentlich stärker und selbstbewusster. Das dürfte niemand in Zweifel ziehen. Ob ein solches stärkeres und selbstbewusstes Deutschland dann besser für die Welt wäre, kann man diskutieren. Für Großbritannien und die USA würde es aber definitiv sehr viel weniger Macht in Kontinentaleuropa bedeuten: ein deutlich kleineres Stück vom Kuchen.

Der Nationalsozialismus mit allem, was daran hing und hängt, scheint natürlich die perfekte Bestätigung des Hebbel'schen Selbstbildes der Deutschen zu sein: ein Volk, das aus Furcht vor einem inneren Dämon und aus Angst vor der eigenen Kraft und Macht nie zur Ruhe findet; ein Volk, das befürchtet, wenn es zu stark wird, sich und die ganze Welt in den Abgrund zu reißen.

Kurz: Ein Volk, gefangen in der Angst vor sich selbst.

Richard Wagner (1813–1883)

»Deutsch sein heißt, eine Sache um ihrer selbst willen treiben.«

Richard Wagner ist so wie Johann Wolfgang von Goethe einer der Giganten deutscher Kultur. Aufgewachsen im Königreich Sachsen, studierte Wagner ab 1831 in Leipzig Musik. Ende der 1830er Jahre und in den 1840er Jahren war er dann musikalischer Leiter in verschiedenen Städten; lebte von 1839 bis 1842 und von 1859 bis 1862 in Paris.
In den 1840er Jahren komponierte Richard Wagner einige seiner größten Opern, darunter *›Der fliegende Holländer‹* (1843), *›Tannhäuser‹* (1845) und *›Lohengrin‹* (1848).
Während des Dresdner Mai-Aufstandes von 1849 bewies sich Wagner als mutiger Mann und riskierte sein Leben auf den Barrikaden der Revolutionäre. Später schrieb er weitere Opern, darunter sein vierteiliger Opernzyklus *›Ring des Nibelungen‹*.
Ab 1851 reifte dann bei Wagner der Entschluss zum Bau eines Opernhauses ausschließlich zur Aufführung *seiner* Werke.

Abb.61: Richard Wagner (1813–1883)

Um sein Publikum zum Rückzug von den Ablenkungen der Großstadt zu ermuntern, wählte Richard Wagner als Standort für sein Festspielhaus die bayerische Kleinstadt Bayreuth. Im August 1876 wurde das Festspielhaus mit der Uraufführung des *›Ringzyklus‹* eröffnet.

Zwei Jahre später (1878) veröffentlichte der Komponist dann einen Essay mit dem Titel *›Was ist deutsch?‹*. Begonnen hatte Wagner diesen Text im Jahre 1865, sechs Jahre vor der deutschen Reichsgründung. Die Reichsgründung hat Wagner dann ziemlich überrascht, und er brauchte gewisse Zeit, um seinen Standort zu sortieren. Wagner schreibt:

> *Jedenfalls habe ich [...] diesmal die Reihe meiner damals [1865°] niedergelegten Gedanken erst noch zu schließen, und es wird dieser Schluss, welchem ich nun, nach **dreizehnjähriger neuer Erfahrung** [1878°], allerdings eine besondere Färbung zu geben habe, [...] mein letztes Wort in betreff des [...] so traurig ernsten Themas enthalten. – Es hat mich oft bemüht, mir darüber [...] klar zu werden, was eigentlich unter dem Begriffe »deutsch« [...] zu verstehen sei.*[437]

Wie andere seiner deutschen Zeitgenossen auch empfand Richard Wagner die 1871er Reichsgründung als eher abträglich für die deutsche Kultur. Der Komponist glaubte, dass die deutschen Fürsten das deutsche Wesen jetzt nicht mehr verstehen:

Waren bisher die deutschen Fürsten meistens mit dem deutschen Geiste gemeinsam gegangen, so habe ich schon bezeichnet, wie seitdem, leider auch [...] ***die Fürsten fast gänzlich diesen Geist zu verstehen verlernten.*** *Den Erfolg davon ersehen wir an unsrem heutigen öffentlichen Staatsleben:* ***das eigentlich deutsche Wesen zieht sich immer mehr von diesem zurück****.*[438]

Über die Deutschen schreibt Wagner, dass sie sich:

... fortwährend auf »deutsche ***Tiefe****«, »deutschen* ***Ernst****«, »deutsche* ***Treue«*** *und dergleichen mehr zu berufen pflegen. Leider ist es [...] offenbar geworden, dass diese Berufung nicht vollständig begründet war; wir würden aber dennoch wohl unrecht tun anzunehmen, dass es sich hier um gänzlich nur eingebildete Qualitäten handele, wenn auch Missbrauch mit der Berufung auf dieselben getrieben wird.*[439]

Wagner billigt den Deutschen also trotz allem eine gewisse *»Tiefe«,* gewissen *»Ernst«,* gewisse *»Treue«* und *»dergleichen«* zu.
Noch etwas genauer beschreibt Wagner das deutsche Wesen im Zusammenhang mit dem Dreißigjährigen Krieg (1618–1648); ein Krieg, in dessen Folge (Krieg, Hunger und Krankheiten) in manchen Landesteilen Deutschlands die Bevölkerung auf ein Drittel zusammengeschrumpft war. Von 1618 bis 1648 starben deutschlandweit geschätzte* 40 Prozent der Einwohner (6,4 Millionen von 16 Millionen im Heiligen Römischen Reich Deutscher Nation[440]). Wagner also:

Nach dem gänzlichen Verfalle des deutschen Wesens, nach dem fast gänzlichen Erlöschen der deutschen Nation infolge der unbeschreiblichen Verheerungen des Dreißigjährigen Krieges, war es diese ***innerlichst heimische Welt,*** *aus welcher der* ***deutsche Geist*** *wiedergeboren ward.*[441]

Die von Wagner verwendeten Begriffe *»deutscher Geist«* und *»deutsches Wesen«* verhalten sich in etwa so zueinander wie Samen (Geist) zu Acker (Wesen) oder wie DNA (Geist) zu Zelle (Wesen), wobei Geist eher dem Bewussten zuzuordnen ist und Wesen dem Unbewussten. Wirklich zu trennen sind *deutsches Wesen* und *deutscher Geist* aber nicht.

Deutsche Dichtkunst, deutsche Musik, deutsche Philosophie sind heutzutage [1878°] hochgeachtet von allen Völkern der Welt:[...][442]

Hier fragt sich, was es *konkret* ist, das deutsche Dichtkunst, Musik und Philosophie auszeichnet, und was ihr die weltweite Hochachtung einbringt? Auf der Suche nach einer Antwort werden wir bei Madame de Staël fündig. Zur Erinnerung:

---

* *Geschätzt* deshalb, weil die Forschung zum Dreißigjährigen Krieg bisher keine genaueren Zahlen bietet. Die Schätzungen belaufen sich auf im Schnitt 20 bis 45 Prozent Bevölkerungsverluste in Deutschland, wobei oft von 40 Prozent ausgegangen wird.

Die Deutschen sehen in der ***Schönheit der Wortwahl eine Art Schwindel*** *und wählen lieber einen abstrakten Ausdruck, weil dieser genauer ist und sich mehr* ***dem Wesen des Wahren nähert.***[443]

Sich dem Wesen des Wahren nähern – den Deutschen geht es bei der Kunst nicht so sehr um die Perfektion im künstlerischen Handwerk, in der äußeren künstlerischen Form, sondern um den dargestellten Inhalt, um das Sichtbarmachen des Unsichtbaren; darum, dass sich der Betrachter, Zuhörer und Mitdenkende über das Werk mehr ***»dem Wesen des Wahren*** *nähert«* – und damit *sich selbst!*

Richard Wagner weiter:

Dies ist wichtig. Der Ausgang des Dreißigjährigen Krieges vernichtete das deutsche Volk: dass ein deutsches Volk wieder erstehen konnte, verdankt es aber doch einzig eben diesem Ausgange. Das Volk war vernichtet, ***aber der deutsche Geist hatte bestanden.***
Doch wo die eigene Gestalt, die eigene Sache selbst sich verlor, blieb dem ***deutschen Geiste eine letzte, ungeahnte Zuflucht,*** *sein* ***innigstes Inneres*** *[...].*[444]

Oben spricht Wagner von

»innerlichst heimische Welt«,

hier von

»innigstes Inneres«.

»Innigstes Inneres« kommt religiösen Kategorien von *Gewissen* und *Seele* recht nahe. Wagner wieder zum deutschen Geist:

Will man ***die wunderbare Eigentümlichkeit, Kraft und Bedeutung des deutschen Geistes*** *in einem [...] Bilde erfassen, so blicke man scharf [...] auf die sonst fast unerklärlich rätselhafte Erscheinung des musikalischen Wundermannes Sebastian Bach [1685–1750°]. Es ist die Geschichte des* ***innerlichsten Lebens des deutschen Geistes*** *während des grauenvollen [17.°] Jahrhunderts der gänzlichen Erloschenheit des deutschen Volkes. [...] Wollen wir uns jetzt [...]* ***die überraschende Wiedergeburt des deutschen Geistes*** *auch auf dem Felde der poetischen und philosophischen Literatur erklären, so können wir dies [...] nur, wenn wir an Bach begreifen lernen, was* ***der deutsche Geist in Wahrheit*** *ist, wo er weilte, und wie er rastlos sich neu gestaltete, während er gänzlich aus der Welt entschwunden schien.*[445]

Siehe da! Auf seiner Suche nach dem deutschen Geist wird Richard Wagner tatsächlich fündig. Er findet ihn bei *Johann Sebastian Bach.* Bach ist einer der ganz großen deutschen Komponisten. Wikipedia schreibt über ihn:

Insbesondere von Berufsmusikern wird er oft als ***der größte Komponist der Musikgeschichte*** *angesehen.*[446]

Johann Sebastian Bach war und *ist* als Komponist also absolute Weltspitze. Besser geht's nicht. Etwas überspitzt formuliert: *Gott hört Bach!*
Dummerweise hat der Leser jetzt aber das Problem, dass er sich auf der Suche nach dem deutschen Wesen und dem deutschen Geist auch noch die Musik von Johann Sebastian Bach anhören muss …
Halten wir fest, dass für Wagner die *Innerlichkeit* die ultimative spirituelle Kraftressource des deutschen Volkes ist. Neudeutsch gesprochen: das Starter-Kit nach dem Totalzusammenbruch.
Damit verortet Richard Wagner den Kern des deutschen Wesens in Nähe eines spirituellen Kontextes. Und so ergibt sich eine Parallele zu dem, was die traditionelle europäische Prophetie über die Zukunft Deutschlands voraussagt: Nach dem „dritten Weltkrieg" soll in Deutschland eine ähnlich kraftvolle geistige Erneuerung stattfinden wie nach dem Dreißigjährigen Kriege.

Abb.62: Johann Sebastian Bach (1685–1750)

An anderer Stelle in seinem Essay schreibt Richard Wagner:

> *Liebenswürdig und schön ist der Fehler des Deutschen, welcher die* ***Innigkeit*** *und* ***Reinheit seiner Anschauungen und Empfindungen*** *[siehe die »Redlichkeit« bei Madame de Staël°] zu* ***keinem eigentlichen Vorteil,*** *namentlich für sein öffentliches und Staatsleben auszubeuten wusste.*[447]

Das wieder klingt nach *„zu lieb für diese Welt"* oder nach *„zu blöd für diese Welt"*; je nach Perspektive. Für die mangelnde „Chancen-Ausbeute" der Deutschen im unfairen internationalen Endspiel gibt es genug Beispiele aus der Gegenwart: Ohne Volksabstimmung haben sich die Deutschen von Helmut Kohl eine europäische Einheitswährung aufschwatzen lassen, die die Deutschen angeblich nichts kostet. Wenn der Euro jedoch kollabiert, zahlen vor allem die Deutschen die Zeche, da sie ihr ins europäische Ausland entliehenes Geld nie wiedersehen würden. Wagners Blick auf den deutschen Hang zur Leichtgläubigkeit ist also nicht uninteressant im Hinblick auf das, was derzeit im europäisierten Deutschland vor sich geht.

Wagner nochmals zur deutschen Innerlichkeit:

> *Die Fähigkeit, sich innerlich zu versenken, und vom* ***Innersten*** *aus* ***klar und sinnvoll*** *die Welt zu betrachten, setzt […] den Hang zur Beschaulichkeit voraus**, *welcher im minder begabten Individuum leicht zur Lust an der Untätigkeit, zum* ***reinen Phlegma*** *wird [siehe Kant Seite 233].*[448]

---

* siehe Hegels »Gemütlichkeit«, Seite 249

Immer wieder verortet Wagner das deutsche Wesen in Nähe eines „Innersten“; einer Sphäre, der er sich mit Begriffen nähert, wie

*innerlich**st** heimische Welt,*

*innig**stes** Inneres,*

*innerlich**sten** Lebens des deutschen Geistes,*

Innigkeit und Reinheit,

innerlich versenken.

Damit wird Wagners Begriffswelt spirituell, transzendent – wie auch immer man es bezeichnen will. Wagner über die Deutschen an anderer Stelle:

> ***Mit der Religion nimmt er es ernst:** [...] Unter Religionsfreiheit versteht er nichts anderes als das Recht, mit dem Heiligsten **es ernst und redlich** meinen zu dürfen.*[449]

Es überrascht nicht sonderlich, dass der deutsche Ernst irgendwo in der Nähe von Religion, Gott und Ewigkeit seinen Anker wirft.

Richard Wagner wieder:

> *Kein Volk hat sich gegen Eingriffe in seine **innere Freiheit,** sein **eigenes Wesen,** gewehrt wie die Deutschen: mit nichts ist die Hartnäckigkeit zu vergleichen, mit welcher der Deutsche **seinen völligen Ruin** der Fügsamkeit unter ihm fremde Zumutungen vorzog.*[450]

Der von Wagner diagnostizierte deutsche Hang zum Kampf bis zum völligen Ruin hat sich dann ja zwei Generationen später unter Adolf Hitler grausam bewahrheitet.
Und im Zusammenhang mit dem Nationalsozialismus muss dann auch Wagners bekannte Definition des deutschen Wesens behandelt werden. Dieter Borchmeyer bezeichnet diese Definition als *»die berühmteste aller Definitionen des Deutschen«.*[451]
Weiter schreibt Borchmeyer:

> ***»Deutsch sein heißt, eine Sache um ihrer selbst willen treiben«** – Wagners Wendung in [seiner Abhandlung°] ›Deutsche Kunst und deutsche Politik‹ (1867) ist im Dritten Reich zum geflügelten Wort geworden.*[452]

»Eine Sache um ihrer selbst willen treiben« bedeutet nach heutigem Verständnis, etwas zu tun, ohne dafür Geld zu verlangen oder ein Gegengeschäft zu erwarten; keine Gefälligkeit, keine Anerkennung. *Arbeit um ihrer selbst Willen* ist keine Strategie, um an die Energie anderer Menschen zu gelangen, sondern um an Energien *in sich* zu gelangen. Arbeit um ihrer selbst willen, ist Arbeit für *das Individuum,* keine Arbeit für *die Gesellschaft,* keine Arbeit für den Markt, für den Profit, selbst wenn die jeweilige Arbeit im Nachherein für die Gesellschaft und den Markt von Nutzen ist. Die freie Arbeit in ihrer idealen Form findet man in der westlichen Welt beim *freien* Künstler oder in spirituellen Gruppen, in denen Arbeit als Meditation gilt.

Sehen wir uns nun das Originalzitat von Richard Wagners *»eine Sache um ihrer selbst willen treiben«* an:

> *Hier kam es zum Bewusstsein [...], was Deutsch sei, nämlich:* ***die Sache, die man treibt, um ihrer selbst und der Freude an ihr willen treiben;*** *wogegen* ***das Nützlichkeitswesen,*** *d. h. das Prinzip, nach welchem eine Sache des außerhalb liegenden persönlichen Zweckes wegen betrieben wird, sich als* ***undeutsch*** *herausstellte. Die hierin ausgesprochene Tugend des Deutschen fiel daher mit dem durch sie erkannten höchsten Prinzipe der Ästhetik zusammen, nach welchem* ***nur das Zwecklose schön*** *ist, weil es, indem es sich selbst Zweck ist, seine über alles Gemeine erhöhte Natur, somit Das, für dessen Anblick und Erkenntnis es sich überhaupt der Mühe verlohnt, Zwecke des Lebens zu verfolgen, enthüllt; wohingegen* ***alles Zweckdienliche hässlich*** *ist [...]. –* ***Nur ein großes, auf seine unerschütterliche Macht mit vornehmer Gelassenheit vertrauendes Volk konnte ein solches Prinzip in sich ausbilden, und zur Beglückung der ganzen Welt in Anwendung bringen*** *[...]; und die Aufgabe der politischen Mächte war es, diese Ordnung* ***in diesem erhabenen, welterlösenden Sinne*** *zu begründen [So findet sich auch bei Wagner ein deutsch-missionarisches Element], – das heißt: Deutschlands Fürsten mussten ebenso deutsch sein, als seine großen Meister es waren.*[453]

»Nützlichkeitswesen« bezeichnet eine Gesellschaftsform, in der die Dinge nur nach ihrem Nutzen bewertet werden. Der Trick dabei ist, dass „Nützlichkeit" kein objektiver, feststehender Wert ist, sondern von der jeweils herrschenden Macht definiert wird. So zählt im Kapitalismus nur das als nützlich, was Geld bringt; in kommunistischen oder faschistischen Gesellschaften wird das Nützliche schon ganz anders definiert. Naturvölker wiederum haben ihrerseits eine eigene, völlig andere Definitionen von Nützlichkeit.
Wer definiert, was nützlich ist, verfügt auch über die Macht, das dazugehörende Wertesystem durchzudrücken und zur gesellschaftlichen Norm zu erheben. Der Hauptnutznießer des Nützlichkeitswesens ist also derjenige, der es *beherrscht.* Das Nützlichkeitswesen ist gewissermaßen eine Maschinerie, die demjenigen zuarbeitet, der die Macht hat, den „Nutzen" zu definieren. Nützlichkeitswesen ist damit eine Form von Ideologie, eine Form von *Totalitarismus!* Und in diesem Sinne sind Nationalsozialismus und totale Ökonomisierung zwei Seiten derselben Medaille.

An anderer Stelle unterstreicht Wagner Kants Feststellung, dass den Deutschen der Drang fehlt, andere Völker zu beherrschen. Dieter Borchmeyer schreibt:

> *So betont Richard Wagner in einer ausführlichen Tagebuchaufzeichnung für Ludwig II. vom 26. September 1865 [...], der Deutsche sei von Haus aus* ***»nicht eroberungssüchtig,*** *und* ***die Begierde, über fremde Völker zu herrschen«, sei »undeutsch«.***[454]

Der Feind der Weltveredelung

Dieter Borchmeyer an anderer Stelle:

> *Die Deutschen, so verkündet er in seinem Essay ›Wollen wir hoffen?‹ (1879), seien »nicht zu Herrschern, wohl aber* ***zu Veredlern der Welt bestimmt*** *« und sollten »die ganze Welt mit unsern eigentümlichen Kulturschöpfungen durchdringen, ohne jemals Weltherrscher« werden zu wollen.*[455]

Ähnlich wie Goethe zeigt sich Wagner gefangen im Idealismus seiner Zeit. Träumt Goethe angesichts des aufblühenden Zeitungswesens von einer neuen Weltliteratur und einer internationalen Verständigung der Völker, so träumt Wagner von einer „Veredelung" der Menschen und der Welt.
Richard Wagner – so scheint es – will, kann oder wagt nicht, an die Existenz von Kräften zu glauben, die etwas gegen genau diese *Veredlung der Welt* haben könnten.
Sicher: Im ersten Moment mutet der Gedanke eines deutschen „Spezialauftrags zur Weltveredelung" arrogant und anmaßend an. Doch dieser Eindruck verflüchtigt sich schnell, wenn man sich gedanklich in ein komplexeres Weltsystem begibt; ein Weltsystem, in dem es auch einen *Feind der Veredelung* gibt. Die Christen nennen diesen Feind den *Teufel,* die Moslems den *Dajjal,* andere Religionen haben andere Namen.
Der Punkt, den Wagner zu unterschätzen scheint, ist der, dass diese negative Kraft, die etwas gegen die Veredelung des Menschen hat, irgendwann gegen die Veredelung der Menschheit zu Felde ziehen könnte, und zwar *mit aller Macht.*
Was dann? Was, wenn sich dann ausgerechnet diejenigen den meisten Ärger einhandeln – Wagner zufolge die Deutschen –, die die Veredlung am meisten wollen?

Damit berühren wir ein Schlüsselmoment der deutschen Romantik und Klassik. Oberflächlich betrachtet – bzw. im Sinne der angelsächsischen Deutung – haben Erster und Zweiter Weltkrieg den praktisch gesehen sinnlosen und überflüssigen deutschen Idealismus niedergerissen, in Stücke zerschlagen und untergepflügt. Das war dann mit großem Leid verknüpft, aber das Eigentliche, nämlich der Tod des Idealismus, war unumgänglich, notwendig und zwangsläufig. Jetzt wagt kein Deutscher mehr von einer Veredelung des Menschen zu träumen. Hurra! Der Traum ist aus. Das Ziel erreicht. Der Feind der Veredelung hat gesiegt. So sieht es aus. Jedenfalls für Kurzsichtige.

Emanuel Geibel (1815–1884)

»Und es mag am deutschen Wesen einmal noch die Welt genesen.«

Der deutsche Lyriker und Dramatiker *Emanuel Geibel* hat im Jahre 1861 ein bekanntes Gedicht mit dem Titel *›Deutschlands Beruf‹* geschrieben. In diesem Gedicht wünscht sich der Dichter ein geeintes Deutschland; ein Deutschland, das militärisch stark genug ist, um gegen seine damaligen Feinde (hauptsächlich Frankreich) zu bestehen. Das Gedicht endet mit den bekannten Zeilen:

Und es ***mag*** *am deutschen Wesen*
Einmal noch die Welt genesen.

Zwei Generationen nach Emanuel Geibel wurden diese Zeilen dann von deutschen Nationalisten und Nationalsozialisten in Beschlag genommen und missbraucht.

Und so wurde aus

»es ***mag*** *am deutschen Wesen ...«*
»es ***wird*** *am deutschen Wesen ...«.*

Abb.63: Emanuel Geibel (1815–1884)

Aus dem Gesamtzusammenhang des Gedichtes geht jedoch hervor: Der Dichter meinte eine deutsche *Inspiration für den Weltfrieden;* eine deutsche Medizin, keinen deutschen Vorschlaghammer. Aus Deutschland soll die Inspiration zum Frieden kommen, keine Armeen.
Emanuel Geibel hatte eine *Friedensvision,* auch wenn sich der Dichter nach einem starken deutschen Einheitsstaat sehnte, der den Deutschen Ruhe vor seinen Feinden bietet.

Sehen wir uns den kompletten Text an:

Deutschlands Beruf (1861)

Soll's denn ewig von Gewittern
Am umwölkten Himmel braun?
Soll denn stets der Boden zittern,
Drauf wir unsre Hütten baun?
Oder wollt ihr mit den Waffen
Endlich Rast und Frieden schaffen?

150 Jahre später ist das „Frieden *mit Waffen* schaffen" natürlich ein ziemliches Problem. Auf globaler Ebene droht im Kriegsfall – egal ob gerechter Krieg oder nicht – ein weltvernichtender Atomkrieg. Und Kriege auf regionaler Ebene werden auch immer riskanter, da immer mehr Staaten über Atomwaffen verfügen oder technisch in der Lage wären, Atomwaffen herzustellen.

Dass die Welt nicht mehr, in Sorgen
Um ihr leichterschüttert Glück,
Täglich bebe vor dem Morgen,
Gebt ihr ***ihren Kern*** *zurück!*
Macht ***Europas Herz*** *gesunden,*
Und das Heil ist euch gefunden.

Die geografische Mitte Europas, sein „Herz" besteht im Jahre 1861 größtenteils aus deutschen Gebieten. Die USA waren seinerzeit noch keine Großmacht. Im Gegenteil: Von 1861 bis 1865 befand sich das Land im Bürgerkrieg. 1860 hatten die USA erst 40 Millionen Einwohner; Deutschland seinerzeit eine etwa gleich große Bevölkerung (1862: 38 Mio.).[456] Das heißt: Wenn Emanuel Geibel im Jahre 1861 vom deutschen Schicksal auf das Schicksal der Welt schließt, ist dies durchaus berechtigt, da Europa damals noch unangefochten das politische Machtzentrum der Welt war.
Hier ergibt sich eine gewisse Analogie zur prophezeiten Situation Europas nach Krieg und Finsternis: Der Einfluss der USA ist wesentlich geringer.

Liest man weiter, wie Emanuel Geibel von Deutschland als Herz Europas träumt; einem Herzen, von dem eines Tages die „Heilung" ausgehen möge, ist man fast froh, dass auch dieser Dichter nicht mehr mitbekommen hat, wie das Herz Europas nach dem Ersten Weltkrieg zuerst gestutzt und nach dem Zweiten Weltkrieg sogar zweigeteilt wurde.

Einen Hort geht aufzurichten,
Einen Hort im deutschen Land!
Sucht zum Lenken und ***zum Schlichten***
Eine schwerterprobte Hand,
Die den güldnen Apfel halte
Und des Reichs in Treuen walte.

Hier wieder die starke Hand. Aber nicht zum Unterdrücken anderer, sondern als Freiheitsgarant. Am Rande fragt sich natürlich, wo man landet, wenn einen die *»schwerterprobte Hand«* zu lange lenkt? Aber lassen wir das.

Sein gefürstet Banner trage
Jeder [deutsche°] Stamm, wie er's erkor,
Aber über alle rage
Stolzentfaltet eins empor,
Hoch, im Schmuck der Eichenreiser
Wall' es vor dem ***deutschen Kaiser.***

Geibels Forderung nach einem deutschen Kaiser erinnert an die eingangs behandelten Prophezeiungen, die explizit einen deutschen Kaiser voraussagen.
Erneut fragt man sich: Sind die Prophezeiungen von der Rückkehr der Monarchie nur Märchen zur Zeitgeistbefriedigung im 19. Jahrhundert? Oder haben die deutschen Dichter und Denker ihre feinen Sinne nur in dieselbe Richtung ausgestreckt wie die Hellseher? Es kommt ja immer wieder vor und ist auch durchaus typisch, dass Dichter

dank ihrer Feinsinnigkeit die Zukunft vorausahnen. Eigentlich erwarten wir sogar von unseren großen Denkern und Schriftstellern dieses Vorausahnen der Zukunft, sind sie doch die letzten verbliebenen kümmerlichen Reste von dem, was viele Jahrhunderte lang, ja selbst in Europa mindestens drei Jahrtausende lang die mystisch-okkulten Seher und Orakel waren.

Der Dichter weiter zum erhofften deutschen Kaiser:

Wenn ***die heil'ge Krone*** *wieder*
Eine[n°] hohe[n°] Scheitel schmückt,
Auf dem Haupt durch alle Glieder
Stark ein ein'ger Wille *zückt,*
Wird im Völkerrat vor allen
Deutscher Spruch aufs neu' erschallen.

»Heilige Krone« ist eine Anspielung auf das sogenannte *Heilige Römische Reich Deutscher Nation* – die Bezeichnung für den Herrschaftsbereich des römisch-deutschen Kaisers vom Spätmittelalter bis 1806 –, das 1806 infolge der napoleonischen Expansion nach rund tausend Jahren aufgelöst worden ist. Der Dichter schlussfolgert richtig, dass ein innerlich geeintes und damit gestärktes Deutschland seine Interessen nach außen hin deutlich besser vertreten kann. Mit dem gleichen Argument wird heutzutage ja auch beim europäischen Einigungsprozess Überzeugungsarbeit geleistet: Parole: „Gemeinsam sind wir stärker. Alleine gehen wir unter", nur dass es heute nicht um die Durchsetzung deutscher Interessen gegenüber Europa geht, sondern um die Durchsetzung europäischer Interessen gegenüber der ganzen Welt.

Dann nicht mehr zum Weltgesetze
Wird die Laun' am Seinestrom,
Dann vergeblich seine Netze
Wirft der Fischer aus in Rom,
Länger nicht mit seinen Horden
Schreckt uns der Koloss im Norden.

Auch das ist nachvollziehbar. Ist Deutschland stark genug, muss es sich nicht mehr von Frankreich und der katholischen Kirche herumschubsen lassen oder von Russland, dem „Koloss im Norden mit seinen Horden".

Macht und Freiheit, Recht und Sitte,
Klarer Geist und ***scharfer Hieb***
Zügeln dann aus starker Mitte
Jeder ***Selbstsucht wilden Trieb,***
Und es mag am deutschen Wesen
Einmal noch die Welt genesen.

Emanuel Geibel skizziert mit seinem Gedicht ein zukünftiges Europa in Frieden, in dem nationale Egoismen *(»Selbstsucht wilden Trieb«)* nicht mehr zu Kriegen führen.

Die geistige Quelle der Inspiration für diese friedliche Entwicklung Europas und der Welt sieht der Dichter im *deutschen Wesen;* ein Naturell, das eher zu einer höheren Ordnung tendiert (zu Recht, Staat, Religion) als zu einer vergleichsweise niederen Ordnung (Sippschaft, Cliquenwirtschaft, Korruption).
Der Dichter zeichnet ein Deutschland als natürliche *europäische Friedensmacht,* allerdings aus der Perspektive des weltpolitischen Rahmens von 1861, als die USA und China noch keine (große) Rolle spielten und auch der Nahe Osten noch kein ewiger Krisenherd war.
Der Geist des Friedens, den Emanuel Geibel im deutschen Wesen ausmacht – man mag davon halten, was man will –, hat sich Ende des 20 Jahrhunderts tatsächlich in der friedlichen deutschen Wiedervereinigung gezeigt. Die Symbolkraft des friedlichen Systemwechsels in Ostdeutschland ist der Welt auch durchaus aufgefallen.

Was die beiden letzten Zeilen des Gedichtes betrifft und seine Instrumentalisierung durch die Nationalsozialisten, so treffen sie wie kaum etwas anderes mitten hinein in das deutsche Trauma: *»Und es mag am deutschen Wesen – einmal noch die Welt genesen ...«.* Was für ein seltsames Volk mit seinem gefangenen Sein zwischen der Idee und Rolle des Weltretters (z. B. auch im Kontext der Flüchtlingskrise) und der Rolle und des Images des potenziellen Weltverderbers.

Friedrich Nietzsche (1844–1900)

»Gut deutsch sein heißt sich entdeutschen.«

Friedrich Wilhelm Nietzsche (1844–1900) ist neben Immanuel Kant und Friedrich Hegel der dritte weltberühmte deutsche Philosoph in meiner Abhandlung zum deutschen Wesen.
Nietzsche war ein scharfer Beobachter des kulturellen Niedergangs in Deutschland Ende des 19. Jahrhunderts, den er – wie andere auch – als negative Begleiterscheinung des deutschen Großmachtstrebens ab 1871 begriff.
In seiner *›Götzen-Dämmerung‹,* erschienen im Jahre 1889, schreibt Nietzsche:

> *Die Deutschen langweilen sich jetzt am Geiste, die Deutschen misstrauen jetzt dem Geiste, die* ***Politik verschlingt allen Ernst für wirklich geistige Dinge*** *– „Deutschland, Deutschland über alles“, ich fürchte, das war das Ende der deutschen Philosophie ...*[457]

Abb.64: Friedrich Nietzsche (1844–1900)

Weiter klagt der Philosoph:

*Ich sprach vom deutschen Geiste: dass er gröber wird, dass er sich verflacht. Ist das genug? – Im Grunde ist es etwas ganz Anderes, das mich erschreckt: wie es immer mehr mit dem **deutschen Ernste,** der **deutschen Tiefe,** der **deutschen Leidenschaft in geistigen Dingen** abwärts geht.*[458]

Der Niedergang von *deutschem Ernst, deutscher Tiefe, deutscher Leidenschaft in geistigen Dingen* nahm nach dem verlorenen Zweiten Weltkrieg und der Umerziehung des deutschen Volkes im Sinne von Roosevelt, Morgenthau & Co. natürlich noch dramatisch zu. Eine auf Konsum und Selbstdarstellung fixierte Gesellschaft, kurz: eine *Spaßgesellschaft,* kann schon per Definition nicht mehr viel mit Ernst und Tiefe anfangen; Ernst und Tiefe sind schlicht *Spaßkiller.* Dass eine materialistische Gesellschaft keine Leidenschaft in geistigen Dingen entwickelt, versteht sich von selbst.
Begreift man eine Spaßgesellschaft als eine Gesellschaft, in der das Empfangende, Passive, Genießende, Konsumierende, kurz: das Weibliche im Übergewicht ist, leuchte ein, dass das Männliche ins Hintertreffen geraten muss. Man strengt sich nicht mehr an, will nichts mehr leisten. Das Volk wird dumm und faul. Inzwischen ist in Deutschland ein Punkt erreicht, wo Schüler, wenn sie die Schule verlassen, nicht mehr richtig lesen und schreiben können. Und entsprechende Bildungsdefizite setzen sich in den Universitäten fort.

Was *deutschen Ernste, Tiefe und Leidenschaft in geistigen Dingen* darüber hinaus betrifft, so fragt sich natürlich, was man mit diesen Eigenschaften schlussendlich erreicht, wohin sie führen? Etwa zur Wahrheit?

Nietzsche an anderer Stelle in seiner *›Götzen-Dämmerung‹:*

Alle großen Zeiten der Cultur sind politische Niedergangs-Zeiten: was groß ist im Sinn der Cultur war unpolitisch, selbst antipolitisch. [...] In demselben Augenblick, wo Deutschland als Großmacht heraufkommt, gewinnt Frankreich als Culturmacht eine veränderte Wichtigkeit.[459]

Andererseits hatte Nietzsche auch kein statisches, kein zementiertes, ewig gültiges Bild von den Deutschen. Vielmehr sah er die Deutschen als ein Volk in der Entwicklung, ja auf dem Wege zur einer möglichen Selbsttranszendenz. In *›Menschliches, Allzumenschliches‹* hat Nietzsche ein paar dahingehende Gedanken notiert und beginnt mit dem denkenswerten Satz:

Gut deutsch sein heißt sich entdeutschen.[460]

Vielleicht ist dies der magischste Satz, den je ein deutscher Philosoph über die Deutschen zu Papier gebracht hat.
Aus Sicht des heutigen Zeitgeistes, der mehr und mehr durchdrungen scheint von Ideen der Globalisierung und Völkerauflösung, kann man aus diesen Worten im ersten Moment die Aufforderung zum Ausmerzen alles Deutschen herauslesen.

Nietzsche also:

Gut deutsch sein heißt sich entdeutschen. – Das, worin man die nationalen Unterschiede findet, ist viel mehr, als man bis jetzt eingesehen hat, nur der Unterschied verschiedener Kulturstufen und zum geringsten Theile etwas Bleibendes[461] *[...]. Deshalb ist alles Argumentieren aus dem National-Charakter so wenig verpflichtend für den, welcher an der Umschaffung [Umwandlung, Transformation°] der Überzeugungen [auch Glaubenssysteme°], das heißt an der Kultur arbeitet.*
Erwägt man zum Beispiel, was alles schon deutsch gewesen ist, so wird man die [...] Frage: was ist deutsch? sofort durch die Gegenfrage verbessern: „Was ist jetzt deutsch?" – und jeder g u t e Deutsche wird sie praktisch. gerade durch Überwindung seiner deutschen Eigenschaften lösen.[462]

Wenn nämlich ein Volk vorwärts geht und wächst, sprengt es jedes Mal den Gürtel, der ihm bis dahin sein n a t i o n a l e s Ansehen gab, bleibt es bestehen, verkümmert ***es, schließt sich ein neuer Gürtel um seine Seele;*** *die immer werdende Kruste baut gleichsam ein Gefängnis herum, dessen Mauern immer wachsen. Hat ein Volk also sehr viel Festes, ist dies ein Beweis, dass es versteinern will, und ganz und gar* ***M o n u m e n t*** *werden möchte: wie es von einem bestimmten Zeitpunkte an das Ägyptertum war.*

Im Zusammenhang mit Identität, *»Monument«* und innerlich *»versteinern«* kommt man nicht umhin, an das Berliner Holocaust-Mahnmal zu denken. Hilft dieses wirklich zur Erinnerung und Vergangenheitsbewältigung oder ist es ein unfreiwilliges Symbol für die innere Versteinerung der deutschen Gesellschaft?

Der also, welcher dem Deutschen wohl will, mag für seinen Teil zusehen, wie immer mehr aus dem, was deutsch ist, hinauswachse.
D i e W e n d u n g z u m U n d e u t s c h e n ist deshalb immer Kennzeichen der Tüchtigen unseres Volkes gewesen.[463]

Es geht also um Selbsttransformation und Selbsttranszendenz, und darum, dass dazu im deutschen Wesen die Fähigkeit, das Talent und vor allem die Neigung angelegt ist, im Gegensatz zu manch anderen Völkern in Europa; ich sage nur: *Pragmatiker* und *Nützlichkeitswesen.*

Dieter Borchmeyer fasst diese Gedanken Nietzsches folgendermaßen zusammen:

Diese ***ständige Selbsttranszendenz des Deutschen*** *sollte als seine schönste Eigenschaft in die Definition des Begriffs eingehen. Dann wäre sein Missbrauch für alle Zeiten ausgeschlossen.*[464]

Ein Volk verändert sich im Laufe seiner Geschichte. Es macht seine Erfahrungen, es wächst. Allerdings fragt sich, ob das jeweilige Volk nach Vorgabe einer inneren Programmierung wächst, nach einem inneren Plan, einer Art inneren DNA? Oder erfolgt seine Wandlung und sein Wachstum nach Zufall?
Es fragt sich, ob der Wandlung eines Volkes eine innere Gesetzmäßigkeit zugrunde liegt, vergleichbar der Metamorphose bestimmter Insektenarten? Ist das jeweilige Volk am Ende das hundertprozentige Produkt durch äußere Umstände bedingter Er-

fahrungen? Oder findet sich im jeweiligen Volk ein innerer Mechanismus, der festlegt, *welche* konkreten Erfahrungen das Volk macht, um an ganz konkreten Erfahrungen zu wachsen?
Das ist die uralte Frage: Bestimmt das Sein das Bewusstsein, oder bestimmt das Bewusstsein das Sein? Werden wir ausschließlich durch unsere Erfahrungen geprägt oder gibt es einen bisher nicht entdeckten und unerforschten inneren Mechanismus, mit dem *wir selbst* die Erfahrungen *erst herbeiführen,* aus denen wir dann lernen?
Die Idee, dass der Deutsche nicht nur als Objekt einer Wandlung unterliegt, sondern die Wandlung durch einen verborgenen Willen gesteuert wird, taucht indirekt auch in Nietzsches Gedanken eines deutschen Willens oder wenigstens der deutschen Bereitschaft zur Selbsttranszendenz auf.

Der ideale Deutsche, so verstand ihn Nietzsche, soll also über sich selbst hinauswachsen. Nun gut. Und wo soll dieses Über-sich-Hinauswachsen enden? Beim Übermenschen? Als Gott? Woher eigentlich kommt dieser Wunsch nach Veredelung und Transzendenz? Woher kommt dieses Ideal? Und warum interessieren sich gerade die Deutschen dafür?

Nietzsche an anderer Stelle:

> *Es kennzeichnet die Deutschen, dass bei ihnen die Frage „Was ist deutsch?" niemals ausstirbt.*[465]

Die „ewige" Frage der Deutschen nach ihrer Identität wird, wie schon erwähnt, damit erklärt, dass die Deutschen im Gegensatz zu den Engländern, Franzosen, Niederländern, Spaniern und anderen europäischen Nationen nie in der Lage waren, eine stabile nationale Identität herauszubilden; zum einen, weil es jahrhundertelang einfach keinen deutschen Nationalstaat gab, zum anderen, weil dieser Nationalstaat – als er dann endlich da war – zwei Mal nach wenigen Jahrzehnten in einem Weltkrieg krachend zusammenbrach; ein Weltkrieg, der den Deutschen zu allem Überfluss auch jedes Mal noch einen Berg moralischer Schuld aufgeladen hat.
Folgt man der Logik dieser Erklärung, dann hätten die Deutschen ein Reich gründen müssen, das lange genug besteht, um sich lange genug im eigenen Glanz zu sonnen und richtig wohlzufühlen. Dann würden sich die Deutschen nicht mehr fragen, wer oder was sie sind. So die These der Pragmatiker.
Die Frage „Was ist deutsch?" wäre demnach nichts weiter als die Folge einer Mangelerscheinung; nichts weiter als der Phantomschmerz einer verpassten Chance. Der Erklärungsansatz mit der verpassten Chance ist aber gewissermaßen wieder *angelsächsisch,* da er davon ausgeht, dass alles, was zählt, Erfolg in der Welt ist. Ebenso gut lässt sich aber auch argumentieren, dass sich der eigentliche Sinn des Lebens und der Sinn der Weltgeschichte erst auf einer geistigen Ebene findet und sich erst dort, auf dieser geistigen Ebene, die Kreise schließen (siehe Friedrich Schiller). Und aus dieser Perspektive heraus könnte es sehr wohl einen höheren Sinn haben, dass jahrhundertelang kein deutscher National-, Einheits- oder Zentralstaat entstehen konnte!

Die Frage „Was ist deutsch?“ muss also im Hinblick auf den jeweiligen Bezugsrahmen, das jeweilige Weltbild beantwortet werden: Was ist deutsch im Hinblick auf eine ausschließlich materielle Welt? Und was ist deutsch im Hinblick auf eine materielle Welt, die in Wahrheit in eine geistige Welt eingebettet ist?

Dieter Borchmeyer ergänzt zur Frage „Was ist deutsch?“ in seinem 2017er Buch mit selbigem Titel:

> *Die Frage nach der eigenen Identität hat sich kaum eine andere Nation so oft gestellt wie die deutsche. »Die Frage: ‚Was ist eigentlich französisch? Was ist eigentlich englisch?‘ ist im Selbstbewusstsein der Franzosen und Engländer seit langem kaum noch zur Diskussion gestellt. Die Frage: ‚Was ist eigentlich deutsch?‘ ist seit Jahrhunderten nicht zur Ruhe gekommen.« So Norbert Elias in seinem Buch ›Über den Prozess der Zivilisation‹ [...]. Das Problem »Was ist deutsch?« ist in der Tat von Wagner und Nietzsche über Sombart und Thomas Mann, Adorno [siehe Seite 285°] [...] bis heute in zahllosen Traktaten erörtert worden.*[466]

Die mangelnde Selbstbefragung der Engländer und Franzosen bedeutet keinesfalls, dass sie auch wissen, wer sie wirklich sind. Es ist durchaus denkbar, dass Engländer und Franzosen der Frage, wer sie sind, einfach aus dem Wege gehen und sich in einem Selbstbild sonnen, das mehr mit der Vergangenheit (vor 1945) zu tun hat als mit der Gegenwart; ein Selbstbild, das eingestaubt ist, ranzig und rostig.
Entsprechend kann das, was auf den ersten Blick als ein typisch deutscher Mangel an gesundem Selbstbewusstsein erscheint, in Wahrheit ein als Neurose getarntes Tor zur Innenwelt sein. Im „Was ist deutsch?“ steckt schließlich auch ein „Wer oder was bin ich?“, eine der Kernfragen jedes echten Suchers.
Anders erklärt: Wer sich seiner selbst *nicht* so sicher ist, hat zwar in der materiellen Welt konkurrierender Eitelkeiten und Egos ein erhebliches Handicap. Aber er ist auch deutlich offener für eine tiefgehende Selbstbefragung: *Wer bin ich wirklich?*

Nietzsche wieder an anderer Stelle (1873):

> *Ist es wahr, dass es zum Wesen des Deutschen gehört, stillos zu sein? Oder ist es ein Zeichen seiner Unfertigkeit? Es ist wohl so: das, was deutsch ist, hat sich noch nicht völlig klar herausgestellt.* ***Durch Zurückschauen ist es nicht zu lernen: man muss der eignen Kraft vertrauen.*** *Das deutsche Wesen ist noch gar nicht da, es muss erst werden; es muss irgendwann einmal herausgeboren werden, damit es von allein sichtbar und ehrlich vor sich selber sei. Aber jede Geburt ist schmerzlich und gewaltsam.*[467]

Erlauben Sie mir an dieser Stelle kurz, dass ich aus einem Internet-Blog zum Thema *»leichte Geburt«* den Beitrag einer gewissen *„mamabeate“* wiedergebe:

> *Ich hatte sogar zwei leichte Geburten! Ohne Schmerzmittel, ohne Reißen oder Nähen, spontan und sehr schnell! Kenne auch sehr viele Mädels, die auch so eine schöne Geburt hatten. Ich habe großen Respekt vor den Frauen mit den „Horrorgeburten“ und weiß auch, wie viel Glück ich hatte!*[468]

Mit *»jede Geburt ist schmerzlich und gewaltsam«* verlässt Friedrich Nietzsche also den Boden der Tatsachen und biegt sich sein Bild zurecht. Es sei ihm verziehen. Und was Deutschland betrifft: Da hat er wohl recht.

Irgendwie versöhnlich ist Nietzsches Gedanke, die Deutschen seien gegen Ende des 19. Jahrhunderts noch nicht so richtig in der Wirklichkeit angekommen und müssten erst noch geboren werden. Nur fragt sich eben auch bei Nietzsche, was der Philosoph angesichts von Erstem und Zweitem Weltkrieg, angesichts von Holocaust, Eisernem Vorhang, Wiedervereinigung, Europäischer Union, kulturfremder Flüchtlingsmassen und *›Deutschland sucht den Superstar‹* über den aktuellen Stand der deutschen Selbstfindung und Geburt zur wahren Natur zu sagen gehabt hätte? Was wäre Friedrich Nietzsche wohl *dazu* eingefallen?

Friedrich Nietzsche hebt darüber hinaus noch folgende Eigenschaften an den Deutschen hervor: *Tüchtigkeit, Arbeitsamkeit, Ausdauer, Pflichtbewusstsein, ein Mangel an Geschmack* – den auch schon Madame de Staël etwa 70 Jahre zuvor kritisiert hatte. Und so wie die Französin bemerkt auch der deutsche Philosoph, dass die Deutschen gehorchen, ohne dies als Unterwürfigkeit zu empfinden. Nietzsche findet, dass in Deutschland *»... noch gehorcht wird, ohne dass das Gehorchen demütigt. ... Und niemand verachtet seinen Gegner.«*[469]

Ein recht bekanntes Nietzsche-Zitat lautet noch:

> *Ein Deutscher ist großer Dinge fähig, aber es ist unwahrscheinlich, dass er sie tut: denn* ***er gehorcht, wo er kann,*** *wie dies einem an sich trägen Geiste wohl tut. Wird er in die Not gebracht, allein zu stehen und seine Trägheit abzuwerfen, [...] so entdeckt er seine Kräfte: dann wird er gefährlich, böse, tief, verwegen und* ***bringt den Schatz von schlafender Energie ans Licht,*** *den er in sich trägt und an den sonst niemand (und er selber nicht) glaubte.*[470]

Hier betätigt sich Nietzsche fast schon als Seher, der den „dritten Weltkrieg" voraussieht. Das *»Wird er in die Not gebracht, allein zu stehen [...] so entdeckt er seine Kräfte«* entspricht von den Grundzügen her dem, was laut Prophetie im Rahmen des „dritten Weltkriegs" zu erwarten wäre.

Zusammenfassend lässt sich zu Nietzsche sagen, dass er die Deutschen kritischer sieht, als manch anderer. Aber Nietzsche bezieht sich eben auch auf die Deutschen seiner Zeit und liegt mit seinem Pessimismus instinktiv richtig. Andererseits bemerkt Nietzsche auch einen entscheidenden positiven Aspekt im deutschen Wesen, nämlich dessen Fähigkeit zur Selbsttransformation. Und diese Fähigkeit ist mehr wert als Gold.

Max Scheler (1874–1928)

»... ganz nur versunken in seine Sache ...«

Max Ferdinand Scheler war ein deutscher Philosoph, Anthropologe und Soziologe. Scheler war jüdischer Abstammung, ist aber 1899 zum katholischen Glauben konvertiert.

Unter dem Eindruck des Ersten Weltkrieges und der dadurch veränderten politischen und psychologischen Situation in Europa schrieb Max Scheler 1917 ein Buch zu einem sehr speziellen Thema: dem Hass europäischer Völker auf die Deutschen, Titel des Buches: *›Die Ursachen des Deutschenhasses‹*.

In seinem Buch merkt Max Scheler an, dass der Hass auf die Deutschen schon Ende des 19. Jahrhunderts in Europa deutlich zu spüren war und folglich in grundlegenden Punkten nichts mit dem Ersten Weltkrieg zu tun haben konnte.

Die eigentliche Ursache für den Deutschenhass sieht der Autor in der deutschen Kreativität, bezogen auf die *materielle Welt.* Vereinfacht gesagt war nach Schelers Analyse der industrialisierte Deutsche Ende des. 19. und Anfang des 20. Jahrhunderts *zu fleißig* und *zu effektiv,* so dass er die Nachbarvölker mit Produkten überschwemmt und in der Folge drohte, die dortige Wirtschaft zu ruinieren. Der Deutsche – so Schelers Analyse – zwingt die Nachbarvölker indirekt dazu, deutsche *Produktions-, Arbeits-* und damit auch deutsche *Lebens*gewohnheiten zu übernehmen; sprich: so hart zu arbeiten wie die Deutschen. Weil sie die Lebensweise der anderen Völker bedrohen – so Scheler –, werden die Deutschen gehasst.

Schelers inzwischen 100 Jahre alte Analyse hat einiges für sich. Die aktuelle wirtschaftliche Schieflage Europas erinnert doch sehr an das von Scheler herausgearbeitete Muster der zu produktiven Deutschen.

Abb.65: Max Scheler (1874–1928)

Abb. 66: Titelbild des Spiegel vom 21. März 2015 (Collage: Angela Merkel mit Wehrmachtsoffizieren auf der Akropolis)

Siehe dazu rechts das *Spiegel*-Titelblatt vom 21. März 2015 angesichts der deutschen Griechenland-Politik im Rahmen der Eurokrise.

Legt man das Jahr 1887 zugrunde, als die Engländer die Deutschen zwangen, ihre Produkte mit *Made in Germany* zu kennzeichnen, dann knabbern die Deutschen seit *über 130 Jahren* an einem Problem herum, dass sie mit ihrem Fleiß, ihrer Gründlichkeit und ihrer Produktivität verursachen.

Wie man die deutsche Produktivkraft schwächt

Aus der Perspektive der Nachbarvölker bedeutet die fortdauernd bedrohliche Produktion in Deutschland nun Folgendes: Wenn jemand permanent nervt, überlegt man sich irgendwann, was man gegen den Störenfried unternehmen kann.
Die Briten, Hauptkonkurrent der Deutschen und seinerzeit noch Weltmacht Nummer eins, versuchten ab 1887 die deutschen Importe nach Großbritannien zu drosseln, indem sie die ausländischen Exporteure zwangen, ihre Produkte zu kennzeichnen. Was Deutschland betraf, war das jedoch ein Schuss in den Ofen.
Zuletzt versuchten die Briten – so eine inzwischen recht bekannte Lesart –, das deutsche Industriepotenzial *durch Krieg* auszuschalten. Eine solche zunächst britische, später auch amerikanische Strategie einer substanziellen Schwächung Deutschlands wurde, wie schon erwähnt, im Februar 2015 vom bekannten US-amerikanischen Geostrategen *George Friedman* bei einem Vortrag im renommierten *Chicago Council* öffentlich eingestanden.[471] Wie in vielen anderen Fällen auch erfuhr man von George Friedmans Rede nichts in den deutschen Medien, und das, obwohl Mr. Friedman zu anderen geostrategischen Fragen durchaus schon im deutschen TV zu Worte gekommen ist.[*]

Zurück zu Max Scheler. Im Kapitel *›Die Vertreibung aus dem Paradies‹* schreibt er über „den" Deutschen:

> *Es fehlte ihm der englische Glanz, es fehlte ihm der göttliche Strahl [...], es fehlte ihm die Würde des Boten eines göttlichen gerechten Strafrichters für die Sünde [...]. Er trug das Gepräge eines schlichten Arbeitsmannes mit guten derben Fäusten, es war ein Mann, der nach dem* ***inneren Zeugnis seiner eigenen Gesinnung*** *nicht um zu übertreffen oder um irgend eines Ruhmes willen, nicht [...] um [...] nach der Arbeit zu genießen [...], sondern* ***ganz nur versunken in seine Sache*** *still und langsam, aber mit einer von außen gesehen furcht-, ja* ***schreckenerregenden Stetigkeit, Genauigkeit*** *und* ***Pünktlichkeit*** *in sich selbst und in seine Sache wie verloren arbeitete, arbeitete und nochmals arbeitete – und was die Welt am wenigsten begreifen konnte –* ***aus purer Freude an grenzenloser Arbeit an sich*** *– ohne Ziel, ohne Zweck, ohne Ende.*[472]

---

[*] Zum Beispiel auf 3Sat/Kulturstudio im Jahre 2009 anlässlich des Erscheinens von George Friedmans Buch *›Die nächsten 100 Jahre‹*. George Friedman wird dort von der Moderatorin mit den Worten *»ein* ***renommierter amerikanischer Politikwissenschaftler****«* vorgestellt, dessen *»Prophezeiungen«* (!) Gehör fänden ***»bis zum Pentagon und zur Wall Street«***.

Das entspricht dem *»Der Deutsche lebt, um zu arbeiten ...«* und Wagners *»eine Sache um ihrer selbst willen tun«.*

> ***„Was wird aus uns, was soll aus uns werden?"*** *– empfanden die [nichtdeutschen°] Völker, empfand jedes Individuum, nicht nur das patriotische [...], nicht nur das gebildete, auch der einfachste [...] Arbeiter –, wenn der geheimnisvolle und unfassbare [deutsche°] Menschentypus [...] allmählich seine Menschen- und Lebensmasse über uns und die Erde verbreiten und aufhängen sollte, wenn er durch die Konkurrenz, die dieser Mensch faktisch nicht beabsichtigt – denn* ***er arbeitet ja wesentlich um der Arbeit willen*** *–, aber zu der er uns schicksalsmäßig auf allen Gebieten, sei es Handel, Industrie, Wissenschaft,* ***im Erfolge zwingt*** *und in die sein rastloses Tun und Wirken uns gleich einem Strudel hineinreißt –, wenn er uns und der Welt [...]* ***durch diese unumgängliche Konkurrenz diese Lebensmasse unwillkürlich aufdrängt?***[473]

Natürlich könnte man einwenden, dass die deutsche Arbeitsmoral von 2018 nicht mehr die von 1958 oder 1908 ist. Das mag sein. Nur fragt sich auch, was die Ursachen dafür sind? Ist es nicht verständlich, dass man träge wird, wenn alle Straßen asphaltiert, alle Häuser gebaut und alle Fabriken errichtet sind, und man nach all der Plackerei erkennt, dass man nicht wirklich glücklich ist?
Und wie hoch ist wohl der Einfluss auf die traditionelle deutsche Arbeitsmoral durch die Einwanderer und deren Nachkommen aus überwiegend süd- und osteuropäischen, nahöstlichen und afrikanischen Ländern? Andererseits vergessen wir nicht: Trotz neudeutscher Unzulänglichkeiten ist Deutschland immer noch in der Lage, den Titel „Exportweltmeister" einzuheimsen, zuletzt 2016 und 2017. Dazu der *Spiegel* vom 16. Januar 2018:

> ***Deutschland*** *hat im vergangenen Jahr erneut den weltweit größten Überschuss in der Leistungsbilanz erzielt. Das ergeben Berechnungen des Münchner Ifo-Instituts, [...]. Mit umgerechnet* ***287 Milliarden Dollar*** *sei das Plus mehr als doppelt so groß ausgefallen wie bei Exportmeister China [mit einer 17 mal (!) so großen Bevölkerung wie Deutschland°], das auf 135 Milliarden Dollar kam.*
> *„Damit lag Deutschland zum zweiten Mal in Folge* ***vor allen anderen Ländern****", sagte Ifo-Experte Christian Grimme. Noch vor China auf Platz zwei schob sich* ***Japan,*** *das einen Überschuss von etwa* ***203 Milliarden Dollar*** *erwirtschaftete.*[474]

Allerdings hat Japan eine Bevölkerung von 127 Mio. gegenüber den 82 Mio. in Deutschland.

Max Scheler tastet sich dann weiter vor in das Denken und Fühlen der Nachbarvölker und versucht sich in deren Lage zu versetzen:

> *Wie sollen wir bestehen vor diesen neuen Massen? Uns ändern, es ihm gleichzutun suchen? Dreimal nein! Wir können nicht diesem neuen Soll gehorchen! Aber wir wollen und sollen es auch nicht! Wir können nicht leben mit diesen Massen – und wir wollen und sollen leben!* ***Wir wollen und sollen nicht nur arbeiten!***[475]

Mit etwas mehr emotionaler Intelligenz hätten die Deutschen Ende des 19. Jahrhunderts eigentlich erkennen müssen, dass aus ihrem fleißigen, gutgemeinten Arbeiten großes Unheil erwachsen kann. Und mit genau diesem Problem sind die Deutschen heute wieder konfrontiert. Die deutsche Wirtschaft boomt. Deutschland nennt sich „Exportweltmeister". Die Deutschen exportieren mehr in das europäische Ausland, als sie von dort importieren. Also kauft das europäische Ausland bei Deutschland auf Pump. Das europäische Ausland verschuldet sich bei Deutschland immer mehr. Ein Ende der Verschuldung ist nicht abzusehen.
Einige deutsche Ökonomen haben das Problem längst erkannt und fordern eine Verteuerung deutscher Produkte. Das soll durch höhere Löhne bewerkstelligt werden. Allerdings sind die deutschen Gewerkschaften zu schwach, die deutschen Politiker teilen diese Analyse (bisher) nicht und die deutsche Industrie will sowieso nichts von Lohnerhöhungen wissen.

Nun geht es in diesem Buch nicht um Ökonomie, sondern um das deutsche Wesen. Und da ist festzustellen, dass sich die Deutschen im Eurosystem derzeit in einer ähnlichen Falle befinden wie vor rund 130 Jahren: Die Deutschen sollten also langsam mal einen Weg finden, kreativ zu sein, *ohne* destruktive Nebeneffekte heraufzubeschwören; Nebeneffekte, die eines Tages mit Blitz, Donner und Stahlgewitter über Deutschland niederfahren könnten.

Kommen wir im Zusammenhang mit Max Scheler aber noch einmal auf obiges Schlagwort zurück: *»Der Deutsche lebt, um zu arbeiten, der Franzose arbeitet, um zu leben.«* Natürlich kann man sich auch fragen, warum wir Menschen *überhaupt* arbeiten? Wäre es sinnbildlich gesehen nicht besser gewesen, der Homo Sapiens wäre auf dem Baum sitzen geblieben? Das Auf-dem-Baum-Sitzen lief doch ein paar Millionen Jahre ganz hervorragend. Warum also arbeiten?
Die Antwort auf diese Frage erhält man, wenn man die Augen öffnet: Praktisch unsere gesamte heutige Umwelt ist das Ergebnis von menschlicher Arbeit. Wir leben überwiegend in einer von Menschen erschaffenen Welt. Darum geht es: *Kreativität.* Wir sind Menschen, um *kreativ* zu sein. Und das geht *nur mit Arbeit.*
Natürlich kann man die Arbeit so wie alles andere auch ins Negative wenden. Ein Mensch, der zur Arbeit gezwungen wird, der keine innere Verbindung zur Arbeit findet und unmotiviert ist, für den wird die Arbeit zur Qual. Doch dann ist nicht die Arbeit das Problem, sondern derjenige, der die Arbeitsbedingungen bestimmt.
Arbeit ist ein Mittel zur Umsetzung von Kreativität, und damit ein unverzichtbarer Teil der menschlichen Erfahrung und Existenz. Der Mensch arbeitet. Seine Arbeit ermöglicht ihm Erfahrungen, die er sonst nicht machen könnte. Durch Arbeit erschafft sich der Mensch neue Welten und macht in diesen *neuen* Welten *neue* Erfahrungen. Arbeit ist ein ganz entscheidender Faktor bei der Bewusstseinsentwicklung und Bewusstseinserweiterung des Menschen. Das ist es, was in christlichen, buddhistischen und anderen Klöstern geschieht: *Arbeit* am Bewusstsein!

Der verfluchte Acker

Sehen wir uns zum besseren Verständnis unserer christlich-europäischen Haltung zur Arbeit an, wie negativ die Arbeit am Anfang der *Bibel* im Zusammenhang mit der Vertreibung aus dem Paradies beschrieben wird; Max Scheler bemüht weiter oben ja das Bild des Deutschen, der seine Nachbarvölker mit seinem Fleiß aus deren heimischem Paradies vertreibt. Bezeichnenderweise gab der Autor dem betreffenden Kapitel auch die Überschrift *›Die Vertreibung aus dem Paradies‹*.
In der Bibel, im 1. Buch Mose (3; 13–24) heißt es unmittelbar nach Evas leichtsinnigem Biss in die garantiert biologisch herangereifte Baumfrucht:

> *Da sprach Gott der Herr zum Weibe: „Warum hast du das getan?" Das Weib sprach: „Die Schlange betrog mich also, dass ich aß." Da sprach Gott der Herr zu der Schlange: „Weil du solches getan hast, seist du verflucht vor allem Vieh und vor allen Tieren auf dem Felde. Auf deinem Bauche sollst du gehen und* ***Erde essen*** *dein Leben lang. Und ich will Feindschaft setzen zwischen dir und dem Weibe und zwischen deinem Samen und ihrem Samen. Derselbe soll dir den Kopf zertreten, und du wirst ihn in die Ferse stechen."*
> *Und zum Weibe sprach er: „Ich will dir viel Schmerzen schaffen, wenn du schwanger wirst;* ***du sollst mit Schmerzen Kinder gebären;*** *und dein Verlangen soll nach deinem Manne sein, und er soll dein Herr sein."*[476]

Zwei kurze Anmerkungen: Erstens: Auf Seite 275 hatte ich schon auf die Sache mit *„mamabeate"* und der leichten Geburt hingewiesen. Zweitens: Schlangen ernähren sich nicht von Erde, sie fressen tierisches Protein (Fleisch und Eier). Den Autoren der Bibel müssten die Ernährungsgewohnheiten der Schlangen auch sehr wohl bekannt gewesen sein. Um das zu wissen, muss man eine Schlange nur fangen, töten und ausnehmen. Der Inhalt eines Schlangenmagens ist also kein Mysterium. Warum lesen wir dann in der Bibel Dinge, die vor – sagen wir 3000 Jahren schon ein zehnjähriger Junge besser gewusst haben wird? Weil es symbolisch gemeint ist? Na ja. Mag sein. Aber dann achten Sie einmal im nächsten Bibelauszug darauf, wie das Wort *Erde* dort verwendet wird:

> *Und zu Adam sprach er: „Dieweil du hast gehorcht der Stimme deines Weibes und hast gegessen von dem Baum, davon ich dir gebot und sprach: Du sollst nicht davon essen,* ***verflucht sei der Acker um deinetwillen, mit Kummer sollst du dich darauf nähren dein Leben lang.*** *Dornen und Disteln soll er dir tragen, und sollst das Kraut auf dem Felde essen.* ***Im Schweiße deines Angesichts sollst du dein Brot essen, bis dass du wieder zu Erde*** *[also zu Schlangenfraß?°]* ***werdest,*** *davon du genommen bist. Denn du bist* ***Erde*** *und sollst zu* ***Erde*** *werden." [Die Erde, die die Schlange frisst, dürfte also sehr real und nicht symbolisch gemeint sein.°]*
> *Und Adam hieß sein Weib Eva, darum dass sie eine Mutter ist aller Lebendigen. Und Gott der Herr machte Adam und seinem Weibe Röcke von Fellen und kleidete sie. Und Gott der Herr sprach: „Siehe, Adam ist geworden wie unsereiner und*

weiß, was gut und böse ist. Nun aber, dass er nicht ausstrecke seine Hand und breche auch von dem Baum des Lebens und esse und lebe ewiglich!"

***Da wies ihn Gott der Herr aus dem Garten Eden, dass er das Feld baute,** [...] und trieb Adam aus und lagerte vor den Garten Eden die Cherubim mit dem bloßen, hauenden Schwert, zu bewahren den Weg zu dem Baum des Lebens.*[477]

Die Vertreibung Adams und Evas aus dem Paradies lässt sich so verstehen, dass es erstens in der Bestimmung des Menschen liegt, sich mit *eigener* Arbeit eine *eigene* Welt zu erschaffen, und zweitens, dass es in dieser Welt eine negative geistige Kraft gibt, die die kreative Bestimmung des Menschen zwar erkannt hat, diese aber vereiteln will, indem sie dem Menschen die Arbeit verleidet und den Menschen dazu verführt, d i e A r b e i t z u h a s s e n. Diese Strategie trägt den Namen: *Töte die Kreativität durch Vergiftung der Arbeit!*

In jedem Fall unterbreitet die Bibel am Anfang des Alten Testamentes ein erstaunlich negatives Konzept von Arbeit. Man kann es kaum glauben: Gott erfindet die Arbeit tatsächlich als Strafe für Adam; dafür, dass er auf seine Frau Eva gehört hat (der arme Kerl), statt auf Gott. Und Adam wird nicht nur damit bestraft, dass er von nun an sein täglich Brot erarbeiten muss; nein, er hat es auch mit ausgesprochen schlechten Arbeitsbedingungen zu tun: Die Arbeit ist schweißtreibend, und Adam weiß nie, ob die Ernte reicht und ob er seine Familie satt bekommt *(»mit Kummer ernähren«)*. Adam muss nicht nur arbeiten – nein –, auf gut Deutsch gesagt hat er auch einen verdammten Scheißjob.

Natürlich ist die Vertreibung aus dem Paradies, so wie sie in der Bibel beschrieben wird, komplexer und die Arbeit ist nur ein Aspekt von mehreren. Aber die Arbeit wird im 1. Buch Mose eindeutig als etwas *Negatives* dargestellt.

Diese vorsätzlich negative Darstellung der Arbeit wird einem noch bewusster, wenn man sich vorstellt, wie Gott seine Geschöpfe Adam und Eva zur Arbeit hätte motivieren können, beispielsweise wenn er ihnen gezeigt hätte, was sie sich dank der Arbeit alles Tolle erschaffen können. Gott hätte Adam und Eva Lust auf Arbeit machen können. Doch dieser Gott tat das komplette Gegenteil. Der Gott aus dem 1. Buch Mose ist im Grunde ein Gott der Faulpelze, Sozialschmarotzer, ein Gott für Leute, die Arbeit hassen und die mit dieser negativen Geisteshaltung alle dazugehörigen Folgen wie Diebstahl, Betrug, Ausbeutung, Sklaverei und Eroberungskriege heraufbeschwören.

Doch noch einmal zurück zu den Deutschen und ihren Nachbarn, allen voran den Franzosen und Briten. Die Lösung des Problems in Europa kann natürlich nicht darin bestehen, dass die Deutschen faul werden. Das widerspräche ihrer Natur und es widerspräche auch der spirituellen Bedeutung der Arbeit als Werkstatt des Willens und der Bewusstheit. Natürlich müssen die Deutschen auch die Freiheit anderer Völker respektieren und achten. Letztendlich müssten die Deutschen aber eine Situation anstreben, in der sie zur äußeren Welt hin durch Inspiration wirken, zur Nachahmung inspirieren, um so das Energieniveau der umliegenden Völker anzuheben. Und das soll den Deutschen – glaubt man dem Lied der Linde und Johann Kristl – tatsächlich gelingen.

Wladimir Iljitsch Lenin (1870–1924)

»Revolution in Deutschland? Das wird nie etwas.«

Abb.67: Wladimir Iljitsch Lenin (1870–1924)

Von *Wladimir Iljitsch Lenin,* dem legendären russischen Revolutionär und erstem Führer der Sowjetunion, ist folgende Aussage überliefert:

> *„Revolution in Deutschland? Das wird nie etwas. Wenn diese Deutschen einen Bahnhof stürmen wollen, kaufen sie sich erst eine Bahnsteigkarte."*

Ja, die Deutschen neigen gelegentlich zu einer an Blödheit grenzenden Regeltreue. Doch wer glaubt, die Deutschen seien nicht zu gewaltsamer Rebellion fähig, der warte ab, was sie tun, wenn sie sich von der Obrigkeit bis ins Tiefste verraten fühlen. Auch die längste Langmut kommt irgendwann an ihr Ende.

Thomas Mann (1875–1955)

»Bei einem Volk von der Art des unseren [...] ist das Seelische immer das Primäre.«

Thomas Mann gilt als einer der bedeutendsten Erzähler des 20. Jahrhunderts. 1929 erhielt er den Literaturnobelpreis für seinen Roman *›Buddenbrooks‹*. Aus Angst vor Repressionen der Nationalsozialisten ging er 1933 ins Exil. Auch bei Thomas Mann finden wir die Idee des Übernationalen. Dieter Borchmeyer schreibt:

> *Schon in seinen während des Ersten Weltkriegs geschriebenen ›Betrachtungen eines Unpolitischen‹ hat Thomas Mann die Ahnung ausgesprochen, dass* ***ein dauerhafter »Friede Europas« von einem ursprünglich »übernationalen Volk« wie dem deutschen ausgehen müsse,*** *»das die höchsten universalistischen Überlieferungen, die reichste kosmopolitische Begabung,* ***das tiefste Gefühl europäischer Verantwortlichkeit*** *sein eigen nennt«.*[478]

Das liest sich fast so, als sei es schicksalsmäßige Bestimmung und „heilige Mission" der Deutschen, ein vereinigtes Europa und damit Frieden in Europa herbeizuführen.

> *Bei einem Volk von der Art des unseren [...] ist das* ***Seelische immer das Primäre*** *und eigentlich Motivierende;* ***die politische Aktion ist zweiter Ordnung,*** *Reflex, Ausdruck, Instrument.*[479]

Dieses angeblich so deutsche Motiv einer zurückhaltenden Machtausübung – der Politik erst an zweiter Stelle – finden wir, wie schon erwähnt, aktuell beim EU-Einigungsprozess: Im Rat der Europäischen Zentralbank (EZB), einem der wichtigsten, wenn nicht *das* wichtigste Entscheidungsgremium in der Europäischen Union, verfügt Deutschland über dasselbe Stimmrecht wie das – sagen wir ruhig *klitzekleine* Malta. Malta hat rund 430.000 Einwohner, Deutschland rund 82 Millionen; das ist rund 190 Mal so viel. Und trotzdem das gleiche Stimmengewicht? Da muss ein echter Witzbold am Werke gewesen sein.

Abb.68: Thomas Mann (1875–1955)

Was sich in der EU vollzieht, ist für Deutschland eine höchst merkwürdige Mischung aus dem deutschen Hang zur Übernationalität, deutschem Idealismus, deutscher Naivität, Blauäugigkeit und schlichter Dummheit gegenüber seinen Nachbarn, zusätzlich angereichert mit einem ordentlichen Schuss deutscher Angst vor dem eigenen Potenzial.
Motto: Wir brauchen einen europäischen Superstaat, damit sich nicht eines Tages wieder das Böse aus den Deutschen zurückmeldet. Europa als magischer Bannkreis gegen das Böse im Deutschen.

Thomas Mann ergänzt obige Aussage:

> *Was mit dem **Durchbruch zur Weltmacht,** zu dem **das Schicksal uns** [Deutsche!°] **beruft,** im Tiefsten gemeint ist, das ist der Durchbruch zur Welt – aus einer Einsamkeit, deren wir uns leidend bewusst sind und die durch keine robuste Verflechtung ins Welt-Wirtschaftliche seit der Reichsgründung [1871°] hat gesprengt werden können. Das Bittere ist, dass die empirische Erscheinung des Kriegszuges annimmt, was in Wahrheit Sehnsucht ist, Durst nach Vereinigung.*[480]

»*Durchbruch zur Weltmacht, zu dem das Schicksal uns beruft*« – und das – auch wenn „nur“ eine geistige Weltmacht gemeint ist – ausgerechnet aus dem Munde eines 1933 ausgewanderten deutschen Literaturnobelpreisträgers, ist schon bemerkenswert.

Theodor W. Adorno (1903–1969)

»deutsche Sprache [...] eine besondere Wahlverwandtschaft zur Philosophie«

Theodor W. Adorno, eigentlich *Theodor Ludwig Wiesengrund,* war ein deutscher Philosoph, Soziologe, Musiktheoretiker, Komponist und – für uns noch interessanter – einer der beiden Hauptvertreter, der in den 1920er Jahren entstandenen sogenannten *Frankfurter Schule,* einer Gruppe von Philosophen und Wissenschaftlern, deren Ziel die Überwindung der bürgerlich-kapitalistischen Gesellschaft durch Schaffung eines mündigen, aufgeklärten Bürgers war.

Abb.69: Theodor W. Adorno (1903–1969)

Weltanschauliche Grundvoraussetzung für das Reformvorhaben der Frankfurter Schule war und ist **der Glaube** daran, dass der Mensch aufgeklärt werden *will* und mündig werden *will.*
Angesichts des heutigen Zustandes der Welt allerdings kann der Wille zur Aufklärung und damit zur Weltverbesserung angezweifelt werden.
Denn was bitte haben 300 Jahre Aufklärung gebracht, wenn sich täglich die Gründe mehren, wegen derer wir glauben uns beeilen zu müssen, die Welt zu retten? Klimakatastrophe, Massenvernichtungswaffen, bla, bla, bla. Jeder hat es schon Tausende Male gehört.
Der Glaube an den aufgeklärten Menschen ist eine Religion im Niedergang. Der Glaube, (irgendwann einmal) bewusster und aufgeklärter sein zu können, hat bei der breiten Masse der Menschen zu keiner Bewusstseinssteigerung geführt. Man verwechselt schlichtweg das, was sein *könnte,* mit dem, was *ist.* Statt erwacht zu sein, „lebt man seinen Traum".
Käme demnächst ein „dritter Weltkrieg", so wäre dies der „gefühlte" Beweis für den Unwillen der meisten Menschen, aus den großen historischen Fehlern des weißen Mannes zu lernen.

Das ist es also, was auf dem Spiel steht: Der Glaube an die „Aufklärung".

Als Deutscher jüdischer Abstammung ist Theodor W. Adorno 1938 in die USA immigriert und arbeitete dort mit *Max Horkheimer* zusammen, dem anderen führenden Kopf der Frankfurter Schule; ebenfalls ein vor den Nationalsozialisten geflüchteter Deutscher jüdischer Abstammung. 1949 kam Adorno besuchsweise nach Deutschland und zog 1953 endgültig zurück in seine alte Heimat. Wikipedia schreibt über seine Tätigkeit in Deutschland nach dem Kriege:

> *Wie nur wenige Vertreter der akademischen Elite wirkte er als „öffentlicher Intellektueller" mit Reden, Rundfunkvorträgen und Publikationen auf das kulturelle und*

intellektuelle Leben Nachkriegsdeutschlands bei und trug [...] gewollt und mittelbar zur ***Umerziehung des deutschen Volkes*** *bei.*[481]

Theodor W. Adorno war somit „boots on the ground" für das 1944 von Roosevelt, Morgenthau und anderen ausgeheckte Umerziehungsprogramm für das deutsche Volk.

Da Adorno als – nach Nazi-Terminologie – *„Halbjude"* schon im Jahre 1949 nach Deutschland zurückkehrte, noch dazu als Publizist mit hoher Medienpräsenz, sah er sich irgendwann gezwungen, seine frühe Rückkehr öffentlich zu erklären, und tat dies im Rahmen eines Textes mit dem Titel: *›Auf die Frage: Was ist deutsch?‹*.
Zunächst ist sich Adorno in diesem Text gar nicht sicher, ob es überhaupt so etwas gibt wie den Charakter eines Volkes. Er schreibt:

Ungewiss [ist°], ob es etwas wie den Deutschen, oder das Deutsche, oder irgendein Ähnliches in anderen Nationen, überhaupt gibt.[482]

Doch dann kommt der Philosoph nicht umhin, sich vor dem Hintergrund der nur ganz wenige Jahre zurückliegenden Nazizeit einiges über die Deutschen und das deutsche Wesen von der Seele zu schreiben:

Wenn man etwas als spezifisch deutsch vermuten darf, dann ist es ***dies****[es°]* ***Ineinander des Großartigen,*** *in keiner konventionell gesetzten Grenze sich Bescheidenden,* ***mit dem Monströsen.***[483]

Mit der Formel vom *Ineinander des Großartigen mit dem Monströsen* bekommt man Ludwig van Beethoven und Adolf Hitler unter einen Hut. Immerhin. Adorno bewegt sich damit gedanklich in etwa auch auf der Linie von Margaret Thatcher, die vom deutschen Wesen gleichermaßen entzückt und entsetzt war. Mit seinem Großartig-Monströs-Duo verweist Adorno jedoch nur auf die unterschiedlichen sichtbaren Auswirkungen *ein und derselben (verborgenen) Energie.* Die *Ursache* dieser Kraft, ihre Quellen, bekommt der Philosoph nicht auf den Schirm, nicht auf seinen Radar.
Klarsichtiger wird Adorno dort, wo er, auch aus eigener Erfahrung, den deutschen Idealismus gegen den westlichen, US-amerikanischen Materialismus abgrenzt. Auf diesen Gegensatz von Idealismus und Materialismus (Kommerz) geht Adorno im Zusammenhang mit Wagners *»Deutsch sein heißt, eine Sache um ihrer selbst willen zu treiben«* ein:

Erinnert sei an die berühmteste Formel des deutschen kollektiven Narzissmus, die Wagnersche: »Deutsch sein heißt, eine Sache um ihrer selbst willen tun«. Unleugbar die Selbstgerechtigkeit des Satzes [... ach wirklich?°], auch der imperialistische Oberton, der den reinen Willen der Deutschen dem vorgeblichen Krämergeist zumal der Angelsachsen kontrastiert.
Richtig jedoch bleibt, dass das Tauschverhältnis [welch eine Wortdrechselei°] [also°], ***die Ausbreitung des Warencharakters über alle Sphären,*** *auch die des Geistes – das, was man [...] mit Kommerzialisierung bezeichnet –, im späteren achtzehnten und im neunzehnten Jahrhundert in Deutschland nicht so weit gediehen*

war wie in den kapitalistisch fortgeschritteneren Ländern. Das verlieh zumindest ***der geistigen Produktion einige Resistenzkraft.***[484]

Die schleppende Begeisterung der Deutschen für Kommerz, Profit und schnelles Geld – den Materialismus in Reinkultur – hat seine Ursache im deutschen Idealismus; einem Idealismus, der sich in Martin Luthers Reformation wiederspiegelt, in der deutschen Romantik, in dem von den Deutschen Marx und Engels aus der Taufe gehobenen Kommunismus – und auch dem Nationalsozialismus. Der Leser erkennt: Idealismus in falschen Händen kann brandgefährlich werden.

Adorno weiter:

> *Ist es schon wahr, dass ohne jenes »um seiner selbst willen« zumindest* ***die große deutsche Philosophie*** *und* ***die große deutsche Musik*** *nicht hätten sein können – bedeutende Dichter der westlichen Länder haben der [durch Ökonomisierung°] [...] verschandelten Welt nicht weniger widerstanden –, so ist das doch nicht die ganze Wahrheit. Auch die deutsche Gesellschaft war, und ist, eine Tauschgesellschaft, und das Etwas-um-seiner-selbst-willen-Tun nicht so rein, wie es sich stilisiert. [...]*
> *Allein schon ohne* ***den deutschen Ernst, der vom Pathos des Absoluten herrührt*** *und ohne den das Beste [der deutschen Kultur°] nicht wäre,* ***hätte Hitler nicht gedeihen können.*** *[...]*[485]

Sinnbildlich gesehen ist Adornos Analyse zufolge der *»Pathos des Absoluten«* Hitlers Großvater, und der deutsche Ernst Hitlers Vater. Und was aus dieser „Blutlinie Hitlers" zu entstammen scheint – aus dem *»Pathos des Absoluten«* –, bekämpft man heute mit dem weltanschaulichen Hirnputzmittel: „Alles ist relativ!"

Aber stimmt das? Ist wirklich alles relativ?

„Oh nein!", schallt es hämisch aus der Tiefe des Raumes. „Wenn alles relativ ist, dann ist natürlich auch die Aussage relativ, dass alles relativ ist."

Das wiederum bedeutet im Klartext: Das Absolute existiert sehr wohl!

In den USA hat Theodor W. Adorno dann als Autor ziemlich frustrierende Erfahrungen machen müssen, als ihm ein dortiger Verlag aus ökonomischen Gründen seinen Text ohne Sinn und Verstand so weit zusammengestrichen hatte, dass der Inhalt völlig sinnentstellt war. Das war für den Philosophen (angeblich) ein entscheidender Grund, in seine alte Heimat zurückzukehren; eine Heimat, die er im Vergleich zu den USA zwar als ökonomisch rückständig empfand, aber in gewisser Hinsicht auch als geistig freier:

> *Derlei* ***ökonomische Rückschrittlichkeit*** *[in Westdeutschland°], von der ungewiss ist, wie lange sie noch [von den Marktmächten°] geduldet wird, ist der Schlupfwinkel von [vor°] all dem [angeblichen°] Fortschrittlichen [...]. Wird einmal der Geist [...] auf den Kunden zugeschnitten, den das Geschäft beherrscht [der Geist also auf Kundenniveau heruntergezogen wird°] [...], so* ***ist es mit dem Geist so gründlich aus wie unter den faschistischen Knüppeln.***[486]

Durchaus bemerkenswert: Ein Deutscher jüdischer Abstammung, der vor dem NS-Regime in die USA geflüchtet ist, kommt wenige Jahre nach dem Krieg aus den USA zurück, auch deshalb, weil er die US-Gesellschaft als *zu* kommerzialisiert, *zu* geld- und profitorientiert empfindet. Darüber hinaus äußert Adorno die Befürchtung, die allgemeine Kommerzialisierung (auch) in Deutschland könne eines Tages faschistoide Züge annehmen, alles beherrschen, und das gesamte Wertesystem der Gesellschaft könne unterwandert und verdorben werden. Adorno begibt sich damit in Rufweite zu Wagners potenziell totalitärem Nützlichkeitswesen.

Interessant ist weiter, was Adorno über die deutsche Sprache schreibt und wie er sich dabei mit anderen deckt, beispielsweise mit Madame de Staël rund 150 Jahre vor ihm:

> *Vielmehr hat die **deutsche Sprache offenbar eine besondere Wahlverwandtschaft zur Philosophie,** und zwar zu deren spekulativem Moment, das im Westen so leicht als **gefährlich unklar** [...] **beargwöhnt** wird.*[487]

Hier haben wir das irrationale Element *(»gefährlich unklar«),* das wir schon von Roosevelt, Morgenthau, Thatcher und Alex Silva kennen; dieses Nicht-fassen-Können wesentlicher Aspekte des Deutschen, was zu voreiligen und mitunter fatalen Deutungen führt.
Mit *»spekulativem Moment«* kann nur der Idealismus der deutschen Philosophie gemeint sein. Im Sinne von Roosevelt und Morgenthau scheint bei Adorno der Vorsatz durchzuschimmern, den „deutschen" Idealismus auf die hinteren Plätze der Gesellschaft zu verweisen. Der Oberlehrer der Frankfurter Schule weiter:

> *Geschichtlich ist die deutsche Sprache, in einem Prozess, der erst einmal wirklich zu analysieren wäre, fähig dazu geworden, etwas an den Phänomenen [an allen Dingen°] auszudrücken, was in ihrem bloßen Sosein, ihrer Positivität und Gegebenheit nicht sich erschöpft. Man kann **diese spezifische Eigenschaft der deutschen Sprache** am drastischsten sich vergegenwärtigen an der [...] Schwierigkeit, philosophische Texte obersten Anspruchs wie Hegels ›Phänomenologie des Geistes‹ oder seine ›Wissenschaft der Logik‹ in eine andere zu übersetzen.*[488]

Eindeutiger könnte ein Nachweis von etwas spezifisch Deutschem kaum sein: Die Schwierigkeit, in Deutsch verfasste philosophische Texte zu übersetzen. D. h. etwas vereinfacht ausgedrückt: Es gibt ein deutsches Denken, zu dem andere Völker deshalb nicht fähig sind, weil ihnen dazu ganz einfach *die Worte fehlen!*
Adorno hat an der deutschen Sprache also etwas entdeckt, über dessen wahre Herkunft er sich im Unklaren ist. Er fragt sich, woher die „besondere Wahlverwandtschaft der deutschen Sprache zur Philosophie" kommt und woher diese Qualität des deutschen Wesens? Dabei scheint es der Philosoph für möglich zu halten, dass sich die Deutschen diese Eigenschaft in grauer Vorzeit irgendwo wie eine Art Schnupfen oder einen Grippevirus eingefangen haben.

Die deutsche Sprache eignet sich – so Adorno – besonders gut dafür, das zu beschreiben, was „hinter den Dingen" ist, hinter ihrem äußeren, in der Regel ihrem *materiellen* Erscheinungsbild *(»was [sich] in ihrem bloßen Sosein [...] nicht [...] erschöpft«).*

Dieser Aspekt der deutschen Sprache ist Ab- und Ausdruck der *deutschen Seele* und des *deutschen Wesens.*

> *Das Deutsche [...] hat von der* ***Kraft zum Ausdruck*** *mehr festgehalten [...], als an den westlichen Sprachen der gewahrt, welcher nicht in ihnen aufwuchs, dem sie nicht zweite Natur sind. Wer aber dessen versichert sich hält, dass der Philosophie [...] die [sprachliche°] Darstellung wesentlich sei [...],* ***der wird auf das Deutsche verwiesen.***[489]

Das Deutsche hat also Potenzial zu metaphysischem Tiefgang. Und in der deutschen Neigung zur Metaphysik liegt die Quelle deutschen Ernstes und deutscher Tiefe.
All das erklärt sich aus der deutschen Neigung zum *Absoluten,* das sich gleichsetzen lässt mit dem *Ewigen* und *Göttlichen.* Und dies ist das eigentliche Angriffsziel des *Pathos des Relativen:* das Ewige und Göttliche!

Alles ist relativ

Zu Recht kritisiert Adorno, dass aus der Suche nach dem Absoluten Dogmatismus und Faschismus entstehen kann. Aber bedeutet das im Umkehrschluss, dass die Hegemonie des Relativen – der Dogmatismus des Relativen weniger gefährlich ist?
Ganz im Sinne der von Franklin D. Roosevelt angedachten, etwa zwei Generationen benötigende vollkommene Zerstörung der deutschen Philosophie und damit auch der traditionellen deutschen Werte, verwirft der heutige Zeitgeist das Absolute.
Die Gretchenfrage aber lautet: Ist dieses Verwerfen des Absoluten wirklich der Weisheit letzter Schluss? Ist es Ausdruck dafür, dass wir eine neue Bewusstseinsstufe erklommen haben? (Wer fängt hier an zu kichern ...?) Oder ist der Glaube an das Relative schlicht und einfach Propaganda und Hirnwaschgangmittel für ein zunehmend verdummtes Volk?
Dass, wenn alles relativ ist, auch die Parole „Alles ist relativ!" relativ ist, hatte ich schon herausgestellt. Wir haben es beim Glaubensdogma „Alles ist relativ" also keinesfalls mit einer ernstzunehmenden weltanschaulichen Alternative zu tun. Vielmehr ist es eine schnell durchschaubare Pseudoweisheit, die aber dem derzeitigen Geschmack des spätkapitalistischen pseudo-aufgeklärten Publikums gefällt.
„Alles ist relativ" ist der pseudoaufgeklärte Ersatz für die christliche Vergebung der Sünden. Wenn alles relativ ist, gibt es keine Sünden, keine echten Fehler und auch keinen Richter mehr; aber auch keine Vergebung und keine Gnade. Und genau da findet sich die Sollbruchstelle: Auf dem Altar des Relativen opfern wir die Vergebung, die Gnade und die dazugehörende Herzensgüte.

Wenn es keine *absolute* Wahrheit mehr gibt, wenn alles ein Mix aus Wahrheit und Lüge, Perspektive oder Irrtum ist – wenn *alles* wahr ist, *ist die Lüge perfekt.*

Das deutsche Wesen im Gesamtbild

So weit hatten wir im vorliegenden Buch von rund 30 Personen Aussagen zum deutschen (germanischen) Wesen, darunter weltbekannte Philosophen, bekannte bis berühmte Politiker, Schriftsteller (zwei Literaturnobelpreisträger) Komponisten und Musiker wie:

- **Adorno**, Theodor W.
- **Arndt**, Ernst Moritz
- **De Staël**, Germaine
- **Fichte**, Johann Gottlieb
- **Geibel**, Emanuel
- **Goethe**, Johann Wolfgang von
- **Lessing**, Gotthold Ephraim
- **Hebbel**, Christian Friedrich
- **Hegel**, Georg Wilhelm Friedrich
- **Heine**, Heinrich
- **Kant**, Immanuel
- **Lenin**, Wladimir Iljitsch
- **Mann**, Thomas
- **Nietzsche**, Friedrich
- **Rajneesh**/Osho
- **Roosevelt**, Franklin D.
- **Scheler**, Max
- **Schiller**, Friedrich
- **Schlegel**, Friedrich
- **Shakespeare**, William
- **Solschenizyn**, Alexander
- **Tacitus**, Publius Cornelius
- **Thatcher**, Margaret
- **Wagner**, Richard

Diese Quellen stimmen in einer ganzen Reihe „deutscher" Eigenschaften überein. Immer wieder angesprochene Charaktermerkmale der Deutschen und Züge des deutschen Wesens sind: *Innerlichkeit, Gründlichkeit, Ehrlichkeit, Treue.*

Vor dem 20. Jahrhundert wird das deutsche Wesen überwiegend positiv beschrieben. Immanuel Kant bringt es um 1800 gut auf den Punkt, indem er schreibt: *»Die Deutschen stehen im Ruf eines guten Charakters.«*[490]

Über 200 Jahre nach Kants wohlwollendem Blick auf die Deutschen – nach Erstem und Zweitem Weltkrieg und nach dem Holocaust – fragen sich viele Menschen, ob der ursprünglich gute deutsche Charakter irgendwann vom 19. ins 21. Jahrhundert verloren gegangen ist? Natürlich sind die Deutschen von 2018 nicht mehr die von 1938. Aber kaum ein Deutscher würde es angesichts der deutschen Vergangenheit riskieren, die Deutschen heutzutage ohne großes Wenn und Aber in ein **so positives Licht** zu stellen, wie dies vor 200 Jahren Immanuel Kant, Germaine de Staël und andere getan haben.

Ungeachtet des heutigen Rätselratens über das Gute, Beste, Schlechte und Böse im Deutschen, bleibt die Palette der etwa bis zum Jahr 1900 hervorgehobenen überwiegend positiven deutschen Eigenschaften. Und es bleibt die Frage, welche dieser Eigenschaften sich über die Jahrhunderte hin geändert haben und welche nicht?
Und natürlich muss man berücksichtigen, dass der heutige hohe Anteil von Bürgern mit Migrationshintergrund gewisse deutsche Qualitäten verwässert hat. Dasselbe gilt für die Amerikanisierung der deutschen Kultur seit 1945.

Das Beispiel der (angeblichen) germanisch-deutschen Treue bei Tacitus und der treuesten Schüler Rajneesh/Oshos, aber auch die Aussagen von Madame de Staël und anderen belegen, dass sich nicht wenige der Eigenschaften, die vor Jahrhunderten als typisch deutsch empfunden wurden, erstaunlich lange gehalten haben – und weiterhin halten, allem voran die *deutsche Gründlichkeit.*

Angesichts deutscher Wesenszüge, die über Jahrhunderte hin beständig sind, fragt sich, ob die Wesenszüge eines Volkes wirklich nur das Produkt äußerer Faktoren wie Erziehung, Sozialisation und genetischen Dispositionen (DNA) sind oder ob es auf einer immateriellen, quasi subatomaren Ebene eine Art *Volksgeist*, eine *Volksseele* gibt, die sich in der materiellen, sozialen und politischen Welt lediglich abbilden und ausdrücken; einen Volksgeist und eine Volksseele, die – im Extrem gesehen – selbst dann noch existieren, wenn die materielle Welt längst verschwunden ist? Die Frage ist – auch wenn natürlich eine gewisse Wechselbeziehung zwischen Seele und äußerer Welt besteht –, ob eine Seele Dimensionen umfasst, berührt und durchdringt, die frei sind von der materiellen Welt.
Der Frage nach dem deutschen Wesen – ebenso wie der Frage nach dem Wesen anderer Völker – liegt die ewige Frage zugrunde, ob die Materie den Geist bestimmt oder umgekehrt? Bestimmt das Bewusstsein das materielle Sein oder bestimmt das materielle Sein das Bewusstsein? Gibt es ein Bewusstsein jenseits der Materie?

Im Zusammenhang mit Völkern und „himmlischen Sphären“ taucht automatisch der Begriff *Volksseele* auf, wobei eine Debatte über die mögliche Existenz einer Volksseele aufbaut auf eine Debatte über die Existenz einer *unsterblichen Seele per se.* Die moderne Wissenschaft sagt uns diesbezüglich im Endeffekt: *„Eine Seele gibt es nicht. Wenn es sie gäbe, hätten wir sie längst gefunden.“*
Im Umkehrschluss bedeutet dies, dass wenn die Wissenschaft falsch liegt und sie sich irrt, nur w i r   s e l b s t eine Seele erkennen können, und zwar nur mit unserer *eigenen Seele.* Wer ernsthaft nach Seele und Wesen sucht, wird jedenfalls mit der etablierten Wissenschaft nicht all zu weit kommen. Das ist der Ur-Trugschluss der materialistischen Wissenschaft: Sie findet die Seele nicht.

Die Antwort auf die Frage nach deutscher Seele und deutschem Wesen hängt also entscheidend von dem Weltbild ab, aus dem heraus man die Frage beantwortet. Wer an keine unsterbliche Seele glaubt, glaubt auch an keine deutsche Seele und an ein deutsches Wesen. In Wahrheit ist die Debatte über das deutsche Wesen nur ein Ableger der ewigen Debatte über die unsterbliche Seele.
Und in gewisser Weise ist es ein Verdienst der Deutschen, dass sie diese Debatte um Sinn und Seele in der westlichen Welt am Leben halten, auch und gerade weil sie dafür sichtbare und unsichtbare Prügel einstecken wie kein anderes westliches Volk.

Doch kommen wir von diesen metaphysisch angehauchten Betrachtungen zurück zum Konkreten: Mit rund 30 Quellen, die sich zum deutschen Wesen äußern, wird allmählich eine Komplexität erreicht, die sich in reiner Textform, also in einer Abfolge von Zitaten nur noch begrenzt erfassen lässt. Damit man die Komplexität der unterschiedlichen, den Deutschen zugeschriebenen Charaktereigenschaften und deren Quellen besser erfassen kann, habe ich eine Tabelle erstellt (siehe unten).

	Zeit	Quelle	Land	I INNERL.	E EHRL.	T TREU	G GRÜNDL.	F FLEISS.	GM	MY	GF
1	1944	Roosevelt	USA								■
2	1995	Thatcher	UK				■			■	■
3	2008	Silva	UK							■	
4	2000	Solschenizyn	Russ.			▒	■	▒			
5	~120	Tacitus	Ita.			■					
6	~1986	Rajneesh/Osho	Indien			■					
7	1600	Shakespeare	UK		■						
8	1798	Kant	D	▒	■		▒	■	■		
9	1805	Schiller	D						■		
10	1813	de Staël	F		■	■	■	■			
11	1831	Hegel	D	■					■		
12	1832	Goethe	D						■		
13	1844	Heine	D						■		
14	1876	Wagner	D	■	■	▒			■		
15	1889	Nietzsche	D	▒				■		▒	■
16	1917	Scheler	D				▒	■			
17	1950	Mann,Th.	D	■					■		

(eine Auswahl der von mir verwendeten Quellen)

Zeichenerklärung

I = Innerlichkeit G = Gründlichkeit MY = mysteriös, unbegreifbar
E = Ehrlichkeit F = Fleiß GF = gefährlich
T = Treue GM = gobale Mission Übernationalität graue Balken = trifft tendenziell zu

Abb.70: Tabelle: Häufig erwähnte Eigenschaften der Deutschen bezogen auf die Zitate in diesem Buch

Wie man in obiger Tabelle sieht: auf Innerlichkeit (I), Ehrlichkeit (E), Treue (T), Gründlichkeit (G), Fleiß (F) und eine Art globale Mission (GM) für die Menschheit wird immer wieder Bezug genommen; oft genug auch von nichtdeutschen Quellen.

Abb.71: Die sechs „deutschen Grundwerte" oder „Grundtugenden" – auf Basis der im vorliegenden Buch verwendeten Zitate

Liegen diese, immer wieder als typisch deutsch bezeichneten Grundeigenschaften und Neigungen klar vor Augen, lässt sich in einem zweiten Schritt untersuchen, wie sich die Beziehung dieser Eigenschaften untereinander gestaltet. Hierbei zeigt sich, dass

der beschriebene deutsche Hang zur Innerlichkeit in obiger Fünfergruppe eine Art Systemkern bildet (siehe Abb. 72; Versuch eines Struktogramms).
Nochmals sei festgestellt: Es ist vollkommen unstrittig, dass der obige Wertekanon spätestens seit 1945 durch die angelsächsische Kultur einer kontinuierlichen Erosion ausgesetzt ist. Wie tief diese Erosion aber tatsächlich in das deutsche Wesen hineinreicht und ob und in welchem Umfang sie irreversibel ist, bleibt eine spannende Frage.

Systemkern Innerlichkeit

Was nun ist mit »*Innerlichkeit*« gemeint?

Zunächst steht *Innerlichkeit* in Beziehung zur *Äußerlichkeit.* Ein gutes Sinnbild für die Beziehung zwischen Innerlichkeit und Äußerlichkeit ist die eigene Wohnung, das eigene Haus, das Zuhause – ein Ort, der gegen Regen, Kälte, Wind, Lärm, Ungeziefer, wilde Tiere und unfreundliche Menschen geschützt ist; ein Rückzugsraum, an dem man erwartet, sicher zu sein und (wieder) zur Kraft zu finden. Neudeutsch gesprochen ist das Zuhause die *Ladestation*; ein Raum, der einem hilft, sich wieder mit der inneren Kraftquelle zu verbinden.
Innerlichkeit steht also im Endeffekt für die Ausrichtung auf die eigene innere Energiequelle.
Ein Mensch, mit einem gewissen Hang zur Innerlichkeit will „nach Hause“. *Wie* dieser Mensch sein Zuhause dann für sich selbst definiert, wie er dieses Gefühl auslebt und wo er es sucht, ist dann eine Einzelfallfrage.
Fraglos ist Spiritualität die (hohe) Kunst der Hinwendung auf das (ewige) Zuhause. Eine volkstümliche Variante und Ausdrucksform der Innerlichkeit ist die *Gemütlichkeit* (siehe Hegel), also eine Atmosphäre, die gewissen Schutz vor der äußeren Welt bietet und dazu einlädt, nach innen zu fühlen.

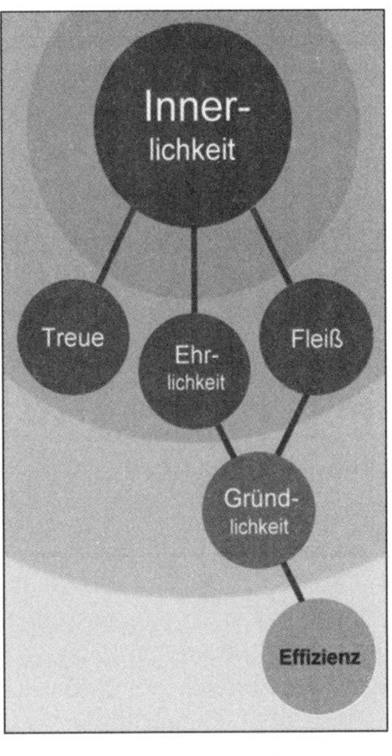

Abb.72: Versuch eines Struktogramms der deutschen Grundtugenden

Gründlichkeit, Ehrlichkeit, Treue

Paart sich *Innerlichkeit* mit *Gründlichkeit,* liegt der Übergang zur spirituellen Suche direkt vor einem. Dann wird Innerlichkeit ein Tor zur Transzendenz.
Ehrlichkeit und Treue wiederum haben mit anderen Menschen zu tun, aber auch mit *einem selbst.* Die große Versuchung der Welt besteht entsprechend darin, uns dazu zu verleiten, *uns selbst* nicht mehr treu zu sein, *uns selbst* zu verraten und infolgedessen auch andere Menschen. Anders ausgedrückt: Je mehr ein Mensch sich von sich selbst entfernt, desto eher wird er zum Verräter, wobei Verrat auch ein vampiristi-

sches Konstrukt ist, denn Verrat verletzt, raubt Energie, kostet dem Verratenen Kraft, womit Verrat im Prinzip auch unvereinbar ist mit Fleiß.
Innerlichkeit, Ehrlichkeit und Treue stehen zueinander in enger Beziehung. Ehrlichkeit und Treue sind Aspekte der Innerlichkeit.
Auch *Gründlichkeit* steht in enger Beziehung zur Innerlichkeit. Gründlichkeit erfordert Disziplin, Anstrengung und Selbstkontrolle. Wer gründlich arbeitet, muss *sich selbst* kontrollieren, Gründlichkeit geht an die Grenze des eigenen Wahrnehmungshorizonts, geht bis auf den Grund. *Gründlichkeit geht an die Grenze!* Gründlichkeit vergleicht das Reale, tatsächlich Vorhandene, mit einer Vorstellung, einem Idealzustand. Gründlichkeit bedeutet möglichst *nichts zu übersehen.* Damit entspricht Gründlichkeit dem *Willen zur Bewusstheit.*
Fleiß wiederum ist, wie schon dargelegt, der Wille zur Energie, wobei Energie eine Grundvoraussetzung für Erkenntnis, Inspiration und Bewusstseinsentwicklung ist. Ohne Energie kein Bewusstsein, ohne Energiesteigerung keine Bewusstseinserhöhung.

Das bedeutet: Eigentlich alle deutschen Kernwerte sind herumkonstruiert um ein Zentrum, das mit spirituellen Kategorien eng korrespondiert, und die Kernwerte sind äußerst nützlich, ja unumgänglich zur geistigen Befreiung der Menschen.

Der Gartenzwerg als Symbol simulierter Innerlichkeit

Für ihre Sehnsucht und ihren Wunsch nach Ausleben des Hangs zur Innerlichkeit in einer überschaubaren, sicheren materiellen Welt haben die Deutschen ein bekanntes Symbol: den Gartenzwerg.
Der (traditionelle) Gartenzwerg ist fleißig, immer gut drauf, immer freundlich und zufrieden. Im Leben eines Gartenzwerges sind die Dinge geordnet, gibt es keinen Stress. Und vor allem droht keine Gefahr. Kein Fuchs durchbeißt dem lieben Gartenzwerg das zarte Genick, keine Krähe hackt ihm ein Auge aus. Und das ist auch gut so. Denn mit seinen kurzen dicken Beinen käme der Gartenzwerg nicht weit, würde es einmal gefährlich. Ein Gartenzwerg, der um sein Leben rennt? Das wäre ein unendlich trauriges, herzzerreißendes Bild. Das will keiner sehen.
Da ihm keine Gefahr droht, ist der Gartenzwerg natürlich auch nicht bewaffnet. Und beten oder meditieren tut er sowieso nicht. Wozu denn auch? Wer aus Plastik, Gummi oder Keramik besteht, hat sich schon vor langer Zeit von Dingen wie Bewusstseinserweiterung, Beten und Meditation verabschiedet.
Kurz: Der Gartenzwerg steht für das lustvolle Ausleben einer berechtigten menschlichen Sehnsucht – aber leider auch für eine begrenzte menschliche Fantasie, für eine begrenzte Inspiration und für eine gewisse Faulheit in geistigen Dingen.
Der Gartenzwerg steht für ein Paradies, in dem man nach Herzenslust arbeiten darf, arbeiten, arbeiten und noch mal arbeiten; ein Workaholic-Paradies, aus dem man nicht vertrieben werden kann. Diese Schonzone, dieser Komfort und dieses Privileg erkauft sich unser Zwerg aber dadurch, dass er aus Gummi, Plastik oder Keramik besteht. Spirituell betrachtet ist der Gartenzwerg ein Treten auf der Stelle. Und – seien wir

ehrlich – irgendwie sieht man es dem Kameraden auch an. *Cool* sieht so ein Gartenzwerg jedenfalls nicht aus.
Der Gartenzwerg ist nicht wirklich angekommen, weder im Paradies noch zu Hause. Auf halber Strecke hat er schlappgemacht. Aber urteilen wir nicht zu hart. Vielleicht braucht er nur einen kleinen Schubs.

Oder einen großen.

Das wird man dann sehen.

Die Erosion deutscher Werte unter angelsächsischer Kulturhoheit

In der Abhandlung über US-Präsident Roosevelt und seinen Finanzminister Morgenthau haben wir erfahren, dass es gegen Ende des Zweiten Weltkrieges auf höchster US-Regierungsebene Pläne gab, die Deutschen tiefgreifend und langfristig umzuerziehen. Dass eine solche Umerziehung auf breiter Ebene zumindest für gewisse Zeit tatsächlich umgesetzt worden ist, ist allgemein bekannt, siehe den Wikipedia-Eintrag zu Theodor W. Adorno: *»Wie nur wenige Vertreter der akademischen Elite wirkte er als „öffentlicher Intellektueller" [...] gewollt und mittelbar zur U m e r z i e h u n g des deutschen Volkes bei.«*[491]
Das bekannteste Stichwort bei der Umerziehung der Deutschen nach 1945 lautet *Entnazifizierung.* Dass man jene Personen, die sich an Krieg und Holocaust schuldig gemacht haben, nicht beim Neustart der deutschen Gesellschaft dabeihaben wollte, leuchtet zunächst auch ein. Die Alt-Nazis waren auszusortieren. Das war mit Gefängnis und Berufsverbot auch relativ leicht zu handhaben.
Aber damit war es noch nicht getan. Ziel der Entnazifizierung war es natürlich auch, dass *in Zukunft* nicht irgendwo *neue* Nazis nachwachsen. Die Verhinderung des „Nazi-Nachwuchses" wurde – ganz im Sinne einer langfristigen Umerziehung – dadurch erreicht, dass man dem kompletten Bildungssystem von der Volksschule bis zu den Universitäten angelsächsische Richtlinien vorgab. Dasselbe geschah in den Massenmedien. Ziel der Umerziehung der deutschen Jugend über Schulbuch, Tageszeitung und Tagesschau war nicht nur eine Ent-*Nazi*fizierung, sondern auch eine Ent-*National*isierung, die nach der Jahrtausendwende immer deutlichere Züge einer regelrechten Ent-*Deutschung* annimmt – leider nicht im positiven Sinne von Nietzsche. Bestes Beispiel ist die bereits erwähnte türkischstämmige *Integrationsbeauftragte der Bundesregierung* (!) *Aydan Özoğuz* (SPD), im Mai 2017:

> *»Eine spezifische deutsche Kultur ist jenseits der Sprache schlicht nicht identifizierbar.«*[492]

Es fragt sich also, ob, und wenn, wo und wann das ursprünglich nachvollziehbare Umerziehungsprogramm für die besiegten Deutschen über das Ziel hinausgeschossen ist? Ein besiegtes und umerzogenes Volk – und da haben die Deutschen im Grunde dasselbe Schicksal wie Comanchen und Apachen – muss sich irgendwann fragen, was an seiner aktuellen Identität noch echt und was Implantat und Prothese ist.

Natürlich kann man diese Frage ignorieren, übergehen oder verschlafen. Dennoch ist sie essenziell. Denn wer nicht weiß, wer er ist, weiß nicht, was er will, und landet früher oder später an Orten, an die er nie wollte. Und da kann er oder sie nur hoffen, dass er oder sie wenigstens von höheren Mächten an die *richtigen* falschen Orte gelenkt worden ist; Orte eben, die zwar hässlich sind, an denen man aber trotzdem die richtigen und für einen hilfreichen Dinge lernen kann.

Die Deutschen sollten sich fragen, was heutzutage in Deutschland deutsch wäre und wie unser Wertesystem aussähe, hätte es die angelsächsische Umerziehung in ihrer finalen Konsequenz einer totalen Werte-Ökonomisierung und Werte-Relativierung nicht gegeben und hätte es seit den 1950er Jahren nicht unterschiedlichste Einwanderungswellen gegeben.

Die Frage, vor der die Deutschen heute stehen und die sich vermutlich sehr bald auf drastische Art von selbst beantworten wird, lautet: Entsteht aus diesem Multikulti tatsächlich etwas positives Neues oder handelt es sich bei Multikulti nur um eine bunte Variante der von Roosevelt, Morgenthau & Co. anvisierten Auflösung des deutschen Volkes? Ist Multikulti in Wahrheit nur die Party-Variante eines Umerziehungslagers?

Verstehen Sie mich nicht falsch: Ich bin nicht gegen fremde Kulturen. Diese sind oft inspirierend und eine große Bereicherung. Die aktuelle Flüchtlingskrise hat jedoch im Kern nichts mit Inspiration zu tun, sondern ist Folge der deutschen Selbstvergessenheit. Wir wissen nicht mehr, wer wir sind. Und eine bedrohliche Metastase dieser Selbstvergessenheit ist unser Desinteresse daran, wer wir in absehbarer Zeit sein werden. Das sieht man am Zerfall des Rentensystems, des Bildungssystems, der Infrastruktur usw.

Die Flüchtlingskrise ist nur Teil eines Gesamtproblems, das in *unserem Desinteresse an uns selbst* besteht.

Ein Gefühl vom Sinn des Ganzen

Glaube und Zukunft sind zwei Dimensionen, die eng miteinander verknüpft sind.

Ohne Glauben gibt es keine Zukunft. Wenn ich nicht an meine Zukunft glaube, ist das so, als hätte ich gar keine. Und das gilt nicht nur im übertragenen Sinn, sondern auch im ganz realen: Ohne Glauben gäbe es in unserem Bewusstsein *überhaupt* keine Zukunft, weder eine gute noch eine schlechte noch sonst irgendeine. Die Zukunft ist nie hier & jetzt. Hier & jetzt können wir lediglich an die Zukunft *denken* und an diese Gedanken (!) *glauben.*
Andererseits weiß jeder, dass Dinge Zeit brauchen: Eine Ausbildung braucht Zeit, ein Projekt realisieren braucht Zeit. Kreativität und Schöpfung brauchen Zeit. Ohne Zeit kein Werk. Reifender Wein ist ein schönes Sinnbild für eine *Vollendung, die Zeit braucht.*

Die beiden Aspekte Zeit und Vollendung lassen sich dann natürlich auch auf Völker übertragen. Wenigstens theoretisch gibt es die Möglichkeit, dass ein Volk sich vollendet, worauf auch immer man *Vollendung* im konkreten Fall bezieht.
Ein vollendetes Volk jedenfalls ist eine theoretische Möglichkeit, würde aber auch voraussetzen, dass es *einen Plan* gibt. Gibt es wiederum einen Plan (beim individuellen biologischen Lebewesen die DNA), dann kann man ab einem bestimmten Zeitpunkt auch von einer *Planerfüllung* und *Vollendung* sprechen.
Es stellt sich also die Frage nach der inneren Struktur eines Volkes. Taumelt ein Volk ohne inneren Plan, Kompass und Zweck einfach so durch den Lauf der Zeit; ist ein Volk nur eine Spur im Sand der Zeit, dazu bestimmt, eines Tages vollkommen verweht und verwischt zu werden? Oder verfügt ein Volk über eine Art inneren Antrieb?

Will ein Volk irgendwohin? Und kann dieser Wille über Jahrhunderte hin wirken?

Sollten Völker Ziele haben, die sie nur über viele Generationen hin erreichen können – da dazu ein einziges Menschenleben nicht ausreicht –, fragt sich als Nächstes, ob ein Volk tatsächlich sein Ziel erreicht oder eben nicht?
Glaubt man der traditionellen europäischen Prophetie, würden mehrere europäische Völker ihr Ziel erreichen: Deutschland, Österreich, sicherlich auch Italien, Frankreich und Spanien. Bei Tschechien, England und den Niederlanden jedoch wären Zweifel angebracht. Oder man müsste im Falle dieser Staaten das Scheitern esoterisch-spitzfindig zum Ziel umdeuten und die Untergangserfahrung als notwendig zur weiteren seelischen Entwicklung erklären.[493]

Was Deutschland bzw. die deutschsprachigen Länder betrifft, ergibt die traditionelle europäische Prophetie zusammen mit den romantischen Hoffnungen des 19. Jahrhunderts hinsichtlich des deutschen Wesen tatsächlich so etwas wie das Muster einer Planerfüllung und Vollendung.
Formulierungen wie *»glücklichste Zeit, die je auf Erden war«*[494] und *»bei uns [in Deutschland°] schöner und besser, als es jemals war, so dass alle Völker unsere*

Freundschaft suchen«[495] beschreiben eine Zeit, in der die Deutschen angekommen sind, und ein großes Ziel erreicht haben.

Das, was ich die *traditionelle europäische Prophetie* nenne, sagt für die Zeit nach dem „dritten Weltkrieg" für Deutschland eine spirituelle und kulturelle Blüte voraus, wie sie sich derzeit niemand vorstellen kann. Genau das aber ist die Funktion jeder echten Prophetie: Die Aufmerksamkeit der Menschen auf Möglichkeiten hinzulenken, die sie bisher für vollkommen unmöglich gehalten haben – wo sie sich auf gut Deutsch gesagt an den Kopf gefasst haben.
Jede Prophezeiung, die es in sich hat, rüttelt am Glaubenssystem. Ja, es ist sogar das heilige Vorrecht der Prophetie, genau das zu tun: am Glaubenssystem der Menschen zu rütteln: Am Glaubenssystem der Dummen, der Klugen, der Neunmalklugen und der Neunundneunzigmalklugen.
In diesem Sinne ist die traditionelle europäische Prophetie *Prophetie im besten Sinne.* Der wütende Aufschrei des Unglaubens beweist nur die Erfüllung des Auftrages.

Die Vision von der Renaissance Europas und insbesondere Deutschlands liegt derzeit weit jenseits des Horizontes des Vorstellungsvermögens der allermeisten Deutschen. Doch Entwicklungen und Wandlungen, an die bis kurz zuvor noch keiner glauben wollte, gab es in Deutschland im 20. Jahrhundert schon mehrere Male.
Das beste Beispiel ist die überraschende Wiedervereinigung. Das 20. Jahrhundert hat den Deutschen also mehrfach gezeigt – und oft genug äußerst eindringlich –, dass hin und wieder Dinge geschehen, die keiner auf dem Schirm hat, die (angeblich) keiner vorausahnen kann. Die Wahrscheinlichkeit ist so gesehen recht groß, dass die Deutschen insgesamt als Volk und als Staat in absehbarer Zeit erneut von der historischen Entwicklung vollkommen überrascht sein werden.

Ich persönlich halte eine solche völlige Überraschung für vollkommen unnötig, unzeitgemäß und dazu noch für höchst gefährlich. Man sollte wenigstens ein Grundwissen hinsichtlich der besonderen Gefahren zu Beginn des dritten Jahrtausends haben. Und sobald man diese Gefahren kennt, sollte man eine Vision vom Licht am Ende des Tunnels haben. Nur eine Vision vom Licht am Ende des Tunnels lässt einen das dunkle Loch vor einem als Tunnel erkennen.

Erst die Vision vom Licht am Ende lässt einen die Gesamtsituation verstehen, verleiht der Gesamtsituation Sinn und gibt demjenigen Kraft, der diesen Sinn erkennt.

Anhang

Nostradamus' Brief an Heinrich II. (Auszug)

Dann [nach der kommenden Friedenszeit unter dem großen Monarchen°] beginnt die große Herrschaft des **Antichristen** *im Reich des Attila und Xerxes (Russland/Serbien [Anm. Kurt Allgeier°]). In riesiger, unübersehbarer Zahl werden seine Anhänger heranstürmen. Das wird so schlimm, dass die Ankunft des Heiligen Geistes, der am 48. Grad herabsteigt, eine allgemeine Flucht auslöst. Man flieht vor den Greueln des Antichristen. Er führt Krieg gegen den Königlichen, der zum großen Stellvertreter Jesu Christi wird, und gegen seine Kirche. Er wird in einer Zeit herrschen, die ihn begünstigt.*
Zuvor aber kommt es zu einer **Sonnenfinsternis** *[die dreitägige Finsternis°]. Es wird die dunkelste und finsterste seit der Erschaffung der Welt bis zum Sterben und Leiden Jesu Christi und von da bis zum heutigen Tag. Im Monat* **Oktober** *werden einige so große Verschiebungen eintreten, dass man glauben wird, die Schwerkraft der Erde hätte ihre natürliche Bewegung verloren und die Erde wäre hinausgeschleudert in die ewige Finsternis.*
Im **Frühling** *werden diesem Ereignis [im Oktober°] vorhergehen – und später werden ihm nachfolgen – extreme Veränderungen, nämlich Umgestaltung der Länder, und zwar einmal durch schwere Erdbeben, zum anderen durch das Überhandnehmen des neuen Babylons [~* ***„dritter Weltkrieg“*** *°], der miserablen Tochter, gestärkt und großgeworden durch die Greuel des ersten Holocaustes. Sie wird sich nicht länger als 73 Jahre und 7 Monate halten können. Dann wird aus dem Stamm jener, die so lange unfruchtbar war, der Mann hervorsprießen, geboren am 50. Breitengrad, der die ganze christliche Kirche erneuern wird. Es wird zum großen Frieden kommen, zur Einigkeit und Eintracht der Kinder, die durch Grenzen verwirrt und getrennt gewesen sind. Es wird jener Friede sein, in dem der Anstifter und die treibende Kraft der Kriegspartei und der religiösen Spaltung im tiefsten Abgrund angekettet bleibt.*
Das **Reich des Tollwütigen,** *der den Weisen spielen wollte, wird* **geeinigt** *werden. ...*

Quelle: Kurt Allgeier, ›Die Prophezeiungen des Nostradamus‹, 1988, Seite 377 u. 379

Die Feldpostbriefe

1. Brief

Geschrieben den 24. August 1914

Meine Lieben!

... Wir sind heute in Ruh, und da will ich euch von dem Komplizen schreiben, den ich im letzten Brief erwähnt habe. Ein sonderbarer Heiliger, denn es ist nicht zu glauben, was der alles gesagt hat. Wenn wir wüssten, was alles bevorsteht, würden wir heute noch die Gewehre wegwerfen, und wir dürfen ja nicht glauben, daß wir von der Welt was wüßten.

Der Krieg, sagt er, ist für Deutschland verloren, er wird ins fünfte Jahr gehen, dann kommt Revolution, aber kommt nicht recht zum Ausbruch, der eine geht, der andere kommt, und reich werden wir, alles wird Millionär und soviel Geld gibts, daß mans beim Fenster nauswirft und niemand klaubts auf. Lächerlich!
Der Krieg geht unter der Fuchtel weiter und es geht den Leuten nicht schlecht, aber sie sind nicht zufrieden.
In dieser Zeit, sagt er, wird der Antichrist geboren im äußersten Rußland, von einer Jüdin, er tritt aber erst in den fünfziger Jahren auf. [1950+?, oder wenn er älter als 49 ist?°] Dann, sagte er, an dem Tage, wo der Markustag auf Ostern fällt. Wann das sein soll, weiß ich nicht. [Markustag = 25.April°]
Vor dem kommt ein Mann aus der niederen Stufe [Hitler°], und der macht alles gleich in Deutschland, und die Leute haben nichts mehr zu reden, und zwar mit einer Strenge, daß es uns das Wasser bei allen Fugen raustreibt. Denn der nimmt den Leuten mehr, als er gibt, und straft die Leute entsetzlich, denn um diese Zeit verliert das Recht sein Recht und es gibt viele Maulhelden und Betrüger.
Die Leute werden wieder ärmer, ohne daß sie es merken. Jeden Tag gibts neue Gesetze, und viele werden dadurch manches erleben oder gar sterben. Die Zeit beginnt zirka 32 und dauert neun Jahre, alles geht auf eines Mannes Diktat – sagt er – dann kommt die Zeit 38, werden überfallen [?, Objekt fehlt,°] und zum Krieg gearbeitet. Der Krieg selbst endet schlecht für den Mann und seinen Anhang, das Volk steht auf mit den Soldaten. Denn es kommt die ganze Lumperei auf und es geht wild zu in den Städten. Er sagt, man soll in dieser Zeit kein Amt oder sonst dergleichen annehmen, alles kommt an den Galgen oder wird unter der Haustüre aufgehängt, wenn nicht am Fensterblöcke hingenagelt, denn die Wut unter den Leuten sei entsetzlich, denn da kommen Sache auf, unmenschlich.

Die Leute werden sehr arm, und die Kleiderpracht hat ihr höchstes erreicht und die Leute sind froh, wenn sie sich noch in Sandsäcke kleiden können.
Vom Krieg selbst sagt er, daß keiner was bekommt vom anderen, und **wenn sich die Schweiz an Deutschland anschließt, dann dauerts nicht mehr lang, und der Krieg ist aus.**

Deutschland werde zerrissen, und ein neuer Mann tritt zutage, der das neue Deutschland leitet und aufrichtet.

Wer dann das fleißigste Volk besitzt, erhält die Weltherrschaft. England wird dann der ärmste Staat in Europa, denn Deutschland ist das fleißigste Volk der Welt.

Am Schluß kommt noch Rußland und fällt über Deutschland her, wird aber zurückgeschlagen, weil die Natur eingreift, und da wird in Süddeutschland ein Platz sein, wo das Ereignis sein sollte, wo die Leute von der ganzen Welt hinreisen, um zu schauen. Dann sagte er noch, daß der regierende Papst dabei sei beim Friedensschluß, ***er muß aber zuvor aus Italien fliehen, da er als Verräter hingestellt wird. Er kommt nach Köln,*** *wo er nur einen Trümmerhaufen findet, alles kaputt.*

Und im Jahre 43 kommt erst der Aufstieg. Dann kommen gute Zeiten. Auch von Italien sagt er, daß es gegen uns geht und in einem Jahr den Krieg erklärt, und beim zweiten Krieg mit uns geht. Italien wird furchtbar zugerichtet und viele deutsche Soldaten finden dort ihr Grab.

Wir sagten, der hats doch nicht ganz recht, oder er spinnt. Ihr werdet darüber lachen, denn das ist doch nicht zu glauben. Der Mann sprach mehrere Sprachen, wir haben ihn ausgelacht, aber der Leutnant sprach mit ihm die ganze Nacht, und was der noch alles gesagt hat, könnt ihr euch nicht denken. ...

Quelle: Wolfgang Johannes Bekh, ›*Das dritte Weltgeschehen*‹, Knaur 1981, Seite 95

2. Brief

30. August 1914

Liebe Anna, liebe Kinder!

... Man sagt, der Krieg ist bis Weihnachten zuende. ... Den Brief vom prophetischen Franzosen werdet ihr auch schon haben. Da werde ich nicht fertig, was der alles gesagt hat. Denke immer an ihn. Es scheint aber fast unglaublich, und ich will euch noch einiges mitteilen. Denn ob das wirklich kommen soll, ist wie ein Hirngespinst.

Da hat er immer wieder betont von dunklen Männern, die dieses Unheil bringen sollten, und die sind in der ganzen Welt verteilt, an der Zahl sieben. Und die Zahl sieben hat eine große Bedeutung, und der Stuhl 12, den dieser Mann zur Zeit bekleidet ist voll Schrecken und Morden. Er spricht und mahnt die Völker zur Rückkehr, aber alles umsonst. Die Menschen werden immer weiter ins Unglück getrieben und schlechter, und alles will nur Ware und Besitz haben.

Steht an der Jahreszahl vier und fünf, dann wird Deutschland von allen Seiten zusammengedrückt, und das zweite Geschehen ist zuende. Und der Mann verschwindet, und das Volk steht da und wird vollständig ausgeraubt und vernichtet bis ins Unendliche aber die Feinde stehen auch nicht gut miteinander ... die Dunklen werden es leiten und bestrebt sein, die Völker mit großen Versprechungen zu beruhigen, und die Sieger kommen in das gleiche Ziel wie die Besiegten.
In Deutschland kommen dann Regierungen, aber können ihr Ziel nicht ausführen, da ihr Vorhaben immer wieder vereitelt wird.
Der Mann und das Zeichen verschwinden, und es weiß niemand wohin, aber der Fluch im Innern bleibt bestehen, und die Leute sinken immer tiefer in der Moral und werden schlechter. Die Not wird viel größer und fordert viele Opfer. Die Leute bedienen sich sogar mit allen möglichen Ausflüchten und Religionen, um die Schuld an dem teuflischen Verbrechen abzuwälzen. Aber es ist den Leuten alles gleich, denn der gute Mensch kann fast nicht mehr bestehen, während dieser Zeit und wird verdrängt und verachtet.
Dann erheben sich die Leute selbst gegeneinander, denn der Haß und der Neid wachsen wie das Gras, und die Leute kommen noch immer weiter in den Abgrund.
Die Besatzungen lösen sich voneinander und ziehen ab mit der Beute des geraubten, was ihnen auch sehr viel Unheil bringt, und das Unheil des dritten Weltgeschehen bricht herein.
Rußland überfällt den Süden Deutschlands, aber kurze Zeit, und den verfluchten Menschen wird gezeigt, ***daß ein Gott besteht, der diesem Geschehen ein Ende macht.***

Um diese Zeit soll es furchtbar zugehen, und es soll den Leuten nichts mehr helfen, denn sie sind zu weit gekommen und können nicht mehr zurück, da sie die Ermahnungen nicht gehört haben.
Dann werden die Leute, die noch da sind, ruhig, und Angst und Schrecken wird unter ihnen weilen. Denn jetzt haben sie dann Zeit, nachzudenken und gute Lehren zu ziehen, was sie zuvor nicht gewollt haben.
Am Schluß dieser Teufelszeit werden dann die geglaubten Sieger an die Besiegten kommen um Rat und Hilfe, denn auch ihr Los ist schrecklich, denn es liegt alles am Boden wie ein Ungeheuer.

Er sagte, das soll im Jahre 1949 sein. 47 und 48 sollen die Jahre dieser milden Einkehr [?°] sein. Wer weiß, ob wir bis dort noch leben, und es ist ja nicht zu glauben, und ich schreib es nur damit ihr seht, was der alles gesagt hat, ***und von den Kindern erlebt die Zeit doch eines.***

Beim dritten Geschehen soll Rußland in Deutschland einfallen und zwar im Süden bis Chiemgau, und die Berge sollen von da Feuer speien, und der Russe soll alles zurücklassen an Kriegsgerät. Bis zur Donau und Inn wird alles dem Erdboden gleichgemacht und vernichtet.
Die Flüsse sind alle so seicht, daß man keine Brücke mehr braucht zum Hinübergehen. Von der Isar an wird den Leuten kein Leid mehr geschehen, es wird nur Not und Elend hausen.
Die schlechten Menschen werden zugrunde gehen als wie wenns im Winter schneit, und auch die Religion wird ausgeputzt und gereinigt. Aber die Kirche hält den Siegestriumph, sagt er.
In Rußland werden alle Machthaber vernichtet. Die Leichen werden dort nicht begraben und bleiben liegen. Hunger und Vernichtung ist in diesem Land zur Strafe für ihre Verbrechen. –

Da muß man doch lachen über diese Reden, und wir lachten. Aber er sagte, ***von uns erlebts nur einer,*** *und er wird an mich denken. Nun, was soll das werden? Er ist fast nicht glaubhaft.*
Im Jahre 48 geht die Strafe Gottes zu Ende, und die Menschen werden sein wie Lämmer und zufrieden wie noch nie. Und von Siegesträumen hört es auf, und es ist wie ausgestorben in den Ländern. Ich glaub, bis dahin leb ich nicht mehr. Macht euch aber keine Gedanken darüber! ...

Quelle: Wolfgang Johannes Bekh, ›*Das dritte Weltgeschehen*‹, Knaur 1981, Seite 98

Das Lied der Linde

Aus Martin Hingerls Büchlein ›*Staffelberg-Sagen und Der alten Linde Sang der kommenden Zeit*‹ von 1920

Alte Linde bei der heil'gen Klamm,
Ehrfurchtsvoll betast' ich deinen Stamm:
Karl den Großen hast du schon gesehn,
Wann der Größte kommt, wirst du noch stehn.

Dreißig Ellen mißt dein grauer Saum,
Aller deutschen Lande ältester Baum!
Kriege, Hunger schautest, Seuchennot,
Neues Leben wieder, neuen Tod.

Schon seit langer Zeit dein Stamm ist hohl,
Roß und Reiter bargest einst du wohl,
Bis die Kluft dir deckte milde Hand,
Breiten Reif um deine Stirne wand,

Bild und Buch nicht schildern deine Kron',
Alle Aeste hast verloren schon
Bis zum letzten Paar, das mächtig zweigt,
Blätterfreudig in die Lüfte steigt.

Alte Linde, die du alles weißt,
Teil uns gütig mit von deinem Geist,
Send ins Werden deinen Seherblick,
Künde Deutschlands und der Welt Geschick!

Großer Kaiser Karl, in Rom geweiht, [25. Dezember 800°]
Eckstein sollst du bleiben, deutsche, Zeit:
Hundertsechszig, Siebenjahre Frist –
Deutschland bis ins Mark getroffen ist.

Fremden Völkern frohnt dein Sohn als Knecht,
Tut und lässt, was ihren Sklaven recht.
Grausam hat zerrissen Feindeshand
Eines Blutes, einer Sprache Band.

Zehr o Magen, zehr von Deutschlands Saft,
Bis mit seiner endet deine Kraft.
Krankt das Herz, siecht ganzer Körper hin, –
Deutschlands Elend ist der Welt Ruin.

Ernten schwinden, doch die Kriege nicht,
Und der Bruder gegen Bruder ficht;
Mit der Sens' und Schaufel sich bewehrt,
Wenn verloren gingen Flint' und Schwert.

Arme werden reich des Geldes rasch,
Doch der rasche Reichtum wird zu Asch;
Aermer alle mit dem größern Schatz;
Minder Menschen, enger noch der Platz.

Da die Herrscherthrone abgeschafft
Wird das Herrschen Spiel und Leidenschaft
Bis der Tag kommt, wo sich glaubt verdammt,
Wer berufen wird zu einem Amt.

Bauer kaisert bis zum Wendetag,
All sein Mühn – ins Wasser nur ein Schlag:
Mahnerrede fällt auf Wüstensand,
Hörer findet nur der Unverstand.

Wer die allermeisten Sünden hat,
Fühlt als Richter sich und höchster Rat. –
Raucht das Blut, wird wilder noch das Tier,
Raub zur Arbeit wird und Mord zur Gier.

Rom zerhaut wie Vieh die Priesterschar /
Schonend nicht den Greis im Silberhaar,
Ueber Leichen muß der Höchste fliehn
Und verfolgt von Ort zu Orte ziehn.

Gottverlassen scheint es, ist es nicht;
Felsenfest im Glauben, treu der Pflicht,
Leistet auch in Not er nicht Verzicht,
Femt den Gottesstreit vors nah' Gericht.

Winter kommt, drei Tage Finsternis,
Blitz und Donner und der Erde Riß,
Bet daheim, verlasse nicht das Haus,
Auch am Fenster schaue nicht den Graus*!*

Eine Kerz, die ganze Zeit, allein
Gibt, wofern sie brennen will, dir Schein,
Gift'ger Odem dringt aus Staubensnacht:
Schwarze Seuche, schlimmste Menschenschlacht.!

Gleiches allen Erdbewohnern droht,
Doch die Guten sterben sel'gen Tod;
Viel Getreue bleiben wunderbar
Frei von Atemkrampf und Pestgefahr.

Eine große Stadt der Schlamm verschlingt,
eine andre mit dem Feuer ringt.
Alle Städte werden totenstill,
Auf dem Wiener Stephansplatz wächst Dill.

Zählst Du alle Menschen in der Welt,
Wirst Du finden, daß ein Drittel fehlt, –
Was noch übrig, – schau in jedes Land –
Hat zur Hälft verloren den Verstand. /

Wie im Sturm ein steuerloses Schiff,
Preisgegeben einem jeden Riff,
Schwankt herum der Eintagsherrscherschwarm,
Macht die Bürger ärmer noch als arm.

Denn des Elendes einz'ger Hoffnungsstern –
Eines bessern Tags – ist endlos fern.
„Heiland, sende, den Du senden musst",
Tönt es angstvoll aus der Menschenbrust.

Nimmt die Erde plötzlich andern Lauf?
Steigt ein neuer Sonnenstern herauf?
„Alles ist verloren!" hier noch klingt.
„Alles ist gerettet!" Wien schon singt.

Ja von Osten kommt der starke Held,
Ordnung bringend der verwirrten Welt,
– Weiße Blumen um das Herz des Herrn –
Seinem Rufe folgt der Wackre gern.

Alle Störer er zum Barren treibt,
Deutschem Reiche deutsche Rechte schreibt.
Bunter Fremdling, unwillkomm'ner Gast,
Flieh die Flur, die nicht gepflügt du hast!

Gottesheld, ein unzertrennlich Band
Schmiedest du um alles deutsche Land!
Den Verbannten führest du nach Rom,
Große Kaiserweihe schaut ein Dom.

Preis dem einundzwanzigsten Konzil,
Das den Völkern weist ihr höchstes Ziel
Und durch strengen Lebenssatz verbürgt,
Daß nun Reich und Arm sich nicht mehr würgt.

Deutscher Name, der Du littest schwer,
Wieder glänzt um dich die alte Ehr,
Wächst um den verschlung'nen Doppelast,
Dessen Schatten sucht gar mancher Gast.

Dantes und Cervantes' weicher Laut
Schon dem deutschen Kinde ist vertraut,
Und am Tiber- wie am Ebrostrand
Singt der braune Freund vom Herrmanns Land.

Wenn der engelgleiche Völkerhirt
Wie Antonius zum Wandrer wird,
den Verirrten barfuß Predigt hält,
Neuer Frühling lacht der ganzen Welt.

Alle Kirchen einig und vereint,
Einer Herde einz'ger Hirt erscheint,
Halbmond mählich weicht dem Kreuze ganz,
Schwarzes Land erstrahlt im Glaubensglanz.

Reiche Ernten schau ich jedes Jahr,
Weiser Männer eine große Schar,
Seuch' und Kriegen ist die Welt entrückt:
Wer die Zeit erlebt, ist hochbeglückt.

Dieses kündet deutschem Mann und Kind,
Leidend mit dem Land die alte Lind',
Daß der Hochmut mach' das Maß nicht voll,
Der Gerechte nicht verzweifeln soll."

Literatur-Codes

1 : Allgeier .... Prophezeiungen des Nostradamus
4 : Voldben .... Nostradamus und die großen Weissagungen (1992)
5 : Silver .... Prophezeiungen bis zur Schwelle des 3. Jahrtausends
6 : Lemesurier .... Geheimcode Cheops
7 : Loerzer .... Visionen und Prophezeiungen
8 : Bekh .... Am Vorabend der Finsternis
9 : Kahir .... Nahe an 2000 Jahre
10 : Voldben .... Nostradamus und die großen Weissagungen (1981)
12 : Bekh .... Das dritte Weltgeschehen
13 : Gustavsson .... merkwürdige Gesichte
14 : Varena .... Gesammelte Prophezeiungen
15 : Ellerhorst .... Prophezeiungen über das Schicksal Europas (1992)
15a : Ellerhorst .... Prophezeiungen über das Schicksal Europas (1951)
15b : Ellerhorst .... Prophezeiungen über das Schicksal Europas (Dt. Bibliothek in Frankfurt)
16 : Schnyder .... Wie überlebt man den Dritten Weltkrieg? (1991)
17 : Dudde .... Der Antichrist
19 : Dudde .... Der Eingriff Gottes
20 : Stocker .... Reinigung der Erde (Band I)
21 : Backmund .... Hellseher schauen die Zukunft
22 : Hübscher .... Die große Weissagung
23 : Schönhammer .... PSI und der Dritte Weltkrieg
24 : Stocker .... Reinigung der Erde (Band II)
24b : Stocker .... Prophetenworte über die Zukunft der Menschheit
27 : Reichel .... Babaji spricht, Prophezeiungen und Lehren
27b : Wosien .... Babadschi, Botschaft vom Himalaya
29 : Nagel .... Rametha
30 : Bekh .... Alois Irlmaier
31 : Kirkwood .... Marias Botschaft an die Welt
32 : Korkowski .... Kampf der Dimensionen (Band I)
33 : Korkowski .... Kampf der Dimensionen (Band II)
34 : Rabanne .... Das Ende unserer Zeit
36 : Wilkerson .... Die Visionen
38 : Snow .... Zukunftsvisionen der Menschheit
40 : Buchela .... Ich aber sage euch
41 : Gann .... Zukunft des Abendlandes?
42 : Bouvier .... Nostradamus
44 : Huainigg .... Heiler und Prophet
45 : Renner .... Weltenbrand
46 : Friede .... das Johanneslicht
47 : Hagl .... Apokalypse als Hoffnung
49 : Capri .... Die Prophezeiungen von Papst Johannes XXIII
50 : Heibel .... Das geht uns alle an
53 : Koteen .... Der letzte Walzer der Tyrannen
54 : Centurio .... Die großen Weissagungen des Nostradamus
59 : Hildegard v. Bingen .... Wisse die Wege
60 : Mutter Graf .... Offenbarung der göttlichen Liebe
62 : Stern der Erleuchtung .... Hans J. Andersen Verlag
65 : Stearn, Jess .... Prophezeiungen in Trance
71 : Smith /Braeucker .... Mutter Erde wehrt sich
72 : Niessen .... Enthüllungen einer Hellseherin
73 : Ray Nolan .... Die Siebte Offenbarung
75 : Schönhammer .... Dritter Weltkrieg und Zeitenwende
76 : Der Morgenstern, Nr. 9
77 : Kaiser .... Die Stimme des Großen Geistes
78 : Bauer, *Heinrich* .... Der 3. Weltkrieg beginnt am ...
80 : Bauer, *Erich* .... Die Menschheit in und nach den großen Katastrophen
81 : Mann .... Prophezeiungen zur Jahrtausendwende
82 : Valtorta .... das Morgenrot einer neuen Zeit
85 : Zönnchen .... Im Zeichen des Fisches
86 : Sun Bear .... Die Erde liegt in unserer Hand
88 : San Miguel .... De Laatste Zegels
89 : Niessen .... Enthüllungen einer Hellseherin
91 : Herrholz .... Das apokalyptische Weltgeschehen
93 : Ruhela .... Sai Baba
101 : Stern der Endzeit (101 = 1, 102 = 2, etc.)
102 : siehe 101
209 : Uriella .... „Der Heiße Draht“ Nr. 9
300 : Lichtpunkt E Sonderheft Juni 1992, Seite 9

Bibliographie

Adlmaier, Conrad: *Blick in die Zukunft,* 1950
Adlmaier, Conrad: *Blick in die Zukunft,* 1955
Adlmaier, Conrad: *Blick in die Zukunft,* 1961
Allgeier, Kurt: *Die Prophezeiungen des Nostradamus,* Heyne, München, 1990
Bavendamm, Dirk: *Roosevelts Krieg 1937–45 und das Rätsel von Pearl Harbor,* Herbig-Verlag, 1993
Bekh, Wolfgang Johannes: *Das dritte Weltgeschehen,* Knaur, 1980
Bekh, Wolfgang Johannes: *Am Vorabend der Finsternis,* Ludwig-Verlag, München, 1988
Bekh, Wolfgang Johannes: *Alois Irlmaier,* Ludwig-Verlag, München, 1990
Bender, Hans, Prof.: *Zukunftsvisionen, Kriegsprophezeiungen, Sterbeerlebnisse,* Piper, 1983
Berndt, Stephan: *3 Tage im Spätherbst,* Kopp-Verlag, Rottenburg, 2017
Berndt, Stephan: *Refugium – Alois Irlmaier und andere Seher zu sicheren Gebieten,* G. Reichel-Verlag, Weilersbach, 2016
Berndt, Stephan: *Was will Putin?,* Kopp-Verlag, Rottenburg, 2015
Berndt, Stephan: *Countdown Weltkrieg 3.0,* Kopp-Verlag, Rottenburg, 2015
In diesem Buch geht es um prophezeite Vorzeichen
Berndt, Stephan: *Hellseher und Astrologen im Dienste der Macht,* Ares-Verlag, 2013
Berndt, Stephan: *Alois Irlmaier – ein Mann sagt, was er sieht,* G. Reichel, Weilersbach, 2009
Berndt, Stephan: *Alois Irlmaier – ein Mann sagt, was er sieht,* G. Reichel, Weilersbach, 2014
Berndt, Stephan: *Prophezeiungen zur Zukunft Europas u. reale Ereignisse,* G. Reichel, Weilersbach, 2007
Berndt, Stephan: *Prophezeiungen – alte Nachricht in neuer Zeit,* G. Reichel, Weilersbach, 2001
Beykirch, Theodor: *Prophetenstimmen,* F. Schöningh, Paderborn,1849
Bingen, Hildegard v.: *Das Buch vom Wirken Gottes,* Beuroner Kunstverlag, 2012
Blum, John Morton: *Roosevelt and Morgenthau,* Houghton Mifflin Company, 1970
Blum, John Morton: *Deutschland ein Ackerland?,* Droste-Verlag, 1968
Borchmeyer, Dieter: *Was ist deutsch?,* Rowohlt, Berlin, 2017
Bouvier, Bernhard: *Nostradamus,* Ewert-Verlag, 1996
Centurio, N. Alexander: *Die großen Weissagungen des Nostradamus,* Goldmann, 1988
De Staël, Germaine: *Über Deutschland,* Reclam, 1962, 2016
Der Morgenstern, Nr. 9–1420, 1999
Döpp, Siegmar: *Vaticinium Lehninense – Die Lehninsche Weissagung,* Georg Olms-Verlag, 2015
Ellerhorst, Winfried: *Prophezeiungen über das Schicksal Europas,* Verlag Schnell & Steiner, 1951
Fichte, Johann Gottlieb: *Johann Gottlieb Fichte's Sämtliche Werke* – 7. Band, J. H. Richter, Berlin 1846
Freutsmiedl, Johannes: *Die Botschaft - Der Nostradamus Brief an Heinrich II.,* Freya Verlag, 2005
Frumentius: *»Der Dorfschuster Johann Kristl«,* Eigenverlag
Gann, Alexander: *Die Zukunft des Abendlandes?,* IFAP-Institut, Postf. 140, A-5024 Salzburg, 1986
Goethe, Johann Wolfgang von: *Sämtliche Werke Band 18.2,* Carl Hanser Verlag, 1986
Goethe, Johann Wolfgang von: *Sämtliche Werke Band 19,* Carl Hanser Verlag, 1986
Goethe, Johann Wolfgang von: *Goethes Werke – Briefe, 33. Band,* Weimer, Dt. Taschenbuch Verlag, 1905
Grüning, Thomas: *Das geistige Deutschland,* Lit-Verlag, Berlin, 2008
Gustafsson, A.. *Merkwürdige Gesichte!,* Sverigefondens-Stockholm, 1954
Hingerl, Martin: *Staffelberg-Sagen und Der alten Linde Sang der kommenden Zeit,* Datterer, Freising, 1920
Hoffmann, Heinrich: *Hitler, wie ich ihn sah,* Herbig-Verlag, München, 1974
Kant, Immanuel: *Anthropologie in pragmatischer Hinsicht,* Reclam, 1983, 2017
Konzionator, Prof. Alfons: *Der kommende große Monarch,* 19. Auflage, van Acken, Lingen (Ems), 1931
Ladurner, Ernst: *Tatsachenberichte um Alois Irlmaier,* Eigenverlag, ~1952
Loerzer, Sven: *Visionen und Prophezeiungen,* Pattloch, 1989
Mann, Thomas: *Betrachtungen eines Unpolitischen,* Fischer-Verlag, 1918
Mann, Thomas: *Deutschland und die Deutschen 1945,* Europäische Verlagsanstalt, 1992
Mertens, Dieter: *Die Instrumentalisierung der „Germania" des Tacitus durch die deutschen Humanisten* Sonderdrucke aus der Albert-Ludwigs-Universität, Freiburg, 2004
Nietzsche, Friedrich, *Der Fall Wagner – Götzen-Dämmerung,* Walter de Gruyter & Co, Berlin, 1969

Nietzsche, Friedrich: *Jenseits von Gut und Böse,* Alfred Kröner Verlag, 1953
Nietzsche, Friedrich: *Morgenröte – Gedanken über die moralischen Vorurteile,* Goldmann, 1980
Nietzsche, Friedrich: *Nachgelassene Fragmente 1869–1874,* Deutscher Taschenbuch Verlag, 1988
Nietzsche, Friedrich: *Sämtliche Werke – Band 2: Menschliches, Allzumenschliches I und II,* Deutscher Taschenbuch Verlag, München, 1980
Pfändler, Jean-Claude: *Nostradamus – Seine Prophezeiungen,* Laredo Verlag, 1997
Philipp u. Gassert: *The Hitler Library,* Greenwood Press, London, 2001
Putzien, Rudolf: *Nostradamus – Weissagungen über den Atomkrieg,* Drei Eichen Verlag München, 1958
Rigaud, Benoist: *Les prophéties de maistre Michel Nostradamus,* Lyon, 1568 (Fotokopien von 1940)
San Miguel, Melito: De Laatste Zegels, Uitgeverij Romero, Antwerpen, 1993
Scheler, Max: *Die Ursachen des Deutschenhasses,* Der Neue Geist Verlag, Leipzig, 1917
Schönhammer, Adalbert: *Dritter Weltkrieg und Zeitenwende,* Haag & Herrchen, 1998
Seewald, Peter: *Benedikt XVI. – Ein Portrait aus der Nähe,* Ullstein, 2005
Stocker, Josef: *Der Dritte Weltkrieg in Prophetie und Vorausschau,* Mediatrix-Verlag, St. Andreä-W., 1992
Stocker, Josef: *Der Dritte Weltkrieg ... Band I,* Mediatrix-Verlag, St. Andreä-Wörden, 1992
Sun Tsu: *Die Kunst des Krieges,* Nikol-Verlag, 2014 (1988)
Von Schirach, Henriette: *Preis der Herrlichkeit,* Herbig-Verlag, München, 1976
Wagner, Richard: *Deutsche Kunst und deutsche Politik,* Hoffenberg, Berlin, 2015
Wagner, Richard: *Die Kunst und die Revolution ... Was ist deutsch?*, Rogner & Bernhard, München, 1975
Wagner, Richard: *Was ist deutsch? Auswahl aus R. Wagners Prosaschriften,* Schöningh, Paderborn, 1933
Wilkerson, David: *Die Visionen,* Leuchter – Erzhausen,1974

Bildnachweise

Abb.1: Colin Powell am 5. Februar 2003 im Sicherheitsrat der Vereinten Nationen
Colin Powell vial of anthrax Iraq war lies; youtube.com/watch?v=jV5Ggfn9PYM
Abb.2: Buchela, Foto von 1962, www.astro.com/astrowiki, www.kreis-ahrweiler.de
Abb.3: Buchela am 16. April 1971 mit Helmut Kohl und Edward Kennedy
Dieses Foto wurde mir aus dem familiären Umfeld Buchelas zugesandt, die Quelle war nicht mehr zu ermitteln.
Abb.4: News-Magazin, 6. März 2014, Titelseite
Abb.5: Time-Magazin, 17. März 2014, Titelseite
Abb.6: Der Spiegel, 28. Juli 2014, Titelseite
Abb.7: Karte: prophezeite Kriegsgebiete in Europa, Grafik Stephan Berndt
Abb.8: Flugzeugträger USS-Enterprise CVN 65; en.wikipedia.org/wiki/USS_Enterprise_(CVN-65)
Abb.9: Tabelle zur dreitägigen Finsternis, Stephan Berndt
Abb.10: Kaiser Karl der Große reitet aus dem Untersberg, alter Druck, Salzburg Museum (Ausschnitt)
Abb.11: Bonifatius fällt die Donar-Eiche, Gemälde von Prof. Peter Janssen, 1882
Abb.12: Karte: Flucht des Papstes von Rom bis Köln, Grafik Stephan Berndt
Abb.13: österreichisches Wappen von 1815–1915
Abb.14: Statue von Prinzregent Luitpold mit Lederhose in Berchtesgaden, Foto Stephan Berndt
Abb.15: Tabelle: Voraussagen zum großen Monarchen, Stephan Berndt
Abb.16: Ausschnitt aus dem Gesamt-Verlags-Katalog, 1881, Foto Stephan Berndt
Abb.17: Auerochse im Vergleich zum heutigen mitteleuropäischen Rind, Grafik Stephan Berndt
Abb.18: „Die Sonne von Süden nach Norden versetzen“, Grafik Stephan Berndt
Abb.19: Artikel von Seite 1 des Berchtesgadener Anzeigers vom 20. Februar 1950, Foto Stephan Berndt
Abb.20: Joseph Goebbels, Wikipedia/Bundesarchiv-Bild 102-17049/Georg Pahl / CC-BY-SA 3.0
Abb.21: Nostradamus, Fantasie-Portrait, https://commons.wikimedia.org/wiki/File: Nostradamus_by_Lemund.jpg
Abb.22: Karte: Der Verlauf des 50. Breitengrades in Europa, Grafik Stephan Berndt
Abb.23: Historische Postkarte mit Staffelsteiner Linde
Abb.24: Tabelle: Inflation in Deutschland 1918–23, Stephan Berndt

Quellenangaben

[1] Siehe z. B.: www.youtube.com/watch?v=Yoe3sfhXE1c - oder auf YouTube mit „Merkel", „2013" und „Deutschlandfahne" suchen.

[2] siehe am 28. August 2013: spiegel.de/kultur/musik/tote-hosen-wollen-nicht-im-wahlkampf-von-parteien-gespielt-werden-a-919050.html

[3] „Pragmatischen Patriotismus" kann man so verstehen, dass man sein Land verrät, sobald die Treue zum Land keinen praktischen Nutzen mehr verspricht.

[4] bild.de/politik/inland/angela-merkel/was-hinter-ihrer-emotionalen-aeusserung-steckt-42596822.bild.html

[5] Angela Merkel - "Dann ist das nicht mein Land": https://www.youtube.com/watch?v=G9BSD7anl6s

[6] sueddeutsche.de/politik/merkel-zur-fluechtlingsdebatte-der-gefuehlsaubruch-der-kanzlerin-1.2650051

[7] Angela Merkel - "Dann ist das nicht mein Land": https://www.youtube.com/watch?v=G9BSD7anl6s

[8] de.wikipedia.org/wiki/Irakkrieg; bis 2011

[9] https://de.statista.com/statistik/daten/studie/76095/umfrage/asylantraege-insgesamt-in-deutschland-seit-1995/ Nicht berücksichtigt sind hier illegale Einwanderer, die gar keine Asylanträge stellen, und abgelehnte Asylanträge, wobei sich hier die Frage stellt, ob die Personen dennoch geduldet werden, untertauchen, usw.

[10] Schellenberg, Memoiren, S. 160

[11] Hoffmann, Hitler wie ich ihn sah, S. 83

[12] Von Schirach, Preis der Herrlichkeit, S. 180

[13] Hoffmann, Hitler wie ich ihn sah, S. 83

[14] Bundesarchiv Berlin, NS 8/185, Blatt 49 bis 72 – auch im Internet einsehbar über die Onlinesuchmaschine „Argus" des Bundesarchivs mit „Kanzlei Rosenberg", dort Punkt 3.1.3

[15] Bundesarchiv Berlin, NS 8/185, Blatt 49 bis 72 – auch im Internet einsehbar über die Onlinesuchmaschine „Argus" des Bundesarchivs mit „Kanzlei Rosenberg", dort Punkt 3.1.3

[16] Konzionator, Der kommende große Monarch, 19. Auflage, 1931, S. 19; Bauer aus Münster:
In der Heide bei Münster i. W. lebt ein Bauer, der seit Jahrzehnten in Freundeskreisen Gesichte erzählt, die er von seinem verstorbenen Vater erfahren hat. Im Jahre 1911 erzählte dieser Bauer – er war damals 40 Jahre alt [...] Folgendes:
„Wie mein Vater gesagt hat, dauert es noch 3 bis 4 Jahre, da wird ein furchtbarer Krieg entstehen. In diesem Krieg wird Deutschland allein sein und es wird unterliegen. Der Krieg wird beiläufig 4 bis 5 Jahre dauern. Das Merkwürdigste aber: Wenn der Krieg zu Ende sein wird, wird immer noch Krieg sein) und die schlimmste Zeit wird erst nach dem Kriege kommen. **Nach einigen Jahren wird es wieder losgehen und dann wird Deutschland noch größeres Elend kommen als im großen Kriege** [der Zweite – nach dem Ersten Weltkrieg°]."

[17] Hans Werner Sinn weist seit geraumer Zeit hin auf strategische Finanzierungsrisiken im Euro-System (‚siehe sein Buch ›Die Targetfalle‹, 2012). Risiken, die das ganze System zerstören könnten. Das wäre der Euro-Crash.

[18] siehe Berndt, Countdown Weltkrieg 3.0, etwa ab S. 188, ›Deutschland am Abgrund der Unfähigkeit‹

[19] Buchela ist hier natürlich schwer zu erkennen. Wie auf anderen Bildern aber zu sehen, ist sie schon an ihrem Kleid (Struktur am Halsbereich) zu erkennen. Zudem sieht man, wie sie dem Senator etwas zu einem Bild sagt, das dieser ihre offenbar zuvor gegeben hat.

[20] Buchela, Ich aber sage euch, S. 185

[21] Buchela, Ich aber sage euch, S. 241

[22] Buchela, Ich aber sage euch, S. 186

[23] Wilkerson, Die Visionen, S. 34

[24] Berndt, Hellseher und Astrologen ..., S. 330

[25] WELT-Online, 8. November 2012

[26] Berndt, Alois Irlmaier, Ausgabe 2014, S. 132

[27] Berndt, Refugium, S. 112

[28] siehe ›*Countdown Weltkrieg 3.0*‹, S. 145

[29] Hinweise auf ernste Probleme mit Zugewanderten finden sich, im Lied der Linde (1920), siehe S. 120, und der Dame aus Valdres/Norwegen, (1968), siehe S. 122 (Und bei Katharina aus dem Ötztal, um 1950, siehe mein Buch ›Refugium‹). Hohe Zuwanderungszahlen in große zeitlicher Nähe zum „dritten Weltkrieg“ sagt auch Alois Irlmaier voraus (1992 publiziert), siehe S. 150, als auch Nicolaas van Rensburg (Südafrika, 1926). siehe S. 150, jeweils aber ohne ausdrückliche Hinweise auf Spannungen zwischen Einheimischen und Fremden.

[30] Berndt, Refugium, S. 126

[31] merkur.de/politik/zdf-polit-barometer-deutsche-fuerchten-trump-mehr-als-putin-zr-9702824.html

[32] Berndt, Alte Nachricht …, S. 301

[33] Bekh, Am Vorabend der Finsternis, S, 199, aus der angeblichen „Diplomatischen Fassung“ des Geheimnis von Fatima, 1917

[34] Professor Hans Bender, langjähriger Inhaber des Lehrstuhls für Parapsychologie in Freiburg/Breisgau, befragte u. a. den Sohn von Andreas Rill und die Witwe von Herrn Dr. Arnold. Es wurden Schriftenvergleiche mit anderen handschriftlichen Texten von Andreas Rill angestellt. Es ergaben sich keinerlei Anhaltspunkt dafür, dass die Feldpostbriefe *nicht* von Andreas Rill stammen.
1952 wurden die Briefe erstmalig in den Missionsblättern des Pater Frumentius und 1955 in der „Neuen Wissenschaft“ in der Schweiz veröffentlicht. 1976 und danach hat Professor Bender zusammen mit seinem Mitarbeiter, Dipl.-Psychologe Eberhard Bauer, versucht, den Visionär oder zumindest Spuren vom ihm im Elsass zu finden, allerdings ohne brauchbare Ergebnisse. Anhand von Militärdokumenten und anderen Recherchen kam man aber zu dem Ergebnis, dass Rill den prophetischen Franzosen zwischen dem 14. und 18. August 1914 in einem Kloster in der Nähe von Colmar im Elsass getroffen haben kann. 1980 veröffentlichte Prof. Bender in der „Zeitschrift für Parapsychologie und Grenzgebiete der Psychologie“ auf Seite 1 bis 22 einen entsprechenden Bericht („Der prophetische Franzose“).

[35] Bender, Zukunftsvisionen, Kriegsprophezeiungen, Sterbeerlebnisse, S. 130

[36] Neue Wissenschaft. Zeitschrift für Parapsychologie 5. 1955; Neue Wissenschaft. Zeitschrift für Parapsychologie 6. 1956.

[37] Seewald, *Benedikt XVI. – Ein Portrait aus der Nähe*, S. 25/26

[38] Berndt, Prophezeiungen, alte Nachricht in neuer Zeit, 2002, S. 405

[39] Berndt, Prophezeiungen, alte Nachricht in neuer Zeit, 2002, S. 405

[40] Berndt, Prophezeiungen, alte Nachricht in neuer Zeit, 2002, S. 405

[41] Berndt, Prophezeiungen, alte Nachricht in neuer Zeit, 2002, S. 405

[42] Berndt, Prophezeiungen, alte Nachricht in neuer Zeit, 2002, S. 405

[43] Berndt, Prophezeiungen, alte Nachricht in neuer Zeit, 2002, S. 405

[44] Berndt, Prophezeiungen, alte Nachricht in neuer Zeit, 2002, S. 405

[45] Berndt, Prophezeiungen, alte Nachricht in neuer Zeit, 2002, S. 405

[46] Berndt, Prophezeiungen, alte Nachricht in neuer Zeit, 2002, S. 405

[47] Berndt, Prophezeiungen, alte Nachricht …, S. 374
Berndt, Alois Irlmaier, Ausgabe 2014, S. 308-309

[48] Gustafsson, Merkwürdige Gesichte, S. 60

[49] Berndt, Countdown Weltkrieg 3.0, S. 182

[50] Der Untergang von Paris gestaltet sich allerdings etwas komplizierter, da nach einigen, teils sehr glaubwürdigen Quellen im Laufe des „dritten Weltkrieges“ auch mit einer atomaren Zerstörung dieser Stadt zu rechnen wäre. Siehe ›*Prophezeiungen, alte Nachricht in neuer Zeit*‹, Seite 283.

[51] Berndt, Refugium, S. 216

[52] Berndt, Prophezeiungen, alte Nachricht …, S. 297

[53] Berndt, Refugium, S. 215

[54] Berndt, Refugium, S. 216

[55] Berndt, Prophezeiungen, alte Nachricht …, S. 25

[56] Robinson, Edgar Cayces Bericht vom Ursprung und Bestimmung der Menschheit, S. 201

[57] Robinson, Edgar Cayces Bericht vom Ursprung und Bestimmung der Menschheit, S. 208

[58] Stojanova, Wanga, das Phänomen, S. 124

[59] Berndt, Hellseher und Astrologen, S. 333

[60] Berndt, 3 Tage im Spätherbst, S. 367
[61] Berndt, 3 Tage im Spätherbst, S. 219
[62] Berndt, 3 Tage im Spätherbst, S. 219, Der kosmische Impulsgeber
[63] Lied der Linde: »Zählst Du alle Menschen in der Welt, wirst Du finden, dass ein Drittel fehlt«, siehe Seite 308 im vorliegenden Buch; Alois Irlmaier, »zwoa Dritt'l aller Menschen de san tot«, Landshuter Zeitung vom 12. April 1950, Seite 5; Hepidannus von St. Gallen, »Es wird den dritten Teil der Menschen verzehren«, Ellerhorst, Prophezeiungen über das Schicksal Europas, S. 82. In vielen anderen Prophezeiungen finden sich entsprechende Formulierungen, aber ohne Zahlenangaben.
[64] Adlmaier, Blick in die Zukunft, 1961, S. 109
[65] Berndt, Alois Irlmaier, S.. 83
[66] Berndt, 3 Tage im Spätherbst, S. 248
[67] Berndt, 3 Tage im Spätherbst, S. 121
[68] Berndt, Prophezeiungen, alte Nachricht …, S. 374
[69] Berndt, Refugium, S. 157
[70] de.wikipedia.org/wiki/Monsterwelle
[71] siehe Stephan Berndt, ›Refugium‹, S. 163, „Der gelbe Strich"
[72] Berndt, Refugium, S. 163
[73] gelegentlich auch Kaiser Friedrich Barbarossa
[74] Der Vollständigkeit halber sei drauf hingewiesen, dass eine Reihe von Wissenschaftlern den vom Menschen gemachten Klimawandel für eine Lüge halten; eine These, die zu diskutieren, die etablierten Massenmedien sich weigern.
[75] www.meditationthailand.com/16voraussagen.hlml
Übersetzung vom Thailändischen ins Englische von Phra Khru Palat Veeranon Verananto, buddhistischer Meister Lehrer (geb. 1962). Dieses Buch über Buddhas Vorhersagen wird in thailändischer Sprache bereits in der fünften Auflage verlegt.
[76] Im Original dürfte vermutlich ein anderer Begriff stehen, als „Demokratie"
[77] http://www.meditationthailand.com/16voraussagen.html
[78] http://www.meditationthailand.com/16voraussagen.html
[79] http://www.meditationthailand.com/16voraussagen.html
[80] Sun Tsu, Seite 39
[81] Sun Tsu, Seite 58
[82] So berichtete mir vor Jahren ein Leser aus den Niederlanden, dass es in der früheren niederländischen Kolonie Indonesien Prophezeiungen gebe, wonach nach einer Phase großer Katastrophen auch dort wieder alte Monarchien eingeführt werden.
[83] Berndt, Prophezeiungen, alte Nachricht in neuer Zeit, 2002, S. 405
[84] Die Annahme einer Rückkehr der Monarchie in Preußen geht auf die Lehnin'sche Weissagung zurück, die um 1700 herum in Berlin aufgetaucht ist. Diese Prophezeiung wird überwiegend als Fälschung angesehen, was jedoch angesichts einer kategorisch anti-übersinnlichen Wissenschaftsgemeinschaft nicht all zu viel zu sagen hat. 2015 ist eine wenn auch kritische, aber dennoch lesenswerte wissenschaftliche Arbeit zu dieser Prophezeiung erschienen, siehe in der Bibliographie unter Siegmar Döpp.
[85] Berndt, Prophezeiungen, alte Nachricht …, S. 324
[86] Hingerl, Staffelbergsagen, S. 14
[87] Ellerhorst, Prophezeiungen über das Schicksal Europas, S. 149
[88] Ellerhorst, Prophezeiungen über das Schicksal Europas, S. 151
[89] Bekh, Am Vorabend der Finsternis, S. 46
[90] Münchner Allgemeine, 20. November 1949, Beilage Bayerische Heimat, Seite 9
[91] „Blick in die Zukunft", 1961, Seite 110; allerdings erwähnt Irlmaier im Zusammenhang mit den Kaiser keine hohe Kirche oder einen Dom
[92] Münchner Allgemeine, 20. November 1949, Beilage Bayerische Heimat, Seite 9
[93] „Blick in die Zukunft", 1961, Seite 110
[94] Hildegard von Bingen, Liber Divinorum Operum, S. 373
[95] Hingerl, Staffelbergsagen, S. 14
[96] siehe Gann, Zukunft des Abendlandes?, S. 248 und Loerzer, Visionen und Prophezeiungen, S. 374

[97] Berndt, Prophezeiungen, alte Nachricht in neuer Zeit, S. 416
[98] Ein paar Zeilen zuvor findet sich in der Quelle Landinger eine Stelle, wo das Tier vor Köln eine Art Niederlage erleidet. Von daher scheint die Annahme gerechtfertigt, dass es sich bei obigem Zitat um die „Endschlacht" am Ruhrgebiet handelt, die den Quellen NACH der Schlacht bei Köln stattfindet.
[99] Berndt, Prophezeiungen, alte Nachricht in neuer Zeit, S. 417
[100] Berndt, Prophezeiungen, alte Nachricht in neuer Zeit, S. 417
[101] Bekh, Am Vorabend der Finsternis, S. 46
[102] Ellerhorst, Prophezeiungen über das Schicksal Europas, S. 149
[103] siehe Stephan Berndt, Refugium, S. 112
[104] Landshuter Zeitung, 12. April 1950, Seite 5
[105] Adlmaier, Blick in die Zukunft, 1. Februar 1950, Seite 38
[106] „Tatsachenberichte um Alois Irlmaier", 1952, Seite 22
[107] siehe Alois Irlmaier: Altbayerische Heimatpost, 20. November 1949, Seite 8
[108] „Blick in die Zukunft", 1961, Seite 114
[109] Tatsachenberichte um Alois Irlmaier, 1952, Seite 22
[110] Loerzer, Visionen du Prophezeiungen, S. 365
[111] ›L'Oracle pour 1840 et les années suivantes‹, Paris 1840, S. 210. Ich verwende hier aber eine mit der Google-Übersezung erstellten Übersetzung des Textes aus ›De Laatste Zegels‹ von Melito San Miguel, Uitgeverij Romero, Antwerpen, 1993
[112] San Miguel, De Laatste Zegels, S. 235
[113] Adlmaier, Blick in die Zukunft, 1950, S. 54
[114] Irgendwo in meinem Archiv fliegt ein Artikel eines Newsweek-Magazins von 1995 oder so herum, in dem aus Angriffsplänen der NVA berichtet wird, aus denen hervorgeht, dass im dritten Weltkrieg alleine für den Angriff auf Schleswig-Holstein 76 Atombomben geplant waren, darunter etwa ein halbes Dutzend zehn mal so stark und noch stärker als die Atombombe auf Hiroshima.
[115] San Miguel, De Laatste Zegels, S. 236
[116] Bouvier, Nostradamus, Seite 45
[117] Leider weiß ich nicht mehr, wo ich dies bei Hildegard von Bingen bzw. der entsprechenden Sekundärliteratur gelesen habe.
[118] Ellerhorst, Prophezeiungen über das Schicksal Europas, S. 87
[119] Bundesarchiv Berlin/R58/1029
[120] Bundesarchiv Berlin/R58/1029/Blatt 67
[121] Ellerhorst, Prophezeiungen über das Schicksal Europas, S. 81
[122] Gann, Zukunft des Abendlandes?, S. 84
[123] Ellerhorst, Prophezeiungen über das Schicksal Europas, S. 91
[124] Ellerhorst, Prophezeiungen über das Schicksal Europas, S. 92
[125] Ellerhorst, Prophezeiungen über das Schicksal Europas, S. 87
[126] http://www.zeit.de/2010/17/Tier-Auerochse/seite-2; Conrad Gessner […]: „Den Menschen fürchten die Tiere nicht. Wenn sie gereizt werden, nehmen sie den Menschen an und werfen ihn mit den Hörnern in die Luft."
[127] Ellerhorst, Prophezeiungen über das Schicksal Europas, S. 87
[128] Ellerhorst, Prophezeiungen über das Schicksal Europas, S. 87
[129] Ellerhorst, Prophezeiungen über das Schicksal Europas, S. 87
[130] Ellerhorst, Prophezeiungen über das Schicksal Europas, S. 87
[131] Ellerhorst, Prophezeiungen über das Schicksal Europas, S. 87
[132] Eine Anfrage meinerseits bei einem erzbischöflichen Notar aus München im November 2016 hat ergeben, dass der Verlag Schnell & Steiner (der Herausgeber der 1951er Hepidannus-Prophezeiungen im Buch „Prophezeiungen über das Schicksal Europas") am 5. Oktober 1950 um eine Druckerlaubnis für ein Buch über Prophezeiungen gebeten hat (Registratur des Generalvikars), und dass die Druckerlaubnis am 14. Oktober 1950 erteilt worden ist. Der 5. Oktober 1950 war ein Donnerstag, so dass ich als Datum der Fertigstellung des Manuskriptes/der Niederschrift der Hepidannus-Prophezeiung den 30. September 1950 angenommen habe.
[133] Ellerhorst, Prophezeiungen über das Schicksal Europas, S. 88

[134] z. B. Matthäus 24;11 u. 24
[135] Ellerhorst, Prophezeiungen über das Schicksal Europas, S. 88
[136] Ellerhorst, Prophezeiungen über das Schicksal Europas, S. 88
[137] Berndt, Refugium, S. 37 u. S. 77
[138] Berndt, Refugium, S. 37 u. S. 77
[139] Ellerhorst, Prophezeiungen über das Schicksal Europas, S. 88
[140] Ellerhorst, Prophezeiungen über das Schicksal Europas, S. 90
[141] Ellerhorst, Prophezeiungen über das Schicksal Europas, S. 90
[142] Gann, Zukunft des Abendlandes?, S. 84
[143] Ellerhorst, Prophezeiungen über das Schicksal Europas, S. 87
[144] Ellerhorst, Prophezeiungen über das Schicksal Europas, S. 85
[145] Ellerhorst, Prophezeiungen über das Schicksal Europas, S. 86
[146] Hitler Interesse an der Astrologie siehe: Hoffmann, Hitler wie ich ihn sah, S. 83
Hitlers Kontakt zur Astrologin Elsbeth Ebertin siehe: Von Schirach, Preis der Herrlichkeit, S. 180
Hitlers Interesse an Nostradamus und Hellseherei siehe u. a.: Philipp Gassert, The Hitler Library, Greenwood Press, London, 2001
[147] Siehe zu Hitler: Hugh Redwald Trevor-Roper: ›Hitlers letzte Tage‹, S. 96, und zu Himmler: Wilhelm Wulff: ›Tierkeris und Hakenkreuz›, S. 162-163
[148] Ellerhorst, Prophezeiungen über das Schicksal Europas, S. 85
[149] Allgeier, Die Prophezeiungen des Nostradamus, S. 19
[150] Allgeier, Die Prophezeiungen des Nostradamus, S. 385
[151] Putzien, S. 56, übersetzt entsprechend: »Im Jahre 1792 wird man glauben, dass sich das Zeitalter erneuere.« Centurio, S. 119 übersetzt: »Diese [Verfolgung°] wird anhalten bis zum Jahre 1792, wo man glauben wird, dies sei der Zeitpunkt der Erneuerung des Zeitalters (oder des Zyklus).«
[152] Allgeier, Die Prophezeiungen des Nostradamus, S. 369
[153] Allgeier, Die Prophezeiungen des Nostradamus, S. 373
[154] Allgeier, Die Prophezeiungen des Nostradamus, S. 375
[155] Allgeier, Die Prophezeiungen des Nostradamus, S. 375
[156] Allgeier, Die Prophezeiungen des Nostradamus, S. 375
[157] Allgeier, Die Prophezeiungen des Nostradamus, S. 375
[158] Allgeier, Die Prophezeiungen des Nostradamus, S. 375
[159] Allgeier, Die Prophezeiungen des Nostradamus, S. 375
[160] Allgeier, Die Prophezeiungen des Nostradamus, S. 369
[161] Allgeier, Die Prophezeiungen des Nostradamus, S. 387
[162] Allgeier, Die Prophezeiungen des Nostradamus, S. 379
[163] Allgeier, Die Prophezeiungen des Nostradamus, S. 379
[164] Allgeier, Die Prophezeiungen des Nostradamus, S. 377
[165] Berndt, Prophezeiungen, alte Nachricht …, S. 275
[166] Allgeier, Die Prophezeiungen des Nostradamus, S. 377
[167] de.wikipedia.org/wiki/Verteidigungsetat
[168] https://www.youtube.com/watch?v=QeLu_yyz3tc George Friedman, "Europe: Destinated for Conflict?"
[169] http://le-bohemien.net/2015/03/18/us-denkfabrik-stratfor-die-falken-der-geopolitik/
[170] http://www.handelsblatt.com/unternehmen/
management/george-friedman-der-enttarnte-chef-der-schatten-cia/6279224.html
[171] Allgeier, Die Prophezeiungen des Nostradamus, S. 377
[172] Berndt, Prophezeiungen, alte Nachricht …, S. 374
[173] Allgeier, Die Prophezeiungen des Nostradamus, X;73, S. 377
[174] siehe 3 Tage im Spätherbst, S. 59, 64 u. S. 99
[175] Allgeier, Nostradamus, S. 548, Bouvier, Nostradamus, S. 465 (ist sich aber nicht ganz sicher), Centurio, Die großen Weissagungen des Nostradamus, S. 70, Putzien, Nostradamus, S. 360 (allerdings leicht eingeschränkt)
[176] Allgeier, Die Prophezeiungen des Nostradamus, IV;10,14, S. 194
[177] Allgeier, Die Prophezeiungen des Nostradamus, X;73, S. 540

[178] Allgeier, Die Prophezeiungen des Nostradamus, V;41, S. 260
[179] Bouvier, Nostradamus, zu Vierzeiler V ;74, S. 246/247
[180] Bouvier, Nostradamus, S. 438
[181] Centurio, Die großen Weissagungen des Nostradamus, S. 260
[182] Die *Deutsche Metapsychische Gesellschaft, E. V.* die im Beiheft des Nostradamus-Nachdrucks erwähnt wird, und die sich zur Koordination weiterführender Nostradamus-Forschung anbietet (Rigaud, Les Propheties de Maistre Michel Nostradamus, S. XXVIII, S. XXIX, S. XXX:), soll nach Recherchen des britischen Historikers *Ellic Howe* (Howe, Uranias Kinder, S. 244) eine SS-Tarnorganisation gewesen sein, und die Finanzierung des Druckes übernommen haben.
[183] Theodor Beykirch, Prophetenstimmen, 1849, S. 108
[184] Theodor Beykirch, Prophetenstimmen, 1849, S. 108
[185] in de Traunsteiner Nachrichten vom 10. Dezember 1949. Quellen zwischen 1920 und Ende 1949, die diese Prophezeiung zitieren, sind mir nicht bekannt.
[186] natürlich der mir bisher (Februar 2018) bekannten Quellen
[187] Berndt, 3 Tage im Spätherbst, S. 126
[188] Berndt, 3 Tage im Spätherbst, S. 161
[189] Berndt, 3 Tage im Spätherbst, S. 157
[190] Ellerhorst, Prophezeiungen über das Schicksal Europas, S. 85
[191] Die Deutung des *»Osten«* ist wie gesagt schwierig, da unklar ist, ob hierbei schon der geografische Polsprung mit dem nachfolgenden **Sonnenaufgang im Westen** berücksichtig ist.
[192] Hingerl, Staffelbergsagen, S. 14
[193] Stocker, Der Dritte Weltkrieg … Band I, S. 24
[194] … die ich 2001 in meinem Buch „Prophezeiungen, alte Nachricht in neuer Zeit" auf Seite 387 zitiere.
[195] Hingerl, Staffelbergsagen, S. 12
[196] https://de.wikipedia.org/wiki/Deutsche_Inflation_1914_bis_1923
[197] Hingerl, Staffelbergsagen, S. 14
[198] Drei oder mehr Lilien haben das Wappen Frankreichs mit Unterbrechungen vom Mittelalter bis 1831 geprägt.
[199] Bekh, Das dritte Weltgeschehen, S. 96
[200] Ellerhorst, Prophezeiungen über das Schicksal Europas, S. 90
[201] Hingerl, Staffelbergsagen, S. 15
[202] Hingerl, Staffelbergsagen, S. 15
[203] Hingerl, Staffelbergsagen, S. 15
[204] Hingerl, Staffelbergsagen, S. 15
[205] siehe Countdown Weltkrieg 3.0, S. 143 u. 165
[206] Der Morgenstern (Nr.9 - 1420/1999, Seite 20)
[207] Hingerl, Staffelbergsagen, S. 15
[208] Hingerl, Staffelbergsagen, S. 15
[209] Allgeier, Die Prophezeiungen des Nostradamus,V;41, S. 260
[210] Bouvier, Nostradamus, S. 246, Kurt Allgeier übersetzt nahezu identisch.
[211] Bouvier, Nostradamus, S. 247
[212] goldblogger.de/prophezeiungen/prophezeiungen-berta-zaengeler-stgallen-schweiz-um-1950.html
[213] Bekh, Am Vorabend der Finsternis, S. 88
[214] Allgeier, Die Prophezeiungen des Nostradamus, V;6, S. 242
[215] Allgeier, Die Prophezeiungen des Nostradamus, X;72, S. 539
[216] Allgeier, Die Prophezeiungen des Nostradamus, X;93, S. 550
[217] Allgeier, Die Prophezeiungen des Nostradamus,V;79, S. 279
[218] Allgeier, Die Prophezeiungen des Nostradamus,VI;70, S. 326, siehe auch KA-N. VII;10, S. 348
[219] leider nicht im Buchhandel erhältlich und soweit ich recherchiert habe auch nicht in Bibliotheken, aber im Internet: schauungen.de/wiki/index.php?title=Datei:Pater_Frumentius_Renner_-_Der_Dorfschuster_Johann_Kristl,_ein_verkannter_Gottesbote.pdf
[220] leider nicht in Bibliotheken erfasst, bitte im Internet suchen
[221] Renner, Frumentius P.: Der Dorfschuster Johann Kristl - ein verkannter Gottesbote. Augsburg 1993. Siehe auch: Bekh, Wolfgang Johannes: Bayerische Hellseher. Pfaffenhofen 1976, Seite 116 (gekürzt).

Von diesem Büchlein hat aber nie ein Exemplar den Weg in die Deutsche Nationalbibliothek oder die Bayerische Staatsbibliothek gefunden. Im Internet gibt es aber ein PDF:
Pater_Frumentius_Renner_-_Der_Dorfschuster_Johann_Kristl_ein_verkannter_Gottesbote(1).PDF
Pater Frumentius merkt in seinem Büchlein noch an, dass bei obigem Text nicht ganz klar ist, was Johann Kristl tatsächlich *gesehen* hat, und was Schrönghamer-Heimdals *Deutung* ist. Meiner Ansicht nach ist dies etwas überkritisch. Meiner Ansicht nach lässt sich Schrönghamer-Heimdal klar von Kristl abgrenzen, nämlich dort wo es heißt: »*Sollte die Welt also doch am deutschen Wesen genesen? An dem Deutschtum, das mit dem wahren Christentum wesensgleich ist?*«

[222] De.wikipedia.org/wiki/Franz_Schr%C3%B6nghamer-Heimdahl

[223] Schrönghamer-Heimdal, *Das kommende Reich* (1918), *Vom Antichrist* (1918), *Vom Ende der Zeiten* (1918), *Der geistige Mensch* (1921), *Post aus dem Jenseits* (1977),

[224] Der Originaltitel in Afrikaans lautet »Siener van Rensburg: boodskapper van God«

[225] Snyman, Worte eines Propheten, S. 19, Jacobus Ignatius De Wet aus dessen 1971er Buch „Bibelstudien für Katechisten" zitierend

[226] Snyman, Worte eines Propheten, S. 103

[227] Berndt, Alois Irlmaier, S. 59

[228] Berndt, Hellseher und Astrologen ..., S. 295

[229] *Huisgenoot* (November 1921, 1956), *Die Burger* (17. März 1926, 8. Juli 1940, 13.Juli 1940, 13. Juli 1949), *Cape-Timess*, 6. März 1926).

[230] Snyman, Worte eines Propheten, S. 19, Botha, Sybrand. *Profeet en krygsman*. APB, Johannesburg, 1940

[231] Snyman, Worte eines Propheten, S. 31, Kalahari Mac, *Agter die skerms met die rebelle*, 1949

[232] Snyman, Worte eines Propheten, S. 49 u. 209

[233] Snyman, Worte eines Propheten, S. 19

[234] Snyman, Worte eines Propheten, S. 40

[235] de.wikipedia.org/wiki/Zweiter_Burenkrieg

[236] de.wikipedia.org/wiki/
Zweiter_Burenkrieg#Guerillakrieg_„verbrannte_Erde"_und_Scahffung_von_Konzentrationslagern

[237] Snyman, Worte eines Propheten, S. 49

[238] Snyman, Worte eines Propheten, S. 51

[239] de.wikipedia.org/wiki/koos_de_la_Rey (2017.11.21)

[240] Snyman, Worte eines Propheten, S. 9

[241] Snyman, Worte eines Propheten, S. 276

[242] Snyman, Worte eines Propheten, S. 256, etwas chaotische Anführungszeichen an der Stelle

[243] Snyman, Worte eines Propheten, S. 285

[244] Snyman, Worte eines Propheten, S. 256

[245] Snyman, Worte eines Propheten, S. 115

[246] Snyman, Worte eines Propheten, S. 117

[247] Snyman, Worte eines Propheten, S. 264

[248] Hier wäre es interessant zu wissen, ob Nicolaas van Rensburg tatsächlich den Begriff „dritter Weltkrieg" verwendet hat.

[249] Snyman, Worte eines Propheten, S. 20

[250] Snyman, Worte eines Propheten, S. 20

[251] Snyman, Worte eines Propheten, S. 246

[252] Snyman, Worte eines Propheten, S. 251

[253] Snyman, Worte eines Propheten, S. 132

[254] Berndt, Prophezeiungen, alte Nachricht ..., 2001, S. 387

[255] ... die ich 2001 in meinem Buch „Prophezeiungen, alte Nachricht in neuer Zeit" auf Seite 387 zitiere.

[256] Snyman, Worte eines Propheten, S. 39

[257] Worte eines Propheten, S. 28: ein Ochse mit einem weißen Rücken steht für Amerika
Worte eines Propheten, S. 277: Ochsen mit weißen Rücken = Amerika oder Amerikaner

[258] Stocker, „Der Dritte Weltkrieg ..." Band I, 1992, Seite 24

[259] Snyman, Worte eines Propheten, S. 132

[260] https://deutsch.rt.com/newsticker/51102-schlimmste-durre-seit-113-jahren/

[261] http://www.sueddeutsche.de/panorama/suedafrika-jeder-tropfen-zaehlt-1.3806252
[262] https://www.kapstadtmagazin.de/wasserknappheit-level-4-restriktionen-kapstadt
[263] https://www.tagesschau.de/ausland/kapstadt-wasserkrise-101.html
[264] Snyman, Worte eines Propheten, S. 159
[265] Snyman, Worte eines Propheten, S. 140
[266] Snyman, Worte eines Propheten, S. 159
[267] https://derstandard.at/r652/Afrika
[268] https://www.journalistenwatch.com/2018/03/10/suedafrika-weisse-bereiten-sich-auf-buergerkrieg-vor/
[269] Snyman, Worte eines Propheten, S. 174
[270] Snyman, Worte eines Propheten, S. 164
[271] Snyman, Worte eines Propheten, S. 175
[272] Snyman, Worte eines Propheten, S. 164
[273] Snyman, Worte eines Propheten, S. 16
[274] Als der Erste Weltkrieg ausbrach, wollte eine kleiner Teil der Buren nicht auf Seite Großbritanniens gegen Deutschland kämpfen. Der Buren-Rebelle Oberstleutnant *Salomon Maritz* schloss am 7. Oktober 1914 mit den Deutschen in Deutsch-Südwestafrika (heute Namibia) einen Beistandsvertrag.
[275] Snyman, Worte eines Propheten, S. 185
[276] Snyman, Worte eines Propheten, S. 193
[277] Snyman, Worte eines Propheten, S. 210
[278] Snyman, Worte eines Propheten, S. 210
[279] zeit.de/wirtschaft/2017-03/afrika-migration-europa-eu-fluechtlinge-hunger
[280] https://www.welt.de/politik/ausland/article170058759/
Unicef-warnt-vor-grosser-Fluchtbewegung-aus-Afrika.html
veröffentlicht am 26.10.2017
»Es ist eine rasante Entwicklung: Bis 2050 könnte sich die Zahl der Menschen in Afrika auf 2,5 Milliarden verdoppeln. Doch schon in den kommenden 13 Jahren werden die Weichen für die Zukunft des Kontinents entscheidend gestellt, wie der Report „Generation Afrika 2030" ergibt, den das Kinderhilfswerk Unicef am Donnerstag veröffentlicht hat. Besonders hoch ist der Anteil junger Menschen unter der Bevölkerung. Schon jetzt sind etwa 500 Millionen Afrikaner jünger als 25 Jahre. Unicef zufolge werden im Jahr 2030 rund 750 Millionen Afrikaner jünger als 18 Jahre sein.«
[281] Snyman, Worte eines Propheten, S. 40
[282] Snyman, Worte eines Propheten, S. 187
[283] Snyman, Worte eines Propheten, S. 182
[284] Der Tiefgang deutscher Fregatten beispielsweise liegt zwischen 5 und 6,5 Meter. Fraglich wäre aber das konkrete Schiff, mit dem die Waffen kämen. Entscheidend wäre natürlich auch der tatsächlich mögliche Tiefgang aus der Zeit, wo der Hafen verschlammt war.
[285] Entsprechende Reisen werden angeboten von z. B.: Ameropa und Nostalgiereisen.de
[286] Snyman, Worte eines Propheten, S. 270
[287] Snyman, Worte eines Propheten, S. 270 / die Anführungszeichen im Original sind etwas konfus
[288] Snyman, Worte eines Propheten, S. 16 (S. 199 praktisch dasselbe Zitat); S. 270 zwei Zitate mit Bezug zu diesesm Wunder
[289] zeit.de/wirtschaft/2017-03/afrika-migration-europa-eu-fluechtlinge-hunger
[290] Snyman, Worte eines Propheten, S. 256
[291] Snyman, Worte eines Propheten, S. 256
[292] Auch hier wieder sind die Anführungszeichen etwas konfus.
[293] Snyman, Worte eines Propheten, S. 256
[294] Hingerl, Staffelbergsagen, S. 14
[295] Snyman, Worte eines Propheten, S. 254
[296] Berndt, Refugium, S. 79
[297] Snyman, Worte eines Propheten, S. 254
[298] Berndt, 3 Tage im Spätherbst, S. 218
[299] Snyman, Worte eines Propheten, S. 285
[300] Berndt, Prophezeiungen, alte Nachricht ..., S. 374

[301] Snyman, Worte eines Propheten, S. 249
[302] Snyman, Worte eines Propheten, S. 256
[303] Snyman, Worte eines Propheten, S. 256
[304] Snyman, Worte eines Propheten, S. 257
[305] Berndt, Prophezeiungen, alte Nachricht in neuer Zeit, 2002, S. 405
[306] Ellerhorst, Prophezeiungen über das Schicksal Europas, S. 87
[307] Allgeier, Die Prophezeiungen des Nostradamus,VI;70, S. 326, siehe auch KA-N. VII;10, S. 348
[308] Berndt, Alois Irlmaier, Auflage 2014, S. 59
[309] Traunsteiner Nachrichten, 27. September 1949, S. 4
[310] (mit einer Ausnahme ...) Berndt, Alois Irlmaier, Auflage 2014, S. 371
[311] Berndt, Alois Irlmaier, Auflage 2014, S. 42
[312] Adlmaier, Blick in die Zukunft, 1955, S. 91
[313] Berndt, Alois Irlmaier, Auflage 2014, S. 285
[314] Berndt, Alois Irlmaier, Auflage 2014, S. 285
[315] In Syrien war und ist die Intervention der USA und ihrer Verbündeten nicht so offensichtlich, dennoch wird auch hier die Schwächung und/oder Zerschlagung des Staates verfolgt.
[316] Den komplette Text, den sogenannten „Kurier-Text", haben wir 2009 erstmalig in meinem Buch *›Alois Irlmaier – ein Mann sagt, was er sieht‹* veröffentlicht.
[317] Landshuter Zeitung, 12. April 1950, S. 5
[318] Adlmaier, Blick in die Zukunft, 1950, S. 38
Konstantin von Bayern, Nach der Sintflut, 1986, S. 163/164 (Interview Ende der 1940er Jahre)
Kurier-Text Oktober 1945/März 2002, siehe Berndt, *Alois Irlmaier*
Landshuter Zeitung, 12. April 1950, S. 5
[319] Berndt, Alois Irlmaier, Auflage 2014, S. 308/309
[320] Adlmaier, Blick in die Zukunft, 3. erweiterte Auflage von Dr. C. Adlmaier, Se. 112
[321] Der Stapel befindet sich im Stadtmuseum Freilassing, ich konnte ihn selbst in Augenschein nehmen. Die Herkunft würde vom Archivar bestätigt.
[322] Bekh, Das dritte Weltgeschehen, S. 246
[323] Ladurner, Tatsachenberichte um Alois Irlmaier, 1952, S. 22
[324] Münchner Allgemeine, 20. November 1949, S. 9
[325] Berndt, Alois Irlmaier, Auflage 2014, S. 11
[326] Berndt, Alois Irlmaier, Auflage 2014, S. 83 u. S. 173
[327] Adlmaier, Blick in die Zukunft, 1961, Seite 113; im Original steht aber *»wieder **auf** die Fürbitte der Gottesmutter«*
[328] Bekh, Alois Irlmaier, 1990, Seite 153
[329] Altbayerische Heimatpost, 20. November 1949, Seite 8
[330] Gann, Zukunft des Abendlandes?, S. 186
[331] Adlmaier, Blick in die Zukunft, 1950, S. 38
[332] siehe Refugium, S. 86
[333] Bekh, Alois Irlmaier, 1990, Seite 99
[334] Adlmaier, Blick in die Zukunft, 1955, S. 92
[335] Berndt, 3 Tage im Spätherbst, S. 239
[336] Hingerl, Staffelbergsagen, S. 15
[337] de.wikipedia.org/wiki/Seele
[338] de.wikipedia.org/wiki/Wesen_(Philosophie)
[339] https://causa.tagesspiegel.de/gesellschaft/wie-nuetzlich-ist-eine-leitkultur-debatte/leitkultur-verkommt-zum-klischee-des-deutschseins.html
https://www.bayernkurier.de/inland/25087-keine-deutsche-kultur/
[340] www.welt.de/politik/deutschland/article158465433/Deutschland-korrigiert-Fluechtlingszahl-fuer-2015.html
[341] zeit.de/wirtschaft/2017-03/afrika-migration-europa-eu-fluechtlinge-hunger
[342] siehe das Informationsblatt des Bundesministeriums für Familie, Senioren, Frauen und Jugend: ›Jugendliche Migranten – muslimische Jugendliche‹
[343] wikipedia.org/wiki/Yascha_Mounk

[344] In der DDR war das Renteneintrittsalter für Frauen 60 Jahre.

[345] weltderphysik.de/gebiet/universum/news/2008/jupiter-besitzt-felsigen-kern/

[346] Dieter Borchmeyer auf dem blauen Sofa der Leipziger Buchmesse https://www.youtube.com/watch?v=HS3mI5G_whI Minute 16:10; am 20.09.2017 veröffentlicht

[347] https://de.wikipedia.org/wiki/Holocaust

[348] Wobei einige Topnazis sich das Recht nahmen, einzelne Juden zu schützen. So erhielt Eduard Bloch, der ehemalige Hausarzt der Familie Hitler, eine Reihe von Vergünstigungen. Im November 1940 ist er dann aber trotzdem in die USA immigriert.

[349] https://www.cicero.de/kultur/volkszaehlung-war-statistische-grundlage-fuer-holocaust/55024

[350] Borchmeyer, Was ist deutsch?, S. 352

[351] DER Spiegel 51/1967; 11.12.1967; http://www.spiegel.de/spiegel/print/d-46209553.html

[352] »Kastrieren« ist richtig übersetzt. Im Original sagt Roosevelt: »We have got to be tough with Germany and I mean the German people not just the Nazis. We either have to castrate the German people or you have got to treat them in such manner so they can't just go on reproducing people who want to continue the way they have in the past.« (*Roosevelt and Morgenthau* von John Morton Blum, 1970, Seite 572)

[353] DER Spiegel 51/1967; 11.12.1967; http://www.spiegel.de/spiegel/print/d-46209553.html

[354] Die betreffende Stelle wurde später im Buch *Deutschland ein Agrarstaat?* etwas anders übersetzt: *»Wir müssen mit den Deutschen hart sein. Das heißt mit dem deutschen Volk, nicht nur mit den Nazis. Wir müssen sie entweder kastrieren oder so mit ihnen verfahren, daß sie nicht länger Menschen zeugen, die so wie bisher weitermachen.«*
Von *„altem Geist"* ist hier nichts zu lesen. Das ist die etwas freie Übersetzung des Spiegels, die letztlich jedoch zutrifft und nicht sinnentstellend ist.

[355] Roosevelts Krieg 1937–45 und das Rätsel von Pearl Harbor, S. 220; zitiert aus: Matloff/Snell, United States Army in World War II. Strategic Planning for Coalition Warfare 1943–1944, Washington DC, 1959; S. 432

[356] http://www.spiegel.de/spiegel/print/d-15876190.html, 06.03.2000

[357] http://www.spiegel.de/spiegel/print/d-15876190.html, 06.03.2000

[358] https://de.wikipedia.org/wiki/Fredericksburg_(Texas)

[359] http://www.spiegel.de/spiegelgeschichte/roemischer-historiker-tacitus-ueber-das-wesen-der-germanen-a-890966.html
Die lateinische Originalquelle ist: Tacitus, Annalen,13;54

[360] http://www.spiegel.de/spiegelgeschichte/roemischer-historiker-tacitus-ueber-das-wesen-der-germanen-a-890966.html

[361] http://www.spiegel.de/spiegelgeschichte/roemischer-historiker-tacitus-ueber-das-wesen-der-germanen-a-890966.html

[362] Tacitus, Germania, S. 23

[363] Tacitus, Germania, S. 26

[364] Tacitus, Germania, S. 28

[365] Tacitus, Germania, S. 33

[366] Tacitus, Germania, S. 37

[367] Tacitus, Germania, S. 45

[368] laut dem Religionswissenschaftler Frank Neubert von der Universität Bern

[369] Die Welt, 28. Oktober 2009

[370] Will Berthold: Die 42 Attentate auf Adolf Hitler, Blanvalet, München, 1981

[371] http://www.spiegel.de/spiegel/print/d-13680131.html; 11. Oktober 1993

[372] focus.de/politik/deutschland/gefuehlsgeleiteter-hippie-staat-britischer-politologe-kritisiert-die-deutschen-haben-ihr-gehirn-verloten_id_4933532.html

[373] Shakespeare, The Merry Wifes of Windsor; 4,5,66

[374] Kant, Anthropologie, S. 273

[375] Kant, Anthropologie, S. 273

[376] Kant, Anthropologie, S. 274

[377] Kant, Anthropologie, S. 274

[378] Kant, Anthropologie, S. 274
[379] Kant, Anthropologie, S. 273
[380] Kant, Anthropologie, S. 273
[381] Bekh, Das dritte Weltgeschehen, S. 237, Erna Stieglitz
[382] Borchmeyer, Was ist deutsch?, S. 146
[383] Borchmeyer, Was ist deutsch?, S. 35
[384] Der Europäer; Jg. 9/Nr. 5; März 2005, S. 6
[385] Der Europäer; Jg. 9/Nr. 5; März 2005, S. 5
[386] Der Europäer; Jg. 9/Nr. 5; März 2005, S. 5/6.
[387] Der Europäer; Jg. 9/Nr. 5; März 2005, S. 7
[388] Johann Gottlieb Fichte's Sämtliche Werke – 7. Band, S. 446
[389] Borchmeyer, Was ist deutsch?, S.160
[390] De Staël, Über Deutschland, S. 57
[391] Borchmeyer, Was ist deutsch?, S. 159
[392] Ellerhorst, Prophezeiungen über das Schicksal Europas, S. 90
[393] Allgemeine Zeitschrift für Geschichte, Berlin, 1847, S. 361
[394] KenFM im Gespräch mit: Andreas Wehr („Die Europäische Union"), Minute 4:06 https://www.youtube.com/watch?v=CmrS5MFlnck
[395] Buchela, Ich aber sage euch, S. 270
[396] Buchela, Ich aber sage euch, S. 278
[397] Buchela, Ich aber sage euch, S. 185
[398] de Staël, Über Deutschland, S. 65
[399] de Staël, Über Deutschland, S. 58
[400] de Staël, Über Deutschland, S. 58
[401] de Staël, Über Deutschland, S. 63
[402] de Staël, Über Deutschland, S. 69
[403] de Staël, Über Deutschland, S. 97
[404] de Staël, Über Deutschland, S. 107
[405] de Staël, Über Deutschland, S. 105
[406] de Staël, Über Deutschland, S. 109
[407] de Staël, Über Deutschland, S. 59
[408] de Staël, Über Deutschland, S. 65
[409] de Staël, Über Deutschland, S. 59
[410] de Staël, Über Deutschland, S. 133
[411] de Staël, Über Deutschland, S. 58
[412] de Staël, Über Deutschland, S. 66
[413] de Staël, Über Deutschland, S. 67
[414] Borchmeyer, Was ist deutsch?, S. 160
[415] siehe Brigitte Hamann, *Hitlers Wien: Lehrjahre eines Diktators*, Piper, München, 1996
[416] de Staël, Über Deutschland, S. 59
[417] de Staël, Über Deutschland, S. 68
[418] de Staël, Über Deutschland, S. 59
[419] Das angebliche Napoleon-Zitat erschien im Mai 1814 in der von Görres herausgegebenen Zeitung *›Rheinischer Merkur‹* in den Ausgaben Nr. 51, 52, 54, 56, 61
[420] Borchmeyer, Was ist deutsch?, S. 43
[421] Borchmeyer, Was ist deutsch?, S. 147, Bezug nehmend auf Hegel: Philosophie der Geschichte; S. 479
[422] Georg Wilhelm Friedrich Hegels Werke, Band 9, S.23
[423] Borchmeyer, Was ist deutsch?, S. 49
[424] Goethe, Sämtliche Werke, Band 19, S. 660
[425] Grüning, Das geistige Deutschland, S. 29
[426] Borchmeyer, Was ist deutsch?, S. 47
[427] Borchmeyer, Was ist deutsch?, S. 48
[428] Borchmeyer, Was ist deutsch?, S. 49

[429] http://gutenberg.spiegel.de/buch/-381/4; Heinrich Heine: Gedanken und Einfälle – Kapitel 4
[430] Heinrich Heine: Ueber den Denunzianten Eine Vorrede zum dritten Theile des Salons. Hoffmann und Campe, Hamburg 1837, Seite 23
[431] http://gutenberg.spiegel.de/buch/-383/1
[432] Borchmeyer, Was ist deutsch?, S. 18
[433] Borchmeyer, Was ist deutsch?, S. 18/19
[434] https://gutezitate.com/zitat/239957
[435] https://www.zitate.eu/author/hebbel-christian-friedrich?page=29
siehe auch: Hebbel, Tagebücher. Nach der historisch-krit. Ausg. von R. M. Werner, Reclam 1963
[436] http://www.spiegel.de/spiegel/print/d-46414725.html; 17.10.1966; DER SPIEGEL 43/1966
[437] Wagner, Die Kunst und die Revolution, S. 81
[438] Wagner, Die Kunst und die Revolution, S. 82
[439] Wagner, Die Kunst und die Revolution, S. 82
[440] de.wikipedia.org/wiki/Drei%C3%9Figj%C3%A4hriger_Krieg
[441] Wagner, Die Kunst und die Revolution, S. 85
[442] Wagner, Die Kunst und die Revolution, S. 81
[443] de Staël, Über Deutschland, S. 107
[444] Wagner, Die Kunst und die Revolution, S. 92
[445] Wagner, Die Kunst und die Revolution, S. 94
[446] de.wikipedia/wiki/Johann_Sebastian_Bach
[447] Wagner, Die Kunst und die Revolution, S. 89
[448] Wagner, Die Kunst und die Revolution, S. 97
[449] Wagner, Die Kunst und die Revolution, S. 92
[450] Wagner, Die Kunst und die Revolution, S. 92
[451] Borchmeyer, Was ist deutsch?, S. 19
[452] Borchmeyer, Was ist deutsch?, S. 19
[453] Wagner, Deutsche Kunst und deutsche Politik, S. 63
[454] Borchmeyer, Was ist deutsch?, S. 22
[455] Borchmeyer, Was ist deutsch?, S. 23
[456] laut Volkszählung im Jahre 1862: 38.137, siehe www.blikk.it/angebote/modellmathe/ma0154a.htm
[457] Nietzsche, Der Fall Wagner – Götzen-Dämmerung, S. 97
[458] Nietzsche, Der Fall Wagner – Götzen-Dämmerung, S. 99
[459] Nietzsche, Der Fall Wagner – Götzen-Dämmerung, S. 100
[460] Nietzsche, Sämtliche Werke – Band 2, S. 511
[461] *»Das, worin man die nationalen Unterschiede findet, ist viel mehr [...] nur der Unterschied verschiedener Kulturstufen und* ***zum geringsten Theile etwas Bleibendes****«* – Nietzsche scheint damit so etwas wie eine echte Beständigkeit im deutschen Wesen anzuzweifeln oder gar zu bestreiten. Andererseits kann man bei Nietzsche ein typisch deutsches Element sehr wohl in der von ihm angesprochenen Fähigkeit der Deutschen sehen, sich selbst zu transzendieren!
[462] Nietzsche, Sämtliche Werke – Band 2, S. 511
[463] Nietzsche, Sämtliche Werke – Band 2, S. 512
[464] Borchmeyer, Was ist deutsch?, S. 31
[465] Nietzsche, Jenseits von Gut und Böse, Völker und Vaterländer, S. 175
[466] Borchmeyer, Was ist deutsch?, S. 34
[467] Nietzsche, Nachgelassene Fragmente 1869–1874, S. 687
[468] urbia.de/archiv/forum/th-1342515/hallo-gibt-es-eine-relativ-leichte-geburt.html
[469] Nietzsche, Götzen-Dämmerung, Kapitel 10, Was den Deutschen abgeht; http://gutenberg.spiegel.de/buch/-6185/10
[470] Nietzsche, Morgenröte, Goldmann, 1980, Aph. 207, S. 165
[471] https://www.youtube.com/watch?v=QeLu_yyz3tc George Friedman, „Europe: Destinated for Conflict?“
[472] Scheler, Die Ursache des Deutschenhasses, S. 63
[473] Scheler, Die Ursache des Deutschenhasses, S. 63
[474] www.spiegel.de/

wirtschaft/unternehmen/exportueberschuss-deutschland-stellt-erneut-weltrekord-auf-a-1188159.html

[475] Scheler, Die Ursache des Deutschenhasses, S. 64

[476] gasl.org/refbib/Bibel_Luther_1912.PDF

[477] gasl.org/refbib/Bibel_Luther_1912.PDF

[478] Borchmeyer, Was ist deutsch?, S. 27

[479] Das geistige Deutschland, S. 31 / Thomas Mann, Doktor Faustus, S. 410

[480] Das geistige Deutschland, S. 31 / Thomas Mann, Doktor Faustus, S. 410

[481] de.wikipedia.org/wiki/Theodor_W._Adorno#Späte_Frankfurter_Jahre_(1949-1969)

[482] https://de.scribd.com/doc/80494321/Adorno-Was-ist-deutsch-GS-10-2; 8.545 / GS-10,691

[483] https://de.scribd.com/doc/80494321/Adorno-Was-ist-deutsch-GS-10-2; 8.545 / GS-10,691

[484] https://de.scribd.com/doc/80494321/Adorno-Was-ist-deutsch-GS-10-2; 8.548 / GS-10,693

[485] https://de.scribd.com/doc/80494321/Adorno-Was-ist-deutsch-GS-10-2; 8.548 / GS-10,693

[486] https://de.scribd.com/doc/80494321/Adorno-Was-ist-deutsch-GS-10-2; 8.558 / GS-10,698

[487] https://de.scribd.com/doc/80494321/Adorno-Was-ist-deutsch-GS-10-2; 8.559 / GS-10,699

[488] https://de.scribd.com/doc/80494321/Adorno-Was-ist-deutsch-GS-10-2; 8.559 / GS-10,699

[489] https://de.scribd.com/doc/80494321/Adorno-Was-ist-deutsch-GS-10-2; 8.560 / GS-10,700

[490] Kant, Anthropologie, S. 273

[491] de.wikipedia.org/wiki/Theodor_W._Adorno#Späte_Frankfurter_Jahre_(1949-1969)

[492] https://causa.tagesspiegel.de/gesellschaft/wie-nuetzlich-ist-eine-leitkultur-debatte/leitkultur-verkommt-zum-klischee-des-deutschseins.html
https://www.bayernkurier.de/inland/25087-keine-deutsche-kultur/

[493] Berndt, Prophezeiungen, alte Nachricht …; verschiedene Kapitel

[494] Bekh, Am Vorabend der Finsternis, S. 46

[495] Renner, Frumentius P.: Der Dorfschuster Johann Kristl – ein verkannter Gottesbote. Augsburg 1993. Siehe auch: Bekh, Wolfgang Johannes: Bayerische Hellseher. Pfaffenhofen 1976, Seite 116 (gekürzt). Von diesem Büchlein hat aber nie ein Exemplar den Weg in die Deutsche Nationalbibliothek oder die Bayerische Staatsbibliothek gefunden. Im Internet gibt es aber ein PDF:
Pater_Frumentius_Renner_-_Der_Dorfschuster_Johann_Kristl_ein_verkannter_Gottesbote(1).PDF
Pater Frumentius merkt in seinem Büchlein noch an, dass bei obigem Text nicht ganz klar ist, was Johann Kristl tatsächlich *gesehen* hat, und was Schrönghamer-Heimdals *Deutung* ist. Meiner Ansicht nach ist dies etwas überkritisch. Meiner Ansicht nach lässt sich Schrönghamer-Heimdal klar von Kristl abgrenzen, nämlich dort, wo es heißt: »*Sollte die Welt also doch am deutschen Wesen genesen? An dem Deutschtum, das mit dem wahren Christentum wesensgleich ist?*«

Über den Autor

Stephan Berndt forscht und publiziert seit 20 Jahren zum Thema Prophezeiungen zur Zukunft Europas. Er ist bekannt für seine umfangreichen Recherchen, seriösen und eingehenden Analysen. Seine Bücher *Prophezeiungen zur Zukunft Europas und reale Ereignisse, Alois Irlmaier – ein Mann sagt, was er sieht und Refugium - sichere Gebiete nach Alois Irlmaier und anderen Sehern* haben sich inzwischen als Standardwerke für europäische Prophezeiungen etabliert. Seine Bücher sind echte Bestseller.

Stephan Berndt

Wenn Beteigeuze explodiert

Das Buch beschreibt die letzten großen Vorzeichen für den großen Wandel. Damit wagt sich der Autor tief hinein in den vor uns liegenden dunklen Tunnel. Aber das macht er, damit der Leser das Licht am Ende des Tunnels besser erkennt.

ISBN 978-3-946959-81-6...236 Seiten € 19,90

Stephan Berndt

Prophezeiungen zur Zukunft Europas und reale Ereignisse

Sorgfältige Analysen von fast 250 Quellen haben erstaunliche Übereinstimmungen der wichtigsten Voraussagen ergeben. Obwohl uns Kriege und gewaltige Naturkatastrophen bevorstehen, gibt es Gebiete, die weniger betroffen sein werden, und wo man verhältnismäßig sicher sein kann. Auch werden wir wieder wunderbare und friedliche Zeiten erleben.

ISBN 978-3-926388-82-7 301 Seiten € 17,90

Stephan Berndt

Alois Irlmaier – Ein Mann sagt, was er sieht

Dieses Buch bietet dem Leser den neuesten Stand der Irlmaier-Forschung und ist ein Muss für jeden Bürger, der sich um die Zukunft sorgt, und der weiß, dass in einer Welt voller Täuschung jeder Mensch selbst die Wahrheit suchen muss.

ISBN 978-3-941435-01-08 372 Seiten € 16,90

Stephan Berndt

Refugium – Sichere Gebiete nach Alois Irlmaier und anderen Sehern

Das Buch Refugium – sichere Gebiete nach Alois Irlmaier und anderen Sehern fasst die Aussagen der bekannten europäischen Hellseher zu den unterschiedlichen sicheren Gebieten in Deutschland, Österreich, Schweiz und Europa zusammen, vergleicht und analysiert sie, und stellt die Ergebnisse in rund 20 detaillierten Landkarten dar.

ISBN 978-3-946433-30-9 232 Seiten € 19,00

Jürgen Majeweski

Die Welt im Wandel

12 Schlüssel für einen Bewusstseinssprung

Weltfinanzkrise, Umweltkrise, politische Krisen, die Verhältnisse auf der Erde haben sich weltweit bedrohlich aufgebaut. Immer mehr Menschen beginnen zu begreifen, dass sie auf dem Planeten so nicht werden weitermachen können. Die Menschheit wird sich entscheiden müssen.

ISBN 978-3-941435-03-2 167 Seiten € 14,95

Erich Berger

Prophezeiungen - Keine Angst vor Krieg in Europa

Prophezeite Kriegswirren - Alarmierende Vorzeichen Sichere Gebiete

Kommt es in Europa wieder zu einem 3. Krieg, dann ergibt sich dieser praktische und nüchterne Leitfaden. Er bündelt Alarmzeichen nach Gefahrenstufe und gibt Ratschläge, was zu tun ist und an welchen Orten in Deutschland, der Schweiz und Österreich man einigermaßen sicher ist.

ISBN 978-3-910402-00-3 160 Seiten €18,00